Mohssen Massarrat
Braucht die Welt den Finanzsektor?

Mohssen Massarrat ist gebürtiger Iraner, Professor im Ruhestand für Politikwissenschaft (Politik und Wirtschaft) des Fachbereichs Sozialwissenschaften der Universität Osnabrück mit den Forschungsschwerpunkten: Politische Ökonomie; Nachhaltige Entwicklung; Energie; Internationale Wirtschaftsbeziehungen; Friedens- und Konfliktforschung; Mittlerer Osten und Iran. Er lebt jetzt in Berlin.

Mohssen Massarrat

Braucht die Welt den Finanzsektor?

Postkapitalistische Perspektiven

VSA: Verlag Hamburg

Papst Franziskus
gewidmet

weil er wichtige politische Aussagen zum
Kapitalismus wie »diese Wirtschaft tötet«
gemacht hat,
und weil er sich auch wie kein anderer Papst
vor ihm gegen Krieg und Waffenproduktion
geäußtert hat,
und sich mit Aussagen, wie »wer Waffen herstellt
oder in die Waffenindustrie investiert,
kann sich nicht ernsthaft als Christ bezeichnen«
oder »die Waffenindustrie verewigt den Krieg«,
positioniert hat.

www.vsa-verlag.de

© VSA: Verlag 2017, St. Georgs Kirchhof 6, 20099 Hamburg
Alle Rechte vorbehalten
Umschlagfoto: jala / photocase.de
Druck- und Buchbindearbeiten: CPI Books GmbH Leck
ISBN 978-3-89965-725-8

Inhalt

Vorwort

Braucht der Kapitalismus überhaupt den Finanzsektor? Diese Frage wurde m.E. nie gestellt. Die bisherigen großen internationalen Finanzkrisen 1929 und 2008 wurden in der Regel zum Anlass genommen, nach den Ursachen zu forschen und nach Mitteln und Instrumenten zu suchen, um sie in Zukunft zu verhindern oder wenigstens zu entschärfen. Damit haben wir aber unbemerkt akzeptiert, dass der Finanzsektor selbst für das Funktionieren des Kapitalismus unverzichtbar ist. Dabei hat dieser Sektor sich längst zu einem hegemonial-politischen Projekt entwickelt und sich an der Spitze des ökonomischen Systems und der Gesellschaft insgesamt etabliert. Wie kann es aber sein, dass ein seinem Wesen nach unproduktiver parasitärer Sektor – und darüber besteht unter den Experten kaum ein Zweifel – die Geschicke der Realwirtschaft, die Regeln der Gesellschaft und letztlich auch unser aller Schicksal bestimmen kann, ohne dass deshalb diese völlig irrationale Beziehung den geringsten Widerstand, geschweige denn eine Rebellion hervorruft? Entweder liegt dem internationalen Diskurs ein grandioses Missverständnis zugrunde, dass das Finanzkapital mit dem Bankenkapital verwechselt oder gleichgesetzt wird. Oder aber uns ist das Geschichtsbewusstsein abhandengekommen und wir haben vergessen, dass das Finanzkapital in seiner heutigen Dimension erst Mitte der 1980er Jahre überhaupt entstanden ist. Daher ist es längst an der Zeit, sehr ernsthaft der Frage nachzugehen, ob es im Interesse der Menschheit nicht besser wäre, die Zerschlagung des Finanzsektors und der gegenwärtigen Kapitalismusformation auf die politische Agenda zu setzen.

Denn wir brauchen den Finanzsektor ganz und gar nicht – um die Antwort auf die am Anfang vorweggenommene Frage zu geben. Auch der Kapitalismus braucht seinem Wesen nach nicht das Finanzkapital, das wir kennen. Der Kapitalismus ohne den Finanzsektor funktioniert eigentlich sogar viel besser. Dazu müssten wir uns vergegenwärtigen, dass der heutige Finanzsektor ein Produkt der neoliberalen Strategie ist. In den Nachkriegsjahren und der keynesianischen Epoche beschränkte sich der Banken- und Kreditsektor auf dienende Funktionen und half in den meisten Industriestaaten zum ersten Mal in der Geschichte, den Wohlstand flächendeckend für die überwältigende Mehrheit der Menschen zu erhöhen. Also hat der Kapitalismus nachweislich auch ohne diesen überbordenden und sich verselbständigten Finanzsektor funktioniert. Der gegenwärtige Finanzsektor und das Finanzkapital, im Grunde auch der Neoliberalismus, sind das Ergebnis der

Verschiebung der Kräfteverhältnisse zwischen Kapital und Arbeit und der Entstehung von Kapitalüberschüssen. Schließlich musste ein neues Auffangbecken geschaffen werden, in dem die Früchte der neoliberalen Umverteilung von unten nach oben eingebracht und Rendite bringend angelegt werden sollten. Die Kapital- und Immobilieneigentümer sowie die Rohstoffkonzerne haben mit diesem Finanzsektor den Ort für ihre gigantischen Geldüberschüsse gefunden, die sie in der Realwirtschaft nicht investieren wollen oder können. Damit haben sie ihr akutes Problem vorerst gelöst, der Menschheit setzten sie jedoch ein Monster vor die Nase, das für riesige Probleme sorgte: die Armen werden immer ärmer und unmündiger, während eine immer kleiner werdende Schicht reicher und mächtiger wird; das Armutsrisiko steigt sogar in den reichsten Staaten der Welt, die Wirtschaft stagniert seit einigen Dekaden, die Massenarbeitslosigkeit nimmt nicht ab, die Entstehung neuer Arbeitsplätze wird durch statistische Manipulationen und die Verteilung der vorhandenen Arbeitsplätze nur noch vorgetäuscht, die Demokratie wird ausgehebelt und viele, die noch durch reguläre Arbeitsplätze »abgesichert« sind, verharren im Arbeitsstress, werden öfter krank und leben mit der ständigen Angst, sozial abzustürzen. Letztendlich erleben wir eine neue Unkultur des nationalen Egoismus und Rassismus und mit dieser in den meisten Staaten auch gefährliche und rückwärtsgewandte nationalistische Bewegungen, die die bürgerlichen Eliten gewollt oder ungewollt verharmlosen, weil sie sich fürchten, dafür verantwortlich gemacht zu werden.

Diese Eliten – und leider nicht nur sie – verharmlosen die vor uns stehenden Gefahren, weil dieser Prozess der Enteignung und der Entdemokratisierung seit mehreren Jahrzehnten nicht abrupt, sondern schleichend stattgefunden hat. Schon daher können kleine Schritte, wie dies innerhalb des EU-Parlaments seit der internationalen Finanzkrise versucht wird, nichts aber auch gar nichts bewirken, sie werden von neuen Rückschritten buchstäblich überrollt, bevor sie überhaupt anfangen, Wirkung zu zeigen. Wir brauchen in allen kapitalistischen Staaten eine Schocktherapie, die stark genug ist, um alle wachzurütteln, die sich an die ökonomische und kulturelle Stagnation gewöhnt haben. Dazu müssen wir das Hindernis, das den Fortschritt und den Wohlstand für alle, den Schutz des Planeten und die Weiterentwicklung der Demokratie blockiert, beim Namen nennen und dessen Beseitigung auf die politische Agenda setzen.

Die Transformation des Kapitalismus bedarf, unter den Bedingungen der bürgerlichen Demokratie, durchaus nicht des Sturzes der Bourgeoisie, sondern revolutionärer Reformen. Die Zerschlagung des Finanzkapitals ist nach meiner Überzeugung der Schlüssel zur Überwindung vieler Gegenwartsprobleme der Menschheit und zu den anstehenden Reformen – daran führt kein Weg vorbei. Sie ist zwar keine leichte Aufgabe, allerdings auch nicht unmöglich, zumal das Finanzkapital, wie schon erwähnt, für den Kapitalismus nicht von existenzieller Bedeutung ist, vielmehr ein »Krebsgeschwür« darstellt, das ihn irgendwann in den Abgrund stürzt – und mit ihm auch die ganze Menschheit. Um dieses Krebsgeschwür herauszuoperieren, reicht es im Endeffekt aus dafür zu sorgen, dass es zur Entstehung von überschüssigem Kapital erst gar nicht kommt, wie wir es von der keynesianischen Epoche schon kennen. Es geht also darum, den Blutkreislauf für das »Geschwür« zu kappen, also den Finanzsektor auszutrocknen. Eine Reichensteuer ist zu diesem Zweck sicherlich eine Möglichkeit, sie lässt allerdings dem »Geschwür« die Möglichkeit offen, weiter Blut anzusaugen. Warum sollten wir nicht darangehen und sicherstellen, dass die arbeitenden Menschen für ihre Arbeit nicht einen Dumpinglohn, sondern ihren Lohn in voller Höhe erhalten? Und das ist möglich, wenn die Vollbeschäftigung wiederhergestellt wäre und wenn die abhängig Beschäftigten in die Position versetzt würden, den vollen Lohn für sich zu erkämpfen und dafür zu sorgen, dass ihre Kaufkraft vollumfänglich bei ihnen selbst verbleibt. Die Vollbeschäftigung ist aber nur durch eine radikale Verkürzung der Erwerbsarbeitszeit möglich, die ab sofort zur zentralen politischen Aufgabe einer gesellschaftlichen Allianz aus Gewerkschaften, Reformparteien, Intellektuellen und Kulturschaffenden, der religiösen Gemeinschaften, aber auch aller noch nicht korrumpierten Kapitalfraktionen werden müsste. Mit der Vollbeschäftigung kommen wir politisch an die Stelle, an der der Neoliberalismus die Menschheit von ihrem historischen Entwicklungsweg abgeschnitten und in die gesellschaftliche Stagnation getrieben hat. Damit gelangten wir zu einer neuen Freiheit, die Zukunft demokratisch als eine weiterhin kapitalistische oder als eine vielleicht bessere postkapitalistische Ordnung auswählen und gestalten zu können.

Die Analyse des Finanzsektors und des Finanzkapitals steht im Mittelpunkt dieses Buches. Dabei wird begründet, warum sie parasitär sind und warum wir und selbst die Kapitalisten, denen die Realwirtschaft am Herzen liegt, auf beides verzichten können und im Grunde müssen. Ferner wird in diesem Buch der Versuch unternommen, die Konturen einer postkapitalistischen Ordnung zu skizzieren und darzustellen, wie der Übergang zu dieser neuen Ordnung aussehen könnte. Die Perspektive »Jenseits des Kapitalismus« setzt zuallererst voraus, aus den Fehlern antikapitalistischer Bewegungen und Parteien der Vergangenheit zu lernen. Sie scheiterten, weil sie den komplexen historischen Kapitalismus auf die rein ökonomischen Vorgänge reduzierten, während es der hegemonialen Allianz aus Kapitalisten und Vermögensbesitzenden stets erfolgreich gelungen ist, sich hinter kapita-

listischer Rationalität und Effizienz zu verstecken und dabei auch die Lohnabhängigen und ihre Organisationen auf ihre Seite zu ziehen. Nun gilt es,
diese mächtige Allianz aus ihrem Versteck herauszuholen und ihr machtpo-
litisches Geheimnis zu entzaubern. Dies erfordert zuallererst eine gründliche
Machtanalyse in der kapitalistischen Gesellschaft und eine Neubewertung
des Verhältnisses von Kapitalismus und Demokratie sowie der hegemonialen Machtallianzen. Der Neoliberalismus ist die Ideologie der gegenwärtigen hegemonialen Allianz des globalen Kapitalismus.

Die hier vorgelegte Studie will empirisch und historisch aufzeigen, dass
ein Großteil der realen Missstände, der wachsenden Einkommensungleichheiten, der Kriege, der Zerstörung der Umwelt und des Finanzmarktkapitalismus selbst, der über die Menschheit hereingebrochen ist, nicht nur allein
durch den Kapitalismus entstanden ist. *Diese Missstände sind vielmehr auch
das Ergebnis der gesellschaftlichen Kräfteverhältnisse, die sich seit einigen
Dekaden zugunsten der Kapitalseite verschoben haben.* Daher werden in
diesem Buch in mehreren, den zentralen Kapiteln 6 und 7 vorausgehenden
Kapiteln die Entwicklung des Kapitalismus in seinem historisch eingebette-
ten Rahmen der sich *verändernden Machtverhältnisse* nachgezeichnet. Bei
dieser neuen Sicht auf die Geschichte des Kapitalismus kristallisiert sich
eine Art Stufenentwicklung heraus: vom»Freihandelskapitalismus« über
den»Keynesianischen Kapitalismus« bis hin zum gegenwärtigen»Finanzmarktkapitalismus«. Diese epochale Entwicklung wird im Verlauf der einzelnen Kapitel ausführlich begründet und in einem Nachtrag am Ende des
Buches noch einmal zusammengefasst.

Ich bin mir darüber im Klaren: Meine Analyse und die politischen Schlussfolgerungen werden auf heftigen Widerspruch stoßen – nicht nur im neoliberalen Lager. Ich rechne auch mit Gegenreaktionen von der linken Seite, vor
allem von traditionellen Linken, die überwiegend ein anderes Verständnis
des Kapitalismus gepflegt und verbreitet haben. Die ersten beiden Kapitel
»Missverständnisse im Kapitalismus« und»Macht im Kapitalismus« dienen
gerade dazu, meine eigene Deutung der kapitalistischen Gesellschaftsordnung zum Ausgangspunkt der Lektüre dieses Buches zu machen.

Berlin, Juli 2017

Kapitel 1
Missverständnisse über den Kapitalismus

Die gegenwärtige Weltwirtschafts- und Finanzkrise stellt auch die Kapitalismuskritik vor eine große Herausforderung. Viele marxistische Analytiker bezeichnen die gegenwärtige Krise unpräzise als *Systemkrise*. Dabei ist es für eine Begründung der Alternativen von immenser Bedeutung, was genau sich hinter der gegenwärtigen Krise tatsächlich verbirgt. Denn die Geschichte des Kapitalismus ist im Grunde die Geschichte von Krisen. Mehr noch: der Kapitalismus ist ohne Krise undenkbar, Krisen spiegeln einerseits den Wandel wider und sind andererseits in der Regel Momente der Wiederherstellung des Gleichgewichts und der Stabilität. Mit der *Systemkrise* meint man offenbar etwas ganz anderes, genau genommen eben das Ende des Kapitalismus, also nicht nur den Zusammenbruch des kapitalistischen Akkumulationskreislaufs (der Mehrwertproduktion, der Mehrwertrealisierung auf den Märkten, des Geld- und Kreditsystems), sondern auch den flächendeckenden Vertrauensverlust in die Zukunftsfähigkeit des Systems. Meinte man mit der *Systemkrise* diesen finalen Zustand, der bevorsteht, der aber gegenwärtig noch durch diverse Rettungspakete, letztlich also durch Steuergelder, künstlich aufrechterhalten wird, dann bestünde die Lösung unser aller Probleme nur noch darin, das System zu überwinden. Oder handelt es sich bei der gegenwärtigen Krise nicht um eine *Systemkrise*, wie oben beschrieben, sondern um die Krise einer spezifischen Erscheinungsform des Kapitalismus? Dann wäre allerdings zu untersuchen, worin das Spezifische der in die Krise geratenen Erscheinungsform des Kapitalismus bestehen soll.

Diese Differenzierung ist unabdingbar und zwar nicht nur aus Gründen wissenschaftlicher Konsistenz. Sie ist auch hochpolitisch, weil nur dadurch möglich wird, analytische Fehleinschätzungen und politische Sackgassen zu vermeiden. Haben wir in den letzten 200 Jahren Kapitalismus nicht lernen und auch zur Kenntnis nehmen müssen, dass dieser stets in der Lage war, seine Krisen zu überwinden, weil diese eben keine *Krisen* im Sinne des Systemzusammenbruchs waren? Und haben wir uns nicht auch endlich angesichts der historischen Erfahrungen antikapitalistischer Bewegungen fragen müssen, ob diese Bewegungen oft deshalb gescheitert sind, weil sie stark dazu neigten, jede kleinere und größere Krise als *Systemkrise* zu deklarieren und, in trügerischer Hoffnung auf die Revolution, die angeblich vor der Haustür stünde, sich folglich jegliche Handlungsperspektive für radikale Reformen zu verbauen?

Die Verlockungen, sich über die komplexen Krisenursachen tatsächlich hinwegzusetzen und alle Krisenerscheinungen, aber auch alle konfliktreichen Ereignisse – selbst wenn sie nur vermittelt kapitalistisch begründet waren – undifferenziert dem Kapitalismus zuzuschreiben, waren schon immer stark. Diese reduktionistische Methode dominierte historisch das Denken linker Analytiker und die Programmatik linker Parteien. Sie beherrscht auch heute noch weitgehend die linken Debatten.[1] In vielen politischen Kongressen und Publikationen nach der zweiten Weltwirtschafts- und Finanzkrise 2008 haben beispielsweise verheißungsvolle Attribute wie »das Ende« oder »die letzte« Hochkonjunktur.[2] Ohne Frage, der Kapitalismus spielte bei allen Ereignissen der vergangenen Jahrhunderte eine entscheidende Rolle. Allerdings ist die überaus wichtige Frage, ob und inwiefern Krisenerscheinungen und die für die Menschheit folgenreichen Ereignisse ausschließlich oder gar »in letzter Instanz«, wie Friedrich Engels sagen würde, aus den inneren Gesetzmäßigkeiten und Mechanismen der Kapitalakkumulation herrühren oder ob auch andere Faktoren dabei berücksichtigt werden müssten, die einer eigenen von der kapitalistischen unterscheidbaren Logik folgen und außerhalb des kapitalistischen Akkumulationskreislaufs zu suchen sind.

Diese Frage muss m.E. jedoch sowohl bei Phänomenen wie dem Kolonialismus und dem Imperialismus sowie bei historischen Katastrophen wie dem Faschismus und den beiden Weltkriegen ebenso gestellt werden wie

---

[1] Ich selbst habe meiner Analyse der ersten Energiekrise in 1974 den Titel »Energiekrise oder die Krise des Kapitalismus« übergestülpt (Massarrat 1974), obwohl der Inhalt der Analyse den Schluss nahe legte, dass die Energiekrise jener Epoche gerade umgekehrt die Ausdehnung des Kapitalismus in die ölproduzierenden Staaten reflektierte. Von einer Krise des Kapitalismus in diesem Kontext konnte jedoch beim besten Willen keine Rede sein. Dass damals dieser Widerspruch niemandem, auch nicht der Redaktion der Zeitschrift, die meinen Text veröffentlichte, auffiel, ist symptomatisch für das Selbstverständnis, bei jeder Gelegenheit die eigene moralisch geprägte antikapitalistische Haltung zu unterstreichen. Auch in der Vorbemerkung von Elmar Altvater zu meiner Analyse und zur Ölkrise kommt diese Haltung deutlich zum Ausdruck: »Die Krise des Kapitalismus wurde flugs zur Ölkrise umdefiniert. Nicht mehr die Widersprüche des kapitalistischen Systems und der Klassengegensatz eskalieren in der Krise, sondern diese ist von außen durch die Araber aufgezwungen« worden und »erfordert von allen das ihrige« (Altvater 1974).

[2] Beispielsweise fand der von Attac Deutschland im März 2009 durchgeführte *Kapitalismuskongress* mit der Ankündigung »Kapitalismus am Ende?« statt. Ein 2009 publizierter Reader des Wochenmagazins »Der Freitag« mit Analysen zur Zukunft des Kapitalismus – um nur zwei Beispiele zu nennen – trug den Titel »Die letzte Krise« (Jäger/Strohschneider (Hrsg.) 2009).

bei zahlreichen Kriegen in den letzten 60 Jahren, letztlich auch bei der gegenwärtigen globalen Hunger- und Klimakrise sowie der Weltwirtschafts- und Finanzkrise.

Ich gehe jedenfalls davon aus, dass die historisch äußerst komplexen Ereignisse und Krisen nicht isoliert, sondern nur im historischen Kontext des Zusammenwirkens des Kapitalismus mit Bedingungen und Faktoren, die ihrem Wesen nach von ihm, dem Kapitalismus, unabhängig sind, real aber existieren, überhaupt angemessen erfasst werden können. Mit der Ausklammerung dieser Frage und der Reduktion der Ursachen aller konfliktreichen Entwicklungen auf den Kapitalismus mag man zwar moralisch immer auf der richtigen Seite stehen, weil der Kapitalismus ohnehin ein ausbeuterisches System ist, dass man immer wieder auf die Anklagebank setzen kann, diese Reduktion wird aber politisch ziemlich oft zu einer Falle, die man sich selbst stellt: Einerseits erschiene bei allen aktuellen Krisen und konfliktreichen Ereignissen keine andere Lösungsperspektive im Bereich des Möglichen als eben eine Beseitigung des Kapitalismus oder – sofern dies unmittelbar nicht möglich ist – bestenfalls auf sein Ende zu warten und, dabei in dieser naiven Haltung verharrend, alle politisch wirkungsvollen Gelegenheiten zu Reformen preiszugeben, die unterhalb der Systemfrage anzusiedeln sind. Andererseits wird dadurch ebenso naiv die Illusion verbreitet, jenseits des Kapitalismus würde das Paradies auf Erden kommen und eine Welt entstehen, die frei von allem Übel ist. Robert Kurz, um ein prominentes Beispiel zu nennen, der sicherlich zum Kreis der wichtigsten Kapitalismuskritiker im deutschsprachigen Sprachraum zählen dürfte, kann als der authentischste Vertreter dieser Strömung genannt werden. Seine auf hohem analytischen Niveau geschriebenen Publikationen, ganz besonders sein umfangreiches Werk »Schwarzbuch Kapitalismus«,[3] sind ein Beleg für das, was ich als Kapitalismusfalle bezeichne.

Nun wäre es müßig, nach Motiven zu forschen, die antikapitalistische Analytiker und Bewegungen zur reduktionistischen Methode der Kapitalismusfixierung und Ausblendung aller Faktoren verleiten, die mit den Gesetzmäßigkeiten der Kapitalverwertung nicht erfasst werden können. Ich werde im Folgenden versuchen darzulegen, dass die Hauptursache der reduktionistischen Methoden darin besteht, in der Analyse den Unterschied zwischen dem *Logischen* und dem *Historischen Kapitalismus* zu übersehen und dass die Missachtung dieses Unterschieds politisch verhängnisvoll war und auch heute noch ist.

---

[3] Kurz 1999.

1. Über den Unterschied zwischen Logischem und Historischem Kapitalismus

Die Unterscheidung zwischen diesen beiden Kategorien ist eine wichtige Voraussetzung, um die kapitalistisch dominierte Welt besser verstehen und den jeweils aktuellen Zustand möglichst objektiv und präzise abbilden zu können. Denn die Realität kapitalistischer Gesellschaften ist immer eine Synthese aus der Wechselbeziehung zwischen konkreten Verwertungsmechanismen des Kapitals und dessen jeweils historischem Umfeld. In der Regel pflegt man in der marxistischen Literatur mit der Unterscheidung zwischen *Manchesterkapitalismus, dem Anglo-sächsischen, dem Rheinischen, dem Skandinavischen, dem Chinesischen Kapitalismus*, begrifflich den verschiedenen historischen und regionalen Rahmenbedingungen Rechnung zu tragen. Tatsächlich verbergen sich hinter diesen Typen von Kapitalismus zwei unterschiedliche Akkumulationsmodelle, die in jeweils zahlreichen Varianten auftreten.

Im Europa des 18. und 19. Jahrhunderts dominierte die *absolute Mehrwertproduktion* (extensives Modell der Kapitalakkumulation), weil das Kapital auf dieser Grundlage angesichts der »überschüssigen« Bevölkerung, damit der Massenarbeitslosigkeit und des Lohndumpings, höchste Profitraten erzielte, während in der zweiten Hälfte des 20. Jahrhunderts dank keynesianischer Wirtschaftspolitik und drastischer Abnahme der »Reservearmee« in den Nachkriegsjahren sich die Methode der *relativen Mehrwertproduktion* (des intensiven Modells der Kapitalakkumulation) durchsetzte, das Lohnniveau anstieg und die Profitraten zu sinken begannen. Der Manchesterkapitalismus ist der am stärksten ausgeprägte, jedoch keineswegs der einzige Typ des Modells absoluter Mehrwertproduktion. Wie damals in Europa dieses Modell in jedem Land seine besondere Ausprägung fand, nimmt es heute in den Entwicklungs- und Schwellenländern Formen und Merkmale an, die – wie wir sie in China, Indien, Brasilien, Mexiko und anderen Ländern beobachten können – beträchtliche Unterschiede aufweisen. Ähnliches gilt auch für das Modell der relativen Mehrwertproduktion, die wir in vielen Varianten kennen.

Diese Beobachtung dürfte vorerst ausreichen, um folgende Hypothese zu formulieren: Unterschiedliche Rahmenbedingungen haben offensichtlich entscheidenden Einfluss auf das jeweils herrschende Modell der Kapitalakkumulation, sodass die Realität kapitalistischer Gesellschaften stets als eine Synthese zwischen kapitalistischen Funktionsmechanismen und deren gesellschaftlich-geografisch spezifischem Umfeld oder – wenn man so will – als eine Modifikation des Logischen Kapitalismus durch äußere Faktoren erscheint. Hieraus folgt auch die methodisch unabdingbare Schlussfolgerung, dass im ersten Schritt die logischen Analyseebenen von den empirischen zu trennen sind, um dann in einem weiteren Schritt die synthetische Realität umfassend und präzise erfassen zu können. Mit anderen Worten, es wäre unwissenschaftlich, konkrete Erscheinungen wie Hungersnöte, Kriege, Massenarbeitslosigkeit, Finanzkrisen, Vollbeschäftigung etc. ausschließlich aus dem Kapitalbegriff herleiten zu wollen.

Marx selbst entwickelte dazu systematischer als anderswo in seiner Darlegung der »Methode der politischen Ökonomie« in den »Grundrissen« die Aneignung der Realität vom Abstrakten zum Konkreten. »Das Konkrete ist konkret, weil es die Zusammenfassung vieler Bestimmungen ist, also Einheit des Mannigfaltigen. Im Denken erscheint es daher als Prozess der Zusammenfassung, als Resultat, nicht als Ausgangspunkt, obgleich es der wirkliche Ausgangspunkt und daher auch der Ausgangspunkt der Anschauung und Vorstellung ist. Im ersten Weg wurde die volle Vorstellung zu abstrakter Bestimmung verflüchtigt; im zweiten führen die abstrakten Bestimmungen zur Reproduktion des Konkreten im Weg des Denkens.«[4]

Der Begriff vom Kapital ist die gedankliche Rekonstruktion eines historisch entstandenen Ganzen, der sowohl seine einzelnen genetisch-strukturell entwickelten Bestandteile als auch die Wechselwirkung dieser Bestandteile erfasst. Er ist die gedanklich rationale Aneignung der kapitalistischen Wirklichkeit und umfasst die Gesetzmäßigkeiten der Kapitalverwertung, die innere Gliederung, die organischen Beziehungen, Triebkräfte und Bewegungen, die Konkurrenz. »Die Analyse von Marx bewegt sich auf zwei Ebenen«, schreibt der marxistische Philosoph Jindrich Zelený in seinem Werk »Wissenschaftslogik und das Kapital«, »auf der Ebene der theoretischen Entwicklung (zuweilen spricht Marx von ›logischer Entwicklung‹) und auf der Ebene der wirklichen historischen Bewegung. Jedoch ist die Bewegung auf der Ebene der theoretischen Entwicklung abgeleitet, ist in gewisser Hinsicht ebenfalls Bewegung der wirklichen Geschichte, insofern sie divergieren und auch in entgegengesetzter Richtung als Bewegung der wirklichen Geschichte verlaufen kann. Die Bewegung auf der Ebene der theoretischen Entwicklung ist keine Konstruktion *a priori*, sondern ›spiegelt … nur das Leben des Stoffes wider‹ … . Das unaufhörliche Oszillieren zwischen der abstrakten dialektischen Entwicklung und der sinnlichen konkreten historischen Wirklichkeit durchdringt das gesamte Kapital von Marx. … Diese ›Loslösung‹ (der beiden Ebenen, M.M.) ist nicht im Interesse der Entfernung von der historischen Wirklichkeit … und es ist keine

---

[4] Marx 1983a: 35.

idealistische Flucht vor der Wirklichkeit. Sie erfolgt vielmehr im Interesse der rationalen Aneignung der Wirklichkeit, im Interesse der Annäherung an die Wirklichkeit. … Dieses ›ideelle‹ Verfahren der gedanklichen Reproduktion der *Wirklichkeit* ist *notwendig*, um die faktisch-historische Wirklichkeit zu begreifen, aber es wäre ein Fehler anzunehmen, dass es irgendwann die faktische historische Wirklichkeit ersetzen würde.«[5]

Der Kapitalismus als Begriff, als gedankliche Rekonstruktion der Wirklichkeit und in seiner logischen Reinheit ist ein Steuerungs- und Regulationssystem, das auf dem Umstand beruht, die menschliche Arbeitskraft unaufhörlich der abstrakten Wert- und Mehrwertproduktion zu unterwerfen. Seine innere Dynamik und die ihm innewohnende Konkurrenz zwingen ständig zur Vermehrung des abstrakten Reichtums, indem er, der Kapitalismus, einerseits eine immer größere Anzahl menschlicher Arbeitskraft, über Regionen, Länder und Kontinente hinweg, in seinen Bann zieht und andererseits gleichzeitig menschliche Arbeit überflüssig macht. In seiner Reinheit funktioniert der Kapitalismus insofern unabhängig von Zeit und Raum nach demselben Prinzip, er hat keine Seele, keine Moral und unterscheidet weder zwischen Religionen noch ethnischen Zugehörigkeiten der Menschen, die Wert und Mehrwert produzieren.

Im Grunde genommen ist er vergleichbar mit einem unsichtbaren Maschinennetzwerk, bei dem die Konkurrenz eine sich selbst versorgende Antriebskraft darstellt, die nach dem Prinzip perpetuum mobile nie zum Stillstand kommt und alle Teile des Netzwerkes (individuelle Kapitale) in Bewegung hält. Die Aufgabe dieses unsichtbaren seelenlosen Maschinennetzwerks (nach Adam Smith die unsichtbare Hand) ist die ständige Suche nach neuen Quellen menschlicher Arbeitskraft, um deren Umfang quantitativ und qualitativ zu vermehren und sie qualitativ zu verdichten. Der Prozess der Verdichtung der menschlichen Arbeit im technischen Sinne ist nichts anderes als das, was Marx im werttheoretischen Sinne als Prozess der Vermehrung des abstrakten Reichtums als Hauptzweck der kapitalistischen Produktionsweise bezeichnet hat. Hinter diesem Prozess verbirgt sich der Zwang zur Arbeit, zur Disziplinierung der Arbeitskraft, der Zwang zur Qualifizierung, zur gesellschaftlichen Arbeitsteilung und zu allen technologischen Entdeckungen und Revolutionen.

Ich vergleiche die Funktionsweise des logischen, seinem »Begriff« entsprechenden Kapitalismus bewusst mit der Arbeitsweise eines Maschinennetzwerks, um zugespitzt verständlich zu machen, dass der logische Kapitalismus als Begriff ausschließlich durch die eigenen inneren Gesetz-

---

[5] Zelený 1973: 59f.

mäßigkeiten und Triebkräfte erklärt werden kann und auch muss. Um die Komplexität der gesellschaftlichen Realität zu reduzieren, erfordert die Analyse der reinen Gesetzmäßigkeiten der kapitalistischen Akkumulation die Abstraktion vom jeweils historisch vorzufindenden Umfeld und die Herstellung von quasi Laborbedingungen.

Durch diese Methode der Trennung des logischen Kapitals von seinem konkreten geografischen, politischen und sozialen Umfeld kann überhaupt erreicht werden, dass einerseits die Realität, d.h. der historische Kapitalismus in seinen synthetisch unterschiedlich gebildeten Erscheinungsformen, differenziert wahrgenommen wird und andererseits die jeweils spezifisch historischen Besonderheiten identifiziert werden. Erst auf diesem Wege können die Ursachen z.B. der gegenwärtigen Finanzkrise, der Massenarbeitslosigkeit, der Wachstumskrise oder aber auch die Hintergründe – um ein völlig anderes Beispiel zu nennen – der US-Kriege in der Gegenwart präzise erforscht werden. Nur so können auch die Adressaten des politischen Handelns angemessen herausgearbeitet und benannt werden. Andernfalls läuft man Gefahr, die tatsächlichen Krisen- und Konfliktstifter im Dunkeln zu lassen oder gar von ihnen abzulenken.

Bei den kritischen Analysen des US-Krieges im Irak, um nur ein Beispiel herauszugreifen, wurde überwiegend wie selbstverständlich und als ein ritualisiertes Muss reduktionistisch ein wie auch immer geartetes kapitalistisches Motiv unterstellt. Profitmaximierung als Hauptmotiv mag bestenfalls dazu geeignet sein, für die moralische Verurteilung des Krieges und Fixierung des Feindbildes eine plausible Handhabe zu liefern. Zur Erweiterung des analytischen Blicks, um die gesamten komplexen Vorgänge realitätsnah und politisch weiterführend abzubilden, taugt diese Plattitüde jedenfalls nicht. Hegemonialpolitische Interessen, die dabei eine wesentliche Rolle gespielt haben, folgen beispielsweise der machtpolitischen Logik und können als solche den Interessen der Profitmaximierung des hegemonialen Staates oder Blocks sogar zuwiderlaufen.[6] Daher bin ich auch überzeugt, dass derartig reduktionistisches Vorgehen zur Beurteilung der Realität nur noch dazu beiträgt, dass die kapitalismuskritische Bewegung in ihrem Schattendasein weiter ausharrt. Sie wird so nie und nimmer dazu fähig werden, die historische Perspektive »Jenseits des Kapitalismus« zu denken, erst recht nicht, sie politisch vorzubereiten und durchzusetzen.

Marx' Ausführungen über die »Methode der politischen Ökonomie« in den »Grundrissen«, um auf die methodischen Fragen zurückzukommen, enthal-

---

6 Ausführlicher zu den Hintergründen des Irakkrieges siehe Massarrat 2006: Kapitel 3.

ten allerdings keine systematische Begründung für die Notwendigkeit methodischer Trennung zwischen der abstrakt logischen Analyse und den konkret historischen Erscheinungen, er äußert sich jedoch dazu immer wieder und an vielen Stellen der »Grundrisse« und des »Kapital« und bleibt auch selbst dieser Methode durchgehend treu. Will man sich über den Charakter der einzelnen Kapitel, Abschnitte und Teile in den drei Bänden des »Kapital« differenziert nach *logischen* bzw. *historischen* Aspekten einen Überblick verschaffen – Marx selbst hat dazu keine näheren Angaben gemacht – so ergibt sich im Einzelnen folgendes Bild:

Marx' Abhandlungen mit ausschließlich oder wesentlich *logischen* Aspekten findet man in Band 1 in den ersten zwei Abschnitten (Ware und Geld sowie die Verwandlung des Geldes in Kapital) ferner im gesamten Band 2 sowie in den Abschnitten 2, 3 und 5 des 3. Bandes (die Verwandlung des Mehrwerts in Profit und Durchschnittsprofit, Gesetz des tendenziellen Falls der Profitrate und die Spaltung des Profits in Zins und Unternehmergewinn). Hier erläutert Marx die historischen Bezüge oft in den Fußnoten – teilweise sogar sehr ausführlich. In allen anderen Abschnitten in Band 1 und Band 3 findet man dagegen eine Mischung von logischen Abhandlungen in Verbindung mit vielen historischen Beispielen, aber auch zusammenhängende Exkurse. Zu dieser Kategorie gehören in Band 1 der 3. Abschnitt (»Die Produktion des absoluten Mehrwerts«, insbesondere das 8. Kapitel »Der Arbeitstag«), der 4. Abschnitt (»Die Produktion des relativen Mehrwerts«), der 5. Abschnitt (»Die Produktion des absoluten und relativen Mehrwerts«), der 6. Abschnitt (»Der Arbeitslohn«) und der 7. Abschnitt (»Der Akkumulationsprozeß des Kapitals«). In Band 3 zählen zu den Abschnitten mit historischem Bezug der 1. Abschnitt (»Die Verwandlung von Mehrwert in Profit und der Rate des Mehrwerts in Profitrate«), der 4. Abschnitt (»Verwandlung von Warenkapital und Geldkapital in Warenhandlungskapital und Geldhandlungskapital (kaufmännisches Kapital)«) und schließlich der 6. Abschnitt (»Verwandlung und Surplusprofit in Grundrente«).

Das Methodenthema mag abstrakt und sehr mühselig sein, es ist jedoch weder unwichtig, noch soll es ein intellektuelles Bedürfnis befriedigen. Immerhin will ich die These begründen, dass Missverständnisse über den Kapitalismus für antikapitalistische Bewegungen politisch handlungsrelevant sind und nicht nur ihr Scheitern in der Vergangenheit zu einem gewissen Teil nachvollziehbar machen, sondern auch Erfolge in der Zukunft vereiteln können. Somit liegen gewichtige Gründe vor, das Thema zu vertiefen. Das »Kapital« von Marx liefert uns hinreichend Stoff, den Unterschied zwischen dem Logischen und dem Historischen Kapitalismus besser zu verstehen und die Kapitalismuskritik zur Analyse der gegenwärtigen Globalisierung unter Berücksichtigung logischer wie historischer Bestimmungsfaktoren fruchtbarer zu machen. Die Illustration dazu soll am Beispiel von zwei Themenkomplexen des »Kapital« stattfinden: zum einen am Beispiel der sogenannten »ursprünglichen Akkumulation« im ersten Band und zum anderen am Beispiel der »Verwandlung von Surplusprofit in Grundrente« im dritten Band des »Kapital«, somit einem Themenkomplex, dem Marx überdurchschnittlich lange Abschnitte gewidmet hat.

2. Die sogenannte ursprüngliche Akkumulation

An keiner anderen Stelle im »Kapital« untermauert Marx seine Argumentation so stark mit der Darlegung historischer Abläufe wie im Kapitel 24 des ersten Bandes. Der Grund liegt auf der Hand: Hier geht es nicht um den Kapitalbegriff, den Logischen Kapitalismus als einer bereits etablierten Produktionsweise, sondern um die Entstehung des Kapitals aus seinem historischen Umfeld und Ausgang, nämlich aus dem europäischen Feudalismus im 15. bis 19. Jahrhundert. Die Analyse der ursprünglichen Akkumulation des Kapitals kann daher nur eine historische sein. Es geht um die Analyse der konkreten Sozialgeschichte Englands, also jenes Landes, in dem die Geburtsstunde des modernen Kapitalismus geschlagen hat. Dabei geht es um nichts weniger als um das Wissen, wie die Fundamente eines neuen Gesellschaftssystems mit eigener logischer Ordnungsstruktur und eigenen Funktionsmechanismen aus dem Schoß einer älteren Gesellschaft historisch hervorgegangen sind. Umso gewichtiger wird dieses Interesse, wenn man weiß, dass dieser Prozess im globalen Maßstab immer noch nicht abgeschlossen, sondern immer noch im Gange ist. Gleich in der Einleitung des 24. Kapitels im Kapital, Band 1, hebt Marx das Wesen und den Kern dieser epochalen Transformation hervor: »Das Kapitalverhältnis setzt die Scheidung zwischen den Arbeitern und dem Eigentum an den Verwirklichungsbedingungen der Arbeit voraus. Sobald die kapitalistische Produktion einmal auf eigenen Füßen steht, erhält sie nicht nur jene Scheidung, sondern reproduziert sie auf stets wachsender Stufenleiter. Der Prozeß, der das Kapitalverhältnis schafft, kann also nicht andres sein als der Scheidungsprozeß des Arbeiters vom Eigentum an seinen Arbeitsbedingungen, ein Prozeß, der einerseits die gesellschaftlichen Lebens- und Produktionsmittel in Kapital verwandelt, andrerseits die unmittelbaren Produzenten in Lohnarbeiter. Die sog. ursprüngliche Akkumulation ist also nichts als der historische Scheidungsprozeß von Produzent und Produktionsmittel. Er erscheint als ›ursprünglich‹, weil er die Vorgeschichte des Kapitals und der ihm entsprechenden Produktionsweise bildet.«[7] Sodann arbeitet Marx den historischen Werdegang beider Stränge »des Scheidungsprozesses des Arbeiters vom Eigentum an seinen Arbeitsbedingungen und der Verwandlung der Lebensbedingungen und Produktionsmittel in Kapital« teils deskriptiv, teils analytisch und Schritt für Schritt heraus.

Im langwierigen Prozess sozialer Auseinandersetzungen zwischen den feudalen Bastionen und der aufsteigenden Bourgeoisie findet die Trennung der großen Masse der arbeitenden Menschen vom Grund und Boden und ihren handwerklichen Kleinbetrieben statt. Erst diese historisch neuartige soziale Selektion führte zur Entstehung der Lohnarbeit. In einer ebenso langwierigen parallelen Entwicklung entsteht aus reich gewordenen Kleinbauern, ehrgeizigen Handwerkern und den Manufakturbesitzern der industrielle Kapitalist, und zwar am Ende einer Kette der ineinandergreifenden Stufen der Reichtumsproduktion durch Ausbeutung der Lohnarbeit sowie durch den kolonialistischen Raub der Reichtümer anderer Länder und die Entstehung funktionierender Kreditinstitutionen. Beide Stränge dieser historischen Transformation, die Entstehung des Lohnarbeiters und die Herausbildung des industriellen Kapitalisten, gehen in England über mehrere Jahrhunderte Hand in Hand. Der innere Markt ist das ökonomische und gesellschaftliche Transmissionsmedium, der beide Seiten der Maschinerie und der Kapitalakkumulation miteinander verzahnt und jene sozialen, technisch-wissenschaftlichen und kulturellen Antriebskräfte mobilisiert, die erforderlich sind, um die erste industrielle Revolution anzukurbeln.

Dieser historisch in diesem Umfang und in dieser Intensität einmalige Vorgang der Lostrennung der Menschen von ihren bäuerlichen Wurzeln und ihrer Unterordnung unter die neue Lebensweise in den neu entstandenen Standorten für den kapitalistischen Betrieb in den Städten stellte an die überkommenen staatlichen Institutionen neue Anforderungen. Die Ungleichzeitigkeit der Lostrennung vom alten und die Absorption vom neuen sozialen und ökonomischen Umfeld erzeugten Elend, Armut und Vagabundentum großer Menschenmassen in einem bis dato nie gekannten Ausmaß. Auch die nach außen gerichtete koloniale Expansion, die mit der nach innen gerichteten sozialen Umwälzung einherging, brachte vielfältige politische und militärische Anforderungen an dieselben staatlichen Strukturen mit sich. So entwickelte sich ein nach innen und nach außen gewaltsam agierender Staat. In diesem vorbürgerlichen Nationalstaat, der die Geburt des Kapitalismus begleitet und als eine Art Hebamme mit vorantreibt, scheint sich der Geist der nackten Gewalt – des dominierenden Herrschaftsmittels

---

[7] Marx 1962c: 742.

– der aussterbenden feudalen Gesellschaft mit der Rationalität des Geistes der im Entstehen begriffenen neuen Gesellschaft (Disziplin, Effizienz, Geschwindigkeit im Produktionsprozess, Kostensenkung) mit einer neuartigen Brutalität synthetisch gegen die Gattung Mensch verbündet zu haben. Die Entstehung des Kapitalismus (die ursprüngliche Akkumulation) stützte sich insofern auf vier Säulen: die Entstehung 1. des Lohnarbeiters, 2. des industriellen Kapitalisten, 3. des inneren Marktes und 4. der staatlichen Gewaltherrschaft. Diese begann in England Anfang des 15. Jahrhunderts und war am Ende des 18. Jahrhunderts weitgehend abgeschlossen. Der Auflösung der alten Gesellschaft und dem Beginn der neuen Epoche voller Entfaltung kapitalistischer Gesetzmäßigkeiten stand nichts mehr im Wege. Es bietet sich an, dazu Marx selbst ausführlich zu vernehmen: »So wurde das von Grund und Boden gewaltsam expropriierte, verjagte und zum Vagabunden gemachte Landvolk durch grotesk-terroristische Gesetze in eine dem System der Lohnarbeit notwendige Disziplin hineingepeitscht, -gebrandmarkt, -gefoltert. Es ist nicht genug, daß die Arbeitsbedingungen auf den einen Pol als Kapital treten und auf den andren Pol Menschen, welche nichts zu verkaufen haben als ihre Arbeitskraft. Es genügt auch nicht, sie zu zwingen, sich freiwillig zu verkaufen. Im Fortgang der kapitalistischen Produktion entwickelt sich eine Arbeiterklasse, die aus Erziehung, Tradition, Gewohnheit die Anforderungen jener Produktionsweise als selbstverständliche Naturgesetze anerkennt. Die Organisation des ausgebildeten kapitalistischen Produktionsprozesses bricht jeden Widerstand, die beständige Erzeugung einer relativen Übervölkerung hält das Gesetz der Zufuhr von und Nachfrage nach Arbeit und daher den Arbeitslohn in einem den Verwertungsbedürfnissen des Kapitals entsprechenden Gleise, der stumme Zwang der ökonomischen Verhältnisse besiegelt die Herrschaft des Kapitalisten über den Arbeiter. Außerökonomische, unmittelbare Gewalt wird zwar immer noch angewandt, aber nur ausnahmsweise. Für den gewöhnlichen Gang der Dinge kann der Arbeiter den ›Naturgesetzen der Produktion‹ überlassen bleiben, d.h. seiner aus den Produktionsbedingungen selbst entspringenden, durch sie garantierten und verewigten Abhängigkeit vom Kapital. Anders während der historischen Genesis der kapitalistischen Produktion. Die aufkommende Bourgeoisie braucht und verwendet die Staatsgewalt, um den Arbeitslohn zu ›regulieren‹, d.h. innerhalb der Plusmacherei zusagender Schranken zu zwängen, um den Arbeitstag zu verlängern und den Arbeiter selbst in normalem Abhängigkeitsgrad zu erhalten. Es ist dies ein wesentliches Moment der sog. ursprünglichen Akkumulation.«[8]

---

[8] Ebd.: 765f.

Ist das Kapitalverhältnis einmal aus den seinem Wesen nach fremden vorkapitalistischen Bedingungen hervorgegangen, so folgt das Kapital seiner eigenen inneren Logik der Kapitalverwertung und Kapitalakkumulation. Einerseits hebt sich der Kapitalismus mit allen seinen Funktionsmechanismen von seinem historischen Ursprung, dem europäischen Feudalismus, ab. Andererseits ist er in Wirklichkeit weiterhin in einem vorkapitalistischen Umfeld eingebettet, das räumlich Europa und den gesamten Globus umfasst. Im Grunde genommen bildet der Globus das Umfeld des Kapitalismus im Norden, in dem sich der Prozess der ursprünglichen Akkumulation immer noch fortsetzt.[9] Im Zeitalter der Globalisierung verzahnen sich beide Seiten des globalen Kapitalismus dialektisch und in verheerender Weise: Einerseits gerät die ursprüngliche Akkumulation in allen Transformationsgesellschaften des Südens und des Ostens unter den Konkurrenzdruck des entwickelten Kapitalismus des Nordens. Und andererseits begünstigen diese Bedingungen der ursprünglichen Akkumulation in Entwicklungsgesellschaften ihrerseits den Siegeszug der neoliberalen Konterrevolution in den kapitalistischen Kernländern, indem sich auch hier mehr oder weniger die Methoden der ursprünglichen Akkumulation wie Lohndumping, Verlängerung der Arbeitszeit oder Zunahme des sozialen und psychologischen Elends für Millionen Menschen wiederholen.

3. Die Verwandlung des Profits in Grundrente

In der kapitalistischen Gesellschaft resultiert die Grundrente daraus – um wie oben angekündigt das zweite Beispiel über das Verhältnis des Logischen Kapitals zu dessen historischem Umfeld zu illustrieren –, dass das Kapital den Mehrwert mit einer ihm äußerlichen und systemfremden Eigentümerklasse teilen muss, die ihre sozialen und politischen Wurzeln historisch gesehen im europäischen Feudalismus hat und als Grundeigentümerklasse längst vor der Entstehung der Kapitalistenklasse präsent ist: »Die Analyse des Grundeigentums in seinen verschiedenen geschichtlichen Formen liegt jenseits der Grenzen dieses Werkes«, schreibt Marx in der Einleitung des sechsten Abschnittes des 3. Bandes des »Kapital«, um an derselben Stelle zu erläutern, warum er sich nur mit einer spezifischen Form des Grundeigentums befasst: »Wir beschäftigen uns nur mit ihm, soweit ein Teil des vom Kapital erzeugten Mehrwerts dem Grundeigentümer anheimfällt. Wir

---

[9] Vgl. dazu auch die Ausführungen Ernest Mandels in seinem Hauptwerk »Der Spätkapitalismus« (Mandel 1972: 55ff.).

unterstellen also, daß die Agrikultur, ganz wie die Manufaktur, von der kapitalistischen Produktionsweise beherrscht, d.h. daß die Landwirtschaft von Kapitalisten betrieben wird, die sich von den übrigen Kapitalisten zunächst nur durch das Element unterscheiden, worin ihr Kapital und die von diesem Kapital in Bewegung gesetzte Lohnarbeit angelegt ist. ... Die von uns betrachtete Form des Grundeigentums ist eine spezifisch historische Form desselben, die durch die Einwirkung des Kapitals und der kapitalistischen Produktionsweise *verwandelte* Form, sei es des feudalen Grundeigentums, sei es der als Nahrungszweig betriebnen kleinbäuerlichen Agrikultur, worin der *Besitz* von Grund und Boden als eine der Produktionsbedingungen für den unmittelbaren Produzenten und sein *Eigentum* am Boden als die vorteilhafteste Bedingung, als Bedingung der Blüte *seiner* Produktionsweise erscheint.«[10]

Marx entwickelt in diesem Abschnitt die bereits von Adam Smith und David Ricardo formulierten Ansätze zur Theorie der Grundrente einerseits systematisch in aller Ausführlichkeit und Differenzierung (Absolute Rente, Differentialrente I + II.) weiter. Andererseits kann er mit Bezug auf die Geschichte und die Einbeziehung einer neben der Kapitalistenklasse existierenden Klasse der Grundeigentümer mit den eigenen vom Kapital unabhängigen gesellschaftlichen Machtressourcen erklären, weshalb das Kapital sich die im kapitalistischen Akkumulationskreislauf erzeugte Mehrwert- bzw. Profitmasse mit der Grundeigentümerklasse teilen muss und wie sich letztere einen Teil des Profits als Grundrente aneignet.

Der Leser mag hier schon ahnen, zu welch weitreichenden und Erkenntnis fördernden Schlussfolgerungen die Marx'sche Methode der Absonderung des Logischen vom Historischen Kapitalismus und die synthetische Verbindung beider Ebenen führen kann: In kapitalistischen Gesellschaften können neben den Kapitalisten grundsätzlich auch soziale Gruppen an der Verteilung des Mehrwerts bzw. der gesamten Wertschöpfung teilnehmen, sofern sie über die Fähigkeit verfügen, gesellschaftliche Ressourcen zu monopolisieren. Im 3. Band des »Kapital« geht es zwar um die Grundeigentümer, die durch die Monopolisierung des landwirtschaftlichen Grund und Bodens eine mächtige soziale Gruppe darstellen. Im Prinzip kann dieses Muster der Mehrwertaufteilung jedoch auf alle monopolisierbaren Ressourcen (Energiequellen, Rohstoffe, Gewässer, Standorte etc.), aber auch auf alle monopolisierbaren *gesellschaftlichen* Ressourcen (Medien, Wissen, Bildung, künstlerische Fähigkeiten) übertragen werden. Um die spezifischen Formen dieser

---

[10] Marx 1983b: 627.

Art von Mehrwertaneignung zu ermitteln, bedarf es allerdings der genauen Analyse der Besonderheiten des jeweiligen Monopols.[11] Mit anderen Worten: Für die Analyse der kapitalistischen Wirklichkeit reicht die Analyse der logischen Bewegung des Kapitals allein nicht aus. Sie muss vor allem durch die spezielle Analyse von gesellschaftlichen Machtressourcen vervollständigt werden, die entweder als Relikt vorkapitalistischer Epochen schon da sind oder jeweils neu entstehen und die Fähigkeit erlangen, die Teilhabe am erzeugten Reichtum durchzusetzen, ohne selbst eine eigene Leistung vollbracht zu haben. Tatsächlich ist die Geschichte des Kapitalismus seit seiner Entstehung in England bis zu seiner Globalisierung heute voll von allerlei monopolistischen Strukturen und Machtpotenzialen, die einer eigenen Logik folgen und sich neben und im Kapitalismus herausbilden. Monopolistische Machtressourcen folgen in der Regel der eigenen Logik der Teilhabe am produzierten Reichtum und an der Konservierung bestehender Verhältnisse, während die kapitalistische Logik die Tendenz hat, Verhältnisse zu revolutionieren und die Produktion von Reichtümern zu koordinieren. Als Beispiel kann auf die besondere monopolistische Macht der privaten oder staatlichen Eigentümer an natürlichen Ressourcen (fossile Energien, Mineralien) verwiesen werden,[12] ohne deren gesonderte Analyse jedwede Kapitalismuskritik unvollständig wäre.

4. Methodisches Resümee

Eine Kapitalismuskritik, die für sich den Anspruch erhebt, Handlungsstrategien zu formulieren, die der historischen Situation jeweils angemessen sind, kommt nicht umhin, die komplexe Wirklichkeit als synthetisches Ergebnis des Verhältnisses zwischen der Kapitalbewegung, die ihren logischen Gesetzmäßigkeiten folgt, und dem historisch spezifischen Umfeld zu begreifen sowie die Komplexität durch die Trennung der Analyseebenen zu reduzieren. Eines der herausragenden Merkmale der wissenschaftlichen Leistung von Marx besteht nicht zuletzt auch in der Durchdringung der logischen und der historischen Seite der kapitalistischen Wirklichkeit. In der kapitalistischen Gesellschaft beeinflussen sich die inneren Gesetzmäßigkeiten des Kapitalismus und die vielschichtigen gesellschaftlichen Faktoren in ihrem Umfeld gegenseitig – analog dazu die Naturgesetze, die nicht iso-

---

[11] Siehe dazu auch die Ausführungen zur Machttheorie im nächsten Kapitel.
[12] Ausführlicher dazu s. Massarrat 1993: 180ff. und 247ff.; derselbe 2000: 74ff. und 171f. und derselbe 2006: 127f.

liert wirken, sondern unter Einfluss ihrer unmittelbaren Umgebung stehen. Beispielsweise fallen Gegenstände von welcher Höhe auch immer niemals so auf den Boden, wie sie herunterfallen würden, wenn ihre Fallbewegung ausschließlich von der Erdanziehungskraft bestimmt wäre. Der tatsächliche Verlauf der Fallbewegung ergibt sich vielmehr aus dem Zusammenwirken der Erdanziehungskraft und anderer unabhängig davon wirkender Kräfte, wie beispielsweise der Windkraft, die den Verlauf der Fallbewegung mit beeinflusst. Ohne methodische Selektion zahlreicher in verschiedene Richtungen weisender Kräfte wäre die Flugtechnik und erst recht die Mondlandung nicht möglich gewesen.

Dieser Vergleich sollte allerdings nicht darüber hinwegtäuschen, dass Analysen der gesellschaftlichen Wirklichkeit um ein Vielfaches komplizierter sind als die Analyse des Zusammenwirkens der Naturkräfte. Für die Entdeckung der reinen Gesetzmäßigkeiten der Kapitalbewegung bedurfte es jedenfalls der außergewöhnlichen Fähigkeiten der Abstraktion und der gedanklichen Rekonstruktion eines Genies wie Karl Marx, dem es gelang, die einzelnen Bewegungsmomente des Kapitalismus nicht nur in ihrer logischen Abfolge und in deren historischem Entstehungsprozess, sondern auch in ihrer Totalität präzise zu beschreiben und die zukünftige Entwicklung bis hin zur Globalisierung vorauszusagen.»… was viel wichtiger für uns ist«, schreibt Marx in den »Grundrissen«, »zeigt unsre Methode die Punkte, wo die historische Betrachtung hereintreten muß, oder wo die bürgerliche Ökonomie als bloß historische Gestalt des Produktionsprozesses über sich hinausweist auf frühre historische Weisen der Produktion. Es ist daher nicht nötig, um die Gesetze der bürgerlichen Ökonomie zu entwickeln, die *wirkliche Geschichte der Produktionsverhältnisse* zu schreiben. Aber die richtige Anschauung und Deduktion derselben als selbst historisch gewordner Verhältnisse führt immer auf erste Gleichungen – wie die empirischen Zahlen z.B. in der Naturwissenschaft –, die auf eine hinter diesem System liegende Vergangenheit hinweisen. Diese Andeutungen, zugleich mit der richtigen Fassung des Gegenwärtigen, bieten dann auch den Schlüssel für das Verständnis der Vergangenheit – eine Arbeit für sich, an die wir hoffentlich auch noch kommen werden. Ebenso führt diese richtige Betrachtung andrerseits zu Punkten, an denen die Aufhebung der gegenwärtigen Gestalt der Produktionsverhältnisse – und so foreshadowing der Zukunft, werdende Bewegung sich andeutet.«[13] Die bisherigen Überlegungen erlauben mir hinsichtlich der logischen und der historischen Analyseebenen folgende methodische Schlussfolgerungen:

---

[13] Marx 1983a: 373.

Der Logische Kapitalismus ist ein System der Kapitalakkumulation mit unendlich vielen Einzelkapitalien, deren Bewegungen sowohl die Dynamik und die Schwankungen wie aber auch Gleichgewichtszustände hervorrufen. In diesem System werden sowohl Kapitalisten wie Lohnarbeiter als bereits existent vorausgesetzt. Es herrscht vollständige Konkurrenz, zwischen allen Bestandteilen des Systems findet ein ungehinderter Austausch statt. Die Summe aller Preise deckt sich mit der Summe aller Werte, was impliziert, dass auch die Ware Arbeitskraft zum vollen Wert entlohnt wird. Der Logische Kapitalismus ist in der historisch materialistischen Betrachtung eine logische Konstruktion, wie die Figur des homo oeconomicus in der Nationalökonomie.

Der Historische Kapitalismus umfasst dagegen die historisch jeweils wahrnehmbare Realität der kapitalistischen Gesellschaft als Synthese von Logischem Kapitalismus und den gesamten wirkungsmächtigen Faktoren im kapitalistischen Umfeld. Dieses Umfeld ist in Abhängigkeit von Raum und Zeit sehr verschieden und die eigentliche Ursache für den jeweils historisch, also in verschiedenen Epochen, Regionen und Ländern vorzufindenden Typ des Kapitalismus. In der Nationalökonomie werden diese unterschiedlichen Umstände als *Dilemmastrukturen* bezeichnet, die den homo oeconomicus jeweils formen.[14]

Mit anderen Worten, der Logische Kapitalismus folgt ausschließlich den Gesetzmäßigkeiten der Kapitalakkumulation in ihrer Reinheit und unabhängig von äußeren Gegebenheiten. Er ist eine von der geschichtlichen Wirklichkeit losgelöste Konstruktion zur rationalen Aneignung der äußerst vielfältigen Wirklichkeit. Erst durch die synthetische Verzahnung der reinen Gesetzmäßigkeiten mit den jeweils so unterschiedlichen Gegebenheiten entsteht der wirkliche, eben der Historische Kapitalismus, den wir in zahlreichen Erscheinungsformen kennen. In Europa entwickelte sich der Kapitalismus als industrieller Kapitalismus, in Übersee – und entsprechend der damaligen internationalen Arbeitsteilung und der steigenden europäischen Nachfrage nach Agrarprodukten – dagegen ursprünglich als agrikultureller Kapitalismus. In den asiatischen Inselstaaten Singapur, Malaysia, Hongkong etablierte sich wegen ihrer Standorte ein Konsumgüterkapitalismus, in den skandinavischen Staaten dominiert noch heute der Keynesianische Kapitalismus, während in den Ländern Westeuropas dieser längst durch den Neoliberalen Kapitalismus abgelöst worden ist. In Westeuropa ist der Kapitalismus historisch mit fossilen Energiequellen, vor allem diversen Kohlearten, in den USA viel stärker mit Öl zusammengewachsen. Er wird aber nicht

---

[14] Homann/Suchanek 2005: 389ff.

zusammenbrechen, wenn sämtliche Kohle- und Ölressourcen aufgebraucht sind. Der Kapitalismus kann auch mit der Solarenergie auskommen und mit dieser unerschöpfbaren Energiequelle möglicherweise sogar eine höhere Stabilität aufweisen.[15] Er kann in Imperialismus ausarten, aber auch ohne ihn auskommen. Ich verwende in diesem Zusammenhang hier den Begriff *ausarten*, weil der Imperialismus, wie ich es später im 4. Kapitel ausführlicher begründen werde, nur als Synthese von Kapitalakkumulation und einem bestimmten historischen Umfeld und nicht zwingend als Systemkomponente zu begreifen ist. Die Unterscheidung zwischen dem Logischen und dem Historischen Kapitalismus und die Trennung zwischen inneren Gesetzmäßigkeiten der Kapitalakkumulation und deren jeweils historischem Umfeld soll zuletzt auch zur Klärung des Verhältnisses zwischen Kapitalismus und Imperialismus dienen. In einem Land wie den Vereinigten Staaten etabliert sich ein militär-industriell-dominierter Kapitalismus, während der Kapitalismus in Japan und Westdeutschland nach dem Zweiten Weltkrieg gerade wegen einer von außen gesetzten politischen Rüstungsrestriktion (Verbot von Rüstungsproduktion durch die alliierten Siegermächte) florierte. In beiden Ländern wurden Kapital und Arbeit in produktiven Branchen eingesetzt und dadurch die Wettbewerbsfähigkeit ihrer Ökonomien auf dem Weltmarkt drastisch gesteigert, statt sie in einem unproduktiven Zweig zu vergeuden.

Während der Kapitalismus im Iran – um ein anderes Beispiel zu nennen – sich seit über hundert Jahren zunächst mit einer diktatorischen Monarchie und dann mit der islamisch-theokratischen Despotie herumschlägt, um in einem rentierstaatlich-klientelistisch unproduktiven System stecken zu bleiben, benötigt er in den asiatischen »Tigerstaaten«, Singapur, Malaysia, Hongkong, dank besonders günstiger Standorte und hoher Bevölkerungsdichte, nur weniger als drei Jahrzehnte, um sich weitestgehend durchzusetzen und den Anschluss an den kapitalistischen Norden zu erreichen.

Der Kapitalismus ist – entgegen einer weit verbreiteten Annahme – nicht einmal an eine bestimmte Eigentumsform organisch gekoppelt. Das Privateigentum ist zwar bisher die dominante Grundlage des Kapitalismus. Diese Eigentumsform konnte offensichtlich ziemlich leicht auch im Kapitalismus fortbestehen, weil sie schon im Feudalismus das Rückgrat der europäischen Gesellschaften bildete. Der Kapitalismus setzt zwar die Trennung der unmittelbaren Produzenten, wie Marx sagen würde, voraus, diese

---

[15] Insofern sind Annahmen, der Kapitalismus würde ohne fossile Basis zusammenbrechen und das solare Zeitalter widerspräche den kapitalistischen Mechanismen und Triebkräften, wie Elmar Altvater unterstellte, durch die Realität nicht gedeckt, Altvater 2006: 72ff., 86f., 212f.

könnten sich unter den Bedingungen moderner Großproduktion jedoch in Genossenschaften wieder vereinen, die weiterhin und solange kapitalistisch bleiben, wie sie in Konkurrenz zueinander stehen und solange ihre Beziehung untereinander durch Wertproduktion und Profitmaximierung und die Arbeitsteilung über Märkte und den Warenaustausch koordiniert wird. Der Kapitalismus kann also unter Bedingungen der genossenschaftlichen Eigentumsform weiter bestehen, wie er auch als Staatskapitalismus sich in zahlreichen Staaten – wie in Russland – etablierte oder gar unter der Kontrolle einer kommunistischen Partei, wie in China, über einen längeren Zeitraum Wachstumsraten hervorrufen kann, die kein kapitalistischer Staat mit Privateigentum zuvor hervorgebracht hatte.

5. Das historische Umfeld

Man mag nun erkennen, dass es zahlreiche Formen von real existierenden *Historischen Kapitalismen* gibt, die sich in ihrer spezifischen Struktur – z.b. mit starkem Rüstungssektor wie auch ohne jedwede Rüstungsproduktion – ausschließlich durch verschiedene spezifisch vorgegebene äußere Umstände unterscheiden, wenngleich ihnen allen dieselben systemimmanenten Gesetzmäßigkeiten – derselbe *Logische Kapitalismus* – innewohnen. Welches sind aber nach dieser Betrachtungsweise die spezifisch historischen Faktoren, die den Logischen Kapitalismus formen, den Typus, die Dynamik und die Erscheinungsformen desselben prägen? Grundsätzlich sind zwei voneinander qualitativ unterscheidbare Rahmenbedingungen möglich:

Erstens ist es das natürliche Umfeld, das Faktoren wie Bevölkerungsgröße, Klima, Bodenfruchtbarkeit, Rohstoffreichtum und territoriale Größe eines Staates umfasst. Während beispielsweise in Europa der Kapitalismus spätestens in der zweiten Hälfte des 19. Jahrhunderts an territoriale, Ressourcen bedingte Schranken stößt und imperialistische Kriege veranstaltet, befindet er sich in den Vereinigten Staaten zu diesem Zeitpunkt noch in voller Entfaltung, nachdem der Kapitalismus erst im Zuge der Auswanderung von Millionen Europäern und Nichteuropäern in die dünn besiedelten Territorien gigantischen Ausmaßes und nach der Beendigung von Bürgerkriegen zu gedeihen begonnen hatte.

In Großbritannien, Frankreich und Deutschland geben die eigenen Kohlevorkommen der Industrialisierung und dem Kapitalismus erheblichen Auftrieb, während der italienische Kapitalismus hinterherhinkt, obwohl sich der Warenaustausch und die kapitalistische Industrieproduktion in den norditalienischen Städten früher als anderswo entwickelt hatten. Historiker mögen die Etappen kapitalistischer Entwicklung in verschiedenen Regionen unterschiedlich beurteilen. Es dürfte aber unstrittig sein, dass die äußeren natürlichen Rahmenbedingungen den Verlauf kapitalistischer Entwicklung, damit also den Historischen Kapitalismus, in verschiedenen Ländern und Regionen beeinflussten.

Zweitens sind es die jeweils vorherrschenden vorkapitalistischen Bedingungen, unter denen die ursprüngliche Akkumulation des Kapitals stattfindet. Europa, das für sich gerade nicht beanspruchen kann, ein Hort von tausendjähriger Hochkultur und Zivilisation gewesen zu sein, bot offensichtlich die besten sozialen und politischen Voraussetzungen für die Entstehung und das Gedeihen des Kapitalismus, während er sich in allen Hochkulturen wie z.B. Indien, China, Iran auch heute noch mit erheblichen Anstrengungen und nur durch den äußeren Druck des Weltmarktes durchsetzen kann.

Aber es sind auch die historisch gewachsenen Machtpotenziale, die – der eigenen Logik folgend – dem Logischen Kapitalismus symbiotisch ihren Stempel aufdrücken. Die Begründung für die Eigenständigkeit von Macht gegenüber dem Kapital erfolgte ausführlich an einer anderen Stelle.[16] Hier beschränke ich mich lediglich auf den zentralen Unterschied zwischen der Logik der Macht und der Logik des Kapitals. Die Logik der Macht entspringt aus ihrer Kernfunktion der Monopolisierung gesellschaftlicher Ressourcen. Ohne die Möglichkeit und Fähigkeit von Monopolisierung verschwindet auch die materielle Basis der Macht. Ihre Logik folgt insofern der monopolistischen Anhäufung von Machtinstrumenten und der monopolistischen Aneignung von Ressourcen unterschiedlichster Art, beispielsweise Aneignung von Grund und Boden, Energie- und Wasserquellen bis zum Saatgut aus den entferntesten Ecken der Welt. Die Vermehrung der Macht besteht demnach darin, deren materielle Grundlage (z.B. Zahl der Panzer, Atomsprengköpfe und Trägersysteme, aber auch der Umfang von Grund und Boden, Energiequellen etc.) zu vergrößern.

Im Unterschied dazu folgt das Kapital einer Logik, die der monopolistischen Logik der Macht diametral entgegengesetzt ist: nämlich der Logik der Konkurrenz. Der Kapitalismus und sein Zweck, nämlich die Produktion des abstrakten Reichtums, der die historische Transformation in das moderne Zeitalter hervorbrachte, setzt die Konkurrenz verschiedener Kapitale voraus. Macht und Machtvermehrung konservieren die Verhältnisse, während das Kapital sie revolutioniert. Machtlogik neigt zur Stagnation, Kapitallogik zur Dynamik. Damit ist allerdings nicht gesagt – um möglichen Missverständnissen vorzubeugen –, dass Kapitalismus und Macht keinerlei

---

[16] Massarrat 2006, Kapitel 2.

Symbiosen eingehen können, ganz im Gegenteil. Diese Symbiose ist, wie an einer anderen Stelle näher ausgeführt werden soll, sogar der materielle Kern verschiedener historischer Kapitalismen.[17]

6. Mythos Realisierungsproblem (strukturelle Überproduktion): ein folgenreiches Missverständnis

Die überwiegende Mehrheit der Linken und der Kapitalismuskritiker (von Lenin und Rosa Luxemburg vor über hundert Jahren bis David Harvey heute) gehen von der Annahme aus, dass es im Kapitalismus ein strukturelles Problem der überschüssigen Warenproduktion bzw. Unterkonsumption gibt und dass deshalb ein Teil des produzierten Mehrwerts nicht realisiert werden kann. Dieses Strukturproblem sei nicht nur die Hauptursache der kapitalistischen Krisen, es stelle den Kapitalismus stets auch vor die Herausforderung, neue Absatzgebiete zu schaffen, notfalls gewaltsam. Stellte die Eroberung neuer Absatzgebiete, beispielsweise für Lenin, einen Grund neben anderen Faktoren für den Imperialismus um die Wende des 19. zum 20. Jahrhundert dar, so machte Rosa Luxemburg die angeblich strukturelle Überproduktion als den entscheidenden Faktor für den Imperialismus verantwortlich.[18] Das Realisierungsproblem spielt so oder so bei nahezu sämtlichen Kapitalismuskritikern eine wichtige Rolle, seitdem das Kapital von Marx publiziert worden ist. Ein Grund dafür ist, dass Marx selbst häufig vom Widerspruch zwischen dem Zwang der schrankenlosen Entwicklung der Produktivkräfte und den Schranken der Konsumptionskraft im kapitalistischen Kreislauf spricht, und damit der Annahme Nahrung gibt, dass der Kreislauf der kapitalistischen Akkumulation schon auf logischer Ebene ein ungleichgewichtiges System ist, in dem das Angebot an Waren strukturell die gesamtgesellschaftliche Nachfrage übersteigt.

Ein weiterer Grund für die Annahme der strukturellen Überproduktion mag auch der Umstand gewesen sein, dass in der Geschichte des Kapitalismus die Überproduktion sehr oft zu einer wirklichen Herausforderung für kapitalistische Nationen geworden ist und auch immer noch wird. Wenn aber die Ursache solcher sich wiederholender Fälle nicht im Kapitalverhältnis selbst liegt, sondern aus dem historischen Umfeld des Kapitals resultieren, z.b. durch Bevölkerungsüberschuss und sinkende Löhne, dann hätten

---

[17] Siehe dazu auch Kapital 2 in diesem Buch.
[18] Für eine ausführliche Kritik der klassischen Imperialismustheorien siehe Kapitel 4.

wir ja kein strukturelles Problem der Überproduktion und auch kein Realisierungsproblem, sondern ein spezifisch historisches Problem, das politisch gelöst werden muss. Ich werde bei der Analyse des Freihandels- und Konkurrenzkapitalismus zeigen, dass in der Tat die historischen Rahmenbedingungen dafür verantwortlich waren, dass es in Europa über ein Jahrhundert und kontinuierlich das Problem der Überschussproduktion und Überakkumulation tatsächlich gegeben hat, das mal friedlich und durch den Außenhandel gelöst worden ist, mal aber auch zum Imperialismus geführt hat.[19]

An dieser Stelle soll jedoch gezeigt werden, dass der kapitalistische Kreislauf in Reinform keine Überproduktion produziert und auch Marx selbst begonnen hatte, Elemente für eine Gesamttheorie zu formulieren, dass der Kapitalismus ein dynamisches System von Produktion und Konsum ist, in dem sich Überproduktion und Unterkonsumtion die Hand reichen, um stets neue gleichgewichtige Zustände auf den Märkten herzustellen. Bei der Analyse des Gesetzes des »tendenziellen Falls der Profitrate« gibt Marx im dritten Abschnitt im Kapital, Band 3, wichtige Hinweise auf die von Luxemburg behauptete angeblich ungelöste Frage. Dazu untersucht er in mehreren aufeinander bezogenen Kapiteln die Bedingungen aller denkbaren und sich teilweise entgegenwirkenden Veränderungen der Komponenten der Profitrate.

Im Einzelnen geht es in den Kapiteln 13 bis 15 im 3. Band um die Untersuchung der Veränderungen von a) der Mehrwertrate, b) des Lohnniveaus einschließlich des »Herunterdrückens des Arbeitslohns unter den Wert«, c) die Verbilligung der Elemente des konstanten Kapitals, d) die »überschüssige« Bevölkerung bzw. überflüssig gemachten Arbeitskräfte und schließlich e) die Untersuchung der Auswirkungen des auswärtigen Handels und der internationalen Arbeitsteilung.[20] Erst durch die Analyse des Zusammenwirkens dieser Variablen in einem hochkomplexen und aus unendlich vielen Einzelkapitalien bestehenden System im Wege der logischen Reflexion kann es gelingen, das Innenleben des Kapitalismus, die vermittelnde Funktion der Konkurrenz und deren Gradmesser, die Profitrate, als Folge der Veränderungen innerhalb der Einzelkapitale und als Folge der Bewegung der Einzelkapitale innerhalb eines Produktionszweigs und zwischen den Pro-

---

[19] Dazu siehe Kapitel 3.

[20] Hier liefert Marx im Ansatz eine *Theorie der Komparativen Profitraten* (Marx 1983b: 221ff.) als Theorie der internationalen Arbeitsteilung analog zu Ricardos *Theorie der Komparativen Kostenvorteile*, die nicht von den Verwertungsbedingungen des Kapitals, sondern von den Kosten bzw. Wohlstandseffekten des Handels ausgehend die Zweckmäßigkeit und Vorteile der internationalen Arbeitsteilung begründet. Ricardo 1972.

duktionszweigen – freilich in absolut theoretischer Reinheit – bis in die Details und zusammenhängend zu erforschen.

Wer also das Wesen und die Funktionsweise des Kapitalismus in Reinform und unabhängig von historischen Rahmenbedingungen verstehen will, dem bleibt die gründliche Lektüre der Abschnitte zwei und vor allem drei im 3. Band des »Kapital« und die Einordnung Marxscher Hinweise in sein Denkgebäude nicht erspart. »Diese verschiednen Einflüsse« der Variablen, die Marx als für die Veränderung der Profitrate entscheidend nennt, um sie schließlich zusammenzubringen, »machen sich bald mehr nebeneinander im Raum, bald mehr nacheinander in der Zeit geltend; periodisch macht sich der Konflikt der widerstreitenden Agentien in Krisen Luft. Die Krisen sind immer nur momentane gewaltsame Lösungen der vorhandnen Widersprüche, gewaltsame Eruptionen, die das gestörte Gleichgewicht für den Augenblick wiederherstellen. Der Widerspruch, ganz allgemein ausgedrückt, besteht darin, daß die kapitalistische Produktionsweise eine Tendenz einschließt nach absoluter Entwicklung der Produktivkräfte, abgesehn vom Wert und dem in ihm eingeschloßnen Mehrwert, auch abgesehn von den gesellschaftlichen Verhältnissen, innerhalb deren die kapitalistische Produktion stattfindet: während sie andrerseits die Erhaltung des existierenden Kapitalwerts und seine Verwertung im höchsten Maß (d.h. stets beschleunigten Anwachs dieses Werts) zum Ziel hat.«[21]

Der Widerspruch macht sich immer wieder »in Krisen Luft«, weil die Kapitalverwertung immer wieder an die Grenzen der beschränkten Konsumptionskapazität der Gesellschaft stößt: »Die Bedingungen der unmittelbaren Exploitation und die ihrer Realisation sind nicht identisch. Sie fallen nicht nur nach Zeit und Ort, sondern auch begrifflich auseinander. Die einen sind nur beschränkt durch die Produktivkraft der Gesellschaft, die andren durch die Proportionalität der verschiednen Produktionszweige und durch die Konsumtionskraft der Gesellschaft. Diese letztere ist aber bestimmt weder durch die absolute Produktionskraft noch durch die absolute Konsumtionskraft; sondern durch die Konsumtionskraft auf Basis antagonistischer Distributionsverhältnisse, welche die Konsumtion der großen Masse der Gesellschaft auf ein nur innerhalb mehr oder minder enger Grenzen veränderliches Minimum reduziert.«[22] Wenn Marx hier versucht, präzise zu definieren, was er mit Konsumptionskraft meint, so arbeitet er die Elemente des »logischen« Kapitalismus heraus, weil sich seine Überlegungen bei der Analyse der Veränderungen der Profitrate im Rahmen des logischen Kapi-

[21] Marx 1983b: 259.
[22] Ebd.: 254.

talismus abspielt und weil er zunächst von allen Faktoren, die vom Kapitalismus unabhängig sind, abstrahiert und auch abstrahieren muss. Beispielsweise unterscheidet er zwischen der »absoluten Konsumptionskraft«, die alle Menschen meint, die ausgehend von ihrem natürlichen Bedürfnis konsumieren würden und jener »Konsumptionskraft auf der Basis antagonistischer Distributionsverhältnisse«, die auch über Kaufkraft verfügen und daher auch konsumieren können, somit als Arbeitskräfte (oder variables Kapital) Bestandteil des Systems sind.

Der gleiche Unterschied gilt auch zwischen der »absoluten Produktionskraft« und der tatsächlichen im System integrierten Produktionskraft. Warum aber die gesellschaftliche Basis der Konsumption (zahlungsfähiger Nachfrage) stets auf »ein nur innerhalb mehr oder minder enge Grenzen veränderliches Minimum reduziert« wird, erklärt Marx ein paar Seiten weiter: »Mit Bezug auf die angewandte Arbeitskraft zeigt sich die Entwicklung der Produktivkraft wieder doppelt: Erstens in der Vermehrung der Mehrarbeit, d.h. der Abkürzung der notwendigen Arbeitszeit, die zur Reproduktion der Arbeitskraft erheischt ist. Zweitens in der Abnahme der Menge von Arbeitskraft (Arbeiterzahl), die überhaupt angewandt wird, um ein gegebnes Kapital in Bewegung zu setzen. Beide Bewegungen gehen nicht nur Hand in Hand, sondern bedingen sich wechselseitig, sind Erscheinungen, worin sich dasselbe Gesetz ausdrückt.«[23]

Die Leserin, der Leser, mag erkennen, dass Marx hier genau den Prozess der Produktivitätsentwicklung und der Freisetzung der Arbeitskraft – weshalb auch die zahlungsfähige Nachfrage stets auf ein Minimum reduziert wird – beschreibt, der der kapitalistischen Produktionsweise eigentümlich ist und der sich heute so radikal vor unseren Augen abspielt sowie auch für die seit mehreren Dekaden vorherrschende Massenarbeitslosigkeit hauptsächlich verantwortlich ist.[24] Wie und auf welche Weise sich aber letztendlich dieser strukturelle Widerspruch im Kapitalismus auflöst oder in »Krisen Luft macht«, wie Marx es nennt, finden wir im Anschluss an die oben wiedergegebene Stelle im »Kapital«, wo Marx den Zustand beschreibt, in dem die Überproduktion krisenhaft in ein neues Gleichgewicht einmündet und die sinkende Profitrate in steigende Profitrate umschlägt: »Die Methoden, wodurch sie dies erreicht, schließen ein: Abnahme der Profitrate (als Folge begrenzter zahlungsfähiger Nachfrage und daher Überproduktion, M.M.),

---

[23] Ebd.: 257.
[24] Zu diesen besonderen Bedingungen, die ich als Bedingungen des Neoliberalen Kapitalismus bezeichne, siehe meine Ausführungen in Kapitel 6 dieses Buches.

Entwertung des vorhandenen Kapitals und Entwicklung der Produktivkräfte der Arbeit auf Kosten der schon produzierten Produktivkräfte.«[25]

Hier liegt also schon bei Marx des Rätsels Lösung für das von Rosa Luxemburg unterstellte Strukturproblem des uneingeschränkten Verwertungsdrangs des Kapitals bei Beschränktheit der Konsumptionskapazität (der verfügbaren zahlungsfähigen Nachfrage). Nach dieser Lesart wird der angeblich als strukturell unterstellte Widerspruch als ein vorübergehendes Moment des Übergangs zum neuen Gleichgewicht zwischen Angebot und Nachfrage aufgefasst, in dem sich die Überproduktion durch Kapitalentwertung und damit das angebliche Strukturproblem auflöst. Um diesen von Marx sehr verdichtet formulierten Prozess zur Überwindung der Überproduktion in seinen Abfolgen wegen der Relevanz des großen Missverständnisses seit Marx bis heute nachvollziehbar werden zu lassen, soll der Verwertungsprozess bei dem Übergang der fallenden zur steigenden Profitrate hier noch einmal in den wichtigsten Abläufen erläutert werden:

1. Unternehmer mit höherer Produktivität und niedrigeren Stückkosten, z.b. durch Einführung einer neuen Technologie, verfolgen das Ziel, ihren Marktanteil zu erweitern und verursachen dadurch erst einmal eine Überproduktion.

2. Durch die Überproduktion sinken die Preise so, dass die Unternehmer, die auf dem Markt nicht wettbewerbsfähig sind, auf ihrer Produktion sitzen bleiben. Diese müssen ihre Produktion einstellen und die Beschäftigten entlassen. Sie fallen entweder aus dem Markt heraus oder sie passen sich an. In beiden Fällen findet eine Kapitalentwertung[26] statt, während die Ge-

---

[25] Ebd.: 259. Meine Interpretation der Marxschen Auffassung in obigen Zeilen – das soll hier nicht unerwähnt bleiben – beruht auf einer Rekonstruktion seiner verstreut im dritten Abschnitt des fünfzehnten Kapitels im dritten Band des Kapital vorzufindenden Formulierungen. Ein genauer Blick auf den Inhalt dieses Abschnitts mit zahlreichen oft wiederholten Gedankensplittern legt m.E. die Annahme nahe, dass dieser Abschnitt erst ein vorläufiger Entwurf für die Behandlung des »Gesetzes des tendenziellen Falls der Profitrate«, eines der wichtigsten Gesetze der Kapitalakkumulation, gewesen sein muss, der von Marx selbst nicht mehr überarbeitet, gekürzt, präzisiert werden konnte. Dieser Sachverhalt mag auch erklären, warum die Meinungen unter den Marxisten ziemlich weit auseinanderliegen und warum ein wichtiger Aspekt des Gesetzes von vielen, darunter Lenin, Hilferding, Rosa Luxemburg u.a., nicht oder falsch verstanden worden ist. Bekanntlich wurde der 3. Band des »Kapital« in der überlieferten Version ohnehin nicht von Marx selbst, sondern von Friedrich Engels nach dem Tode von Marx zusammengestellt.

[26] Also in Gestalt von Konkurs der Firmen und sachlich gesehen durch die Verschrottung einzelner Produktionsanlagen bis zum Verschwinden ganzer Branchen – wie wir sie in allen kapitalistischen Gesellschaften erleben.

samtnachfrage unverändert bleibt, da die Reduktion der Arbeitskräfte auf
der Seite der nicht wettbewerbsfähigen Unternehmen der Zunahme derselben auf der Seite der wettbewerbsfähigen Unternehmen gegenübersteht.
3. Durch die Kapitalentwertung steigt aber die Profitrate und damit die Neigung der Unternehmen zu investieren und den Kreislauf der Produktion
und des Konsums von Neuem anzutreiben.

In diesem »logischen« Kapitalismus, dessen Bewegungsschritte ich oben im
Kern dargestellt habe,[27] entsteht also keine strukturelle Überproduktion, wie
Kapitalismuskritiker gemeinhin annehmen. Die Überproduktion als Strukturproblem entsteht auch nicht, wenn man mit zahlreichen anderen möglichen Varianten und Wechselwirkungen innerhalb und zwischen den Pro-
duktionszweigen und Elementen der Profitrate (Mehrwertrate, Lohnniveau,
Verbilligung der Elemente des konstanten Kapitals, überschüssige Bevölkerung und auswärtiger Handel), wie in Anlehnung an Marx oben erwähnt,
operiert und die entsprechenden Szenarien skizziert.

Schließlich ist selbst der Außenhandel ein gleichgewichtiger Vorgang;
da der Export dazu führt, dass dem inländischen Markt ein Teil des Ange-
bots genommen wird. Die dadurch entstandene Nachfragelücke führt aber
zwangsläufig zum Import. Das Außenhandelsgleichgewicht, das alle modernen Volkswirtschaften anstreben, stellt somit eine nach außen verschobene
Verlängerung des gleichgewichtigen »logischen Kapitalismus« dar. Alle anderen Einflussfaktoren gehören zum »Umfeld« des jeweils aktuellen bzw.
historischen Kapitalismus und müssten also gesondert untersucht und in
die jeweils konkrete Analyse einbezogen werden, um die gesellschaftliche
Wirklichkeit möglichst umfassend und realitätsnah abzubilden. Die system-
immanente Überproduktion ist somit ein reales Moment der Regulation der
kapitalistischen Wertschöpfung, das sich »in der Krise Luft schafft«[28] und
das durch die Konkurrenz und die Kapitalentwertung oder Kapitalvernichtung[29] die Voraussetzungen für technische und letztlich gesellschaftliche
Umwälzung herstellt.

---

[27] Im historischen Umfeld des Kapitalismus müssten freilich viele vom Kapital
unabhängige Einflussfaktoren berücksichtigt werden. Hier ging es, um es klar hervorzuheben, lediglich um die ausschließlich logische Betrachtung von zum Kapitalismus unabdingbar gehörenden Elementen der Wertschöpfung.

[28] In der volkswirtschaftlichen Realität spiegelt sich dieser in der Zeitachse mit
Aufwärts- und Abwärtsbewegungen einhergehende Prozess als »Konjunkturzyklus«
wider, dessen Veränderung Ökonomen für die Beurteilung vom positiven wie negativen Entwicklungstrend der Wirtschaft heranziehen.

[29] Möglicherweise ist dieser Prozess genau das, was Schumpeter als die *schöpferische Zerstörung der Produktivkräfte genannt hat.* Schumpeter, 1950: 134ff.

Diese Überproduktionskrise ist somit, um es auf den Punkt zu bringen, der entscheidende Hebel sämtlicher Umwälzungen und sämtlichen Fortschritts. Sie eröffnet also die Möglichkeit einer Krisenüberwindung in der kapitalistischen Gesellschaft und ist keine, wie Rosa Luxemburg behauptete, strukturelle Schranke des Kapitalismus, die zum Imperialismus führt.[30]

---

[30] Auch Luxemburgs Kritikern ihrer Zeit, allesamt ihre sozialdemokratischen Parteigenossen, wie Otto Bauer, die Redaktion des »Vorwärts« u.a., scheint offenbar die Marxsche Antwort verborgen geblieben zu sein. Ihre Kritik bleibt jedenfalls darauf beschränkt, Luxemburgs Missverständnisse über die Marxschen Reproduktionsschemata im 2. Band des »Kapital« zurückzuweisen (vgl. dazu Luxemburg 1966: 383ff.)

Kapitel 2
Macht im Kapitalismus

Die Beschäftigung mit Macht im Kapitalismus ist nicht nur eine intellektuelle Herausforderung, sondern sie ist auch eine wissenschaftlich und politisch wichtige Aufgabe, um strategische Reformen zur Transformation des Kapitalismus aufzuzeigen. Der Kapitalismus ist, wie bereits an einer anderen Stelle ausgeführt, immer ein *Historischer Kapitalismus* und daher geprägt durch sein jeweils historisch gegebenes Umfeld.[1] Er ist nie in der Reinheit und in den inneren Gesetzmäßigkeiten des *Logischen Kapitalismus* vorzufinden, sondern stets als eine Synthese aus dem Zusammenwirken der reinen Gesetzmäßigkeiten mit dem jeweiligen historischen Umfeld. Daher finden wir zahlreiche unterscheidbare Kapitalismen vor, die sich in Abhängigkeit von Zeit und Raum abgrenzen und systematisieren lassen. Entlang der Zeitachse, aber im selben Raum, z.b in Deutschland, stoßen wir innerhalb von 150 Jahren auf gänzlich verschiedene Kapitalismen, den preußisch autoritären, den imperialistischen, den faschistischen, den keynesianischen und den neoliberalen Kapitalismus. Ebenso beobachten wir entlang der Raumachse, aber zum selben Zeitpunkt, z.B. zu Beginn des 21.Jahrhunderts, unterschiedliche Typen des Kapitalismus, so den anglo-sächsischen Kapitalismus in den USA, den rheinischen Kapitalismus in Westeuropa, den staatlich kontrollierten Kapitalismus in China,[2] den rentierstaatlichen Kapitalismus in den Ölstaaten etc.

Das historische Umfeld kann dabei in drei unterscheidbare Kategorien unterteilt werden: *Erstens natürliche Gegebenheiten, zweitens Relikte vorkapitalistischer Strukturen und drittens herausgewachsene Machtpotenziale.* Die ersten zwei Kategorien sind physisch bzw. historisch vorgegeben, verlieren mit der Entwicklung des Kapitalismus jedoch ihre gestaltende Wirkung. Umso stärker rückt allerdings die dritte Kategorie, nämlich Macht als gestaltende Ressource des historischen Kapitalismus, in den Vordergrund, vor allem wenn es darum geht, heute und in der Zukunft Reform- und Transformationsstrategien zu beschreiben. In allen ökonomischen Schulen herrscht

---

[1] Massarrat 2011, 56f.

[2] Im Unterschied zum Staatskapitalismus in Russland. In China existiert dagegen ein echter Kapitalismus mit Konkurrenz und selbständigen Unternehmern, der unter der Kontrolle der Kommunistischen Partei sein Dasein fristet und sogar floriert.

das große Missverständnis vor, ökonomische Gesetzmäßigkeiten reichten aus, um sowohl die Produktion wie die Verteilung von Reichtum befriedigend erklären zu können.

Diese Verabsolutierung der Ökonomie versperrte bisher ganz fundamental den Blick auf die Macht als entscheidenden Hebel der Verteilung gesellschaftlicher Reichtümer. Die Unterscheidung zwischen dem *Logischen* und *Historischen Kapitalismus* dient u.a. auch methodisch dazu, Macht als historische Kategorie mit einem Eigenleben und mit eigener Logik zu erkennen, die von der Ökonomie, auch von der kapitalistischen, unabhängig existieren kann. Macht hat es vor dem Kapitalismus gegeben, sie wird auch nach dem Kapitalismus fortbestehen.[3] Dies genauer zu begründen, ist die Aufgabe dieses Kapitels. Vorausschickend möchte ich aber schon jetzt hervorheben, dass sich hinter sämtlichen Verteilungsvorgängen im Kapitalismus sowohl national als auch international Machtverhältnisse verbergen, ohne deren Berücksichtigung die Verteilungsrelationen nur unzureichend erklärt werden können. Der Grad der Verelendung des Proletariats und die sehr niedrige Lohnquote im 18. und 19. Jahrhundert, um ein Beispiel zu nennen, resultierten aus der dramatischen Diskrepanz zwischen der Macht der Kapitalisten und des Proletariats, während umgekehrt der gestiegene Anteil am Wohlstand des Proletariats und die höhere Lohnquote im entwickelten Kapitalismus daraus zu erklären ist, dass die Machtdiskrepanz deutlich geringer geworden ist. Mit anderen Worten: Die Veränderung der Mehrwertrate im Kapitalismus ist eine Variable der Machtverteilung zwischen Lohnarbeit und Kapital. In traditionellen, auch marxistischen Kapitalismusanalysen spielt Macht zwar im Hintergrund eine Rolle, die Veränderung der Mehrwertrate bzw. der Lohnquote wird jedoch stillschweigend in der Regel als ein rein ökonomischer Vorgang aufgefasst. In der neoklassischen Ökonomie stellen rein ökonomische Modelle die Grundlage sämtlicher ökonomischer Vorgänge dar, in entsprechenden Theorien kommt Macht so gut wie nicht vor.[4]

Hier soll zunächst die herausragende Relevanz von Macht im Kapitalismus – die bisher nur eine Hypothese darstellt – genauer begründet werden. Erst dann kann auch plausibel gemacht werden, weshalb es ohne Machtanalyse als Ergänzung zur Kapitalismusanalyse nicht möglich ist, Reformstrategien über den Kapitalismus hinaus zu entwickeln. Aus diesem Erfordernis heraus entstehen Fragen nach den Quellen der Macht, nach dem Verhältnis zwischen Macht und Herrschaft, Macht und Eigentum, Macht und Staat und

---

[3] Mehr dazu vgl. Massarrat 2006: 50f.
[4] Zu konkreten Beispielen von Macht- und Verteilungsverhältnissen vgl. Abschnitt »Macht als Haupthebel der Umverteilung im Kapitalismus« in diesem Kapitel.

schließlich Macht und Kapitalismus. Die Beschäftigung mit diesen Fragen dient der Formulierung der Grundlagen einer fundierten Machttheorie. Dies soll im Folgenden schrittweise und auf der Basis einer systematischen Kritik bestehender Machttheorien erfolgen.

1. Herkömmliche Machttheorien

Die allgemein akzeptierte Definition von Macht, die in die internationale Diskussion Eingang gefunden hat, geht auf Max Webers Analyse politischer Gemeinschaften zurück:»Jede (nicht nur die ›staatliche‹) Rechtsordnung«, schreibt Weber,»wirkt durch ihre Gestaltung direkt auf die Machtverteilung innerhalb der betreffenden Gemeinschaft ein, die der ökonomischen Macht sowohl wie auch jeder anderen. Unter ›Macht‹ wollen wir dabei hier ganz allgemein die Chance eines Menschen oder einer Mehrzahl solcher verstehen, den eigenen Willen in einem Gemeinschaftshandeln auch gegen den Widerstand anderer Beteiligter durchzusetzen.«[5] Diese Definition ist jedoch m.E. ungenau, da sie die Macht auf ihre spezifischen Phänomene an der Oberfläche zwischen den menschlichen Beziehungen reduziert und ihre gesellschaftlichen Quellen einschließlich der Triebkräfte der Machtvermehrung außer Acht lässt. Gefragt ist dagegen eine umfassendere Definition, die erlaubt, alle Machtformen in ihrer vielfältigen Realität erfassen zu können. In Anlehnung an Weber, Parsons, Durkheim und anderen, nicht-marxistischen Klassikern, liefert Michael Mann, ein international renommierter Machttheoretiker, in seinem zweibändigen Werk»Geschichte der Macht« neben einer umfassenden historischen Analyse der Macht auch die Grundlagen einer im Wesentlichen soziologischen Machttheorie.

Michael Mann unterscheidet zunächst zwischen *extensiver* und *intensiver Macht* einerseits sowie *autoritativer* und *diffuser Macht* andererseits.[6] Als extensive Macht bezeichnet er das Vermögen, eine horizontal weiträumig große Zahl von Menschen mit einem Mindestmaß von Bindung zu organisieren, wogegen er die Fähigkeit zu einem vertikal straffen Zusammenschluss von Menschen mit starker Bindung als intensive Macht definiert. Der Unterschied zwischen autoritativer und diffuser Macht besteht für Mann in einer klaren Anweisung der Machthaber und im Gehorsam der Unterwor-

---

[5] Weber 1976: 531.
[6] Mann 1994: 24.

fenen einerseits und einer spontanen, unwillkürlichen und lockeren Beziehung zwischen Machthabern und Unterworfenen andererseits.[7] Diese Unterscheidung ist zwar zur Illustration soziologischer Besonderheiten von Machtformen hilfreich. Beispielsweise ist gewerkschaftliche Macht intensiv, die hegemonial-imperiale Macht dagegen extensiv und diffus. Um sich jedoch den Quellen der Macht anzunähern, integriert Mann, in Anlehnung an marxistische und weberianische Soziologen, drei geläufige Machtinstitutionen, *Klasse, Status und Partei,* die »den Rang einer dominanten deskriptiven Orthodoxie einnehmen«,[8] in sein Konzept. Michael Mann unternimmt eine weitere Differenzierung und löst die Machtinstitution *Partei* in *politische* und *militärische* auf, um der gesellschaftlichen Realität näherzukommen.[9] Er betrachtet die vier gesellschaftlichen Institutionen als Grundtypen von Machtquellen. Tatsächlich stellen sie ein Raster von geeigneten soziologischen Kategorien zur systematischen soziologisch-phänomenologischen Gesellschafts- und Staatsanalyse dar, die er in seinem profunden Werk auch zur Richtschnur der historischen Analyse von Machtinstitutionen und Machterscheinungen heranzieht. Michel Manns und generell die traditionellen Machttheorien reichen m.e. allerdings für eine präzise Analyse komplexer Verteilungs- und Umverteilungsvorgänge ebenso wenig aus wie für höchst undurchsichtige Enteignungs-, Aneignungs- respektive soziale und ökologische Externalisierungsprozesse.[10]

2. Reduktion der Macht auf Eigentum und Klassenherrschaft

In der marxistischen Gesellschaftsanalyse wurden lange Zeit Macht und Herrschaft als identische Begriffe aufgefasst. Machttheorie ist in dieser Tradition Herrschaftstheorie, und letztere wurde mehr oder weniger unter materialistischer Staatstheorie subsumiert. In dieser Lesart ist auch der Staat selbst in *letzter Instanz* doch nichts anderes als das Instrument, mit dem die herrschende Klasse ihre Interessen durchsetzt. Bekanntlich war es Marx selbst nicht vergönnt, ein Buch über den Staat zu schreiben.[11] Marx' Beschäfti-

---

7   Ebd.:
8   Ebd.: 28.
9   Ebd.: 4ff.
10 Massarrat 2006: 64ff.
11 Marx' ursprünglich geplanter Aufbau seines Gesamtwerkes sollte, wie Roman Rosdolsky in seinem Werk »Zur Entstehungsgeschichte des Marxschen Kapitals« zusammengetragen hat, insgesamt sechs Bücher umfassen: vom Kapital, vom

gung mit dem Staat beschränkt sich im Wesentlichen auf seine politischen Schriften im Zusammenhang mit der Französischen Revolution.[12] Dabei spricht Marx in diesen Schriften, wie der Staatstheoretiker Klaus Funken meint, nicht vom Staat, sondern vom Staatsapparat.[13] Marx hinterließ auf jeden Fall eine riesige Theorielücke bei einer der wichtigsten Fragen in der marxistischen Theoriebildung und linken Praxis, die bis heute nicht befriedigend beantwortet worden ist. Bis Mitte des letzten Jahrhunderts stützten sich materialistische Staats- (und Macht-)Analysen auf Analysefolien, die Engels und Lenin geliefert hatten. Nach Engels ist der Staat in seiner verallgemeinerbaren Form im Unterschied zu Stammesgesellschaften *erstens* durch das Staatsgebiet und die Staatsangehörigkeit sowie *zweitens* durch öffentliche Gewalt gekennzeichnet.[14] Der Staat ist nach Engels nicht neutral, da er »aus dem Bedürfnis entstanden ist, Klassengegensätze im Zaum zu halten; da er aber gleichzeitig mitten im Konflikt dieser Klassen entstanden ist, so ist er in der Regel ein Staat der mächtigsten, ökonomisch herrschenden Klasse, die vermittelst seiner auch politisch herrschende Klasse wird und so neue Mittel erwirbt zur Niederhaltung und Ausbeutung der unterdrückten Klasse. So war der antike Staat vor *allem* Staat der Sklavenbesitzer zur Niederhaltung der Sklaven, wie der Feudalstaat Organ des Adels zur Niederhaltung der leibeigenen und hörigen Bauern und der moderne Repräsentativstaat Werkzeug der Ausbeutung der Lohnarbeit durch das Kapital«[15] war.

Engels will somit seine Definition ausdrücklich auch auf den Kapitalismus angewandt wissen. Demnach usurpieren die herrschenden Klassen, also auch die Bourgeoisie, den Staat für ihre Zwecke. »Solange die unterdrückte Klasse, also in unserm Fall das Proletariat, noch nicht reif ist zu seiner Selbstbefreiung, solange wird sie, der Mehrzahl nach, die bestehende Gesellschaftsordnung als die einzig mögliche erkennen und politisch der Schwanz der Kapitalistenklasse, ihr äußerster linker Flügel sein. In dem Maß aber, worin sie ihrer Selbstemanzipation entgegenreift, in dem Maß konstituiert sie sich als eigne Partei, wählt sie ihre eignen Vertreter, nicht die der Kapitalisten. Das allgemeine Stimmrecht ist so der Gradmesser der Reife der Arbeiterklasse.«[16]

Grundeigentum, von der Lohnarbeit, vom Staat, vom auswärtigen Handel und vom Weltmarkt (Rosdolsky 1969: 43ff.).

[12] So in Marx 1960 und Marx 1962b.
[13] Funken 1973: 92.
[14] Vgl. Engels 1962: 165.
[15] Ebd.: 166f.
[16] Ebd.: 168.

Lenin entwickelt in »Staat und Revolution« seine Staatstheorie ausdrücklich mit Bezug auf Engels Ausführungen zum Staat und spitzt sie, wie u.a. in folgendem Zitat ersichtlich, auf seine ihm eigentümliche Weise zu: »Das Wesen der Marxschen Lehre vom Staat hat nur erfaßt, wer begriffen hat, daß die Diktatur *einer* Klasse nicht nur schlechthin für jede Klassengesellschaft notwendig ist, nicht nur für das *Proletariat*, das die Bourgeoisie gestürzt hat, sondern auch für die ganze *historische Periode*, die den Kapitalismus von der ›klassenlosen Gesellschaft‹, vom Kommunismus, trennt. Die Formen der bürgerlichen Staaten sind außerordentlich mannigfaltig, ihr Wesen ist aber ein und dasselbe: Alle diese Staaten sind so oder so, aber in letzter Konsequenz, unbedingt eine *Diktatur der Bourgeoisie*. Der Übergang vom Kapitalismus zum Kommunismus muß natürlich eine ungeheure Fülle und Mannigfaltigkeit der politischen Formen hervorbringen, aber das Wesentliche wird dabei unbedingt das *Eine* sein: *Die Diktatur des Proletariats*.«[17]

Die Gleichsetzung des Staates in der kapitalistischen Gesellschaft mit Herrschaft der Bourgeoisie oder mit der Klassenherrschaft und die Identifizierung des Kapitaleigentums mit Macht ist unter führenden marxistischen Theoretikern sehr weit verbreitet. Selbst Hannah Arendt, der man keinen wie auch immer begründeten Dogmatismus unterstellen kann und deren Totalitarismuskritik ein international anerkanntes Standardwerk ist, betrachtet Macht- und Kapitalakkumulation als identische Prozesse und den Staat letztlich, wie Engels und Lenin, als Instrument der Klassenherrschaft. In »Elemente und Ursprünge totaler Herrschaft« preist sie in dem Kapitel über den Imperialismus den Machttheoretiker Hobbes als eine Art zu früh geborene Seele und Vordenker der Bourgeoisie. Vor allem weil sie in Hobbes Darstellung der Triebkräfte der Machtakkumulation glaubt, eine vorweggenommene plausible Begründung für die Kapitalakkumulation zu sehen: »Zu dem aus der Verabsolutierung der Macht sich automatisch ergebenden Prozess einer unabsehbar fortschreitenden Machtakkumulation kam Hobbes aus der theoretisch unbestreitbar richtigen Einsicht, dass eine unabsehbar fortschreitende Besitzakkumulation sich nur halten kann, wenn sie sich auf eine ›unwiderstehliche Macht‹ gründet. Der unbegrenzte Prozess der Kapitalakkumulation bedarf zu seiner Sicherstellung einer ›unbegrenzten Macht‹, nämlich eines Prozesses von Machtakkumulation, der durch nichts begrenzt werden darf außer durch die jeweiligen Bedürfnisse der Kapitalakkumulation. Geht man, wie Hobbes es tat, von der Voraussetzung aus, dass der Staat wesentlich dazu da ist, Besitz zu schützen, und lebt man unter den Bedingungen einer neuen besitzenden Klasse, die aus der Binsenwahrheit,

---

[17] Lenin 1972: Kapitel 2.

dass ›man die Macht und die Mittel, gut zu leben, über die man gegenwärtig verfügt, nur sichern kann, indem man mehr Macht und mehr Mittel erwirbt‹, ein allgemeines Prinzip des Handelns gemacht hat, so kann man zu dem Ergebnis des Leviathan kommen. Die Konsequenz des Schlusses ändert sich nicht durch die historische Tatsache, daß der Staat wie die Bourgeoisie nahezu dreihundert Jahre brauchten, um die ›Wahrheit dieser theoretischen Einsicht in die Zweckmäßigkeit der Praxis‹ zu überführen.«[18]

Um die zentralen Thesen Hannah Arendts, die sich hinter ihren literarisch brillanten, inhaltlich aber ein wenig ausschweifenden Formulierungen verbergen, auf den Punkt zu bringen, kann ihr Gedankengang in Bezug auf die Wechselbeziehung zwischen Macht- und Kapitalakkumulation wie folgt zusammengefasst werden: Machtakkumulation gehöre zum Wesen der Kapitalakkumulation genauso wie die Existenz der Bourgeoisie grundsätzlich von staatlicher Macht abhänge. Daher sei Hobbes' Leviathan das am besten und scharfsinnigsten formulierte Programm zur machtpolitischen Absicherung der Kapitalakkumulation. Die Bourgeoisie handelt allerdings erst am Ende des 19. Jahrhunderts, also mit einer dreihundertjährigen Zeitverschiebung, und bemächtigt sich nach Handreichungen ihres Vordenkers und Machttheoretikers Hobbes des Staates, um die Fortexistenz der Kapitalakkumulation abzusichern. Damit überspringt Arendt die gesamte Epoche der bürgerlichen Emanzipation von feudalistischen und absolutistischen Relikten der Staats- und Machtstrukturen, sie ignoriert auch die historischen Tatsachen der liberalen Bourgeoisie, des jenseits staatlicher Schranken florierenden Freihandels sowie Adam Smith als Hauptvertreter des klassischen Liberalismus und liberalen Bürgertums, als hätten sie mit dem aufsteigenden Kapitalismus nichts zu tun gehabt.

Hannah Arendt ist sich offensichtlich über diesen Widerspruch im Klaren, reduziert die Hauptmerkmale des vorimperialistischen Zeitalters jedoch auf die »liberalen Konzeptionen, denen die ursprüngliche Abneigung der bürgerlichen Klasse für öffentliche Angelegenheiten und ihre angeborene Feindschaft gegen politisches Handeln überhaupt noch innewohnt«, um sie dann lediglich als »zeitweilige Kompromisse zwischen den Maßstäben der abendländischen Tradition und dem neuen Glauben an das dynamische, sich selbst speisende und dauernd steigende Prinzip des Besitzes«[19] kleinzureden. Arendts Einschätzung (richtiger: Fehleinschätzung) des Verhältnisses zwischen Macht, Kapitalismus und Staat sowie ihre Neigung, Hobbes zum scharfsinnigsten Machttheoretiker des Bürgertums zu krönen, rührt daher,

---

[18] Arendt 1986: 326.
[19] Ebd.: 330.

dass sie den imperialistischen Kapitalismus ahistorisch mit dem Kapitalismus gleichsetzt und den Historischen vom Logischem Kapitalismus nicht unterscheidet. Tatsächlich hat Arendt den Imperialismus im Auge, wenn sie die Symbiose von Kapitalakkumulation und Hobbesscher Machtakkumulation beschreibt:

»Erst als die Akkumulation des Kapitals die Grenzen des nationalen Territoriums und staatlich gesicherten Gebietes erreicht hatte und die Bourgeoisie den Prozeß des Groß und Größer, der in der kapitalistischen Produktion selbst lag, weder unterbrechen konnte noch wollte, war man bereit, zuzugeben, dass der gesamte Akkumulationsprozess eigentlich auf einem Machtprozess beruhte und nur durch diesen gesichert werden könne. Der imperialistisch gesinnte Unternehmer, den die Sterne ärgerten, weil er sie nicht annektieren konnte, begriff und war bereit zuzugestehen, dass Macht, die um ihrer selbst willen verfolgt wird, und nur sie, automatisch mehr Macht erzeugt. Als die Kapitalakkumulation an ihre Grenze und zu einem gewissen Stillstand gekommen war, wurde zum ersten Mal allen auch ohne alle Beihilfe von Seiten logischen Denkens klar, dass der Motor nur durch einen neuen machtakkumulierten Prozess wieder zum Anrollen gebracht werden konnte, um dann unter der Devise ›Expansion ist alles‹ den Erdball zu überrollen.«[20]

Tatsächlich konnte sich Hannah Arendt – wie übrigens auch die überwältigende Mehrheit der Marxistinnen und Marxisten im 20. Jahrhundert – angesichts imperialistischer Expansionen um die Jahrhundertwende und während der beiden Weltkriege eine Bourgeoisie schwer vorstellen, die nicht mit, sondern gegen die Staatsmacht und ohne eine gleichzeitige Machtakkumulation Kapital akkumulieren konnte. Schließlich legte die wirtschaftsliberale Bourgeoisie schon damals – und noch offensichtlicher das neoliberale Bürgertum heute – allzu häufig und schamlos eine Heuchelei an den Tag: Wenn sich abzeichnete, dass der Staat ihr schadet, versuchte die Bourgeoisie ihn aus der Wirtschaft hinauszudrängen. Sollten aber Verluste auf die Allgemeinheit abgewälzt werden, begann sie nach ihm zu rufen – jüngst zu sehen bei der Weltfinanzkrise 2008. Ungeachtet dieser der Bourgeoisie innewohnenden Tendenz sind das Bürgertum, seine Weltanschauung und sein politisches Handeln nur im historischen Kontext zu begreifen und dieser Kontext ist einem permanenten Wandel unterzogen. Die Weltanschauungen eines Ökonomen und Philosophen wie Adam Smith und Thomas Hobbes liegen genauso weit auseinander wie die liberale von der imperialistischen Bourgeoisie und wie die Logik der Macht von der Logik der Kapitalakkumulation.

---

[20] Ebd.: 327.

Die staats- und machttheoretischen Ansätze Engels, Lenins und bedingt auch Arendts mögen im Hinblick auf die Identifizierung des Staates als Instrument der herrschenden Klasse auf die Verhältnisse in vorkapitalistischen Gesellschaften zutreffen. Hier findet auch die Aneignung des Mehrprodukts direkt und ohne Vermittlung über den Markt statt. Und hier treten die beiden Hauptklassen der Gesellschaft auch offen und unmittelbar einander gegenüber. Im Gegensatz dazu beruht die kapitalistische Gesellschaft aber nicht auf unmittelbarer Unterdrückung und gewaltsamer Aneignung des produzierten Mehrprodukts, sondern auf freiem Austausch von allen Warengattungen, also auch auf dem freien Verkauf der Ware Arbeitskraft. Welche Konsequenzen hat aber diese neue Beziehung in der Gesellschaft für den Staat? Ist der kapitalistische Staat ein Instrument der Klassenherrschaft, ist er eine vermittelnde und neutrale Instanz zwischen den Klassen, und welche Funktionen erfüllt dieser Staat?

Alle diese Fragen, die Marx selbst nicht mehr untersuchen konnte, blieben auch beinahe ein Jahrhundert nach seinem Tod weitestgehend unbeantwortet. Die lange Pause seit Marx bis zur Entstehung einer marxistischen Staatstheorie mag daran gelegen haben, dass die Dominanz der Gewalt innerhalb und zwischen den kapitalistischen Staaten über einen sehr langen Zeitraum vom Ende des 19. Jahrhunderts bis zum Ende des Zweiten Weltkrieges den Blick auf die neue Qualität des Staates im Kapitalismus versperrte. Während der imperialistischen Expansion, der beiden Weltkriege und des Faschismus war man eher geneigt, auch den kapitalistischen Staat analog zu den Staaten in den vorkapitalistischen Gesellschaften als Herrschafts- und Gewaltinstrument der herrschenden Klasse anzusehen und Macht mit dem Staat und diesen wiederum mit dem Instrument der herrschenden Klasse gleichzusetzen. Fest steht, dass diese Gleichsetzung in der marxistischen Diskussion dazu geführt hat, die Machttheorie unter Herrschaftstheorie zu subsumieren. Um jedoch den Kapitalismus in seiner jeweils historischen Gestalt wie in seinen heutigen Erscheinungsformen präziser zu beschreiben und vor allen Dingen die innergesellschaftlichen wie globalen Verteilungsmechanismen von Einkommen und Vermögen angemessen erfassen zu können, kommen wir um eine materialistische Theorie des Staates und der Macht im Kapitalismus nicht umhin.[21] Wie unten zu zeigen sein wird, liefert erst das Zusam-

---

[21] Gerade Verteilungsfragen haben auch manche nichtmarxistische Theoretiker wie Böhm-Bawerk dazu bewogen, den Einfluss der Macht auf Verteilungsfragen aus ökonomischen Gesetzen wie bei der Entstehung des Monopols abzuleiten, jedoch mit mäßigem Erfolg (vgl. Böhm-Bawerk 1975).

menwirken dieser beiden Instanzen die begriffliche und praktische Sicherheit zur Durchdringung der komplexen Realität.

3. Staat im Kapitalismus

Die einzelnen Versuche, den kapitalistischen Staat in seiner Differenziertheit zu erfassen, blieben – wie der von Antonio Gramsci – im Ansatz stecken. Gramsci durchbricht zwar das reduktionistische Staatsverständnis vom
Staat als Instrument der Klassenherrschaft der Bourgeoisie und erkennt, dass
der Staat sich in der kapitalistischen Gesellschaft nicht durch Administrati-
on und Gewalt, sondern vor allem durch einen hegemonialen Konsens der
herrschenden Klasse mit der Zivilgesellschaft legitimiert. Mit seinem Begriff
»herrschender Block« als Umschreibung eines sozialen Gebildes weit über
die Bourgeoisie hinaus verweist Gramsci auf historisch reale Machtallianzen,
lässt aber offen, in welchem Verhältnis die jeweiligen Partikularinteressen
innerhalb des Blocks zueinander stehen und ob diese Partikularinteressen
Ergebnis der Kapitalreproduktion sind.[22] Zweifelsohne war Gramscis Vorstoß ein Fortschritt, eine plausible Begründung für den hegemonialen Staat
im Kapitalismus lieferte allerdings auch er nicht. Hannah Arendts Versuch
eines Staatskonzepts fällt hinter Gramscis Ansatz zurück und steht eher in
der Tradition von Engels' und Lenins Staatsverständnis. Eine Debatte über
den Staat im Kapitalismus sowie die Begründung einer materialistischen
Staatstheorie begann erst mit der 1968er Bewegung und der Rekonstruktion der unterbrochenen marxistischen Theorieentwicklung. Und nachdem
die Entfaltung der bürgerlichen Demokratie die Wahrnehmung erleichter-
te, dass der Staat im Kapitalismus sich längst von einem ausschließlichen
Herrschaftsinstrument der Kapitalisten wegbewegt und für andere gesellschaftliche Klassen und Schichten geöffnet hatte.

An der Entfaltung einer am Marxschen Kapitalbegriff angelehnten Staatstheorie beteiligten sich in den 1970er Jahren in Deutschland u.a. Bernhard
Blanke, Joachim Hirsch, Elmar Altvater, Heidi Gerstenberger, das Projekt
Klassenanalyse, Klaus Funken und vor allem Josef Esser.[23] Zu den meist be-
achteten internationalen marxistischen Staatstheoretikern, die den Diskurs
mit beeinflussten, gehören sicherlich Antonio Gramsci und Nicos Poulantzas.[24] Bei diesem Diskurs ging es grundsätzlich um eine umfassende Analy-

---

[22] Ausführlicher vgl. Neubert 2001.
[23] Esser 1975.
[24] Poulantzas 1974.

se der Grundstrukturen der bürgerlichen Gesellschaft und um das Verhältnis
zwischen Ökonomie und Politik, zwischen Kapital und Staat. Die ursprünglich in diversen Varianten diskutierte These, dass der Staat sich im Kapitalismus durch Herstellung der allgemeinen Produktionsbedingungen und als
vermittelnde Instanz zwischen den untereinander konkurrierenden Einzel-
kapitalen legitimiere, reichte alsbald nicht mehr aus. Nicht zuletzt musste
angesichts des Keynesianischen Interventions- und Sozialstaats zur Kenntnis genommen werden, dass die Reichweite staatlicher Handlungen über die
engeren Aufgaben zur Herstellung der allgemeinen Reproduktionsbedin-
gungen des Kapitals weit hinaus geht und, noch wichtiger, der Sozialstaat
aus den Klassenkämpfen und neu entstandenen Interventionspotenzialen
der Gewerkschaften und Machtverschiebungen zugunsten der Lohnabhängigen hervorgegangen ist. Zur Bestimmung von Form und Inhalt des real
existierenden Staates bedurfte es jedenfalls der Erweiterung von unzurei-
chenden Erkenntnissen über das Wesen und die logische Ordnungsstruktur
des Staates in der entwickelten kapitalistischen Gesellschaft. Josef Esser,
einem der profiliertesten marxistischen Staatstheoretiker, kommt der Verdienst zu, den Faden zu einer fundierten Staatstheorie weiter gesponnen zu
haben. In seinem aufschlussreichen und 1975 publizierten Buch unterstreicht er zunächst die»Notwendigkeit der logischen Ableitung als Voraussetzung für die historische Analyse ... aus der These, dass nur so Bedeutung
und Reichweite des Staates sowohl für das Funktionieren des kapitalistischen
Reproduktionsprozesses selbst als auch für die Strategie der Arbeiterklasse
einzuschätzen sei«, um auf der Basis einer zuvor abgeschlossenen Auswer-
tung aller neueren und aktuellen Staatstheorien festzustellen, dass»unsere
bisherigen Ergebnisse ... für diese Fragestellung nicht gerade ermutigend
sind: Keinem der Ansätze ist es gelungen, die logische Notwendigkeit von
Form und Funktion der Politik zu begründen.«[25]

Esser ging es also zuallererst um die *logische* Herleitung des kapitalistischen Staates als Voraussetzung für die Analyse des konkreten historischen
Staates. Letzterer umfasst freilich mehr an konkreten Strukturelementen, als
die, die ausschließlich für die Reproduktion des Kapitals erforderlich sind,
genauso wie der Historische Kapitalismus in seiner Gesamtheit wesentlich
mehr Elemente als der Logische Kapitalismus verkörpert. Für die logische
Analyse des Staates greift Esser auf die Marxsche Methode der Kapital-
analyse zurück, die mit der Analyse der Warenform beginnt. Wie das Kapital selbst muss auch, so Esser, die Politik des Kapitals aus der Logik der
Warenform her begründet werden. Und im Kapitalismus stehen sich zum

---

[25] Esser 1975: 151.

einen Warenbesitzer als freie und mit freiem Willen ausgestattete gleiche Rechtssubjekte gegenüber, da sonst die Gesellschaft aufhören würde, kapitalistisch zu sein. Und zum anderen stehen außerdem das Kapital und die Ware Arbeitskraft insofern in einem Herrschaftsverhältnis zueinander, als sich das Kapital die Mehrarbeit von Arbeitskraft aneignet. Der Staat im Kapitalismus hat seinen Platz und seine Funktion in diesem doppelten Verhältnis des freien Austauschs unter den Warenbesitzern und des Herrschaftsverhältnisses zwischen Kapitalisten und Arbeitern, das zwecks seiner ständigen Aufrechterhaltung einer *außerökonomischen Gewalt* bedarf. Worin besteht aber der Unterschied zwischen diesem Staat und dem Engels'schen Staat als Machtapparat in der Hand der herrschenden Kapitalistenklasse? Und warum nimmt dieser Staat nicht die Form eines privaten Apparates der herrschenden Klasse an, wie wir ihn von den vorkapitalistischen Gesellschaften kennen?

Essers Antwort auf diese fundamentale Frage hatte der russische Rechtstheoretiker Paschukanis[26] bereits 1929 geliefert, die Esser aufgreift und in seine Staatstheorie einarbeitet. Die Funktionsfähigkeit der außerökonomischen Gewalt würde im Kapitalismus, so Esser, »erheblich beeinträchtigt, wenn einer oder mehrere dieser Warenbesitzer die Gewalt zur Aufrechterhaltung der Warenproduktion bei sich monopolisiert hätte. Die Freiheit und Gleichheit aller wäre zugunsten der Besitzer des Gewaltmonopols aufgehoben; die Gleichwertigkeit der Waren-Äquivalente wäre zerstört. Damit ist die Notwendigkeit bewiesen, dass diese Gewaltfunktion monopolisiert sein muss von einer nicht am Warenaustausch beteiligten Einrichtung.«[27]

Diese außerökonomische Gewalt muss daher als eine »abstrakte Kollektivperson« auftreten und ihren Zwang in zentralen Feldern, die zugleich staatliche Tätigkeitsfelder sind, wirksam werden lassen: *erstens* durch Wahrnehmung der *Friedensgarantie* für alle Warenbesitzer durch Kodifizierung und Durchführung der allgemeinen Gesetze; *zweitens* durch Sicherstellung der Funktionsfähigkeit des Geldes als Wertmaßstab für alle Waren; und *drittens* zur Regelung der Außenbeziehungen. Engels Staat als Herrschaftsinstrument des Kapitals kann demnach bestenfalls für den noch nicht entwickelten Kapitalismus im Europa des 19. und für die unterentwickelten Länder des 20. Jahrhunderts gelten. Im entwickelten Kapitalismus ist nach Esser die Notwendigkeit der Trennung der Politik von der Ökonomie, der Trennung des Staates vom Kapital aus der Warenform begründet. Im Übrigen ist diese Begründung, dies sei hier nur in Parenthese erwähnt, für die Trennung der Politik von der Ökonomie gleichzeitig auch eine materialistische

---

[26] Paschukanis 1929.
[27] Esser 1975: 156f.

Begründung für die bürgerliche Demokratie. Denn die innergesellschaftliche Friedensgarantie ist nur dann gegeben, wenn die Besitzer der Ware Arbeitskraft dank ihrer Kampfkraft jene *Macht* erringen, die nötig ist, um die Realisierung des vollen Wertes ihrer Arbeitskraft durchzusetzen. Diese gesellschaftliche Auseinandersetzung zwischen den Hauptklassen zur gewaltlosen Durchsetzung ihrer Interessen setzt allerdings, wie wir wissen, wiederum die bürgerliche Demokratie voraus. Fest steht jedenfalls schon jetzt, dass der bürgerliche Staat mit seinem Doppelcharakter und seinem Wesen nach mit Hobbes Machttheorie, die die Besitzakkumulation der herrschenden Klasse garantiert, nicht erfasst werden kann. Vielmehr ist er das gesellschaftliche Produkt sozialer Kämpfe von mehreren Klassen und Schichten. Im *Logischen Staat* – wie übrigens auch im *Logischen Kapitalismus* – muss von einem Gleichgewicht der Kräfteverhältnisse ausgegangen werden. Denn nur so kann sich der Lohn mit dem wirklichen Wert der Ware Arbeitskraft decken. Damit ist aber erst eine begriffliche Grundlage geschaffen, um den kapitalistischen Staat in seinen historischen Erscheinungsformen zu erfassen, der Logische Staat ist in der Praxis jedoch ebenso weit entfernt vom Historischen Staat, wie sich der Logische Kapitalismus vom Historischem Kapitalismus unterscheidet. Esser selbst war sich darüber sehr wohl im Klaren, dass die logische Herleitung des Staates um eine historisch konkrete Analyse erweitert werden müsste: »Doch erst diese historische Konkretisierung, und zwar im Sinne einer Nachzeichnung des historisch konkreten Reproduktionsprozesses als vermittelte Einheit von ökonomischen, sozialen, politischen und ideologischen Faktoren unter Einbeziehung des Weltmarktes ist die Voraussetzung für eine empirisch fundierte Staatstheorie des entwickelten Kapitalismus.«[28]

Dieser Anspruch wurde in den weiteren Debatten und Forschungsprojekten jedoch leider weder bei Esser noch bei anderen so gut wie nicht erfüllt. Mit der Forcierung der neuesten Stufe der Globalisierung und der beginnenden Standortkonkurrenz unter den kapitalistischen Staaten verschob sich das Forschungsinteresse kritischer Staatstheoretiker ohnehin auf neue wichtige und auch weniger wichtige Fragen. Anstatt die Staatstheorie um weitere in kapitalistischen Gesellschaften das Verhältnis von Politik zu Ökonomie beeinträchtigende Strukturelemente, wie Interventionspotenziale mächtiger Machtgruppen, die die systemtransformierenden Reformen beeinträchtigen, zu erfassen und die Staatstheorie um eine Machttheorie zu erweitern, gerieten kritische Staatstheoretiker unter dem massiven Druck der marktradikalen staatsfeindlichen Fundamentalisten in die wissenschaft-

---

[28] Ebd.: 159.

liche Defensive.[29] Tatsächlich konzentrierten sich fortan die Debatten auf die Rolle des Nationalstaates, auf die Aushebelung nationalstaatlicher Funktionen im Globalisierungsprozess und auf die Frage nach der Abhängigkeit der Nationalstaaten von den multinationalen Konzernen und der Finanzwelt. Die »empirisch fundierte Staatstheorie« ist jedoch der *Historische Staat*, der stets als eine Symbiose aus dem *Logischen Staat* und ganz konkreten Machtkonstellationen erscheint. Ob wir es in konkreten Fällen mit einem imperialistischen Staat, einem Hegemonialstaat, einem keynesianischen Sozialstaat, einem neoliberalen Unternehmerstaat, einem Rentierstaat in Rohstoffe exportierenden Ländern oder aber mit einem aus der Kombination dieser Staaten geformten Staat zu tun haben, hängt von den Machtressourcen der gesellschaftlichen Kontrahenten ab, die diese im Kapitalismus jeweils zu mobilisieren in der Lage sind. Auch für die Entstehung von Mechanismen und Relationen der Reichtumsverteilung national und international sind in verschiedenen Gesellschaften in letzter Instanz die jeweils mobilisierten Machtressourcen ausschlaggebend. Grund genug also, sich präziser mit den Quellen der Macht zu befassen.

4. Grundlagen einer materialistischen Machttheorie

Ich knüpfe dazu zunächst an meinen eigenen bereits an einer anderen Stelle entwickelten machttheoretischen Ansatz an. Demnach ist Macht, durch Erweiterung von Webers Auffassung,»als Möglichkeit und Fähigkeit zur Monopolisierung gesellschaftlicher Ressourcen zu begreifen, um den eigenen Willen und eigene Interessen zulasten Dritter durchzusetzen«.[30] Auch eine positive Formulierung, die auf eine Überwindung des Monopols hinausliefe, unterstreicht die Bedeutung von Monopolisierung als zentralem Begriff der Machttheorie. Monopolisierung bedeutet allerdings immer auch Ausgrenzung. Die Monopolisierung gesellschaftlicher Ressourcen wie Grund und Boden, Rohstoffe, Institutionen, Wissen und anderes mehr ist also Ausgrenzung Dritter an der Teilhabe an den gesellschaftlichen Ressourcen. Die Ausgegrenzten und Ausgeschlossenen werden de facto oder de jure gezwungen, sich dem Diktat der Machthaber zu unterwerfen, sie sind so zur Ohnmacht verdammt. Auf der Basis dieser Definition wurde an derselben Stelle im ersten Schritt zwischen drei funktional zu trennenden Machtquellen, den *primären, den sekundären und den legitimierenden* Machtquellen, unterschie-

---

[29] Vgl. dazu Panitch 1998: 35.
[30] Massarrat 2006: 50f.

den.[31] *Das Eigentum an Produktionsmitteln* stellt demnach die Quelle der primären Macht dar. Die Klassenherrschaft deckt sich so gesehen mit der primären Macht.

Tatsächlich war das Eigentum an Produktionsmitteln auch historisch nicht nur das gesellschaftliche Fundament für die herrschenden Klassen. Es bildete auch die gesellschaftliche Basis aller bisherigen Gesellschaftsformen und Produktionsweisen, die sich nicht nur durch Eigentumsformen (privat oder kollektiv) und Eigentumsinhalte (Grund und Boden, sonstige natürliche Ressourcen und Kapital) unterscheiden, sondern auch der maßgebliche gesellschaftliche Hebel dafür sind, wie die produzierten Produkte und Dienstleistungen unter den sozialen Gruppen verteilt werden. Macht ist aber mehr als Klassenherrschaft und Eigentum an Produktionsmitteln. Und dies nicht nur in vorkapitalistischen Gesellschaften, sondern erst recht im Kapitalismus. Daher existieren neben der *primären* Macht auch zahlreiche andere Machtquellen (institutionell-staatliche, militärische, kontextuelle, global institutionelle, hegemoniale, patriarchalische, illegale und intergenerative Macht), die die primäre Verteilung des produzierten Reichtums zusätzlich modifizieren und die ich deshalb unter dem Begriff *sekundäre Macht* subsumiere. Hinzu kommen die *legitimierenden Machtformen*, wie die kulturellen und medialen Machtquellen.[32]

Macht hat in allen Gesellschaften, also auch in den kapitalistischen Gesellschaften, eine eigenständige Existenzweise, allein schon deshalb, weil sie einer anderen Logik folgt als der des Kapitals. Macht folgt der Logik des Monopols, der Logik des Beharrens und des Konservierens bestehender Verhältnisse. Monopol ist ein Zustand, der nur mit Macht, einschließlich militärischer, aufrechterhalten werden kann. Und umgekehrt wohnt der Macht die Eigenschaft inne, Ressourcen zu monopolisieren. Mächtige Individuen oder gesellschaftliche Gruppen, die mit Machtressourcen ausgestattet sind, neigen zu allererst dazu, Monopole zu errichten. Und umgekehrt sind Monopolisten gleichzeitig auch die Mächtigen. Macht ist also ein Instrument zur Privilegierung Weniger und zur Ausgrenzung und strukturellen Benachteiligung Vieler. Als solche ist sie so auch nur ein wirkungsmächtiger Hebel der Umverteilung (Nullsummenspiel), jedoch nicht ein Mittel zur Vermehrung des gesellschaftlichen Reichtums (Plussummenspiel). Monopol beruht auf Ausgrenzung und monopolistische Aneignung setzt Ausgrenzung voraus. Daher mangelt es dem Monopolisten strukturell an der gesellschaftlichen Legitimation, mehr noch: er ist der permanenten Gefahr ausgesetzt, durch

---

[31] Ebd.: 47f.
[32] Ebd.: 48f.

Ausgegrenzte beseitigt zu werden. Die Selbstbehauptung lässt dem Monopolisten nur eine Alternative übrig: die Machtvermehrung zwecks Sicherung des bereits geschaffenen Machtpotenzials. Die grenzenlose Machtakkumulation wird also zur treibenden Kraft der Überwindung der Legitimationslücke. Machtakkumulation steht also im direkten Verhältnis zur sinkenden Legitimation. Da ist der Kern der materialistischen Machttheorie. Die akkumulierte Macht in materialisierter Form ist aber nichts weiter als die quantitative Vermehrung der monopolisierten Ressourcen (z.b. Vermehrung von Eigentumsrechten bzw. territoriale Ausdehnung des Besitzes) bei gleichzeitiger Vermehrung von Machtinstrumenten (Waffenarsenalen etc.). Schöpferische Tendenzen gehen nur insofern mit der Reproduktion von Macht einher, wie sie zur Absicherung des Monopols (und des Herrschaftssystems) erforderlich sind, das seinem Wesen nach keine andere Perspektive als gesellschaftliche Stagnation zulässt.

Im Unterschied zu der hier begründeten materialistischen Machttheorie, führt Thomas Hobbes Macht auf das ständige Streben nach Glück zurück. In Leviathan definiert Hobbes »Macht als die Fähigkeit, die einem die Mittel zum Überleben und zum angenehmen Leben verschafft«.[33] Hobbes geht dabei von Individuen aus, die ihren natürlichen Trieben, u.a. der Gier, folgen und alle ihre Talente einsetzen, um diese Triebe zu befriedigen. Macht ist Hobbes zufolge ihrem Wesen nach dynamisch, wobei die Dynamik bei genauerem Hinsehen im Hobbesschen Konzept nur im Sinne bloß quantitativer Vermehrung vorstellbar sein kann. Man kann das erreichte Machtpotenzial ganz im Sinne der oben beschriebenen Machtlogik auf Dauer nur durch den Erwerb von zusätzlicher Macht erklären. Die Machtakkumulation wird in diesem Konzept zum Selbstzweck. Und sie ist in der Hobbesschen Gedankenwelt auch unveränderbar, da Gier als Hauptantriebskraft der Macht und Machtakkumulation eben eine natürliche Konstante und menschliche Eigenschaft sei. Genau diese menschliche Eigenschaft sei es auch, die den Menschen zu immer mehr und zu noch mehr Macht hintreibe und das Streben nach Glück zu einem grenzenlosen Ziel mache.

Diese anthropologische Begründung mag zwar angesichts des in allen Gesellschaften zu beobachtenden grenzenlosen Machthungers der mächtigen Elite plausibel erscheinen, sie kann – selbst wenn die anthropologische Annahme zutreffen sollte – jedoch nicht erklären, weshalb immer nur einer dünnen Schicht das Privileg zuteil wird, ihre »natürliche« Neigung auszuleben, während dasselbe Privileg überall und ausnahmslos der überwältigenden Mehrheit der Menschen vorenthalten bleibt. Und weshalb

---

[33] Ottmann 2006: 285.

kann denn, so eine weitere Frage, dieser allgemeine Trieb, dem angeblich alle Menschen erliegen, nicht zu einem Machtausgleich führen? Die ebenfalls anthropologische Antwort, dass Gier wie die natürlichen Talente bei Menschen nicht gleich, sondern eben unterschiedlich verteilt sind, könnte bestenfalls geringfügige Machtunterschiede begründen, jedoch nicht eine Machtungleichheit in der Gesellschaft, die sich in einem unermesslichen Machtpotenzial einer Minderheit und der Ohnmacht der überwältigenden Mehrheit widerspiegelt. Machtungleichheit und Machtakkumulation lassen sich nicht anthropologisch, sondern gesellschaftlich oder, wie oben dargelegt, materialistisch erklären.

5. Machtakkumulation versus Kapitalakkumulation

Das Kapital in seiner Reinheit und in seiner Identität mit sich selbst folgt – um auf die irritierende Gleichsetzung von Macht- und Kapitalakkumulation durch Hannah Arendt zurückzukommen – dagegen der Logik der Konkurrenz, der Logik der »schöpferischen Vernichtung« (Schumpeter). Vernichtung und Erneuerung sind unter den Bedingungen der freien Konkurrenz elementare Bewegungsmomente der Kapitalakkumulation. Die Einheit und wechselseitige Bedingtheit dieser nur scheinbar gegensätzlichen Extreme garantiert die Funktionsweise eines seinem Begriff entsprechenden Kapitalismus.

Überall dort, wo die Erneuerung und die damit einhergehende Vernichtung nicht stattfindet, wirken Faktoren aus dem kapitalistischen Umfeld, die die Kapitalakkumulation beeinträchtigen. Die Erneuerung durch eine neue Erfindung, die zu einer Erhöhung der Produktivität führt oder durch ein neues Produkt stattfindet, bewirkt zunächst eine Expansion der Kapitalakkumulation und zwar solange, bis das Profitwachstum mit dem Kostenwachstum nicht mehr Schritt hält und demzufolge die eigene Profitrate im Verhältnis zu derjenigen der Mitkonkurrenz zu sinken beginnt. Irgendwann wird es aber unvermeidlich, die veraltete Technologie vom Markt zu nehmen, d.h. also Kapital zu vernichten, um von Neuem beginnen zu können.

Dieser Vorgang wiederholt sich nicht nur bei den einzelnen Kapitalisten, sie wiederholt sich auch innerhalb einer Branche und innerhalb einer Volkswirtschaft als ganzer. Insofern ist die durchaus weit verbreitete Annahme, dass die Kapitalakkumulation zwangsläufig zu grenzenlosem Wachstum führt, ein Irrtum. Tatsächlich mündet jede Periode der Kapitalakkumulation in eine Periode der Kapitalvernichtung. Akkumulation und Vernichtung sind die beiden Seiten ein und derselben Medaille. Somit kann Kapitalakkumulation auch in einer stagnierenden oder gar schrumpfenden Wirtschaft stattfinden, ohne dadurch ins Stocken geraten zu müssen. Auch im Unterschied zur Macht, die dazu neigt, bestehende Verhältnisse zu konservieren, wohnt dem Kapital die Tendenz inne, die Verhältnisse umzukrempeln, sie zu revolutionieren und dabei auch eine ungeheure Dynamik zu entwickeln.

Im Lichte der obigen Argumentation stellt das Privateigentum an Kapital – und das mag überraschen – einen Anachronismus dar, da das Privateigentum aus der Macht und damit aus der Möglichkeit zur Monopolisierung gesellschaftlicher Ressourcen entspringt, während das mit Konkurrenz untrennbar verbundene Kapital einer dem Monopol entgegengesetzten Logik folgt. Tatsächlich ist dieser Anachronismus auch ein Produkt der Geschichte, nämlich der dem Kapitalismus vorausgehenden feudalistischen Produktionsweise in Europa, in der das Privateigentum an Grund und Boden das gesellschaftliche Fundament darstellte. Ein krasserer Anachronismus ist allerdings der Monopolkapitalismus, der dadurch entsteht, dass sich das Privateigentum an Kapital gemäß der Machtlogik quantitativ solange vermehrt, bis das gesamte Kapital einer Branche in einer einzigen Hand konzentriert ist. Im Monopolkapitalismus dominiert die Logik der Macht den gesamten Prozess der Kapitalverwertung. Hier sind auch ökonomische Stagnation und Fäulnistendenzen sowie soziales Elend, wie Lenin sie in seiner Imperialismustheorie hervorhebt, die einzig denkbare Konsequenz ökonomischer Tätigkeit, die jedoch nicht aus kapitalistischer Konkurrenz hervorgeht, wie Lenin glaubte, sondern das Resultat der die Konkurrenz aushebelnden Machtakkumulation ist. Und es ist auch der Monopolkapitalismus – in abgeschwächter Form auch der oligopolistische Kapitalismus –, der zum Imperialismus führt, weil er nicht nur auf nationaler Ebene weitere Entwicklungen blockiert, sondern auch außerstande ist, auf die ökonomischen und sozialen Krisen hin, die er national selbst produziert, gangbare Lösungen zu liefern.

Die Kapitalakkumulation, und gerade weil sie mit »schöpferischer Vernichtung« einhergeht, muss dagegen – wie bereits hervorgehoben – nicht, wie oft irrtümlich angenommen wird, zu exponentiell materiellem Wachstum führen, sie muss auch keineswegs, wie in fast allen klassischen Imperialismustheorien unterstellt wurde, zwangsläufig zum Imperialismus führen.[34] Dagegen führt eine Symbiose aus Kapital- und Machtakkumulation nicht nur nach außen zum Imperialismus, sondern auch nach innen zur Konzentration des Realkapitals, des Bank- und Finanzkapitals sowie zu gigantischen Eigentumsformen, zu undurchschaubaren Holding- und Konzernkonglomeraten, die dazu übergehen, den Staat und alle gesellschaftlichen Institutionen unter ihre Kontrolle zu bringen. Genau genommen ist in dieser gefährlichen

---

[34] Vgl. dazu Kapitel 4 im Abschnitt »Klassische Imperialismustheorien«.

Symbiose wesentlich stärker die Eigentumsmacht und der Besitz, die der Logik grenzenloser Machtakkumulation folgen, die treibende Kraft des Imperialismus und der Kapitalkonzentration und weniger das Kapital selbst, obgleich es ungeheuerlich schwer fällt, diese Unterschiede in den Handlungen der real existierenden Kapitalisten und ihrer Vertreter zu erkennen. Tatsächlich sind es aber diese in erster Linie Macht habenden Eigentümer, die Kraft ihres Eigentums das gesellschaftliche Kapital zwecks eigener Reichtumsakkumulation instrumentalisieren. Die analytische Unterscheidung zwischen den Funktionen und Wirkungsweisen von Eigentum und Kapital ist jedenfalls ein methodisch unverzichtbarer Schritt, um beispielsweise die richtigen Reformschritte hin zum Postkapitalismus zu begründen. Schließlich sind politische Begrenzungen der Eigentumsmacht durch Mitbestimmung, Vergesellschaftung und die Demokratisierung der Wirtschaft etwas ganz Anderes als die Überwindung des Kapitalismus selbst. Aus dem Umkehrschluss, dass das Privateigentum an Kapital einen Anachronismus darstellt, folgt selbstverständlich, dass der Kapitalismus auch ohne Privateigentum, etwa in Kombination mit der genossenschaftlichen Eigentumsform, weiterexistieren kann, während das Privateigentum an Kapital und allen anderen gesellschaftlichen Ressourcen Ausdruck der monopolistischen Macht einer sozialen Minderheit ist, die vor allem durch eine umfassende Demokratisierung der Wirtschaft und Gesellschaft überwunden werden könnte. In dieser Perspektive wäre die Enteignung der Kapitaleigentümer nicht, wie der Wirtschaftsliberalismus behauptet, ein antidemokratischer Akt, sondern zuallererst ein Akt der Entmachtung einer Minderheit, die der überwältigenden Mehrheit in der Gesellschaft den Zugang zu gesellschaftlichen Ressourcen vorenthält und sie damit fundamentaler individueller Freiheiten und Rechte beraubt. Es geht um die Befreiung der Gesellschaft von den Relikten des Mittelalters, um die Überwindung der Hindernisse der längst fälligen Modernisierung der Gesellschaft und um den Aufbau einer modernen Gesellschaft, in sich die Bourgeoisie als privilegierte Klasse in chancengleiche Individuen auflöst und endlich beginnt, wie alle anderen Bürgerinnen und Bürger, beispielsweise in Genossenschaften, die eigenen Fähigkeiten einzubringen und sich mit einem Anteil am produzierten Reichtum zufriedenzugeben, der auch ihren tatsächlichen individuellen Leistungen entspricht. Es geht letztlich um eine Gesellschaft, in der der menschliche Wille nicht dem Diktat der »Unsichtbaren Hand« der Märkte unterworfen und Marktgesetze sich nicht hinter dem Rücken der Menschen durchsetzen, sondern in der unwiderruflich das Primat der Politik hergestellt ist.[35]

---

[35] Vgl. auch den Übergang zum Postkapitalismus im Kapitel 7.

6. Macht als Haupthebel der Umverteilung im Kapitalismus

Die Vernachlässigung der Wechselwirkung zwischen Machtkonstellationen und ökonomischen Gesetzmäßigkeiten öffnet methodisch sowohl in der Nationalökonomie wie unter den marxistischen Ökonomen der weit verbreiteten Illusion Tür und Tor, ökonomische Vorgänge und Fragen der Verteilung des produzierten Reichtums ließen sich durch Analyse und Beobachtung ökonomischer Gesetzmäßigkeiten hinreichend erklären. In den neoklassischen Theorien kommt beispielsweise Macht als regulierender Faktor mit ganz wenigen Ausnahmen[36] so gut wie gar nicht vor. Auch unter den marxistischen Ökonomen war und ist es immer noch gang und gäbe, globale Entwicklungen auf den Weltmärkten und globale Verwerfungen im internationalen Handel allein durch ökonomische Gesetzmäßigkeiten zu begründen. Beispielsweise glaubte man über einen längeren Zeitraum hinweg, die *ungleiche internationale Einkommensverteilung zwischen Industrie- und Entwicklungsländern* mithilfe des *Wertgesetzes* erklären zu können. So entstanden in den 1960er und 70er Jahren Theorien des *Ungleichen Tauschs*[37] genauso schnell wie sie wieder verschwanden. Für die Verabsolutierung der ökonomischen Gesetzmäßigkeiten zur Erklärung der ungleichen Entwicklung zwischen diversen Regionen der Welt und der globalen Ungleichgewichte ist, um ein anderes Beispiel zu nennen, die Entstehung zahlreicher neuerer Imperialismustheorien, wie jene von Ernest Mandel, Alex Calinicos, David Harvey oder Giovanni Arrighi, symptomatisch, die die Welt vor allem mithilfe der Mechanismen der Kapitalakkumulation zu erklären versuchen.[38] Alle diese Theorien scheitern, da die zu analysierende Wirklichkeit offensichtlich durch ökonomische Gesetzmäßigkeiten allein nicht erfasst werden kann. Diese Theorieansätze blenden historische Machtkonstellationen aus ihrem analytischen Blickwinkel aus, die jedoch zum Theoriegebäude dazu gehören. Schließlich kann die reale Verteilung des erzeugten Reichtums in den einzelnen Staaten wie im globalen Zusammenhang nur dann nachvollziehbar gemacht werden, wenn Macht als eine eigenständige Kategorie in die Analyse der Verteilungsvorgänge einbezogen würde. Im Folgenden werden hier zunächst grundsätzliche Fälle der Verteilungs- und Umverteilungsvorgänge innerhalb einer kapitalistischen Ökonomie dargestellt:[39]

---

[36] Wie z.B. Böhm-Bawerk 1975.
[37] Vgl. ausführlicher Massarrat 1978; derselbe 2006: 30ff.
[38] Ausführlicher vgl. ebd. 2006: 40-44, sowie 66ff.
[39] Für Fälle der ungleichen Verteilung im globalen Kontext vgl. Abschnitt »Exkurs: Der Imperialismus heute« in Kapitel 6.

1. Selbst die Teilung des Wertes in Lohn und Profit im Kapitalismus beruht auf der Macht des kapitalistischen Privateigentums an Produktionsmitteln. Hier ergibt sich die Verteilung zwischen Lohnarbeit und Kapital aus dem Monopol d.h. der Macht des Privateigentums an Kapital. Wären kapitalistische Betriebe Eigentum einer Genossenschaft, dann hätten viele entsprechend ihrer Genossenschaftsanteile einen Anspruch auf den geschaffenen Mehrwert.

2. Die sinkende Lohnquote der letzten drei Dekaden im neoliberalen Kapitalismus resultiert fast überall eindeutig daraus, dass sich im gleichen Zeitraum die Machtverhältnisse zwischen Kapital und Lohnarbeit zulasten der Lohnarbeit verschoben haben. Im neoliberalen Kapitalismus, wie ich im Kapitel 6 näher begründen werde, überwiegt die Marktmacht der Unternehmerseite deutlich, hier könnte man sogar vom Unternehmerstaat sprechen. Die steigende Massenarbeitslosigkeit, d.h. ein Überangebot von Arbeit, als wichtiges Ergebnis der neoliberalen Wirtschaftspolitik, steht im direkten Verhältnis zur sinkenden Verhandlungsmacht der Gewerkschaften. Sinkende Löhne sowie zunehmende Prekarisierung werden zum Erkennungsmerkmal dieses Kapitalismustyps.

3. Eigentümer von Grund und Boden, von Immobilien und Bodenschätzen eignen sich leistungslose Renteneinnahmen allein aufgrund ihrer Monopolmacht, ein Stück der Erde zu besitzen, an. Dank dieser Macht sind sie in der Lage, gigantische Umverteilungen zulasten der Verbraucher durchzusetzen.[40]

4. Diese Beispiele aus der Makroebene können um ein Vielfaches in allen gesellschaftlichen Bereichen bis in die Mikroebene erweitert werden. Auch auf der Mesoebene zwischen und innerhalb der Sektoren und zwischen gesellschaftlichen Gruppen können mithilfe institutioneller Absicherung monopolistische Situationen entstehen, die einseitige Umverteilungen herbeiführen, so z.b. zugunsten von Rechtsanwälten und Ärzten (Chefärzten, Zahnärzten etc.).

---

[40] Vergleiche dazu auch Kapitel 1 im Abschnitt »Die Verwandlung des Profits in Grundrente«.

7. Machtpotenziale und Staatsformen

Die obige Analyse der Macht, der Machtkonzentration und der Machtpotenziale lässt die Annahme zu, dass Staatenformen im Kapitalismus unterschiedlich sind und dass sie dadurch typisiert bzw. klassifiziert werden können.

Der US-Staat, der wie jeder andere kapitalistische Staat die allgemeinen Rahmenbedingungen für die Ökonomie herstellt, ist ein Hegemonialstaat, der mehr Gemeinsamkeiten mit dem vorkapitalistischen imperialen römischen Staat aufweist als z.b. mit den skandinavischen Staaten von heute. Tatsächlich zwangen die Triebkräfte der imperialen-hegemonialen Machterhaltung den römischen Staat zu Methoden, Strategien und politischen Allianzen, die denen des US-amerikanischen Staates verblüffend ähnlich sind.[41] Der Staat in den Vereinigten Staaten verkörpert neben den Institutionen, die zur Herstellung von Voraussetzungen für eine reibungslose Kapitalakkumulation erforderlich sind, auch mächtige Gruppen, die mit dem militär-industriellen Komplex verflochten sind und von der US-Hegemonie nicht nur profitieren, sondern davon sogar existenziell abhängig sind, sodass immer neue Konfliktherde in der Welt entstehen und neue Kriege geführt werden. Beispielsweise war der *private security* Sektor der am schnellsten wachsende Sektor der US-Ökonomie in den letzten Dekaden. Hinzu kommen übermächtige Finanz-Oligarchen, die über Jahrzehnte sukzessive innerhalb der Institutionen des US-Staates Fuß gefasst und massiv die Wirtschafts- und Finanzpolitik aller US-Regierungen – und das in der Regel zulasten der Realwirtschaft – in den Dienst der eigenen parasitären Interessen gestellt haben. Beide Bereiche, der militär-industrielle Komplex und der Finanzsektor, nehmen auf jeden Fall und sehr massiv ihre Sonderinteressen wahr. Sie verursachen auch Kosten, die die Realwirtschaft als Ganzes zu tragen hat. Es gibt jedoch keinen zwingenden Grund dafür, dass die Rüstungs- und Finanzkapitalisten für die Funktionsfähigkeit der Kapitalakkumulation in den USA oder für das Wohlergehen der amerikanischen Bevölkerung unverzichtbar wären. Dennoch stellen beide Gruppen eine Realität dar, sie formen auch den US-Kapitalismus nach ihren Interessen und sind somit Bestandteil des Historischen Kapitalismus in den Vereinigten Staaten.

Wie aber der real existierende US-Staat sich von den skandinavischen Staaten unterscheidet, sind auch letztere verschieden von den westeuropäischen Staaten, die wiederum ganz andere Besonderheiten aufweisen als die Staaten in Osteuropa, als der russische oder chinesische Staat, als die militärdiktatorisch regierten Schwellenländer ohnehin.

---

[41] Baumert/Franke 2010.

Die materialistischen Staatstheorien der 1970er Jahre waren – soviel steht fest – außerstande, begrifflich zu erklären, worauf die Besonderheiten der kapitalistischen Staaten zurückzuführen sind. Genau in diesem Theorievakuum nahm die *Theorie des staatsmonopolistischen Kapitalismus (Stamokap-Theorie)*[42] für einige Zeit einen besonderen Platz ein, die sich alsbald eher als ein willkürlich zusammengebasteltes Konglomerat in Anlehnung an Lenins These des Monopolkapitalismus herausstellte und sich für die Analyse konkreter Entwicklungen in den kapitalistischen Staaten als unbrauchbar erwies.[43] Diese Theorie lässt zwischen dem keynesianischen Sozialstaat und seinem neoliberalen Gegensatz genauso wenig Unterschiede zu wie sie auch ausschließt, differenzierte Reformstrategien herauszuarbeiten. Die bestehende Theorielücke zur Analyse historischer Besonderheiten des Kapitalismus kann, so das Resümee der obigen Betrachtung, vor allem durch eine fundierte Machttheorie geschlossen werden. Denn Machtkonstellationen spielen bei allen Theorieansätzen, selbst bei der Stamokap-Theorie, unbestritten eine wichtige Rolle. Auch der bürgerliche Staat ist mehr als die bloße Herrschaft der einen Seite und, wie wir gesehen haben, das Resultat von gesellschaftlichen Machtkonstellationen.

---

[42] Siehe u.a. Boccara 1973.
[43] Zur Kritik siehe beispielsweise Esser 1975: 120ff.

Kapitel 3
Der Freihandelskapitalismus

Die Industrialisierung hatte in England schon längst begonnen und strahlte weit über das kolonialistisch aktive Inselland hinweg nach Kontinentaleuropa. Aus dem ursprünglich sehr regen Fern- und Kolonialhandel hat sich ein nachhaltiger innereuropäischer Handel entwickelt. Die neue aufwärts strebende Bourgeoisie ist kaum noch aufzuhalten, sie ist im Begriff, die bereits vorhandenen technologischen Entdeckungen für die Mechanisierung und Modernisierung der Manufakturen flächendeckend zu nutzen und den Boden für neue Technikerfindungen fruchtbar zu machen. Die Zahl der in den Industriebetrieben Beschäftigten steigt rasant und mit diesen vergrößern und verwandeln sich die mittelalterlich-feudalen Städte in Industriezentren. Während der Umfang der industriell hergestellten Produkte expandiert, erfreute sich der politisch immer noch dominierende feudale Adel mit der Monarchie im Rücken weiterhin seiner noch nicht angetasteten Herrschaft. Im Bündnis mit monopolistisch organisierten Großhändlern steigert die britische Monarchie die Staatseinnahmen durch den Export von riesigen industriell hergestellten Warenüberschüssen. Ihr Bündnis mit Großhändlern basiert auf dem Deal, die wachsenden Staatseinnahmen durch den Export unter sich aufzuteilen. Die herrschende Wirtschaftspolitik folgte den in jener Epoche dominanten vorwissenschaftlichen Lehren des Merkantilismus. Demnach entsteht der gesellschaftliche Reichtum durch Export- und Zahlungsbilanzüberschüsse einer Volkswirtschaft, weshalb also der Staat alles daran setzen musste, um Importe durch Zölle einzuschränken und Exporte zu fördern. Die Monarchie nutzt die neuen Einnahmequellen, um die Ausgaben für den Militär- und Polizeiapparat zur Stärkung der eigenen Machtbasis zu finanzieren. Die mit Monarchie und Adel verbündeten Großhändler bereichern sich zulasten der Bourgeoisie und der übrigen Schichten dank Handelsmonopolen, die ihnen die Monarchie zugesteht.

Unter diesen politischen und ökonomischen Rahmenbedingungen, die sich ab Beginn des 18. Jahrhunderts herausbildeten, durchlief die vom expandierten Kapitalismus angetriebene industrielle Revolution ihr erstes goldenes Zeitalter. In dieser Epoche zwischen Beginn des 18. und Ende des 19. Jahrhunderts erlebte der Kapitalismus eine seinem Wesensmerkmal entsprechende Konkurrenz unter den Industrieunternehmen, die nahezu schrankenlos und in einer Intensität stattfand, die er in seiner weiteren Entwicklung nie wieder erleben sollte. Die zügige Transformation zu einer qualitativ neuen

Gesellschaftsordnung in dieser Epoche kam nicht von ungefähr. Mit einer allgemein gesellschaftlichen Akzeptanz beflügelt, trachtete die Bourgeoisie danach, die weiterhin machtvolle feudalistisch-parasitäre Hülle samt ihrer merkantilistischen Politik der Handelsbeschränkung erbarmungslos über Bord zu werfen und zielgerichtet durch Aufhebung der Zölle auf importierte Agrarprodukte die Lebensmittel für das Proletariat zu verbilligen, um eine umfassende Erschließung billiger Arbeitskräfte in den urbanen Regionen und damit die kapitalistische Akkumulation kraftvoll und flächendeckend zu etablieren. In Großbritannien erfolgte die Aushöhlung der merkantilistischen Hülle dadurch, dass das britische Parlament der Monarchie das Recht auf die Erteilung des Handelsmonopols entzog und dieses Recht zu genuin eigenen Befugnissen erklärte. In Frankreich hat die Französische Revolution die Relikte der feudalistischen Hülle einschließlich der merkantilistischen Handelshindernisse abgelegt. In beiden Fällen und in ganz Europa wurden alle politischen und ökonomischen Hindernisse der weiteren Entfaltung des Kapitalismus schon in der Mitte des 19. Jahrhunderts weitestgehend überwunden. Beide Elemente zusammen, die Beseitigung der Handelshindernisse und die freie Konkurrenz der Unternehmer, rechtfertigen die Bezeichnung des Begriffs *Freihandelskapitalismus* für die gesamte Epoche zwischen Anfang des 18. und Ende des 19. Jahrhunderts.

Das augenscheinliche Hauptmerkmal dieser Epoche war zweifelsohne die Marktanarchie. Der merkantilistische Staat hatte der Bourgeoisie, solange sie expandierende Exporte und üppige Staatseinnahmen hervorbrachte, mehr oder weniger freie Hand gelassen. So machte der Begriff *Laissez faire* als Zustandsbeschreibung dieser Epoche in den ökonomischen und historischen Abhandlungen die Runde. Diese Epoche ist auch die Sternstunde des klassischen Liberalismus – mit Adam Smith, David Ricardo und John Stuart Mill an der Spitze – und all seinen Schattierungen und Verästelungen. Die klassischen Ökonomen scheinen die für ihre markttheoretischen Modelle unerlässlichen Bedingungen, wie »Vollständige Konkurrenz«, »Vollständige Entscheidungsfreiheit der Unternehmer« und »Neutralität des Staates«, dieser historischen Epoche des Laissez faire entlehnt zu haben. Auch die Auffassung, »die Märkte regulierten durch eine unsichtbare Hand sämtliche ökonomischen Vorgänge«, vor allem die Bildung der Warenpreise und Verteilung von Ressourcen, gehörte zum alles überragenden Credo und den wirtschaftstheoretischen Selbstverständlichkeiten jener Epoche. Hierauf basierte folgerichtig der wirtschaftsliberale Glaubenssatz, dass der Staat sich aus dem Wirtschaftsgeschehen herauszuhalten habe, sich auf die Bereitstellung von Infrastruktur und die Herstellung der inneren und äußeren Sicherheit sowie den Schutz der nationalen Währung beschränken müsse.

Die Epoche des Freihandelskapitalismus ist unter anderen Bezeichnungen wie beispielsweise *Frühkapitalismus* wirtschaftshistorisch und deskriptiv bereits hinreichend untersucht worden. Es fehlt jedoch an analytischer und systematischer Einordnung dieses Zeitalters in die Entwicklungsgeschichte des Kapitalismus. Immerhin mündete diese Epoche nicht ganz zufällig in die erste Weltwirtschaftskrise, der anschließend zwei Weltkriege folgten. Im Folgenden sollen der Freihandelskapitalismus und seine historischen Strukturmerkmale als eine Synthese der Gesetzmäßigkeiten des Logischen Kapitalismus und des jeweils anzutreffenden historischen Umfeldes in gebotener Kürze untersucht werden. Damit soll für eine Neubewertung des Kapitalismus in seiner Genese unter der Einbeziehung der in den beiden ersten Kapiteln entfalteten Begrifflichkeiten der erste Schritt getan werden.

1. Überschüssige Bevölkerung, Dumpinglöhne und Machtungleichheit

In Europa finden mit Beginn der industriellen Revolution zwei sich verstärkende demografische Entwicklungen statt, zum einen wuchs die Bevölkerung viel schneller als je zuvor und zum anderen fand eine drastische Verschiebung der demografischen Verteilung zwischen Stadt und Land statt. Die Bevölkerungszahl steigt im Vereinigten Königreich (England und Wales, Schottland und Irland) von 9,4 Millionen im Jahr 1701 auf 15,9 Millionen im Jahr 1801, sie wächst also innerhalb eines Jahrhunderts um beinahe 70%. Und sie steigt im darauf folgenden Jahrhundert von 1801 bis 1901 auf 41,5 Millionen, somit mit einem deutlich höheren Wachstumstempo von 260%.[1] In ganz Europa wächst die Bevölkerung innerhalb eines halben Jahrhunderts 1850-1900 von 267,6 Millionen um 167% auf 447,8 Millionen. In den drei größten und bevölkerungsreichsten kapitalistischen Staaten, Vereinigtes Königreich, Deutschland und Frankreich, wächst die Bevölkerung im selben Zeitraum von 87,4 Millionen auf 127,9 Millionen um 143%.[2] Für die rasche Steigerung der Bevölkerung im Prozess kapitalistischer Industrialisierung waren insgesamt zwei Faktoren verantwortlich: Einerseits die drastische Senkung der Sterberate, vornehmlich bei Kindern durch die Revolutionierung der Medizin, und andererseits die bessere Versorgung der Bevölkerung mit Nahrungsmitteln und die Verhinderung von Unterernährung.[3]

---

[1] Deane/Cole 1969: 6f.
[2] Fischer/van Houtte 1985: 14. Zur Bevölkerungsentwicklung einzelner Staaten in der Zeit 1820-1998 auch in Europa vgl. Maddison 2006: 183ff.
[3] Ausführlicher dazu Bairoch 1971: 34f.

Die Industrialisierung ruft nicht nur Bevölkerungswachstum hervor, sie befeuert auch eine umfassende gesellschaftliche Umwälzung einschließlich einer demografischen Verschiebung von den ländlichen zu den urbanen Regionen. So steigt im Vereinigten Königreich die Bevölkerungszahl in den rein ländlichen Regionen zwischen 1701 und 1831 um nur 189%, in den gemischten ländlich industriellen Regionen im selben Zeitraum um 210% und in industriell-kommerziellen Regionen um 324%.[4] In anderen europäischen Staaten ist die regionale Verschiebung der Bevölkerungsdichte weniger rasant, aber dennoch beachtlich, weil überall in Europa die Industrialisierung nach ähnlichem Muster, mit einer Zeitverschiebung zwischen 50 bis 100 Jahren, voll im Gange ist. So lebten in Europa um 1850 rund 22% der Bevölkerung in den Städten mit 5.000 Einwohnern und mehr, während dieser Anteil bis 1880 um ein knappes Drittel und bis 1910 auf 43,5% anwuchs.[5] Dass im Zuge der kapitalistischen Entwicklung in Europa eine rigorose Verstädterung und demografische Verschiebung von agrarischen Regionen hin zu den industriellen Ballungszentren stattgefunden hat, gehört zu den Binnenwahrheiten der kapitalistischen Entwicklungsgeschichte und muss hier nicht näher untersucht werden. Viel wichtiger in unserem Zusammenhang sind die Ursachen und vor allen Dingen die Folgen dieser sozialen Transformation für die spezifische Form des Kapitalismus während der Ära des Freihandelskapitalismus im 18. und 19. Jahrhundert.

Es kann nicht bestritten werden, dass die Vielfalt des urbanen Lebens, die durch die fortschreitende Arbeitsteilung und ein wachsendes Angebot an Waren und Dienstleistungen ermöglicht wurde, sowie die Aussichten auf bessere Bildungschancen, eine bessere Gesundheitsversorgung und vieles mehr einen wichtigen Anreiz für die Menschen darstellte, um die ländlichen Regionen zu verlassen. Entscheidender für die innergesellschaftliche Migration in den europäischen Ländern und später auch für die Migration der Europäer nach Übersee waren allerdings ökonomische Zwänge. Dazu gehörte vor allem die steigende Nachfrage nach Arbeitskräften in den industriellen Zentren einerseits und parallel dazu frei werdende bäuerliche Arbeitskräfte aufgrund steigender Produktivität in der Landwirtschaft andererseits: Die kapitalistische Entwicklung in Europa bahnte sich in der Regel gleichzeitig in den ländlich-agrarischen wie in den städtischen Regionen an. Sie basierte zum einen auf der Akkumulation von Geldkapital in den Händen von aufstrebenden Unternehmern und zum anderen auf der Existenz der großen Masse von freigesetzten Arbeitskräften nicht nur im Agrarsektor, son-

---

4 Deane/Cole 1969: 103.
5 Fischer/van Houtte 1985: 41.

dern auch durch die Auflösung von kleinen Handwerksbetrieben und durch die Proletarisierung der selbständigen Handwerker. Der entscheidende Anstoß für den doppelten miteinander verzahnten Prozess des demografischen Wandels und der industriellen Revolution kam, in Anlehnung an Paul Bairochs überzeugende Analyse, aus der Landwirtschaft.[6] Denn die Produktivitätssteigerung in der Landwirtschaft stellte für diesen Sektor erstens die nötigen Nahrungsmittel, zweitens die für die Industrialisierung benötigten Arbeitskräfte, drittens die Hauptmasse des erforderlichen Kapitals und viertens, was überraschen mag, den Hauptanteil der Unternehmer zur Verfügung. Unter den kapitalistischen Bedingungen in der Landwirtschaft, d.h. Kapitalisierung von Grund und Boden, Entstehung von Profit und zusätzlich dazu auch Grundrente – Bedingungen also, die sich im 19. Jahrhundert im Vereinigten Königreich längst durchgesetzt hatten –, führte die Produktivitätssteigerung zu scharfer Konkurrenz und Ausgliederung von besonders unrentablen Betrieben. Unproduktive Landwirte standen so vor der Alternative, entweder zu verarmen und durch Verschuldung solange zu verharren, bis sie unter der Schuldenlast ihre Betriebe aufgaben und sich als Tagelöhner auf dem Land oder in der Stadt verdingten, oder aber ihr Grundeigentum rechtzeitig zu verkaufen und ihr Kapital in der Industrie einzusetzen. Die historischen Voraussetzungen für die letztere Option waren nach Bairoch in fast allen Ländern Westeuropas vielversprechend: Zum einen betrug der Kapitalwert pro Arbeitskraft im Agrarsektor fast überall ein Vielfaches vom Kapitalwert pro Arbeitskraft in der Industrie, sodass der kleine Landwirt mit seinem in der Landwirtschaft erworbenen Kapital in der Industrie eine beachtliche Zahl von Tagelöhnern einstellen und auch rasch reich werden konnte.[7] Zum anderen sorgte die rasch steigende Nachfrage nach Textilprodukten, durchaus bei immer reicher werdenden Grundherren in der Landwirtschaft, für hohe Profite in der Textilproduktion – einem florierenden Industriesektor, der im Vereinigten Königreich zum Motor der industriellen Revolution werden sollte.»Die Landwirtschaft hat also«, schreibt Bairoch, »nicht

---

[6] Bairoch 1971: 42ff.

[7] Der Kapitalwert landwirtschaftlicher Betriebe war vergleichsweise besonders hoch, weil sich mit steigender Bevölkerung Grund und Boden in besonders knappe Kapitalgüter verwandelten. Beispielsweise betrug das Verhältnis des Kapitalwerts landwirtschaftlicher Betriebe pro Arbeitskraft zum Kapitalwert in der Industrie um 1810 in Großbritannien 1:9, um 1850 in Frankreich 1:8, um 1850 in Belgien 1:6, um 1905 in Japan 1:8, jedoch wegen des »unerschöpflich« großen Reichtums an Grund und Boden in den USA um 1880 lediglich 1:2,5. Dabei bestätigt die Ausnahme USA die Regel, das in Westeuropa und Japan die Knappheit von Grund und Boden die Ursache des hohen Kapitalwertes in der Landwirtschaft war (Ebd.: 42).

nur die Nahrungsmittelüberschüsse und die Arbeiter freigesetzt, die für das
große Abenteuer der industriellen Revolution nötig waren, sie hat nicht nur
die demographische Revolution ermöglicht oder wahrscheinlich sogar her-
beigeführt und die Entstehung der modernen Textil- und Hüttenindustrie
stimuliert, sondern in der ersten Phase auch den größten Teil des Kapitals
und der Unternehmer geliefert, die diese Revolution in Gang gebracht hat.«[8]
Die Freisetzung der Arbeitskräfte in den ländlichen Regionen schritt sukzessive und über den gesamten Zeitraum des 18. und 19. Jahrhunderts in
Europa, aber auch in den USA voran, und sie wurde zur Hauptquelle der
Entstehung einer »Reservearmee« in den Industrieregionen, die im selben
Zeitraum mal stärker, mal schwächer in Erscheinung trat, die jedoch nie
aufhörte, zu existieren, weil die Industrie trotz beachtlicher Wachstumsra-
ten unmöglich imstande war, die gesamte zugewanderte Masse an Arbeitskräften zu absorbieren.[9] Hauptursache dieser sozial ungleichgewichtigen
Entwicklung war die fortschreitende Konzentration der Produktion und die
Entstehung von Großbetrieben sowohl in der städtischen Industrie als auch
im ländlich-agrarischen Sektor, die mit ständiger Modernisierung bzw. Mechanisierung einhergingen. Millionen von Kleinbauern hatten im Zuge der
Konzentration des Grundeigentums und der Produktion keine andere Wahl,
als letztlich ihre Autonomie aufzugeben und – sich in ihr Schicksal fügend
– sich teilweise als Tagelöhner im Agrarsektor, hauptsächlich jedoch in den
aufsteigenden Industriesektoren, zu verdingen. Auch das Thema Landflucht
und innergesellschaftliche Migration im Zuge der kapitalistischen Entwicklung in Europa ist hinreichend erforscht und muss hier nicht noch einmal
näher belegt werden.[10] Die obigen Ausführungen mögen auch genügen, um
die strukturellen Folgen der freigesetzten ländlichen Arbeitskräfte und der
rasant steigenden Bevölkerungszahl für die spezifischen Formen des Kapitalismus in der Freihandelsära zu skizzieren. Fest steht jedenfalls, dass nahezu in allen kapitalistischen Staaten Europas, insbesondere in den urbanen
Zentren, bis zum Zweiten Weltkrieg fast immer ein »Bevölkerungsüberschuss«, ein Überangebot an Arbeitskräften, eine »industrielle Reservearmee« vorherrschte. Die überschüssige Bevölkerung bzw. die »industrielle

---

[8] Bairoch 1971: 45.
[9] Dieser Prozess hat in den Entwicklungsländern erst seit Anfang des 20.
Jahrhunderts begonnen und findet mit voller Kraft immer noch statt.
[10] Ausführlicher vgl. Kautsky 1899: 92ff., 130ff., 164ff., 214ff. In seinem
materialreichen und erhellenden Standardwerk zur»Agrarfrage« in Europa analysiert
Kautsky u.a. sowohl die individuellen und sozialen Ursachen der Landflucht am
Beispiel ausgewählter europäischer Staaten als auch die ökonomischen Mechanismen
des Phänomens.

Reservearmee« hatte jedoch fatale Folgen für die Verteilungsverhältnisse und vor allem für die Lebensverhältnisse der Bevölkerung. Marx beschreibt im ersten Band des »Kapital« akribisch die Lage der arbeitenden Menschen, wie er sie selbst in England vorgefunden hatte.[11] Dabei stützte er sich auf diverse regierungsoffizielle Berichte, die für das britische Parlament erstellt worden waren. Paul Bairoch, der renommierte Wirtschaftsforscher, beschreibt die Lage der Arbeiter im 18. und 19. Jahrhundert in Europa folgendermaßen:»Die arbeitenden Menschen mussten«[12] für die industrielle Revolution einen hohen Preis bezahlen. Unbegrenzte Arbeitszeit, lächerlicher Lohn, miserable Wohnverhältnisse, schlechter jedenfalls als auf dem Land, dies waren bestechende Merkmale des Lebens für die Mehrheit der städtischen Bevölkerung.»Man könnte über die schlechten Arbeitsbedingungen, die Erniedrigung der Arbeiter, das große Ausmaß der Arbeitslosigkeit und die dadurch verursachte Not sprechen. Kurz, der Ausdruck ›Martyrium‹ ist sicherlich nicht zu stark. Die sozialen Kosten der industriellen Revolution waren sehr hoch, die Kehrseite der Medaille sehr hässlich. Von der Sklaverei der Kinder und – nicht zu vergessen – der Frauen (die nur ein Drittel der Männerlöhne erhielten) bis zum Martyrium der Arbeiterklasse im allgemeinen, von der Not der Arbeitslosigkeit bis zu den drückenden, schweren Strafen, von Verzweiflungsstreiks bis zu unbarmherzigen Aussperrungen, von den Höhlen in Lille bis zu den Wohnlöchern Londons war es eine endlose Kette des Elends. Tausende Tonnen Gußeisen, Milliarden Meter Baumwollstoff entsprachen einer unendlichen Menge von Leid.«[13]

Die schrankenlose Konkurrenz unter den Arbeitern bei anhaltender Existenz einer Reservearmee, wie oben beschrieben, lässt auf den Arbeitsmärkten keine anderen Löhne als eben *Dumpinglöhne* zu. Dumpinglöhne, um eine von Zeit und Raum unabhängige und objektivierbare Definition dafür zu liefern, liegen vor, wenn der Lohn beginnt, unter den Wert der Arbeitskraft zu sinken, d.h. wenn der Lohn nicht mehr ausreicht, um mit einer nur im historischen Kontext definierbaren (und vom Produktivitätsniveau abhängigen) Normalarbeitszeit die eigene Arbeitskraft entsprechend dem durchschnittlichem Standard zu reproduzieren. Einerseits wird die Arbeit suchende Bevölkerung unter diesen Bedingungen der ständigen Existenz einer Reservearmee gezwungen, sich dem Diktat der Kapitalisten in jeder Hinsicht, in Bezug auf die Lohnhöhe ebenso wie auf die Länge des Arbeitstages und auf sonstige Arbeitsbedingungen, zu unterwerfen und sich in der Regel letzt-

---

[11] Marx 1962c: Kapitel 8.
[12] Bairoch 1971:79f.
[13] Ebd.: 81.

lich mit einem Dumpinglohn zu begnügen. Und zum anderen zwingt die
schrankenlose Konkurrenz die Kapitalisten dazu, ihre Monopolmacht gegenüber den Beschäftigten und Arbeitssuchenden stets zu nutzen, um ihre
Profite zulasten von Löhnen zu optimieren. Dumpinglöhne bedeuten eine
Umverteilung von der Lohn- zur Gewinnseite und eine sinkende Lohnquote. Letztere ist demnach ein wichtiges Indiz, das auf die Existenz von Dumpinglöhnen schließen lässt.

Unter den beschriebenen Bedingungen ist gegen das Diktat der Kapitalisten jedenfalls kein Kraut gewachsen, selbst bei organisierten Belegschaften, wie es in der gegenwärtigen Ära des neoliberalen Kapitalismus in den
letzten drei Jahrzehnten der Fall war. Im 18. und 19. Jahrhundert, als die Arbeiterklasse über keinerlei Machtmittel verfügte, um eine Gegenwehr zu organisieren, setzten die sich gegenseitig verstärkenden Konkurrenzmechanismen eine Spirale der Lohnsenkung und Arbeitszeitverlängerung in Gang, die
nur noch an den physischen Existenzgrenzen der Belegschaft ein Ende finden konnte. Die Ungleichheit der Marktmacht zwischen den beiden Hauptklassen, den Unternehmern und der Arbeiterklasse, wurde dank anhaltendem
Bevölkerungsüberschuss zum sozialen Fundament der Gesellschaft. Diese
Machtungleichheit darf auch als eines der Hauptmerkmale der Freihandelsära bezeichnet werden, in der die kapitalistische Industrialisierung in einem
historischen Umfeld mit anhaltend überschüssiger Bevölkerung stattfindet.
Das Unternehmertum mit beinahe schrankenloser Marktmacht, dem überwiegend weder die Menschenwürde noch das sinkende Lebensalter der Beschäftigten ein besonderes Anliegen ist, steht den arbeitenden Menschen
gegenüber, die alle vom Unternehmen diktierten Bedingungen hinnehmen,
weil sie hoffen, so ihr eigenes und das Überleben der Familie absichern zu
können. Da aber der Hungerlohn für das Überleben der Familie nicht ausreichte, mussten die Frauen und dann auch die Kinder ihre Arbeitskraft auf
den Arbeitsmärkten anbieten. Das potenzierte Arbeitsangebot beschleunigte
die Spirale der Lohnsenkung und die ursprüngliche Intention, durch die Erhöhung der Arbeitszeit der Familie ein höheres Einkommen zu erzielen, ver-
kehrte sich in ihr Gegenteil: weniger Einkommen bei höherer Gesamtarbeits-
zeit der Familie. Statt einer Verbesserung der Lebenssituation gegenüber den
agrarisch feudalen Missständen auf den Dörfern verschlechterte der aufstei-
gende Kapitalismus die Lage für die Mehrheit der arbeitenden Bevölkerung
in den Städten: Die wachsende Verelendung der arbeitenden Menschen im
18. und 19. Jahrhundert in Europa kann nicht bestritten werden. Die Dramatik des Leidens der Menschen kann an den unerträglichen Lebensbedingungen der Menschen in den schlimmsten Slums der Metropolen wie in Kalkut-
ta, in Johannesburg und an vielen anderen Orten der Dritten Welt von heute

Abbildung 1: Das Verhältnis zwischen Kapital und Arbeit in Großbritannien 1770-2010

Arbeits- und Kapitaleinkommen (in % gemessen am Nationaleinkommen)

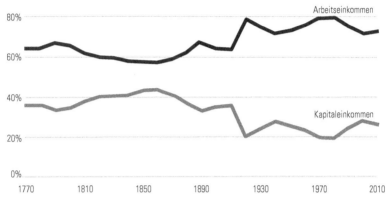

Quelle: Piketty, Grafik 6.1. Im 19. Jahrhundert machen die Kapitaleinkommen (Mieten, Gewinne, Dividenden, Zinsen) etwa 40% des Nationaleinkommens, die Arbeitseinkommen (von Arbeitnehmern und Selbständigen) 60% des Nationaleinkommens aus.

abgelesen werden. Über die Entwicklung der Reallöhne und Lohnquoten in Europas Volkswirtschaften des 18. und 19. Jahrhunderts liegen leider keine brauchbaren Statistiken vor. Erst dank Thomas Pikettys Forschung und seines Buches »Das Kapital im 21. Jahrhundert«, in dem er eine neue Methode zur Erfassung langfristiger Zahlenreihen zu Verteilungsverhältnissen in den Industriestaaten entwickelt hat, kann die oben analytisch hergeleitete Entwicklung auch empirisch belegt werden. Folgende von Piketty ermittelte Abbildung 1 zeigt, dass in Großbritannien das Arbeitseinkommen im Zeitraum zwischen 1770 und 1870, und damit in der Hochperiode der freien Konkurrenz, deutlich gesunken und das Kapitaleinkommen umgekehrt deutlich gestiegen ist. In Frankreich finden wir allerdings um 50 Jahre zeitversetzt einen fast ähnlichen Trend vor (siehe Abbildung 2).[14]

Pikettys Untersuchungsergebnisse werden durch andere weniger systematische Forschungen im Grundsatz zwar bestätigt, sie zeigen allerdings nicht die ganze Dramatik sinkender Löhne und Lohnquoten in Europas industrialisierten Staaten des 19. Jahrhunderts, da er nach allem, was man aus seinen Daten herauslesen kann, den demografischen Einfluss auf die Veränderung der Lohnquote nicht berücksichtigt. Nach Schätzungen der britischen Wirtschaftshistoriker Deane und Cole erhöhte sich der Lohnanteil im Natio-

---

[14] Piketty 2014: 267.

Abbildung 2: Das Verhältnis zwischen Kapital und Arbeit in Frankreich 1820-2010
Arbeits- und Kapitaleinkommen (in % gemessen am Nationaleinkommen)

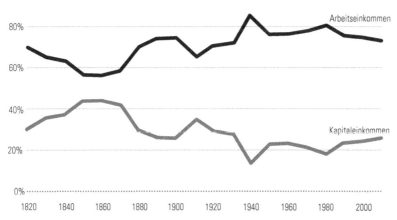

Quelle: Piketty, Grafik 6.2. Im 21. Jahrhundert machen die Kapitaleinkommen (Mieten, Gewinne, Dividenden und Zinsen) etwa 30% des Nationaleinkommens, die Arbeitseinkommen (von Arbeitnehmern und Selbständigen) 70% des Nationaleinkommens aus.

naleinkommen Großbritanniens in der Zeit von 1801 bis 1911 von 104,1 auf 883,6 Millionen Pfund zu konstanten Preisen, also um das 8,5-fache, während im selben Zeitraum das britische Nationaleinkommen von 138 Millionen auf 1.948 Milliarden Pfund zu konstanten Preisen, also um das 14-fache, wuchs. Folgt man diesen Zahlen, so ergeben sie einen sinkenden Lohnanteil von 75 auf 45% und damit ein deutlich stärkeres Herabsinken der Lohnquote als Pikettys Untersuchung anzeigt. Doch das drastische Ausmaß sinkender Löhne wäre erst dann genauer erfasst, wenn man die bereinigte Lohnquote zugrunde legen würde. Dieser Indikator berücksichtigt nämlich auch den Einfluss der demografischen Entwicklung. Bei einer steigenden Bevölkerungszahl im selben Zeitraum von ca.18 auf ca. 41,5 Millionen[15] und bei dem entsprechenden gewachsenen Erwerbspotenzial um das 2,3-fache, schlägt die sinkende Lohnquote entsprechend stärker zu Buche. Die bereinigte Lohnquote am Ende des Jahrhunderts betrug auf der Basis der obigen Zahlen lediglich 19,5%, was auf dramatische Dumpinglöhne im Großbritannien des 19. Jahrhunderts schließen lässt.

Wie, auf welchem Wege und mit welcher Genauigkeit man die Lohnentwicklung in Großbritannien und anderen europäischen Ländern zu belegen sucht, an der Feststellung von Dumpinglöhnen drastischen Ausmaßes in al-

---

[15] Maddison 2006: 413f.

len diesen Ländern im 18. und 19. Jahrhundert besteht nicht der geringste Zweifel. Wenig Übereinstimmung besteht allerdings über gravierende epochale Folgen des über ein Jahrhundert in Europa das soziale Leben bestimmenden und oft als natürliche Konstante wahrgenommenen Lohndumpingsystems, das für das Verstehen der Katastrophen um die Wende des 19. zum 20. Jahrhundert mit den beiden Weltkriegen, der Weltwirtschafts- und Finanzkrise von größter Bedeutung ist. Es gibt zwar umfassende wirtschaftshistorische Forschungen über Einzelerscheinungen und Ereignisse in dieser Epoche, grundsätzlich mangelt es jedoch immer noch an einer systematischen und empirisch belegten Forschung über die Strukturmerkmale dieser Epoche. Im Folgenden sollen die für diese Epoche symptomatischen und für die historischen Ereignisse um die Wende des 19. zum 20. Jahrhundert entscheidenden Strukturmerkmale herausgearbeitet werden.

2. Verschärfung der Einkommensungleichheit

Die chronische Machtungleichheit, die unvergleichbar stärkere Marktmacht der Kapitalisten gegenüber der Arbeiterklasse, verschafft der Kapitalseite einen wirksamen Machthebel zur Umverteilung eines zunehmend wachsenden Teils des Lohns auf die Gewinne, der unter den Bedingungen einer starken Arbeiterbewegung niemals erzielt worden wäre. Die strukturelle Umverteilung spiegelt sich in sinkenden Lohnquoten, die – wie wir oben für Großbritannien und Frankreich belegt haben – für die Ungleichheit der Einkommensentwicklung in diesen Ländern charakteristisch ist. Die wenigen verfügbaren Daten lassen eine ähnliche Lohnquotenentwicklung auch für Deutschland rekonstruieren. Beispielsweise stieg in Deutschland der Index der Bruttoreallöhne zwischen 1850 und 1913 von ca. 60 auf 110, also um weniger als das Zweifache, während im gleichen Zeitraum der Index des Nettosozialprodukts zu konstanten Preisen von zehn auf beinahe 50, somit um das Fünffache, ansteigt.[16]

Noch deutlicher wird die ungleiche Entwicklung für Löhne und für das Nettosozialprodukt in Deutschland, wenn man den Zeitraum 1821-1880 zugrunde legt. Das Realeinkommen der arbeitenden Bevölkerung blieb in dieser Periode auf dem gleichen Niveau,[17] während das Nettosozialprodukt in realen Größen schätzungsweise weit über das Fünffache anstieg.[18] In Fran-

---

[16] Cipolla/Borchardt 1985: 138 und 161.
[17] Fischer/Krengel/Wietog 1982: 155; Kocka 1990.
[18] Cipolla/Borchardt 1985: 138.

kreich stiegen die Durchschnittslöhne in verschiedenen Branchen im Zeitraum zwischen 1828 und 1910 lediglich um das Zweifache,[19] während das Bruttosozialprodukt um mehr als das Vierfache anwuchs.[20] Alle diese Indizien lassen darauf schließen, dass das Arbeitseinkommen im 19. Jahrhundert in allen großen Industrieländern in Europa im Schnitt deutlich langsamer angestiegen ist als das Kapitaleinkommen. Auch logische Überlegungen lassen keinen anderen Befund zu. Wenn im 18. und 19. Jahrhundert das Kapital die Option besaß, anlässlich des chronischen Bevölkerungsüberschusses und hinsichtlich der Beschäftigung der Arbeitskraft stets aus dem Vollen zu schöpfen, und wenn der Organisierungsgrad der Arbeiterklasse sich noch im Argen befand und darüber hinaus auch der Staat keinerlei Regulierung zum Schutze der Beschäftigten, z.b. einen Mindestlohn, angeordnet hat, dann blieb eine dauerhafte Einkommensumverteilung von unten nach oben die einzig logische Möglichkeit. Die Ungleichheit der Einkommensverteilung konnte nur noch zu- oder abnehmen, je nachdem, ob der Bevölkerungsüberschuss gestiegen oder gesunken war. Die sinkende Lohnquote und Einkommensungleichheit waren offensichtlich charakteristische ökonomische Indizien für die Periode des Freihandelskapitalismus in Europa.

3. Überproduktion und überschüssiges Kapital

Im gesamten 19. Jahrhundert hat es in den großen Staaten Europas im Zuge der industriellen Revolution tatsächlich eine strukturelle, weil dauerhafte Überproduktion der industriell hergestellten Waren gegeben. Diese strukturelle Überproduktion hat die klassischen Theoretiker wie Rosa Luxemburg oder Lenin zu der Annahme veranlasst, es gäbe im Kapitalismus grundsätzlich ein *Realisierungsproblem*, das ich in Kapitel 1 unter dem gleichnamigen Abschnitt als ein großes Missverständnis abgehandelt habe. Demnach handelt es sich bei der im Kapitalismus auftretenden Überproduktion nicht um eine strukturelle, sondern um eine periodisch konjunkturelle Überproduktion, die gerade die Funktion hat, das gesamtgesellschaftlich ungleichgewichtige Verhältnis zwischen Angebot und Nachfrage wieder ins Lot zu bringen, indem die Überproduktion selbst aus dem Markt verschwindet. *Bei der Untersuchung der Überproduktion in der Ära des Freihandelskapitalismus geht es jedoch, und das kann nicht genug hervorgehoben werden, ausdrücklich nicht um jene periodische Überproduktion, die stets durch ein*

---

[19] Tyszka 1914: 10.
[20] Maddison 2006: 424f.

neues Gleichgewicht zwischen Gesamtangebot und Gesamtnachfrage über-
wunden wird. Es geht um die Analyse einer historisch erklärbaren »struktu-
rellen Überproduktion«, die für den Freihandelskapitalismus symptomatisch
zu sein scheint. Wie oben auch empirisch dargestellt, sind die Löhne in dieser
Epoche in ganz Europa Dumpinglöhne mit weitreichenden Konsequenzen.

Ein Lohndumpingsystem, wie es für die Freihandelsepoche symptomatisch ist, bedeutet einerseits höhere Gewinne für die Unternehmen, andererseits aber sinkende Massenkaufkraft und damit auch eine Beschränkung der
Gesamtnachfrage. Hieraus folgt zwangsläufig eine strukturelle Überproduktion der industriell hergestellten Waren. Die Kaufkraft der in den Industriesektoren arbeitenden Menschen reicht in der Regel für ein Dach über dem
Kopf in den Slums der Industrieregionen, es reicht für Grundnahrungsmit-
tel, die gerade noch das Überleben der arbeitenden Menschen sicherstellen
und für ein Mindestmaß an einfacher Bekleidung, jedoch keineswegs für das
Gros der industriell produzierten Konsumgüter. Wenn in einer Nationalökonomie in einem Zeitraum von über einem Jahrhundert das Nationalprodukt
wächst, während das Lohnniveau, die Lohnquote und somit die Massenkaufkraft konstant bleiben oder sogar sinken, dann entsteht – auf den Binnenmarkt bezogen – ein gewaltiges Ungleichgewicht zwischen dem gesamtgesellschaftlichen Angebot und der gesamtgesellschaftlichen Nachfrage an
industriell hergestellten Produkten. Der Bevölkerungsüberschuss und das
Lohndumping im 18. und 19. Jahrhundert lieferten das Fundament für eine
strukturelle Überproduktion, die schließlich durch den Export den Weg zu
den äußeren Märkten einschlagen musste. Diese Überproduktion an Waren
zieht unter den Bedingungen des ständig eingeschränkten Binnenmarktes
natürlich auch überschüssige Gewinne nach sich, weil auch die Aufnahmekapazität des Binnenmarktes für Investitionen begrenzt bleibt. Der Export
der Überproduktion und des überschüssigen Kapitals sind also beides Folgen eines Ungleichgewichts zwischen Gesamtangebot und Gesamtnachfrage für Industrieprodukte im Industrialisierungsprozess, und gleichzeitig
auch symptomatisch für die Freihandelsepoche.

Im Übrigen sehen wir an diesem historischen Beispiel, dass individuelle
Kapitalisten sich nicht nach übergeordneten Zielen richten, die aus der Sicht
aller Kapitaleigentümer gesamtgesellschaftlich wünschenswert sind. Vielmehr folgen sie unter den Bedingungen einer Marktanarchie ausschließlich
ihren individuellen Interessen und dem Ziel, zuallererst ihre eigenen Profite
zu maximieren. Dabei nehmen sie die unbeabsichtigten Folgen ihrer Handlungen wie Überproduktion und überschüssiges Kapital billigend in Kauf.
Die Konkurrenz untereinander zwingt alle Kapitalisten dazu, unter den Bedingungen der dauerhaft überschüssigen Bevölkerung, einer strukturellen

Reservearmee und sinkender Löhne, die Gunst der Stunde einer fehlenden politischen und gewerkschaftlichen Gegenmacht gnadenlos auszunutzen. Sie setzen – oft auch mit der Gesetzgebung im Rücken – auf Dumpinglöhne und die Verlängerung der Arbeitszeit, eben auf die einfachste und kurzfristig auch die billigste Methode der Mehrwertproduktion, die Marx als *absolute Mehrwertproduktion* bezeichnete, weil die Kapitalisten den Mehrwertanteil an der Wertschöpfung ausschließlich durch absolute Verlängerung der Arbeitszeit steigern. Würden sich die vorherrschenden Bedingungen im historischen Umfeld des Kapitalismus ändern, würde sich z.b. der Bevölkerungsüberschuss erschöpfen, um hypothetisch ein Gegenszenario zu skizzieren, so würden Unternehmen keine andere Wahl haben, als die Arbeitskräfte deutlich höher zu entlohnen. Dadurch würden die Massenkaufkraft und die Absorptionsfähigkeit des Binnenmarktes für neue Investitionen wachsen und die Überproduktion sowie überschüssige Gewinne ebenso verschwinden wie das Ungleichgewicht zwischen Angebot und Nachfrage.

In der Freihandelsära mit einem Bevölkerungsüberschuss, der unerschöpflich zu sein schien, steckte zwar die soziale Seite dieses Akkumulationsmodells in einer ständigen Krise, da es auf Überausbeutung und Verelendung basierte und mehrere Generationen buchstäblich an den Rand ihrer physischen Existenz gedrängt hatte. Die ökonomische Seite des Modells erfreute sich dagegen über lange Zeiträume und trotz eines andauernden Ungleichgewichts zwischen Gesamtangebot und Gesamtnachfrage einer relativen Stabilität. Die für die kapitalistische Produktionsweise typischen zyklischen Schwankungen und Krisen, die durch den Kreislauf von Konkurrenz, Produktivitätssteigerung, kurzfristiger Überproduktion, Vernichtung des unproduktiven Kapitals und schließlich Überwindung der Krise ständig hervorgerufen werden, konnten in dieser Epoche spielend abgeschwächt und geglättet werden. Dies war möglich, weil zum einen die durch sinkende Massenkaufkraft hervorgerufenen Absatzkrisen durch eine Exportexpansion entschärft werden konnten. Und zum anderen, weil bei diesem Modell die krisenhafte Entwicklung der Produktivkräfte nicht ausschließlich durch Kapitalentwertung bzw. durch Verschrottung der veralteten Technologien, die erhebliche Anstrengungen zur Entwicklung neuer Technologien voraussetzten, bewältigt wurde, sondern zu einem beträchtlichen Teil auch durch übermäßigen Verschleiß und physische Vernichtung der menschlichen Arbeitskraft, die sich vor allem in sinkender Lebenserwartung der arbeitenden Bevölkerung niederschlug.[21] Solange es an überschüssigen Arbeitskräften nicht mangel-

---

[21] Ausführlicher dazu siehe Kapitel 1, Abschnitt »Der Mythos des Realisierungsproblems (strukturelle Überproduktion): ein folgenreiches Missverständnis«.

te sowie die stürmischen Migrationswellen der ländlichen Bevölkerung in die Städte nicht aufhörten und solange dem Export eigener industriell hergestellter Waren in den Weltmarkt der Protektionismus anderer Nationen nicht entgegengesetzt wurde, nutzten auch die Kapitalisten ihre kostengünstigste und einfachste Möglichkeit der Krisenbewältigung, indem sie die Arbeitszeiten verlängerten und auf die Lohnschraube drückten.

So gesehen sorgte über lange Zeiträume das umfangreiche Potenzial an einer Reservearmee für stabil hohe Profitraten bei Vermeidung von starken periodischen und für gleichgewichtige Verhältnisse typischen Krisen. Auf der anderen Seite blockierte diese Variante der Profitratensteigerung und Krisenbewältigung allerdings auch Anreize für eine beschleunigte Technologieentwicklung und bremste somit auch das Tempo der industriellen Revolution.»Lange Wellen der Konjunktur« im 18. und 19. Jahrhundert sind unter den Wirtschaftshistorikern wie Kondratieff,[22] Schumpeter[23] und anderen unstrittig, und sie bemühten auch alle denkbaren technologischen Aspekte und historischen Ereignisse, um die»langen Wellen«zu erklären. Den aus meiner Sicht entscheidenden Faktor, nämlich die fortdauernd existierende Reservearmee und die Lohnsenkungen, ließen sie als Hauptursache jedoch systematisch außer Acht.[24]

4. Komplementärer Außenhandel und Kapitalverkehr

Die oben untersuchte strukturelle Überproduktion der Europäischen Staaten im Zuge der Industrialisierung bezog sich, wie ich deutlich herausgestellt habe, auf die Industriesektoren. Auf den gesamten Außenhandel bezogen, stellen wir aber eine gegenteilige Entwicklung fest. Wie man den langfristigen Außenhandelsstatistiken entnehmen kann (siehe Tabelle 1), weisen die wichtigsten Industrieländer Europas, Großbritannien, Frankreich und Deutschland, über die gesamte Freihandelsepoche nicht Export-, sondern überraschenderweise Importüberschüsse auf. Tatsächlich sind die Importe der genannten europäischen Länder nicht nur im 19. Jahrhundert, sondern teilweise auch im 20. Jahrhundert schneller gewachsen als die Exporte dieser Staaten. Wie lassen sich aber die lang anhaltenden Importüberschüsse trotz einer strukturellen Überproduktion erklären? Und wie kommt es, dass trotz eines nahezu dauerhaften ungleichgewichtigen Außenhandels der drei

---

[22] Kondratieff 1926.
[23] Schumpeter 1939.
[24] Ausführliche Debatte dazu vgl. Mandel 1972, IV. Kapitel: 101ff.

wichtigen Länder der Freihandelskapitalismus sich als eine insgesamt stabile Epoche erwiesen hat?
Die erste Frage lässt sich leicht beantworten. Denn im Zuge der industriellen Revolution stieg nicht nur überall die Nachfrage nach Industrieprodukten, sondern auch die Nachfrage der Industrieländer nach Nahrungsmitteln und Rohstoffen, weil die nationalen Ressourcen dieser Länder für den Bedarf ihrer wachsenden Industrien nicht ausreichten. Die industrielle Revolution, z.b. in Großbritannien, setzte in dem Maße den Import von agrarischen Rohstoffen wie Baumwolle in Gang, wie dieses Land begann, industriell hergestellte Textil- und Bekleidungswaren zu exportieren. Und Großbritannien steigerte seine Nachfrage nach Eisenerzen, Kupfererzen und anderen metallischen Rohstoffen in dem Maße, wie die weitere technische Entwicklung dazu führte, dass die textil-basierte Industrialisierung und Exportstruktur sich in Richtung Konsumgüter und maschinen-basierter Industrialisierung und Exportstruktur verlagerte. Die drastisch steigende Nachfrage von Europas aufsteigenden Industrienationen nach Nahrungsmitteln resultiert andererseits auch aus der Verstädterung und dem demografischen Wandel. Diese Erklärung kann durch die Entwicklung des Außenhandels der Vereinigten Staaten untermauert werden. Wie aus der Tabelle 1 hervorgeht, weist dieses Land, in Abweichung von Europas Industriestaaten, überwiegend und in der Tendenz Exportüberschüsse auf, weil die Vereinigten Staaten selbst über umfangreiche Rohstoffquellen sowie Grund und Boden zur Produktion von agrarischen Nahrungsmitteln verfügten, sodass sich hier der Import von Rohstoffen und Nahrungsmitteln weitgehend erübrigte. Die Außenhandelsstruktur (der Export von Industriegütern aus dem entwickelteren gegen den Import von Nahrungsmitteln und Rohstoffen aus dem weniger entwickelten Industrieland) wurde so zur Grundlage einer Arbeitsteilung zum gegenseitigen Nutzen in Europa, die für das lange vorherrschende Modell, das man als *(konkurrenzkapitalistischen) komplementären Freihandel* bezeichnen kann, steht. Dieses Modell herrschte zunächst zwischen Großbritannien und Kontinentaleuropa sowie den britischen Kolonien vor. Dann verschob sich diese Arbeitsteilung im Prozess der Industrialisierung von den kontinentaleuropäischen Ländern Frankreich, Deutschland und anderen Staaten in Richtung einer Arbeitsteilung zwischen Europas Industrieländern und deren Kolonien. Die Komplementarität der innereuropäischen Außenhandelsstruktur erklärt erst in Verbindung mit Kapitalströmen, also der Außenhandels- und Zahlungsbilanz – um auf die zweite oben gestellte Frage zurückzukommen, wie unten in einzelnen Analyseschritten zu zeigen sein wird –, warum dieses Modell trotz chronischer Importüberschüsse und Leistungsbilanzdefiziten aller europäischen Länder nicht zusammenbrach und

Tabelle 1: Außenhandel wichtigster kapitalistischer Staaten 1850-1970 (jeweils für ein Jahrzehnt zusammengerechnet)

Erläuterung: E = Einfuhr, A = Ausfuhr, AB = Außenhandelsbilanz

	Österreich-Ungarn Mrd. Kronen			Frankreich Mrd. Franc		
	E	A	A	E	A	AB
1850-1859	4,65	4,41	-0,24	13,70	15,90	2,20
1860-1869	5,69	7,24	1,55	26,40	27,00	0,60
1870-1879	11,10	10,66	-0,44	37,00	34,20	-2,80
1880-1889	14,15	13,08	-1,07	44,60	33,80	-10,80
1890-1899	14,05	15,80	1,75	41,60	35,10	-6,50
1900-1909	21,13	21,62	0,49	51,30	47,60	-3,70
1910-1919	--	--	--	31,20	12,70	-18,50
1920-1929	nur Österreich/Schilling			87,70	80,70	-7,00
	5,50	3,60	-1,90			
1930-1939	3,00	1,70	-1,30[3]	70,90	49,30	-21,60
1940-1949	2,30	1,20	1,10[4]	487,70	335,60	-152,10
1950-1959	30,60	34,10	4,40	3.610,00	3.414,00	-196,00
1960-1969	99,50	82,50	-17,00	Neuer Franc		
				100,50	97,8	2,7[5]

[1] nur 1910-14; [2] nur 1925-29; [3] nur 1935-37; [4] nur 1947-41; [5] Ein neuer Franc gleich 100 alte Francs

warum es im Gegenteil über einen längeren Zeitraum im 18. und 19. Jahrhundert eine beachtliche Stabilität aufwies. Großbritannien – wir beschränken uns auch hier zunächst auf das Mutterland des Kapitalismus – wies zwar chronische Importüberschüsse und Leistungsbilanzdefizite auf, es zeichnete sich jedoch, wie es oben analytisch begründet wurde, gleichzeitig auch durch chronische Kapitalüberschüsse aus (siehe Tabelle 2).

Die Angaben in der Tabelle 2 zeigen, dass Großbritannien über den gesamten Zeitraum Leistungsbilanzdefizite aufwies, die sogar kontinuierlich

Deutschland Mrd. Mark			Großbritannien Mrd. £			Vereinigte Staaten Mrd. $		
E	A	AB	E	A	AB	E	A	AB
--	--	--	1,47	1,00	-0,47	2,7	2,66	0,27
--	--	--	2,61	1,60	-1,01	2,33	3,07	-0,74
--	--		3,60	2,18	-1,42	4,79	5,12	-0,47
31,51	31,00	-0,50	3,94	2,30	-1,64	7,44	6,80	0,64
43,90	34,00	-9,90	4,36	2,37	-1,99	9,54	7,57	1,97
64,10	55,90	-8,20	5,70	3,30	-2,40	14,18	10,88	3,30
10,00	8,70	-1,30[1]	1,70	1,00	-0,70	38,76	22,40	16,36
12,80	11,20	-1,60[2]	2,80	1,60	-1,20	49,29	36,39	12,90
11,00	12,50	-1,50	1,50	0,9	-0,60	25,62	21,26	4,36
--	--	--	3,20	1,60	-1,60	106,40	50,80	55,6
Westdeutschland/DM			7,00	5,70	-1,30	172,50	122,40	50,10
45,70	50,20	4,50						
128,00	145,50	17,50	11,30	9,50	-1,80	251,70	209,80	41,90

Quellen: Vom Verfasser zusammengestellt aus: Mitchell 1977: 515f. Derselbe 1980: 481f.;
US Department of Commerce 1949.

gestiegen sind. Bei der Analyse der industriell hergestellten Überproduktion haben wir festgestellt, dass Überproduktion und überschüssiges Kapital, das auf dem Binnenmarkt keine Verwendung findet, zwei Seiten derselben Medaille des ungleichgewichtigen Außenhandels sind. Die Beschränktheit der Absorption des Binnenmarktes als Ursache der Entstehung von chronischen Kapitalüberschüssen – das kann wegen der in der marxistischen Literatur weit verbreiteten Missverständnisse nicht genug hervorgehoben werden – ist auf das lang anhaltende Lohndumpingsystem in der Epoche des Freihandelska-

Tabelle 2: Zahlungsbilanz des Vereinigten Königreichs 1816-1913, Jahresdurchschnitt in Mio. Pfund

Jahr	Leistungsbilanz	Kapitalbilanz	Zahlungsbilanz
1816-1820	-11	+18	+7
1821-1825	-8	+18	+10
1826-1830	-15	+17	+3
1831-1835	-13	+19	+6
1836-1840	-23	+26	+3
1841-1845	-19	+25	+6
1846-1850	-26	+30	+5
1851-1855	-33	+41	+8
1856-1860	-34	+60	+26
1861-1865	-59	+81	+22
1866-1870	-65	+106	+41
1871-1875	-64	+139	+75
1876-1880	-124	+149	+25
1881-1885	-99	+161	+61
1886-1890	-89	+177	+88
1891-1895	-134	+186	+52
1896-1900	-159	+199	+40
1901-1905	-177	+226	+49
1906-1910	-144	+290	+146
1911-1913	-140	+346	+206

Quelle: Imlah 1958, zitiert nach Deane/Cole 1969: 36.

pitalismus zurückzuführen.[25] Die mangelnde Massenkaufkraft für industriell hergestellte Konsumgüter auf dem Binnenmarkt führte zwangsläufig zur Entstehung von chronischen Kapitalüberschüssen, die ihren Weg zum Weltmarkt fanden. So gesehen lassen sich die in der Epoche des Freihandelskapitalismus kumulierten Kapitalüberschüsse in erster Linie als Ergebnis einer strukturellen Umverteilung von unten nach oben (sinkende Löhne und Binnennachfrage einerseits und steigende Kapitalüberschüsse andererseits) interpretieren. Britische Kapitalisten z.B. investierten ihr überschüssiges Kapital in die internationale Schifffahrt, in ausländische Bergwerke, Industrieanlagen, aber auch auf den internationalen Finanzmärkten und erzielten beträchtliche Profite, Zinseinnahmen und Dividende. Diese Kapitalströme

---

[25] Siehe Abschnitt »Überschüssige Bevölkerung, Dumpinglöhne und Machtungleichheit« in diesem Kapitel.

Tabelle 3: Der Stand der Auslandsinvestitionen 1914

Land	Auslandsinvestitionen insgesamt (in Mrd. £)	Davon Auslandsinvestitionen in Europa (in Mrd. £)
Vereinigtes Königreich	4.000	220 (= 5,5%)
Frankreich	1.850	1.050 (= 56%)
Deutschland	1.200	650 (= 54%)
USA	750	150 (= 20%)
Andere	1.900	530
Summe	9.700	2.600 (= 27%)

Quelle: Pollard 1974: 73.

flossen im gesamten Zeitraum wieder in die britische Nationalökonomie zurück und bescherten Großbritannien über den Ausgleich von Leistungsbilanzdefiziten hinaus auch, wie die Zahlen in Tabelle 2 belegen, Devisenüberschüsse. So wie für Großbritannien waren auch für Deutschland, Frankreich und die anderen kapitalistischen Staaten Europas Kapitalexport und Investitionen auf dem Weltmarkt die gängige Möglichkeit, ihre Kapitalüberschüsse profitbringend anzulegen. Wie Tabelle 3 belegt, summierten sich die Kapitalexporte aller Industrieländer bis zum Ende der Freihandelsperiode in erheblichem Umfang. Großbritannien exportierte sein überschüssiges Kapital schwerpunktmäßig zunächst in die weniger entwickelten großen Länder Kontinentaleuropas wie Frankreich und Deutschland, die übrigens selbst dringend auf Kapitalimporte angewiesen waren. Ab Mitte des 19. Jahrhunderts verlagerten sich britische Kapitalexporte in ihre Kolonien, nachdem auch Frankreich und Deutschland, wie Großbritannien ein halbes Jahrhundert zuvor, aufgrund ungleicher Lohn- und Profitraten vor dem selben Problem standen, überschüssiges Kapital, das nach Anlagemöglichkeiten jenseits der eigenen Nationalökonomien suchte, zu exportieren. Zielländer dieser letztgenannten Staaten waren wiederum Russland und osteuropäische Staaten – im Falle Frankreichs gleichzeitig auch die eigenen Kolonien, die wenig industrialisiert und auf Kapitalimporte angewiesen waren.[26] Damit schließt sich der Kreislauf einer doppelten Komplementarität in den Wirtschaftsbeziehungen in der Epoche des Freihandelskapitalismus: Dem komplementären Handel von Industrieprodukten gegen Rohstoffe und Nahrungsmittel gesellten sich die komplementären Kapitalbeziehungen hinzu. Länder mit überschüssigem Kapital befriedeten Länder mit dramatischer Kapitalknappheit. Und beide komplementären Arbeitsteilungen beruhten auf dem Um-

---

[26] Fischer 1985: 105ff.

stand, dass sich im Europa des 18. und 19. Jahrhunderts politisch selbständige Staaten mit unterschiedlichem Entwicklungsniveau gegenüberstanden.
Es herrschte infolge der sich ergänzenden Handels- und Kapitalbeziehung
im Interesse der beteiligten Volkswirtschaften in Europa und Übersee eine
ökonomische und politische Stabilität ohne nennenswerte Kriege vor, allerdings auf dem Rücken der arbeitenden Menschen, denen letztlich die große
Last in Gestalt von physischer Verelendung aufgebürdet wurde.
    Die kapitalistischen Staaten im 19. Jahrhundert befanden sich jedoch auf
unterschiedlichem Entwicklungsniveau und verfügten auch über unterschiedliche Machtpotenziale. Großbritannien war in der Epoche des Freihandelskapitalismus das Land mit der höchsten Produktivität und der am weitesten
entwickelten Ökonomie. Es verfügte auch in allen Bereichen des Waren- und
Kapitalexports, ebenso wie im internationalen Finanzsektor, über eine dominante Position und ein deutlich größeres Interventionspotenzial. Zu den
zwischenstaatlichen Ungleichgewichten und Instabilitäten kamen die inner-
staatlichen hinzu. Die drastische innergesellschaftliche Machtungleichheit
zwischen der Bourgeoisie und dem Proletariat führte zu lang anhaltenden
Dumpinglöhnen. Diese waren wiederum die Ursache für Überproduktion
und strukturelle Ungleichgewichte zwischen Angebot und Nachfrage. So
gesehen drückten Dumpinglöhne dem Freihandelskapitalismus im 18. und
19. Jahrhundert ihren Stempel auf. Die internen Machtverhältnisse Großbritanniens stellten neben absoluten und komparativen Produktivitätsvorteilen[27] auch zusätzlich einen Kostenvorteil dar: die historische Schwäche der
Arbeiterklasse aufgrund von überschüssigen Arbeitskräften und sinkenden
Löhnen. Daher stellt das Lohndumping im internationalen Handel damals –
wie übrigens auch heute – eine mindestens genauso wichtige Triebkraft des
Außenhandels und der Arbeitsteilung dar wie die höhere Produktivität eine
Triebkraft des Außenhandels darstellte. Allerdings war und ist das Lohndumpingsystem als Ursache des Außenhandels – im Unterschied zur Produktivität – mit verheerenden Konsequenzen für Staaten ohne Lohndumping und
für die Weltwirtschaft insgesamt verbunden. Das galt für die Freihandelsära
genauso wie für die Gegenwart: Damals führten die auf internen Machtverhältnissen und Dumpinglöhnen beruhenden Kostenvorteile in Großbritannien im Verhältnis zu den weniger entwickelten Staaten wie Frankreich und
Deutschland, wie in Kapitel 4 noch zu zeigen sein wird, zum Imperialismus und zu der Weltwirtschaftskrise am Anfang des 20. Jahrhunderts. Heute
wiederholt sich das Problem im Verhältnis Deutschlands zu den südeuropäischen Staaten wie Griechenland. Dieses Verhältnis kann man ebenfalls im-

---

[27] Vgl. Ricardos Theorie der internationalen Arbeitsteilung, in: Ricardo 1972.

perialistisch nennen, allerdings mit dem Unterschied, dass es sich um einen »unsichtbaren« Imperialismus handelt, weil er nicht mit Gewalt, sondern mit dem Mechanismus der Staatsverschuldung einhergeht.[28] Wollten wir uns auf der Suche nach den Wurzeln der Staatsverschuldung begeben, so würden wir zunächst auf ungleichgewichtige Außenwirtschaftsbeziehungen stoßen und dann einen Kapitalimportzwang durch das verschuldete Land identifizieren, um schließlich festzustellen, dass das verschuldete Land entweder unter einem niedrigen Produktivitätsniveau oder unter Lohndumping oder gar unter beidem leidet. Bei dem historischen Fall des Freihandelskapitalismus liegen zum einen ein ungleiches Produktivitätsniveau und zum anderen Lohndumping auf beiden Seiten vor. Deshalb verschuldet sich aller Wahrscheinlichkeit nach das Land mit der geringeren Produktivität.

Kapitalüberschüsse und Staatsverschuldung bildeten somit eine systemstabilisierende Einheit des kapitalistischen Akkumulationskreislaufs in Europa, wobei in diesem Kreislauf in der ersten Hälfte des 19. Jahrhunderts das höher entwickelte Zentrum, nämlich Großbritannien, mit seinen Kapitalüberschüssen der verschuldeten Peripherie Frankreich und Deutschland gegenüberstand, während in der zweiten Hälfte desselben Jahrhunderts sich dieses Überschuss-Verschuldungsverhältnis in Richtung der süd- und osteuropäischen Peripherie verschob. Insofern beruhte die relative Stabilität des Freihandelskapitalismus auf Umverteilungen innerhalb und zwischen den Nationen (sowohl im damaligen Zentrum wie in der Peripherie): Zum einen auf der innergesellschaftlichen Umverteilung von unten nach oben in vertikaler Richtung und zum anderen in horizontaler Richtung. Die letztere Form der Umverteilung beruhte allerdings auf der Ungleichheit des Produktivitätsniveaus und der komplementären Ungleichgewichte zwischen den Nationen. Der Freihandel, der in der gesamten Periode des Freihandelskapitalismus in Europa stattfand, war, so kann hier resümiert werden, die Folge einer *komplementären Konkurrenz* zum gegenseitigen Nutzen von Europas aufsteigenden und ökonomisch und politisch selbständigen Industrienationen. Worauf ist aber zurückzuführen, dass dieses konkurrenzkapitalistische Modell Ende des 19. Jahrhunderts an seine Grenzen stieß, in Imperialismus und Krieg einmündete und spätestens in der ersten Weltwirtschaftskrise sein jähes Ende fand?

---

[28] Vgl. ausführlicher Kapitel 6 im Abschnitt »Exportüberschüsse durch Lohndumping«.

Kapitel 4
Das Zeitalter der Umbrüche: Imperialismus und die erste Weltwirtschaftskrise

Wie kam es also, dass der Freihandelskapitalismus und ein halbwegs friedliches Miteinander der europäischen Nationalökonomien am Anfang des 20. Jahrhunderts in einen gewaltsamen und gegeneinander gerichteten Imperialismus und den Ersten Weltkrieg übergegangen sind? Zur Erklärung des Imperialismus der Jahrhundertwende liegen zwei qualitativ unterscheidbare Erklärungsansätze vor: zum einen der Ansatz der »klassischen« Theorien von Hilferding, Bucharin, Lenin und Rosa Luxemburg und etwas abgewandelt auch Hannah Arendt, die – ungeachtet ihrer Unterschiede – alle den Imperialismus aus dem Wesen des Kapitalismus selbst ableiten und einen Kapitalismus ohne Imperialismus grundsätzlich ausschließen. Und zum anderen der Erklärungsansatz von John Hobson, der die »falsche« Einkommensverteilung für den Imperialismus um die Wende des 19. zum 20. Jahrhundert verantwortlich macht und der deshalb den Imperialismus auch für vermeidbar hält. Die Analyse des Freihandelskapitalismus im Kapitel 3 liefert die empirische Grundlage für die Untersuchung der kapitalistischen Entwicklung in diesem und in weiteren Kapiteln dieses Buches. Inwieweit aber die um die Wende des 19. zum 20. Jahrhundert entstandenen Theorien zum Verständnis der Verhältnisse in diesem Zeitraum beitragen, soll hier diskutiert werden: Die klassischen Imperialismustheorien, vor allem die von Lenin, Hilferding, Bucharin und Rosa Luxemburg, waren m.E. außerstande, die Realität der kapitalistischen Weltwirtschaft jener Epoche wirklichkeitsnah abzubilden, während der Sozialreformer John Hobson mit seiner Theorie des Imperialismus – das mag überraschen – logisch und empirisch einen plausiblen Zugang bietet, um den Übergang des Freihandels zum Imperialismus nachvollziehbar reflektieren zu können. Die nähere Begründung dieser These erfolgt zunächst – durchaus nicht aus rein akademischem Interesse – durch eine Kritik der oben genannten klassischen Theorien: Die politischen Schlussfolgerungen aus Lenins und Rosa Luxemburgs Imperialismustheorien haben die antikapitalistischen Bewegungen und Parteien nicht nur vor hundert Jahren zu Entscheidungen für sehr problematische politische Strategien veranlasst. Sie versperren auch heute noch den Blick darauf, den gegenwärtigen Finanzmarktkapitalismus zu verstehen und den Herausforderungen dieses Kapitalismus angemessen zu begegnen.

1. Klassische Imperialismustheorien

Lenin, Hilferding, Bucharin

Lenin ist der erste Marxist, der eine soziale Revolution machtpolitisch erfolgreich vorbereitet und angeführt hat. Er war politisch erfolgreich und zwar dank seiner strategischen und machtpolitischen Führungsqualitäten. Um die logische Stringenz und Realitätsnähe der Annahmen von Lenins Imperialismustheorie zu überprüfen, sollen vor allen Dingen zunächst jene fünf Merkmale, die Lenin dem Imperialismus zuschreibt, untersucht werden:»1. Konzentration der Produktion und des Kapitals, die eine so hohe Entwicklungsstufe erreicht hat, dass sie Monopole schafft, ... 2. Verschmelzung des Bankkapitals mit dem Industriekapital und Entstehung einer Finanzoligarchie auf der Basis dieses ›Finanzkapitals‹; 3. der Kapitalexport, zum Unterschied von Warenexport, gewinnt besonders wichtige Bedeutung; 4. es bilden sich internationale monopolistische Kapitalistenverbände, die die Welt unter sich teilen, und 5. die territoriale Aufteilung der Erde unter die kapitalistischen Großmächte ist beendet.«[1]

Dieser Imperialismus sei ein »parasitärer Kapitalismus« und habe auf Grund seines monopolistischen Charakters die Tendenz zur »Stagnation und Fäulnis«,[2] er müsse daher als »Übergangskapitalismus, als sterbender Kapitalismus« charakterisiert werden.[3] Ich führe hier Lenin mit Rudolf Hilferding[4] und Nikolai Bucharin[5] zusammen an, weil Lenins Werk und seine Imperialismustheorie im Grunde ein Konglomerat aus den Kernaussagen der anderen beiden Theoretiker ist, das Lenin mit der vom Sozialreformer und Imperialismustheoretiker John Hobson[6] entwickelten Überproduktions- und Überakkumulationstheorie angereichert hat.

Hilferdings Werk »Das Finanzkapital«[7] war nach Marx' »Kapital« zweifellos das wichtigste marxistische Werk mit großem Einfluss auf die späteren klassischen Imperialismustheorien von Bucharin, Luxemburg und vor allem Lenin. Es wurde daher auch oft als vierter Band des »Kapital« von Marx tituliert.[8] Es ist in der Tat auch heute noch ein wichtiges Lehrbuch für

---

[1] Lenin 1989: 102.
[2] Ebd.: 113.
[3] Ebd: 144.
[4] Hilferding 1968.
[5] Bucharin 1969.
[6] Hobson 1968.
[7] Hilferding 1968.
[8] So der Herausgeber der 1968 erschienenen Neuauflage des Finanzkapitals, Eduard März, ebd.: 5.

ein umfassendes Verständnis des Bank- und Finanzwesens. Seine Theorie des Finanzkapitals beruht im Kern auf der Verknüpfung von zwei realen Entwicklungen: *Erstens* der von Marx vorausgesagten und am Ende des 19. Jahrhunderts sichtbar gewordenen Konzentration und Zentralisation des Kapitals und *zweitens* der Verflechtung des Bankkapitals mit dem Industriekapital. Am deutlichsten formuliert Hilferding beide Phänomene bei der Behandlung kapitalistischer Monopole im 14. und 15. Kapitel seines Werkes. Im Finanzkapital, so Hilferding,»erlischt der besondere Charakter des Kapitals. Das Kapital erscheint als einheitliche Macht, die den Lebensprozess der Gesellschaft souverän beherrscht, als Macht, die unmittelbar entspringt aus dem Eigentum an den Produktionsmitteln, an Naturschätzen, und der gesamten akkumulierten vergangenen Arbeit, und die Verfügung über die lebendige Arbeit, als unmittelbar entspringend aus den Eigentumsverhältnissen. Zugleich erscheint das Eigentum, konzentriert und zentralisiert in der Hand einiger großer Kapitalassoziationen, unmittelbar entgegengesetzt der großen Masse der Kapitallosen.«[9] »Ein immer wachsender Teil des Kapitals der Industrie gehört nicht den Industriellen, die es anwenden. Sie erhalten die Verfügung über das Kapital nur durch die Bank, die ihnen gegenüber den Eigentümer vertritt. Andererseits muss die Bank einen immer wachsenden Teil ihrer Kapitalien in der Industrie fixieren. Sie wird damit in immer größerem Umfang industrieller Kapitalist. Ich nenne das Bankkapital, also Kapital in Geldform, das auf diese Weise in Wirklichkeit in industrielles Kapital verwandelt ist, das Finanzkapital … . Das Finanzkapital entwickelt sich mit der Entwicklung der Aktiengesellschaft und erreicht seinen Höhepunkt mit der Monopolisierung der Industrie.«[10] »Mit der Kartellierung und Trustierung erreicht das Finanzkapital die höchste Stufe seiner Macht, während das Handelskapital seine tiefste Erniedrigung erlebt.«[11]

Im Grunde beschreibt Hilferding die Erscheinungsformen der realen Entwicklung des Kapitalismus seiner Ära, indem er die Kartellbildung, die monopolistischen Tendenzen und die Verflechtung des Bankkapitals mit dem Industriekapital hervorhebt. Ob er jedoch damit ein begriffliches Instrument zur Analyse des Finanzkapitals geschaffen hat, das sich erstmals am Ende des 19. Jahrhunderts herausgebildet hat und in den letzten vier Dekaden erneut und in voller Montur aufgetaucht ist, muss bezweifelt werden. Im Einzelnen können folgende Kritikpunkte gegen Hilferdings Konzept des Finanzkapitals angeführt werden:

---

[9] Hilferding 1968: 323.
[10] Ebd.: 309.
[11] Ebd.: 310.

1. Hilferding geht grundsätzlich von einer linearen Stufenentwicklung des Kapitalismus aus, die aus den inneren Gesetzmäßigkeiten des Kapitalismus zwangsläufig die Stufen Freihandel und Konkurrenz, dann Monopol und Finanzkapital durchläuft. Lenin fügt noch Imperialismus als eine weitere Stufe, sozusagen »als letztes Stadium des Kapitalismus«, hinzu, das ebenso linear zwangsläufig zum Sozialismus führe. Doch widerspricht die reale Entwicklung des Kapitalismus im 20. Jahrhundert bis heute, die einen ständigen Strukturwandel durchlaufen hat, der Hilferding-Leninschen Annahme der linearen Entwicklung. Denn das Monopol zementiert in der Regel die Beharrungskräfte im Kapitalismus und blockiert jene der Konkurrenz eigentümliche Dynamik, die zwangsläufig Veränderungen hervorruft. Insofern ist das Monopol der Garant für den kapitalistischen Status quo in jeder Hinsicht und es verhindert im Grunde jeglichen Strukturwandel. Der historische Strukturwandel mit seinen spezifischen technisch-stofflichen Besonderheiten hätte ohne Konkurrenz nicht stattgefunden: Zunächst dominierten im 19. Jahrhundert in der kapitalistischen Entwicklungsgeschichte Eisen-, Stahl- und Kohle-Konzerne, dann waren es die Ölkonzerne und die Kraftfahrzeugindustrie, die im 20. Jahrhundert im Vordergrund standen. Und schließlich dominierten die IT-Konzerne und die Digitalisierung, die die heutige Weltwirtschaft prägen. Dies beweist aber, dass nicht das Monopol, sondern die Konkurrenz die treibende Kraft der kapitalistischen Entwicklung in den letzten Jahrhunderten war. Die Konkurrenz generierte ständige Produktivitätssteigerungen, somit auch eine Kapitalentwertung, nicht zuletzt auch bei den als Folge der zu starken Kapitalkonzentration weniger produktiven Unternehmen. Konzentration und Dezentralisation von Kapital sind beide zwei Seiten ein und derselben Medaille und im Übrigen immer wiederkehrende Tendenzen, die – durch Konkurrenz und Kapitalbewegung hervorgerufen – zur Entstehung von neuen innovativen Unternehmen und Wirtschaftssektoren führen und letztlich dem historischen Strukturwandel im Kapitalismus zum Durchbruch verhelfen. Diese unbestreitbar die Realität des Kapitalismus widerspiegelnde Tatsache wurde von Hilferding, Lenin und weiteren Imperialismustheoretikern offensichtlich in ihren Analysen ausgeblendet.

2. Hilferding interpretiert die Konzentration und Zentralisation des Kapitals in Form von großen international agierenden Unternehmen mit neuen immer komplexer werdenden Organisationsstrukturen, die man in der Tat zu Beginn des 20. Jahrhunderts beobachten kann, als Erscheinungen einer linearen und statischen Entwicklung im Kapitalismus. Das Kapital hat in seiner Entwicklung immer die Tendenz zu Konzentration und

Zentralisation. Es nutzt auch zu jedem Zeitpunkt jedwede sich ergebende Gelegenheit, um für sich eigene monopolistische Bedingungen zu schaffen und sich auf dem erreichten Status gewissermaßen auszuruhen. Hieraus ergeben sich selbstverständlich auch gewisse Fäulnistendenzen, die Lenin hervorhebt. Denkbar ist allerdings auch, dass Einzelkapitale oder auch Kapitalgruppen gleichzeitig – und weil beispielsweise die Arbeiterbewegung und ihre Organisationen noch sehr schwach sind – Machtpotenziale bilden, mit deren Einsatz sie die Konkurrenzmechanismen aushebeln und Entwertungsprozesse, wie Marx sie im »Kapital« präzise beschrieben hat,[12] verhindern. Hilferding und Lenin übersehen dabei den synthetischen Charakter monopolistischer Tendenzen und führen das Monopol auf das Wesen des Kapitalismus zurück. Das Problem bei Hilferding und mit ihm auch Lenin ist, dass sie beide die massiven Gegenkräfte durch Konkurrenz anderer individueller Unternehmen, die es zweifelsohne zu jedem Zeitpunkt gibt, ausblenden. Die Gegenkräfte im Kapitalismus, indem sie neue produktivere Technologien entwickeln, sorgen jedoch für eine massive Entwertung von hochkonzentrierten großen Unternehmen durch Verschrottung veralteter Technologien. Tatsächlich erleben wir seit der Entstehung des Kapitalismus bis heute wellenartige Bewegungen von Konzentration und Zentralisation, aber auch Monopolbildungen, denen Bewegungen zur Kapitalentwertung, zu Dezentralisation und historischem Strukturwandel einschließlich des Verschwindens ganzer Branchen folgen. Trotz aller machtpolitischen Hindernisse hat es die treibende Kraft der Konkurrenz geschafft, dem Stillstand die Stirn zu bieten und den Prozess der »kreativen Zerstörung« am Leben zu halten. Schon diese unbestreitbare geschichtliche Realität widerlegen Hilferding und Lenin.

3. Das Finanzkapital kann nicht auf die Verflechtung von Banken- und Industriekapital reduziert werden. Die Verflechtung des Bankenkapitals mit dem Industriekapital, die Hilferding als Finanzkapital interpretierte, resultiert tatsächlich aus der Entstehung von Aktienmärkten, und Börsen sind somit Ausdruck der vollen Entfaltung des Kapitalismus und der Konkurrenz. Durch die Verflechtung bleibt das Bankenkapital eher an das Industriekapital gebunden und kann daher im Verhältnis zum letzteren nicht überproportional wachsen. Hingegen ist die überproportionale Ausdehnung des Geldkapitals und das Ausufern eines neuen unproduktiven Sektors, wie wir ihn vor der ersten Weltfinanzkrise und heute beobachten können, ein herausragendes Indiz für eine spezifische Kapital-

---

12 Vgl. dazu meine Ausführungen in Kapitel 1 unter »Mythos Realisierungsproblem«.

form, die man Finanzkapital nennen kann. Dieses Finanzkapital hat aber
die Tendenz, sich vom Industriekapital und der Realwirtschaft in ihrer
Gesamtheit abzukoppeln und diese unter die eigenen Bewegungsgesetze
zu subsumieren. Insofern hat Hilferding das wirkliche Finanzkapital eigentlich nicht im Blick gehabt.

4. Das Kapital und das Finanzkapital stellen keine Einheit dar, wie Hilferding und übrigens nahezu alle zeitgenössischen Kapitalismuskritiker
unterstellen, weil sie, wie noch unten ausführlicher zu zeigen sein wird,
völlig verschiedenen Quellen entspringen und letztlich auch unterschiedlichen Akkumulationslogiken folgen.[13] Eine Verflechtung von Banken-
und Industrickapital (also Finanzkapital nach Hilferdings Verständnis)
wäre per se eigentlich kein Grund für schwerwiegende Finanzkrisen,
wie sie 1929 und 2008 entstanden sind. Dagegen entspringt die Krise
2008 (aller Wahrscheinlichkeit auch die Finanzkrise 1929) daraus, dass
das der Realwirtschaft entzogene Kapital, das fortan dem unproduktiven
und spekulativen Finanzsektor zugeführt wird, den ökonomischen Hintergrund der Finanzkrisen darstellt. Dieses *überschüssige Kapital* mit eigenen spezifischen Eigenschaften bildet demnach den ökonomischen Kern
des Finanzkapitals. Um diese These ausführlicher zu begründen, müsste
zunächst der Frage nachgegangen werden, wo eigentlich das überschüssige Kapital herkommt.[14]

Soweit zu Hilferdings konzeptionellen Schwächen, die selbstverständlich
auch Lenins Theorie betreffen. Lenin nennt bei der Darstellung der fünf
Merkmale des Imperialismus auch den Kapitalexport, den er Bucharins Im-
perialismusanalyse entlehnt und als eine weitere Eigenschaft des Imperialismus bezeichnet. Steigender Kapitalexport war zu Lenins Zeit tatsächlich
ein neues Phänomen, er ist aber grundsätzlich ein Indiz dafür, dass entweder die Kapitalakkumulation im Inland an Grenzen gestoßen ist oder aber,
dass als Folge des Freihandels eine internationale Arbeitsteilung stattgefunden hatte, die einen Kapitalexport nach sich zog. Der Kapitalexport als
solcher ist jedenfalls kein Indiz für Imperialismus. Mehr noch: Er ist ein
Hauptmerkmal der Globalisierung und der Integration von Nationalökonomien in die Weltwirtschaft. In der EU hat der gegenseitige Kapitalexport die
Kapitalverflechtung, die instabilen sowie Krieg und Nationalismus begünstigenden Tendenzen und damit die imperialistische Konkurrenz innerhalb

---

[13] Vgl. Kapitel 2, Abschnitt »Machtakkumulation versus Kapitalakkumulation«
und Kapitel 6, Abschnitt »Finanzkapital als Macht«.

[14] Dazu vgl. Kapitel 6, Abschnitt »Finanzkapital als überschüssiges Kapital und
dessen Quellen«.

von Europa im Großen und Ganzen beendet.[15] Anders verhält es sich mit dem Kapitalexport, wenn er in Kolonien und Halbkolonien stattfindet und militärisch durchgesetzt und abgesichert werden muss. Diese Art von Kapitalexport resultiert aber aus der Erwartung einer höheren Profitrate, jedoch nicht daraus, dass der Kapitalexport für die Fortexistenz des Kapitalismus zwingend ist. Der Kapitalexport in die Kolonien wird auch durch Machtungleichheit zwischen dem imperialistischen Staat und der Kolonie begünstigt. Er ist imperialistisch, weil er mithilfe militärischer Gewalt durchgesetzt wird und in der Regel auch einseitig dem imperialistischen Land, etwa in Gestalt von billigen und gewaltsam monopolistisch abgesicherten Rohstoffquellen, Vorteile bringt.

Es ist müßig darüber zu spekulieren, ob Lenins Imperialismustheorie und seine Charakterisierung des Kapitalismus als *Übergangskapitalismus* oder *sterbender Kapitalismus* politisch motiviert war. Fakt ist jedoch, dass er mit Imperialismustheorien, die nicht das Ende des Kapitalismus proklamierten, wie mit Kautskys Theorie des *Superimperialismus,* besonders hart ins Gericht ging und diesem klugen Marxisten in der damaligen Sozialdemokratie als Opportunisten beschimpfte und ihm sogar absprach, überhaupt marxistisch zu argumentieren. Für seine Annahme, dass der Kapitalismus bereits ein sterbendes System geworden wäre und daher sein Sturz an der Tagesordnung stünde, bediente sich Lenin – methodisch gänzlich unsauber – der Auflistung aller Erscheinungen, die irgendwie den parasitären und damit zum Untergang verurteilten Charakter des Kapitalismus hätten als plausibel erscheinen lassen. Zu erwähnen ist beispielsweise auch Lenins Bezug auf Hobson, der die kolonialistische Aneignung von Bodenrenten in den Kolonien durch den britischen Staat als Beleg für parasitäre Funktionen des Imperialismus heranzieht.[16] Dabei war für diese Form der Aneignung die für die merkantilistische Politik typische Allianz aus der britischen Monarchie und monopolistischen Großhändlern verantwortlich. Mit Imperialismus, wie ihn sich Lenin selbst vorstellte, hatte diese Aneignung jedenfalls nichts zu tun. Insgesamt dienen die meisten Formulierungen Lenins ab dem VI. Kapitel seines Werkes dazu, die theoretischen Ansätze der sozialdemokratischen Reformbewegung zu verdammen und Reformen des Kapitalismus als Alternative zum revolutionären Sturz des Kapitalismus zu verwerfen. Lenin

---

[15] Diese Entwicklung prognostizierte mit seiner Theorie vom Ultraimperialismus bereits 1914 Karl Kautsky. Lenin polemisierte jedoch gegen Kautsky und bezeichnete ihn und alle anderen, die in der »Kapitalverflechtung« in Europa etwas Positives abgewinnen wollten, als Sozialimperialisten. Lenin 1989: 124ff.

[16] Lenin 1989: Kapitel VIII, Parasitismus und Fäulnis des Kapitalismus.

blendete so die Perspektive politischer Reformen, der gesellschaftlichen Demokratisierung und der finanzkapitalistischen Auswüchse konsequent und systematisch aus.[17] Dies war übrigens auch der wesentliche Grund für die Spaltung innerhalb der russischen Sozialdemokratie in Bolschewiki und Menschewiki. Letztere verfolgten im Gegensatz zu Bolschewiki und Lenin nicht das Ziel einer Volksrevolution, vielmehr wollten sie Reformen in Russland durchsetzen.[18] Man kann Lenin zugutehalten, dass ihm der Aufbau einer sozialistischen Gesellschaftsordnung in Russland, die er nur mit dem Sturz des Kapitalismus in Europa für realisierbar hielt, sehr am Herzen lag und daher viele Indizien einfach verdrängte, die seiner Überzeugung vom *sterbenden Kapitalismus* zuwidergelaufen wären. Dennoch darf der historische Schaden, den Lenin mit seiner theoretischen Begründung gegen politische Reformen angerichtet hat, nicht unterschlagen, sondern muss erneut diskutiert werden. Denn es geht hier nicht um eine intellektuelle Abrechnung mit den Revolutionären vergangener Epochen in akademischer Manier, sondern darum, aus den theoretischen Unzulänglichkeiten und praktischen Niederlagen der Vergangenheit zu lernen und möglichst illusionsfrei die postkapitalistische Perspektive voranzubringen.

Rosa Luxemburg

Von einer anderen Qualität als bei Lenin ist Rosa Luxemburgs Missverständnis über den Logischen und Historischen Kapitalismus. In ihrem Hauptwerk »Die Akkumulation des Kapitals« begründet Luxemburg den Imperialismus damit, dass »das Kapital … ohne die Produktionsmittel und die Arbeitskräfte des gesamten Erdballs nicht auskommen« kann und »zur ungehinderten Entfaltung seiner Akkumulationsbewegung … es die Naturschätze und die Arbeitskräfte aller Erdstriche« braucht.[19] »Da diese«, schreibt sie weiter, »sich tatsächlich in überwiegender Mehrzahl in den Banden vorkapitalistischer Produktionsformen befinden – dies das geschichtliche Milieu der

---

[17] Lenin kritisierte die Forderung der Liberalen zur Errichtung eines internationalen Gerichtshof zum Schutz der Kolonialvölker als »frommen Wunsch«, weil dabei übersehen wird, dass – so Lenin – »der Imperialismus mit dem Kapitalismus in seiner heutigen Gestalt unzertrennlich verbunden ist« (ebd.: 125). Lenin bezeichnet »Reformprojekte von der Art einer Polizeiaufsicht über die Trusts oder Banken« als Versuch »bürgerlicher Gelehrter«, um von den »Grundeigenschaften des Imperialismus« abzulenken (ebd.: 125).

[18] Schneider 1996: 106f.

[19] Luxemburg 1966: 287.

Kapitalakkumulation – so ergibt sich daraus der ungestüme Drang des Kapitals, sich jener Erdstriche und Gesellschaften zu bemächtigen.«[20] Der Hauptgrund dafür, dass »die Kapitalakkumulation als geschichtlicher Prozess in allen ihren Beziehungen auf nichtkapitalistische Gesellschaftsschichten und -formen angewiesen« ist, liegt nach Luxemburg in der zwingenden Logik der Mehrwertrealisierung: »Diese ist von vornherein an nichtkapitalistische Produzenten und Konsumenten als solche gebunden. Die Existenz nichtkapitalistischer Abnehmer des Mehrwerts ist also direkte Lebensbedingung für das Kapital und seine Akkumulation, insofern also der entscheidende Punkt im Problem der Kapitalakkumulation.«[21]

Luxemburgs Imperialismustheorie, deren Kern oben wiedergegeben wurde und die zuweilen auch als Zusammenbruchstheorie bezeichnet wird, da demnach der Kapitalismus zusammenbrechen müsste, sobald das nichtkapitalistische Milieu verschwinden würde, ist unter den klassischen Imperialismustheorien die umfassendste und auch fantasievollste. Sie erfreut sich bis heute unter den Marxistinnen und Marxisten, aber auch unter den zeitgenössischen Imperialismustheoretikern der größten Gefolgschaft. Tatsächlich weist Luxemburgs Theorie gegenüber allen anderen Theorien den Vorzug auf, dass sie die Akkumulation des Kapitals als einen historischen Prozess begreift, der in Wechselwirkung mit dem jeweils vorgefundenen historischen Umfeld steht, und somit dem äußeren Anschein nach auch den Eindruck erweckt, den Historischen Kapitalismus wirklichkeitsgetreu, analytisch und empirisch widerspiegeln zu wollen.[22]

Rosa Luxemburg schien angesichts der imperialistischen Kriege zu Beginn des 20. Jahrhunderts und der sich anbahnenden ersten Weltwirtschaftskrise mit ihrem sehr aufschlussreichen Buch und ihrer intelligenten Theorie des Imperialismus Recht zu behalten. Doch erwies sich die Begründung ihrer Imperialismustheorie letztlich als unhaltbar, weil sie versuchte, die Lösung für das kapitalistische Strukturproblem und den Zwang zur strukturellen Überschussproduktion durch eine Theoriekonstruktion zu liefern, die methodisch auf einem Missverständnis der logischen Darstellung des kapitalistischen Akkumulationskreislaufs im »Kapital«, Band 2, beruht. Marx untersucht im 21. und 22. Kapitel dieses Bandes mithilfe eines mathematisch aufgebauten Reproduktionsschemas den inneren Kreislauf der Kapitalakkumulation, indem er – um die Komplexität zu reduzieren und das Wesen

---

[20] Ebd.
[21] Ebd.
[22] Erste kritische Überlegungen zu Luxemburgs Imperialismus-Theorie und den übrigen klassischen Imperialismustheorien des Autors vgl. Massarrat 1976: 113-147.

herauszuarbeiten – den Kapitalismus bewusst auf das Verhältnis zwischen den beiden Hauptklassen, den Kapitalisten und die Arbeiterklasse, d.h. den Historischen auf den Logischen Kapitalismus, reduziert.[23]

Rosa Luxemburg glaubte somit, in der Marxschen Theorie der Kapitalakkumulation einen Widerspruch entdeckt zu haben, für den Marx selbst zu seinen Lebzeiten keine Lösung geliefert habe. Der Kern dieses Widerspruchs bestehe ihr zufolge darin, dass Marx im Reproduktionsschema im »Kapital«, Band 2, die Kapitalakkumulation als einen in sich stabilen Prozess darstelle, der die Mehrwertrealisierungskrisen grundsätzlich ausschließe, während er im »Kapital«, Band 3, umgekehrt nachgewiesen habe, dass die Kapitalakkumulation stets ein ungleichgewichtiger Prozess sei und mit einem immanenten Widerspruch zwischen Expansionsdrang einerseits und beschränkter Konsumtionskapazität andererseits einhergehe und somit ein strukturelles Realisierungsproblem aufweise. Wegen der grundsätzlichen Bedeutung ihrer Imperialismustheorie sowohl für die politische Praxis ihrer Zeit und die Richtungsdebatten zwischen den Parteien der Arbeiterbewegung, aber auch für die Beurteilung der gegenwärtigen zweiten Weltwirtschaftskrise, soll Rosa Luxemburg zunächst selbst ausführlich zitiert werden. Nach ausführlicher Wiedergabe der Marxschen Reproduktionsschemata zieht sie folgende Schlussfolgerungen:»Das Schema schließt auf diese Weise die sprunghafte Erweiterung der Produktion aus. Sie lässt nur die stetige Erweiterung zu, die mit Bildung des Mehrwertes genau Schritt hält und auf der Identität zwischen Realisierung und Kapitalisierung des Mehrwerts beruht. … Das Schema setzt also eine Bewegung des Gesamtkapitals voraus, die dem tatsächlichen Gang der kapitalistischen Entwicklung widerspricht. Die Geschichte der kapitalistischen Produktionsweise wird durch zwei Tatsachen auf den ersten Blick charakterisiert: einerseits die periodische sprungweise Expansion des ganzen Produktionsfeldes, andererseits die höchst ungleichmäßige Entwicklung verschiedener Produktionszweige.«[24]

Schon an dieser Stelle baut Rosa Luxemburg ihre Theorie methodisch auf einem groben Missverständnis auf. Denn Marx' Reproduktionsschema ist nicht die Analyse der »Bewegung des Gesamtkapitals«, wie sie annimmt, sondern ausschließlich die logische Widerspiegelung des Akkumulationskreislaufs als Momentaufnahme und als zeitloser Ausschnitt des Akkumulationsprozesses, indem Marx nicht nur die kapitalistische Gesellschaft auf die Hauptklassen (Kapitalisten und Arbeiter) reduziert, sondern auch von der *Kapitalbewegung*, somit von allen Variablen, die daraus fol-

---

[23] Marx 1963: 391-520.
[24] Luxemburg 1966: 266.

gen, bewusst vollständig abstrahiert. Die Analyse des kapitalistischen Akkumulationskreislaufs in Band 2 gehört insofern zum Gesamtkomplex der
Analyse des Logischen Kapitals, also des Kapitalismus in seiner kristall-
klaren Reinheit. Marx wendet diese Methode der logischen Darstellung sowohl für die einfache als auch für die erweiterte Reproduktion in gleicher
Weise an.[25] Und gerade weil er mit den Schemata der einfachen wie der erweiterten Reproduktion »eine Bewegung des Gesamtkapitals …, die dem
tatsächlichen Gang der kapitalistischen Entwicklung« entspricht, erst gar
nicht erklären will, wie Rosa Luxemburg fälschlicherweise annimmt, läuft
auch nicht nur ihre Kritik, dass Marx' »Schema der erweiterten Reproduktion … uns also den Prozess der Akkumulation, wie er in Wirklichkeit vor-
geht und sich geschichtlich durchsetzt, nicht zu erklären (vermag)«,[26] ins
Leere. Auch die Antwort auf die von ihr selbst anschließend gestellte Frage
»woran das liegen« möge, die da heißt: »an nichts anderem als an den Voraussetzungen des Schemas (der erweiterten Reproduktion, M.M.) selbst«,
kann folgerichtig nicht die Lösung jenes Rätsels sein, das aufgrund des eigenen methodischen Missverständnisses entstanden ist. Marx geht, so Luxemburg weiter, bei diesem Schema davon aus, »dass Kapitalisten und Arbeiter die einzigen Vertreter der gesellschaftlichen Konsumption sind«.[27] Und
da nach Rosa Luxemburg Marx es selbst nicht mehr schaffte, seine Analyse »der Akkumulation des Gesamtkapitals«, die bei Marx »abbricht, kaum
dass sie begonnen hat«, und damit das Schema der erweiterten Reproduktion um die »dritten Personen«, um die Konsumenten – die sie außerhalb
des Akkumulationskreislaufs und im nichtkapitalistischen Milieu ansiedel-
te – zu ergänzen, blieb das Problem der Mehrwertrealisierung und der Widerspruch zwischen dem »schrankenlosen Expansionsdrang und der Beschränktheit der gesellschaftlichen Konsumption«, wie Marx im »Kapital«,
Band 3 dargestellt hat, ungelöst.

Für zahlreiche Missverständnisse der Marxschen Methode der Unterscheidung zwischen dem Logischen und dem Historischen Kapitalismus ist
in gewisser Weise ein wenig Marx selbst, oder richtiger, sein relativ kurzes
Leben verantwortlich. Seine eigenen methodischen Überlegungen hat Marx

---

[25] Insofern entspringt der Umstand, dass Rosa Luxemburg der Marxschen
Methode der Abstraktion als »vollkommen zulässigem theoretischen Notbehelf« zur
Darstellung der Sache »in ihrer Reinheit« (ebd.: 270) für die einfache Reproduktion
zustimmt, während sie die Anwendung derselben Methode für die erweiterte
Reproduktion nicht gelten lassen will (ebd.: 270f.), aus dem grundsätzlichen
methodischen Missverständnis, dem sie unterliegt.

[26] Ebd.: 270.

[27] Ebd.

leider weniger systematisch entwickelt, vielmehr sind sie, wie bereits im Kapitel 1 erwähnt, über sein gesamtes Werk als Anmerkungen, Hinweise und Erläuterungen verstreut. Insbesondere haben seine Schemata in Band 2 und deren Anwendung bei der Erklärung der Durchschnittsprofitrate in Band 3 des »Kapital«[28] in der marxistischen Kapitalismusforschung für erhebliche Verwirrung und unproduktive Scheindebatten gesorgt.[29] So wurde das Marxsche Reproduktionsschema beispielsweise vom französischen Marxisten Emmanuel Arghiri – freilich erfolglos – zur Erklärung des ungerechten internationalen Handels und der ungleichen Tauschbeziehungen herangezogen.[30] Wie verhält es sich aber mit dem immer noch offenen Rätsel, das zu lösen sich Rosa Luxemburg zur Aufgabe gemacht, jedoch nicht gelöst hat. Wie ich in Kapitel 1, gerade mit Hinblick auf Luxemburgs Missverständnis, begründet habe, ist das fälschlicherweise weit verbreitete »Realisierungsproblem« nichts als ein Mythos.[31]

Durchaus richtig war Rosa Luxemburgs Beobachtung, dass der kapitalistische Verwertungsdrang zur Ausdehnung des Akkumulationskreislaufs, über die eigenen entwickelten Märkte hinaus, stets in die noch nicht kapitalistisch entwickelten Räume eindringt und diese Räume zum »eigenen Produkt« verwandelt, wie Marx bei der Analyse des auswärtigen Handels präzise beschreibt.[32] Dieses nach außen Dringen kann in imperialistischer Form vor sich gehen, wie dies um die Wende des 19. zum 20. Jahrhundert auch tatsächlich der Fall war. Es kann auch durch Freihandel stattfinden, wie es zuvor um die Mitte des 19. Jahrhunderts innerhalb von Europa ge-

---

[28] Marx 1983b: 8./9. Kapitel.

[29] Dies gilt insbesondere für die internationale Kontroverse über das sogenannte *Transformationsproblem* und den angeblichen Widerspruch zwischen Marktpreisen und Produktionspreisen.

[30] Näheres dazu Massarrat 2006: 66ff. Auch Ernest Mandel stellte in seinem Hauptwerk »Spätkapitalismus« grundsätzlich fest, dass die Marxschen »Reproduktionsschemata ... für die Erforschung der Bewegungsgesetze des Kapitals oder der Geschichte des Kapitalismus unbrauchbar sind«. Mandel 1972: 22

[31] Vgl. Kapitel 1, Abschnitt »Mythos Realisierungsproblem«.

[32] »Ebenso ist die Ausdehnung des auswärtigen Handels«, als Folge der fallenden Profitrate, schreibt Marx, »obgleich in der Kindheit der kapitalistischen Produktionsweise deren Basis, in ihrem Fortschritt durch die innere Notwendigkeit dieser Produktionsweise, durch ihr Bedürfnis nach stets ausgedehnterem Markt, ihr eigenes Produkt geworden.« (1983b: 247) Darauf basierend beschreibt Marx detailliert viele Varianten dieses Prozesses, den wir gerade heute im Prozess der Globalisierung der Wirtschaft beobachten. Allerdings hatte bereits Roman Rosdolsky diesbezüglich auf Luxemburgs methodisches Missverständnis hingewiesen. Rosdolsky 1968: 96f.

schah oder wie es gegenwärtig im Rahmen der Globalisierung flächendeckend zwischen allen Ländern und Regionen vonstattengeht. Die Form, in
der die Ausdehnung des Akkumulationskreislaufs stattfindet – ob imperialistisch oder über den Freihandel –, resultiert ausschließlich aus den jeweils
historisch vorgegebenen machtpolitischen Verhältnissen, unter denen sich
die Ausdehnung der Kapitalakkumulation vollzieht.

Um es zuspitzend zu formulieren, führt Rosa Luxemburg den Imperialismus auf eine strukturelle Überproduktion bzw. Unterkonsumtion im Kapitalismus zurück. Überproduktion oder Unterkonsumtion, die tatsächlich
nicht immer, aber oft empirisch zu beobachten sind, können jedoch auch
auf Bedingungen zurückgeführt werden, die nicht im Kapitalverhältnis, sondern in dessen historischem Umfeld vorzufinden sind – wie beispielsweise
die überschüssige Bevölkerung oder die Massenarbeitslosigkeit. Denn daraus folgen eine dramatische Schwächung der Position der Arbeitskraft und
die Verschiebung der gesellschaftlichen Machtverhältnisse zwischen Kapital und Arbeit. Und es ist ein Riesenunterschied, woher diese Überproduktion herrührt: aus dem Kapitalverhältnis selbst? Dann bestünde die Lösung
dieses Problems entweder in der imperialistischen Eroberung neuer Absatzgebiete oder alternativ in dessen revolutionärer Beseitigung, wie Rosa
Luxemburg schlussfolgerte. Oder aber aus dem historischen Umfeld durch
sinkende Massenkaufkraft und Binnennachfrage als Folge der Verschiebung
der politischen Machtverhältnisse zugunsten der Kapitalseite, dann kann die
Überproduktion durch Austrocknung der überschüssigen Bevölkerung mittels beispielsweise sinkender Arbeitszeit, somit Stärkung der Arbeitskraft
und Erhöhung der Kaufkraft auf dem Binnenmarkt, letztlich durch politische Reformen, wie es John Hobson vorgeschwebt hat, beseitigt werden.

Trotz Rosa Luxemburgs fundamentalen Missverständnisses hat ihr Hauptwerk »Die Akkumulation des Kapitals«, das auch ihre politische Analyse stark beeinflusste,[33] seine Ausstrahlung bis heute nicht ganz verloren.
Hannah Arendt übernahm beispielsweise Luxemburgs Imperialismustheorie vollständig und kritiklos in ihr Werk »Elemente und Ursprünge totaler
Herrschaft«, um ihre Analyse des Imperialismus zu begründen.[34] In der gegenwärtigen internationalen Diskussion orientiert sich David Harvey, ein
innerhalb der globalisierungskritischen Bewegung viel gelesener Autor, ausgerechnet an Luxemburgs Theorie, die, wie bereits gezeigt wurde, auf falschen Annahmen basierte.[35]

---

[33] Projekt Klassenanalyse 1971: 76ff.
[34] Arendt 1986: 273ff.
[35] Vgl. dazu auch Goldberg 2012: 95.

Hannah Arendt

Die Lage änderte sich jedoch, als sich gegen Ende des 19. Jahrhunderts die Bedingungen im Umfeld der Kapitalakkumulation dramatisch veränderten oder – um es mit Hannah Arendt zu sagen – als die Kapitalakkumulation an nationale Grenzen stieß und die Bourgeoisie, nicht nur in Großbritannien, sondern in den meisten Nationalstaaten Europas, begann, die eigene liberalistische Weltanschauung zu verraten und fortan im Verbund mit der Macht des Nationalstaates imperialistisch zu agieren. Man möge allerdings an dieser Stelle den methodisch wichtigen Sachverhalt in Rechnung stellen, dass in beiden hier erwähnten Fällen, in der Ära des Freihandelskapitalismus im 19. Jahrhundert, wie aber auch in der Periode des Imperialismus um die Jahrhundertwende, die historischen Rahmenbedingungen der Kapitalakkumulation, zum einen also der »Bevölkerungsüberschuss« oder die Massenarbeitslosigkeit und zum anderen die wachsenden nationalen Schranken (beides also Faktoren, die dem kapitalistischen Umfeld zuzurechnen sind), und nicht das Wesen der Kapitalakkumulation selbst den Ausschlag dafür gaben, in welcher Form die Kapitalakkumulation stattzufinden hatte – entweder in Form der freien Konkurrenz oder der der imperialistischen Expansion. Wären dagegen Macht- und Kapitalakkumulation ihrem Wesen nach tatsächlich siamesische Zwillinge, wie Hannah Arendt unterstellte, dann hätte es die Periode der freien Konkurrenz nie gegeben und der Kapitalismus wäre gleich bei seiner Geburt als Imperialismus in Erscheinung getreten.

Der Befund meiner Kritik der Arendt'schen Analyse ist eindeutig: Durch die irrige Annahme, Kapital- und Machtakkumulation seien organisch aneinander gekoppelt, ließ sich Arendt zu der analytisch wie politisch folgenreichen Fehleinschätzung verleiten, anstelle von Adam Smith, der Inkarnation des klassischen Liberalismus, Hobbes zum »einzigen Philosophen« hochzustilisieren, »auf den die Bourgeoisie sich je hätte berufen dürfen; ihre Weltanschauung jedenfalls, gereinigt von aller Heuchelei und unbeirrt von allen christlichen Zugeständnissen, die die bürgerliche Gesellschaft dann doch durch Jahrhunderte zu machen sich gezwungen sah, ist von ihm entworfen und nahezu endgültig formuliert worden, Jahrhunderte bevor die neue Klasse den Mut fand, sich ausdrücklich zu ihr zu bekennen, wiewohl sie zu entsprechenden Verhaltungsweisen eindeutig gezwungen worden war.«[36]

Tatsächlich sind jedoch die Weltanschauungen eines Ökonomen und Philosophen wie Adam Smith und Thomas Hobbes genauso weit auseinander wie die liberale von der imperialistischen Bourgeoisie und wie die Logik der Macht von der Logik der Kapitalakkumulation. Während es keinen

---

[36] Arendt 1986: 317f.

Zweifel darüber gibt, dass Adam Smith der wichtigste und authentischste
Vertreter der liberalen Bourgeoisie ist, verdient Thomas Hobbes das Attri-
but, die Weltanschauung der imperialistischen Bourgeoisie, der gesamten
parasitären Besitz und Macht akkumulierenden Klasse und vor allem des
internationalen militär-industriellen Komplexes sowie des heute globalen
und Hegemonie anstrebenden Neoliberalismus formuliert zu haben.

Nicht
ohne Grund diente Hobbes Weltbild vom Menschen, »Der Mensch ist des
Menschen Wolf«, der ethischen Legitimierung des atomaren Wettrüstens in
der Ära des Kalten Krieges, dessen Ergebnis als zum Overkill potenzierte
Machtakkumulation immer noch die größte Gefahr für die Menschheit darstellt. Auch die US-Neokonservativen rechtfertigten die neuen US-Kriege
in Afghanistan und Irak, indem sie sich auf Hobbes Selbstbehauptungsthe-
se bezogen.[37] Genau genommen ist Hobbes nicht Theoretiker, sondern An-
beter der Macht.

Wenn Hannah Arendt Thomas Hobbes' Macht- und Staatskonzept zum politischen Programm der gesamten Bourgeoisie erhebt, so beruht dies auf ihrer
Auffassung, dass der Staat in der kapitalistischen Gesellschaft mit der Herrschaft der Bourgeoisie identisch ist und dass der bürgerliche Staat zwangsläufig auch ein imperialistischer ist, da die Kapital- und Machtakkumulation gleichermaßen expansionistisch sind. In dieser analytischen Perspektive
bleibt bei Hannah Arendt, wie übrigens auch bei Rosa Luxemburg, nur die
politische Alternative übrig, entweder den Kapitalismus und seine Herrschaft
revolutionär stürzen zu müssen, um dann die Menschheitsprobleme bewältigen zu können, oder aber sich mit dem Kapitalismus abzufinden. Unterscheidet man demgegenüber aber zwischen der liberalen und der imperialistischen Bourgeoisie, zwischen den Logiken des Kapitals und der Logik
der Macht, dann eröffnen sich jenseits dieser Sackgasse Bündniskonstella-
tionen und neuartige Reformperspektiven über den uns bekannten Kapitalismus hinaus. Die unter den Marxisten bis heute weit verbreitete Gleichsetzung von Macht und Machtstrukturen in der bürgerlichen Gesellschaft
mit der Herrschaft des Kapitals und der daraus hervorgehenden Vernachlässigung der Machtquellen, die unabhängig von den Mechanismen der Kapitalakkumulation zu suchen sind, lässt sich m.E. vor allem auf ein reduktionistisches Staats- und Demokratieverständnis zurückführen, das den Blick
für Reformen zu einer Perspektive »Jenseits des Kapitalismus« blockiert.[38]

---

[37] So z.B. Kagan 2002.
[38] Ausführlicher dazu vgl. Kapitel 2.

Resümee zu klassischen Imperialismustheorien

Der gemeinsame Nenner der klassischen Theorien lässt sich wie folgt zusammenfassen: Der Kapitalismus befindet sich in ständigen Überproduktions- und Überakkumulationskrisen. Diese Krisen des Kapitalismus lassen sich nur durch Expansion nach außen, durch Kapital- und Warenexporte, entschärfen und dadurch wird dessen Lebensdauer verlängert. Der Konkurrenzkampf um begrenzte Räume führt zwangsläufig zum Imperialismus, der nicht nur mit Aufrüstung und Kriegen einhergeht, sondern auch die Voraussetzungen für monopolistische Strukturen und das Finanzkapital herstellt. Nach der Logik dieser Kriseninterpretation sind Kapitalismus und Imperialismus organische Bestandteile eines Systems, in dem der Kapitalismus den inneren Akkumulationskreislauf reguliert und der Imperialismus die äußere Verbindung dieses Kreislaufs herstellt. Für Lenin und Rosa Luxemburg war der Imperialismus allerdings mit unterschiedlichen Begründungen der Beleg dafür, dass der Kapitalismus am Ende seiner Entwicklung angelangt ist und dass daher die antikapitalistischen Parteien auf seinen Sturz hinarbeiten müssen. Für einen Teil der marxistisch orientierten Kapitalismuskritiker haben diese Imperialismustheorien, oder eine modernisierte Abwandlung davon, nicht nur für die Erklärung des Imperialismus am Ende des 19. bzw. Anfang des 20. Jahrhunderts weiterhin ihre Gültigkeit, sie gelten auch für die Erklärung des Imperialismus im gegenwärtig globalisierten Kapitalismus. Für einen anderen Teil der Kapitalismuskritiker gelten die klassischen Imperialismustheorien nur für die Vergangenheit, jedoch nicht mehr für die Erklärung des globalisierten Zeitalters des Kapitalismus.[39]

Die klassischen Theorien, die oben mit Hinblick auf ihre logische Stringenz kritisiert wurden, halten einer empirischen Überprüfung auch nicht Stand, sobald danach gefragt wird, weshalb der Kapitalismus ein halbes Jahrhundert zuvor nicht imperialistisch, sondern freihändlerisch in Erscheinung getreten war und weshalb der britische Kapitalismus, der schon um die Mitte des 19. Jahrhunderts voll entwickelt war, erst gegen Ende des 19. Jahrhunderts imperialistisch wurde. Tatsächlich hätte es nach den klassischen Imperialismustheorien den Freihandel und die Ära des Freihandelskapitalismus überhaupt nicht geben dürfen. Lenins und Rosa Luxemburgs Imperialismustheorien waren zwar nicht der einzige, aber vielleicht der wichtigste Grund für die verhängnisvolle Spaltung der antikapitalistischen Bewegungen und Parteien jener Zeit. Deshalb soll zuerst dieser Aspekt thematisiert werden,

---

[39] Vgl. beispielsweise die kontroverse Debatte zwischen Andreas Wehr und den Autoren Frank Deppe, David Salomon, Ingar Solty 2011, in:»Z«, Nr. 88, und den erhellenden Beitrag von Goldberg (2012), in:»Z«, Nr. 89.

bevor die Aktualität von John Hobsons Imperialismustheorie begründet und
der historische Imperialismus selbst entmystifiziert wird.

2. Spaltung der Linken und der Arbeiterbewegung

Beide revolutionäre Persönlichkeiten, Lenin und Rosa Luxemburg, unter-
schätzten jedenfalls kolossal die Überlebensfähigkeit des Kapitalismus. Und
Rosa Luxemburgs Missverständnis des kapitalistischen Kreislaufs, demzufolge das Überleben des Kapitalismus in systemischer Abhängigkeit vom
nichtkapitalistischen Umfeld stünde, legte ihr die Schlussfolgerung nahe,
den revolutionären Kampf gegen den Kapitalismus auf die politische Tagesordnung zu setzen, weil der Kapitalismus nicht reformierbar und es daher
ethisch geboten sei, dessen selbst generierenden Zusammenbruch nach einer Durchkapitalisierung des gesamten nichtkapitalistischen Umfeldes nicht
länger abzuwarten und die Menschheit vor den zu erwartenden Qualen der
imperialistischen Ausbeutung und der permanenten Kriege des Kapitalismus
durch dessen baldigen Sturz zu bewahren. Diese Interpretation von Luxemburgs Intention mag spekulativ daher kommen. Eine gewisse Plausibilität
kann ihr jedoch nicht abgesprochen werden. Ich verstehe meine Interpretation ohnehin als eine Aufforderung, diesem kaum bearbeiteten, politisch
aber für die weitere Entwicklung höchst folgenreichen Problemfeld der historischen Alternativen »Reform oder Revolution« um die Wende des 19. zum
20. Jahrhundert auf den Grund zu gehen. Rosa Luxemburg, aber auch Lenin, so konsequent und mit starkem moralischen Impetus die beiden Revolutionäre auch ausgestattet waren, bekämpften nämlich sämtliche reformistischen Gegenmodelle ihrer Zeit bis aufs Messer und bewirkten zweifelsohne
die Spaltung der zu ihrer Zeit starken und aktiven antikapitalistischen Bewegungen. Lenins innerer Drang zu einer baldigen Revolution in Russland
lässt ihn den Imperialismus als höchstes Stadium des Kapitalismus erklären,
der dazu noch in sich Fäulnistendenzen trage und damit für den Untergang
bereits das Reifestadium erreicht hätte. In der russischen Sozialdemokratie
entstanden die von Lenin selbst geführten Bolschewiki (die Mehrheitsfrak-
tion) und die von Plechanow geführten Menschewiki (die Minderheitsfrak-
tion). Diese Spaltung resultierte letztlich daraus, dass Lenin das »halbasia-
tische« Russland als kapitalistisches Land und das Zarenregime analog zu
Staaten in Westeuropa als imperialistischen Staat charakterisierte.[40] Zudem
war er der Meinung, dass durch den Sturz des Imperialismus in Europa und

---

40 Schneider 1996: 111f.

Russland der Übergang zum Sozialismus auf der Tagesordnung stünde. Mit dieser Spaltung hat Lenin, wenn auch ungewollt, den Boden dafür bereitet, dass Stalin später das gesamte russische Reformlager ausradieren und damit im Namen der Arbeiter und Bauern die Grundlage einer der hässlichsten Diktaturen in der Menschheitsgeschichte aufbauen konnte.

In Deutschland besiegelte Rosa Luxemburg, zusammen mit Karl Liebknecht, 1914 zunächst die Gründung des Spartakusbundes und dann 1918 mit anderen linksrevolutionären Parteien die Gründung der KPD – und damit die Spaltung der deutschen Sozialdemokratie. Auch hier gilt es, die Auswirkungen dieser Spaltung auf die weitere politische Entwicklung genauer zu erforschen. Schon jetzt muss aber, über jegliche taktischen Motive hinweg, die Frage gestellt werden, ob es ohne diese Spaltung der Sozialdemokratie dem deutschen Faschismus überhaupt geglückt wäre, die Macht zu ergreifen und anschließend Europa und die Welt in Schutt und Asche zu legen. Fakt ist, dass mit der gegenseitigen Bekämpfung der beiden linken revolutionären und reformistischen Strömungen und deren politischer Führung in der Weimarer Republik das politische Vakuum im linken Lager derart spürbar groß wurde, dass es den deutschen Nationalsozialisten ziemlich leicht fiel, dieses Vakuum mit sozial verführerischen Verheißungen zu besetzen und die Arbeiter und Arbeiterinnen auf ihre Seite zu ziehen. Gegen diese These könnte eingewendet werden, dass die Mehrheit der Sozialdemokraten 1914 im Reichstag die Kriegskredite bewilligt und mit den Deutschnationalen durch ihren »Burgfrieden«[41] der linken revolutionären Minderheit in der Parlamentsfraktion keine andere Wahl gelassen haben. Dieser Einwand hätte für sich eine gewisse Plausibilität. Fakt ist allerdings auch, dass die Spaltung der Sozialdemokratie bei der nur aus Luxemburgs Imperialismustheorie abgeleiteten, praktisch aber aussichtslosen Wahl zwischen Reform oder Revolution längst begonnen hatte. Insofern und ohne diesen rein ideologisch geführten Kampf gegen den reformistischen Flügel wäre aller Wahrscheinlichkeit nach die Alternative durchaus nicht ausgeschlossen gewesen, gemeinsam die faschistische Machtergreifung zu verhindern.

Die hier im Wesentlichen vorerst hypothetisch eingebrachte Sicht auf die wenig ruhmreiche Geschichte von antikapitalistischen Bewegungen in Europa sollte auf keinen Fall einer politischen ohnehin müßigen Schuldzuweisung für die Entstehung von Stalinismus und Faschismus in Europa dienen. Vielmehr geht es hier erstens darum, dass auch falsche Theorien den Lauf der Geschichte beeinflussen können, und zweitens darum, die eigene anti-

---

[41] Zur ausführlichen Analyse der Ereignisse in der SPD zu Beginn des 20. Jahrhunderts siehe Miller 1974.

kapitalistische Geschichte genauer unter die Lupe zu nehmen und daraus perspektivisch die richtigen Schlüsse zu ziehen.

3. Die Aktualität von Hobsons Imperialismustheorie

John Hobsons Hauptwerk, »Der Imperialismus«[42] ist – über 110 Jahre nach seinem Erscheinen – auch heute zur Erklärung des Imperialismus deshalb noch aktuell, da Hobson auch aus gegenwärtiger Sicht viel näher an die Realität angelehnt argumentierte als die später entstandenen Imperialismustheorien. Hobson war kein Marxist und argumentierte auch nicht mit Marxschen Kategorien. Er war, wie Lenin zutreffend sagte, ein bürgerlicher Sozialreformer, der die kapitalistische Entwicklung mit ihren internationalen Verästelungen sehr scharfsinnig und mit einem sozialkritischen Blick beobachtete. Hobson verfolgte weder die revolutionären Ziele wie die von Lenin, der den Imperialismus normativ zum Wegbereiter einer sozialistischen Revolution hochstilisierte, noch verfiel er Rosa Luxemburgs Fehler, die imperialistische Erschließung äußerer nichtkapitalistischer Gebiete für das Überleben des Kapitalismus als zwingend zu erklären. Ganz im Gegenteil stellte er den Zwang des Kapitalismus, neue Absatzgebiete erschließen zu müssen, grundsätzlich und immer wieder infrage:»Es besteht keinerlei Notwendigkeit, neue Absatzgebiete zu erschließen; die Binnenmärkte können unbegrenzt ausgedehnt werden. Was immer in England produziert wird, kann auch in England konsumiert werden, vorausgesetzt das ›Einkommen‹ bzw. die Warennachfragekraft ist richtig verteilt.«[43]

Hobson leitet die Exportexpansion Großbritanniens und auch den Imperialismus aus der Schwäche der Binnennachfrage ab und hebt hier, wie in seiner gesamten Analyse, hervor, dass die Exportexpansion (und der Imperialismus) nicht eine Frage des Systems, sondern eine Frage der»falschen« Verteilung ist. Seine Theorie, die man heute unter der Rubrik »Unterkonsumtionstheorie« abhandeln würde, ist so einfach wie bahnbrechend. Sie hat das Hauptproblem des Kapitalismus während der industriellen Revolution zutreffender beschrieben als alle klassischen Imperialismustheorien. Zu der Ironie der Geschichte gehört, dass vor allem Lenin selbst sich auf viele Beobachtungen Hobsons, die zu seinem Konzept gut passten, bezieht und ihn sehr oft zitiert. Er übersieht jedoch ausgerechnet diesen entscheidenden Kern von Hobsons Imperialismustheorie.

---

[42] Hobson 1968.
[43] Ebd.: 98.

Mit seiner Hypothese, »hätte die industrielle Revolution in einem anderen England stattgefunden…«, verweist Hobson auf besondere historische Rahmenbedingungen sowie die machtpolitische Schwäche der arbeitenden Klasse, weshalb diese eben nicht den »gleichen Zugang zu Land, Bildung und Gesetzgebung« hatte, und umschreibt so die Besonderheiten des *Historischen Kapitalismus* in der Freihandels-Ära, wie ich es im vorausgehenden Kapitel 3 herausgearbeitet hatte. Mit der Schlussfolgerung, »dass es ein Trugschluss ist, anzunehmen, die imperiale Expansion sei unvermeidlich, um einer aufstrebenden Industrie Absatzgebiete zu verschaffen«,[44] nimmt er, könnte man heute sagen, eine wichtige Kritik der klassischen Imperialismustheorien vorweg, lange bevor diese Theorien überhaupt entstanden waren. Nach Hobson entsteht der Imperialismus einfach dadurch, dass ein Teil der produzierten Kaufkraft aufgrund »falscher« Einkommensverhältnisse nicht in den nationalen Kapitalkreislauf zurückfließt und stattdessen den Weg in äußere Absatzmärkte aufsucht. Hobsons Werk enthält keine systematisch abgeleitete Theorieabhandlung. Es ist vielmehr eine Mischung aus einer ausführlichen Darstellung scharfsinniger Beobachtungen der ökonomischen und sozialen Entwicklung Englands genau in jener Epoche der Entstehung des Imperialismus einerseits und Theorieversatzstücken andererseits, die zerstreut, jedoch stets im inhaltlichen Kontext, formuliert wurden. Gerade in dieser Mischung steckt vielleicht die Stärke und die besondere Aussagekraft von Hobsons Thesen, die trotz fehlender Systematik auf einen roten Theoriefaden schließen lassen.

Man kann freilich einwenden, Hobsons Kapitalismusbild sei allzu idealistisch. Darauf lässt beispielsweise seine Annahme schließen, der Kapitalismus sei wie ein »kluges und fortschrittliches Gemeinwesen«. Auch die Darstellung von »der Umsetzung der gefühlten Bedürfnisse der Volksklassen in effektiver Nachfrage« für den Sachverhalt, den Hobson meint, ist ökonomisch sicherlich unpräzise.

Dennoch beschreibt er einen idealtypischen, gleichgewichtigen Kapitalismus, um die Logik seiner zentralen Aussage herauszuarbeiten. Insofern bedient sich Hobson der in der Theoriebildung zulässigen Methode der Abstraktion und konstruiert einen Kapitalismus, der exakt Marx' logischem Kapitalismus, wie ich ihn im Kapitel 1 dargelegt habe, entspricht. Im Logischen, also durch ein historisches Umfeld von äußeren Faktoren nicht verzerrten Kapitalismus, dient die aus der Bewegung des Kapitals resultierende periodische Überproduktion stets der Herstellung des Gleichgewichts. Im Gleichgewichtszustand und unter der Voraussetzung, dass Arbeiter ei-

---

[44] Ebd.: 96.

nen Lohn erhalten, der dem tatsächlichen Wert der Arbeitskraft entspricht, ist die Einkommensverteilung gleichgewichtig und daher auch »richtig«. In diesem Kapitalismus verwenden »die Volksklassen« ihr gesamtes Einkommen für den Konsum von Waren und Dienstleistungen. Während es die Arbeiter für den Konsum aufbrauchen, geben die Kapitalisten es sowohl für den Konsum als auch für Investitionen aus. In diesem Modell gibt es weder Unterkonsumtion noch Überproduktion, letztlich dadurch auch keinen Zwang zum Imperialismus. In diesem Kapitalismus wird ein von innen herrührendes Ungleichgewicht stets durch ein neues Gleichgewicht überwunden. Insofern ist Hobsons analytische Feststellung, für eine strukturelle Überproduktion von Waren und Kapital gäbe es keinen zwingenden Grund, in sich stichhaltig und sie stimmt auch mit der Analyse von Marx' Logischem Kapitalismus überein.

Hobson begründet die Überproduktion und Überakkumulation, somit auch den Imperialismus, mit seiner empirisch richtigen Beobachtung der dauerhaften Unterkonsumtion der arbeitenden Bevölkerung in jener Epoche. Die Überakkumulation, die Hobson Überersparnisse nennt, »welche die wirtschaftlichen Hauptursachen des Imperialismus sind«, bestehen aus »Zinsen, Monopolgewinnen und sonstigen unverdienten oder exzessiven Elementen des Einkommens. ... Sie haben keinerlei Daseinsberechtigung, weil sie nicht durch Kopf- oder Handarbeit verdient werden. Sie besitzen keine natürliche Beziehung zu der Mühe des Produzierens und rufen bei ihren Empfängern deshalb auch keine entsprechende Befriedigung durch Konsumieren hervor. Sie bilden einen Überreichtum, der die Tendenz zur Anhäufung als Überersparnisse enthält, weil er in der normalen Produktions- und Konsumtionswirtschaft keinen richtigen Platz hat. Es braucht bloß irgendein Wechsel in der Flut der wirtschaftspolitischen Kräfte das überschüssige Einkommen von diesen Eigentümern fortzuschwemmen und es entweder in Form höherer Löhne den Arbeitenden oder in Form von Steuern der Allgemeinheit zuzuführen, sodass es nicht gespart, sondern ausgegeben wird und in jedem Fall die Flut der Konsumtion anschwellen lässt – und es ist kein Grund mehr vorhanden für den Kampf um ausländische Absatz- oder Investitionsgebiete.«

Was aber in Hobsons Analyse fehlt, ist eine theoretisch und empirisch plausible Begründung dafür, wie Überersparnisse überhaupt entstehen können. Einerseits nennt Hobson, wie oben dargelegt, »unverdiente« Einkommen, wie Kapitalzins oder monopolistische Gewinne, als Quelle dieser Einkommen. Andererseits führt er die Überersparnisse an verschiedenen Stellen auch auf »falsche« Einkommensverteilung, auf Unterkonsumtion und Armutsentwicklung zurück. Insgesamt steht bei Hobson tatsächlich auch weniger eine nach allen Seiten abgesicherte Imperialismustheorie, sondern offensichtlich eine ökonomische Begründung für die längst fälligen Sozialreformen in England im Vordergrund, die plausibel machen soll, dass Sozialreformen gleichzeitig auch den kostspieligen und gesellschaftspolitisch folgenreichen Imperialismus der Mächtigen und der Reichen überflüssig machen würden: »Viele Beobachter haben ihre Analyse weit genug vorangetrieben, um sich klarzumachen, wie absurd es ist, dass die Hälfte unserer finanziellen Mittel für den Kampf um fremde Märkte ausgegeben wird, während gleichzeitig hungrige Mäuler, in Lumpen gehüllte Leiber, schlecht möblierte Häuser zahllose unbefriedigte Bedürfnisse unserer eigenen Bevölkerung anzeigen. Wenn wir der sorgfältigen Statistik von Mr. Rowntree folgen, erfahren wir, dass mehr als ein Viertel der Bewohner unserer Städte einen Lebensstandard hat, der unterhalb der Grenzen einer normalen körperlichen Leistungsfähigkeit liegt. Es bestünde keinerlei Notwendigkeit für einen aggressiven Imperialismus, und die Sache der Sozialreform hätte ihren größten Sieg errungen, wenn es durch eine wirtschaftliche Neuordnung gelänge, die Produkte, die aus den Überschussersparnissen der Reichen hervorgehen und den Überlaufstrom anschwellen lassen, so umzuleiten, dass sie die Einkommen und den Konsumtionsstandard dieses körperlich untüchtigen Viertels erhöhten.«[45]

Ich zitiere Hobson ausführlich, weil seine Warnung an reiche und rücksichtslose Imperialisten von damals genauso gut als Appell an Deutschlands Regierung und neoliberale Politiker in der Europäischen Union von heute verstanden werden muss, die mit ihrem Spardiktat für Griechenland und andere Staaten Südeuropas mit voller Kraft dabei sind, Grundsteine für neue Katastrophen zu legen. Hobson nennt immerhin wichtige Hinweise, die zur Vermeidung des Imperialismus von damals und auch heute richtungsweisend wären: »Die Sozialreform kennt zwei Wege: entweder suchen die Reformer das genannte Ziel (der Verhinderung der Überersparnisse der Reichen und des Imperialismus, M.M.) durch Lohnerhöhungen oder durch Vermehrung der öffentlichen Steuern und Ausgaben zu erreichen. Die beiden Verfahren stehen jedoch nicht in Widerspruch zueinander, sondern ergänzen sich vielmehr gegenseitig. Arbeiterbewegungen verfolgen durch private Zusammenarbeit oder durch politischen Druck auf Gesetzgebungs- und Verwaltungsorgane das Ziel, den Teil des Nationaleinkommens zu vermehren, welcher der Arbeiterschaft in Form von Löhnen, Pensionen, Invalidenversicherung usw. zufließt. Der Staatssozialismus setzt sich das Ziel, einen größeren Anteil der »Sozialwerte«, die sich aus wesentlich koopera-

---

[45] Ebd.: 96.

tiver Arbeit einer Industriegesellschaft ergeben, für den direkten Gebrauch der ganzen Gesellschaft zu gewinnen. Er will Besitz und Einkommen so besteuern, dass die »unverdienten Elemente« des Einkommens in die Staatskasse fließen und für öffentliche Ausgaben verwendet werden können. ... Die Gewerkschaftsbewegung und der Sozialismus sind demnach die natürlichen Feinde des Imperialismus, nehmen sie doch den »imperialistischen« Schichten die überschüssigen Einkommen fort, welche den ökonomischen Antrieb des Imperialismus bilden.«[46]

Ungeachtet der Tatsache, dass diese These Hobsons den Grundgedanken von Keynes verblüffend ähnlich ist, enthält sie nur implizit den eigentlichen Grund für die ungleichgewichtige Einkommensverteilung und die imperialistische Überakkumulation. Wenn nämlich Sozialreformen und eine Gewerkschaftsbewegung, die stark genug ist, um auch auf die Steuerpolitik im Interesse der Allgemeinheit Einfluss zu nehmen, den Imperialismus verhindern kann, dann ist im Umkehrschluss eine schwache Gewerkschaftsbewegung der Grund dafür, dass das Volkseinkommen aufgrund von Dumpinglöhnen stets zulasten der arbeitenden Bevölkerung ungleich verteilt wird und damit die gesamtgesellschaftliche Kaufkraft hinter der Produktion zurückbleibt, was wiederum eine dauerhafte Überproduktion und Überakkumulation hervorruft, die nur imperialistisch neue Anlagesphären finden kann. Genau dieser Zustand kennzeichnet die kapitalistische Entwicklung Englands und wohl auch der übrigen Staaten Europas in der vorimperialistischen Epoche des Freihandelskapitalismus bis zum Beginn des 20. Jahrhunderts. Und dieser Zustand selbst ist, wie in Kapitel 3 dargelegt und auch empirisch belegt, das Resultat des dauerhaften Überangebots an Arbeitskräften und der Ungleichheit der Machtverteilung zwischen Kapital und Lohnarbeit. Im Grunde entsteht im gesamten vorimperialistischen Zeitraum, also auch in der ganzen Epoche des Freihandelskapitalismus, als Folge der ungleichgewichtigen Macht- und Einkommensverteilung eine imperialistische Überakkumulation, weil das durch Dumpinglöhne und Umverteilung von unten nach oben entstandene überschüssige Kapital in dessen Entstehungskreislauf nicht zurückfließen kann.

Die Unternehmer im britischen Industriesektor haben sich jedoch auf soziale Reformen, wie Hobson vorschlug, nicht eingelassen, weil sie durch die Alternative der Exportexpansion offensichtlich doppelt profitierten. Einerseits durch Kostensenkungen im Zuge von Dumpinglöhnen im Inland. Und andererseits durch die Nutzung der Kaufkraftreserven anderer Nationen und die dort vorherrschenden Dumpinglöhne bei Direktinvestitionen.

---

[46] Ebd.: 99.

Damit treten die strukturellen Grenzen der Absorptionsfähigkeit des eigenen britischen Binnenmarktes als ein wichtiger Grund für die Exportexpansion Großbritanniens in Erscheinung, der jedoch bei klassischen Imperialismustheorien, wie wir oben gesehen haben, so gut wie keine Rolle spielt.

Im Unterschied zu klassischen Imperialismustheorien eignet sich die auf Hobsons scharfsinnigen Beobachtungen fußende Imperialismustheorie sowohl für die Analyse des Imperialismus um die Jahrhundertwende als auch für die Analyse der nachimperialistischen Keynesianischen Epoche und des gegenwärtigen Finanzmarktkapitalismus.[47] Eine hypothetische Annahme mag an dieser Stelle genügen, diese These zu untermauern: Hätte es nämlich bereits im 19. Jahrhundert eine starke Arbeiterbewegung und starke Gewerkschaften gegeben und wären Dumpinglöhne nicht entstanden, somit auch die Einkommensverteilung zwischen Lohnarbeit und Kapital gleichgewichtig gewesen, so hätte es weder überschüssige Waren und überschüssiges Kapital, noch den Imperialismus und die erste Weltwirtschaftskrise gegeben. Demnach wäre es auch nicht zur Entstehung eines von der Realwirtschaft abgekoppelten Finanzsektors gekommen, der schon zu jener Zeit entstand, weil das überschüssige Kapital, als Folge der ungleichgewichtigen internen Einkommensverteilung, nach Rendite abwerfenden Anlagesphären auf dem Weltmarkt suchte. Der Keynesianische Kapitalismus nach dem Zweiten Weltkrieg entstand letztlich durch jene bereits Hobson vorschwebenden Sozialreformen und durch die Umkehrung der vorimperialistischen ungleichgewichtigen Einkommensverteilung zwischen den Hauptklassen der Gesellschaft.

Dennoch lässt Hobson allerdings die wichtige Frage offen, weshalb nämlich der aggressive und durch Nationalismus getragene Imperialismus ausgerechnet um die Wende des 19. zum 20. Jahrhundert in Erscheinung tritt und nicht schon viel früher im 19. Jahrhundert. Denn in England hat es eine Überproduktion und überschüssiges Kapital wegen Dumpinglöhnen und sinkender Absorptionskapazität des britischen Binnenmarktes sogar schon vor dem 19. Jahrhundert gegeben. Im 19. Jahrhundert entwickelte sich diese Disparität, wie im Kapitel 3 dargestellt, ganz im Gegenteil zum komplementären Außenhandel. Genau genommen analysiert Hobson in seinem Werk nicht den Imperialismus, den er um die Jahrhundertwende vorfindet, sondern vielmehr beschreibt er die vorimperialistischen Formen der Überakkumulation. Dabei übersieht er auch weitere historische Entwicklungen in Europa, ohne die der aggressive und Kriege erzeugende Imperialismus

---

[47] Ausführlicher dazu vgl. Kapitel 5.

nicht zu verstehen wäre.[48] Welche sind aber diese für den Imperialismus um die Jahrhundertwende verantwortlichen Entwicklungen?

4. Der Imperialismus um die Wende des 19. zum 20. Jahrhundert

Der Imperialismus war nach allen oben genannten Aspekten auf keinen Fall das zwangsläufige Produkt der inneren Konsumschranken des Kapitalismus, wie die klassischen Imperialismustheorien schlussfolgerten. Er resultierte vielmehr aus der Verschmelzung von drei historisch bedeutsamen und parallel laufenden Entwicklungssträngen: *erstens* aus der ungleichgewichtigen Einkommensverteilung und *Lohndumping-Überproduktion* in den europäischen Staaten des 19. Jahrhunderts wegen des anhaltenden Bevölkerungsüberschusses und der Massenarbeitslosigkeit, *zweitens* aus der Gleichzeitigkeit der konfrontativen Konkurrenz unter den europäischen Nationalstaaten um die Jahrhundertwende und *drittens* aus den militarisierten Machtpotenzialen, die sich in feudalistischen und kolonialistischen Epochen aufgebaut hatten. Im Folgenden soll der historische Vorgang dieser Verschmelzung in gebotener Kürze nachgezeichnet werden.

Man kann schon an dieser Stelle, nach der im Kapitel 3 vorgenommenen Analyse der überschüssigen Bevölkerung und der oben formulierten Kritik der Klassischen Imperialismustheorien, grundsätzlich feststellen, dass die Existenz der Massenarbeitslosigkeit und folglich der Dumpinglöhne im Kapitalismus stets Ungleichgewichte hervorrufen: zwischen dem Gesamtangebot und der Gesamtnachfrage einerseits und der Handels- und Zahlungsbilanz andererseits. Abbildung 3 veranschaulicht exemplarisch, dass die Massenar-

---

[48] Damit soll Hobson nicht unterstellt werden, er hätte das Gleichzeitigkeitsproblem überhaupt nicht wahrgenommen. Hobson hatte tatsächlich die Tendenz zur Parallelität der Überproduktion bei industriell hergestellten Gütern als Folge der Produktivitätssteigerung, wie viele andere Entwicklungstendenzen um die Jahrhundertwende, wie die Entstehung von Trusts, die steigende Tendenz zum Protektionismus, Verstärkung des Kolonialismus und Zunahme von Monopolbildungen, sehr genau und teilweise sogar ausführlich beschrieben. Beispielsweise hebt er »die Plötzlichkeit einer Umwälzung« hervor, die erklärt, weshalb sich der Export der USA an Fertigprodukten innerhalb eines einzigen Jahrzehnts (1890-1900) verdreifachte und dass »das selbe Bedürfnis (auch) in europäischen Ländern besteht«, das die dortigen »Regierungen auf den gleichen Pfad« treibt (ebd.: 90f.). Ihm blieb allerdings nicht vergönnt, die historischen Besonderheiten und kausalen Wechselbeziehungen, die den Imperialismus zu einem Gegenmodell zum Freihandel entstehen ließen, systematisch zu begründen.

Abbildung 3: Massenarbeitslosigkeit in Deutschland 1887 bis 2005 in %

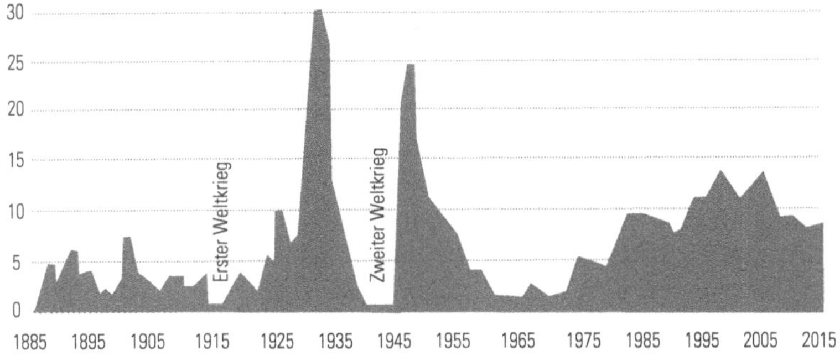

Quelle: Wolf 2013: 34-37; Gestaltung 2013: Joachim Römer; Rekonstruktion 2017 Bahram Massarrat

beitslosigkeit in Deutschland, mit der einzigen Ausnahme der 1950er bis in die 70er Jahre, zu der historischen Realität der kapitalistischen Gesellschaften gehörte. Die genannte Ausnahme belegt aber, dass die Massenarbeitslosigkeit auch trotz Kapitalismus überwindbar ist, daher auch – im Gegensatz zur Auffassung von Winfried Wolf (dem Autor der Abbildung) – nicht zum Wesen des Kapitalismus selbst gehört.[49] Der Autor gibt keine Quellen für die aufgearbeiteten Statistiken an. Die Daten für den Zeitraum zwischen 1887 bis 1920 dürften in der Realität jedoch deutlich höher gewesen sein.[50]

5. Imperialistische Konkurrenz

Das Zeitalter der komplementären Arbeitsteilung und der Konkurrenz zwischen den großen kapitalistischen Staaten und des in seiner Gesamtheit relativ stabilen globalen Akkumulationskreislaufs ging um die Wende des 19. zum 20. Jahrhundert offensichtlich langsam aber sicher zu Ende und wurde durch eine neue Ära der konfrontativen Konkurrenz unter den kapitalistischen Hauptmächten abgelöst. In der Ära des Freihandelskapitalismus wa-

---

[49] Vgl. Wolf 2013: 34.

[50] Die sinkende Lohnquote im 19. Jahrhundert in Deutschland, wie in Kapitel 3, Abschnitt »Überschüssige Bevölkerung, Dumpinglöhne und Machtungleichheit«, konstatiert, spricht für eine deutlich höhere Arbeitslosenquote. Andere historische Studien weisen auf die Unzulänglichkeiten der statistischen Angaben jener Epoche hin. »Die Arbeitslosenquote ließ sich«, schreibt der Autor, Peter Christian Witt, »nur für den Bereich Industrie (ohne Handwerk) feststellen; allerdings sind auch hier nur die von Fachgewerkschaften erfassten Arbeitslosen feststellbar. Die Arbeitslosenquote dürfte tatsächlich erheblich höher gewesen sein.« (Witt 1970)

ren mehr oder weniger nur die britischen Kapitalisten dank ihres Monopols in der Lage, unter vielen Alternativen die profitabelsten Anlageoptionen für ihre Kapitalüberschüsse auf dem Weltmarkt auszusuchen.

Ungleichgewichtige Handelsbeziehungen bei komplementärem Außenhandel müssen zwar nicht zum Imperialismus führen, sie führen jedoch zur Staatsverschuldung der Länder mit Importüberschüssen. Die dunkle Seite der ungleichgewichtigen Beziehung von Großbritannien im Verhältnis zu Kontinentaleuropa und den Kolonien in Übersee gegen Ende des 19. Jahrhunderts ist so gesehen die (private und öffentliche) Verschuldung der letztgenannten Staaten. So entstanden verschuldete Staaten in Europa und Übersee, die Großbritannien, also dem Land mit chronischem Waren- und Kapitalüberschuss, gegenüberstanden. Die kontinentaleuropäischen Staaten, vor allem Frankreich und Deutschland, wurden in dem Maße»großbritannisiert«, wie sie ihre Produktivität steigerten und ihre Ökonomien durch eine nachholende Industrialisierung weiterentwickelten. Sie standen alsbald mit ihren internen Ungleichgewichten und Instabilitäten als Folge der auch hier dominanten Dumpinglöhne vor ähnlichen strukturellen Ungleichgewichten wie Großbritannien dies über einen längeren Zeitraum durchlaufen hatte. Frankreich und – mit geringeren kolonialistischen Optionen – auch Deutschland versuchten, ihre durch interne Ungleichgewichte hervorgerufenen Waren- und Kapitalüberschüsse durch den Ausbau von Waren- und Kapitalexporten mit süd- und osteuropäischen Ländern, vor allem mit Russland sowie dessen Kolonien, auszugleichen. Die durch Zahlungsbilanzüberschüsse Frankreichs und Deutschlands entstandenen Ungleichgewichte gingen allerdings mit wachsender Staatsverschuldung der süd- und osteuropäischen Länder einher. Die Staatsverschuldung ist demnach ein wichtiger Indikator von ungleichgewichtigen Wirtschaftsbeziehungen zwischen Nationen.[51] Sie wurde in Europa gewissermaßen wie beim Staffellauf an weniger entwickelte Ökonomien weitergegeben.

War Großbritannien bis zur Mitte des 19. Jahrhunderts das am weitesten entwickelte kapitalistische Land in Europa, das nicht nur Kontinentaleuropa, sondern auch die USA mit industriell hergestellten Konsumgütern und erst recht mit Produktionsmitteln belieferte, so änderte sich in der zweiten Hälfte desselben Jahrhunderts dieser Sachverhalt zwar langsam, jedoch unaufhaltsam. Nahezu alle übrigen Staaten Europas und die Vereinigten Staa-

---

[51] Im gleichgewichtigen Kapitalismus, also bei ausgeglichener Zahlungsbilanz aller beteiligten Ökonomien, kann eine Staatsverschuldung erst gar nicht entstehen. Denn hier gleichen sich Kapitalexporte und Kapitalimporte aller Staaten im Ergebnis aus.

Tabelle 4: Exporte der wichtigsten kapitalistischer Staaten 1850-1909

	Großbritannien Mrd. £	Deutschland Mrd. DM	Frankreich Mrd. FRF	USA Mrd. $
1850-1859	1,60	--	15,9	2,66
1860-1869	1,60	--	27,0	3,07
1870-1879	2,18	--	34,2	5,12
1880-1889	2,30	31,0	33,8	6,80
1890-1899	2,37	34,0	35,1	7,57
1900-1909	3,30	55,9	47,6	10,88

Quellen: Eigene Zusammenstellung nach: Fischer 1985; United States Department of Commerce 1949

ten hatten in diesem Zeitraum durch eine nachholende Industrialisierung die Produktivität und Konkurrenzfähigkeit ihrer Ökonomien sprunghaft erhöht und an das Niveau der britischen Wirtschaft herangeführt. Mehr noch: Sie begannen bei Konsumgütern, aber auch bei Produktionsmitteln mit Großbritannien auf dem Weltmarkt zu konkurrieren. Während um die Mitte des 19. Jahrhunderts hohe Exportwachstumsraten in Großbritannien ihren Zenit hinter sich hatten, erzielten in der zweiten Hälfte des 19. Jahrhunderts die neuen Industriestaaten, insbesondere Deutschland, Frankreich und die Vereinigten Staaten, wie die Tabellen 4 & 5 zeigen, signifikant höhere Wachstumsraten ihrer Exporte.

In diesem Zeitraum verändert sich nicht nur das Gewicht der Exporte zugunsten der USA und Kontinentaleuropas und zulasten Großbritanniens, es änderte sich auch die Struktur der Exporte auf beiden Seiten. So sank der Anteil der Industriegüter Großbritanniens an innereuropäischen Exporten im Zeitraum 1876-1913 von 37,8 auf 25,3%, während gleichzeitig dieser Betrag für die Länder West- und Mitteleuropas sich auf hohem Niveau um 47% einpendelte.[52] Bei den großen Industriestaaten und Hauptkonkurrenten Großbritanniens war der Trend zu einem steigenden Exportanteil von Industriegütern noch deutlicher. Die USA als größter Lieferant von agrarischen und mineralischen Rohstoffen für alle europäischen Industrienationen ließen es sich nicht nehmen, gleichzeitig ihre Konkurrenzvorteile bei Industrieprodukten zu nutzen und zur größten Industrienation sowie zum mächtigsten Konkurrenten aller europäischen Industrieländer aufzusteigen. Im Zeitraum 1821 bis 1910 steigerten die USA ihr Exportvolumen insgesamt von 51,684 auf 1.710,084 Millionen US-Dollar, somit um das 33-Fache, während sie gleichzeitig auch ihre Industrieexporte von 17,877 auf 636,849 Millionen

---

[52] Fischer 1985: 169.

Tabelle 5: Wachstumsraten der Exporte in der zweiten Hälfte des 19. Jahrhunderts

	Großbritannien %	Deutschland %	Frankreich %	USA %
1850-1879	36	--	115	92
1870-1909	43	80	138	60

Quelle: Tabelle 4

US-Dollar, um das 35-Fache erhöhten.[53] Gegen Ende des 19. Jahrhunderts, zwischen 1890-1900, verdreifachten die USA den Export von Industriegütern gegenüber einer 70%-igen Steigerung der landwirtschaftlichen Erzeugnisse.[54] Diese wenigen Statistiken aus dem sonst keineswegs üppigen empirischen Material für das 19. Jahrhundert sollen an dieser Stelle illustrieren, was gemeinhin unter den Wirtschaftshistorikern unstrittig ist, nämlich, dass alle kapitalistischen Industriestaaten dank Freihandel, komplementären Waren und Kapitalbeziehungen zum gegenseitigen Nutzen um die Wende vom 19. zum 20. Jahrhundert einen annähernd vergleichbaren Grad an Industrialisierung und ein annähernd ähnliches Produktivitätsniveau erreicht hatten. Hinter dem eindeutigen Strukturwandel des innerkapitalistischen Außenhandels und dem steigenden Anteil von Exporten der industriell hergestellten Waren zulasten Großbritanniens verbirgt sich eine zunehmende Produktivitätssteigerung und Wettbewerbsfähigkeit der Industriesektoren der Länder Kontinentaleuropas und der Vereinigten Staaten.

Die Annäherung des Produktivitäts- und Entwicklungsniveaus unter den hauptkapitalistischen Industrieländern gegen Ende des 19. Jahrhunderts rief ein folgenreiches Gleichzeitigkeitsproblem der Überproduktion der Industrieproduktion und des überschüssigen Kapitals bei allen diesen Staaten hervor, das es in Umfang und Intensität zuvor in der Geschichte des Kapitalismus nicht gegeben hatte. Nach wie vor lag die Absorptionskapazität der Binnenmärkte dieser Staaten wegen anhaltender Massenarbeitslosigkeit und Dumpinglöhnen, so auch niedriger Gesamtkaufkraft, unterhalb der Möglichkeit der eigenen Wertschöpfung. Ein dauerhaftes Ungleichgewicht zwischen Gesamtangebot und Gesamtnachfrage wurde unvermeidlich.

Zu den britischen Kapitalisten waren inzwischen mächtige Kapitalisten aus mehreren europäischen Staaten hinzugekommen und drängten sich – jeweils mit ihren Staaten im Rücken – zur Aufteilung der noch freien Räu-

---

[53] United States Department of Commerce 1949: 246f.
[54] Hobson 1968: 91.

me für Warenexporte und Investitionen entschlossen nach vorn. Das Gleichzeitigkeitsproblem der imperialistischen Lohndumping-Überproduktion und
Kapitalüberschüsse hatte somit jene alten insgesamt entspannten zwischenstaatlichen Beziehungen der Freihandelsära in Europa längst durch neue
und aggressiv-konfrontative Beziehungen verdrängt. An die Stelle der kom-
plementär konkurrierenden Kapitale sind gegen Ende des 19. Jahrhunderts
konfrontativ konkurrierende kapitalistische Nationalstaaten getreten. Kapitalisten einzelner europäischer Staaten waren in dem Maße zu Imperialisten
geworden, wie die Konkurrenz bei industriell hergestellten Waren auf dem
Weltmarkt zugenommen hatte. Das Interesse der Kapitalisten, sich den Staat
zu ihrem Verbündeten oder Handlanger zu machen, setzte sich überall durch.

Dass diese Verschmelzung von einflussreicheren Kapitalen und Kapitalgruppen mit dem Staat auch zur Zurückdrängung der Konkurrenz und zur
Entstehung von Monopolen auf den nationalen Märkten führen musste, dürfte auf der Hand liegen. Die Gleichzeitigkeit von Ungleichgewichten aller kapitalistischen Nationalökonomien, stellte diese jedoch vor das größte schier unlösbare Problem ihrer ökonomischen Überschüsse. Eine Erhöhung der
Kaufkraft der eigenen Binnenmärkte war angesichts des weiterhin anhaltenden Bevölkerungsüberschusses (Reservearmee) und der gewaltsamen Re-
pression, die sich gegen die Organisierung der arbeitenden Menschen richte-
te, blockiert. Im Grunde standen Europas kapitalistischen Nationen zu jener
Zeit grundsätzlich zwei Alternativen zur Verfügung, um auf das Problem der
Überproduktion zu reagieren: Entweder – wie John Hobson vorgeschlagen
hatte – durch umfassende soziale Reformen, die die Unterlassung von Re-
pressionen gegen die arbeitenden Menschen, die Erweiterung des politischen
Spielraums der Gewerkschaften für ihre Lohnforderungen und damit die gesellschaftlichen Bedingungen für eine Kaufkraftsteigerung sowie Erweiterung der Absorptionskapazität des Binnenmarktes einschlossen; oder aber
durch einen imperialistischen Krieg. Tatsächlich hatten sich Europas Imperialisten jedoch längst auf Protektionismus bzw. Handelskriege und parallel
dazu auf die militärische Aufrüstung und Kriegsvorbereitungen eingestellt.

Der schleichende Übergang des Freihandels zum Imperialismus hatte im
Übrigen auch dem klassischen Liberalismus von Adam Smith und seinen
Anhängern endgültig den Todesstoß gegeben und ihn in einen imperialistischen Liberalismus verwandelt, der bis heute die ideologische Legitimierung für die Politik aller kapitalistischen Staaten liefert. Die Imperialisten
stießen eine umfassende Mobilisierung der kulturellen Ressourcen und alle
in den großen europäischen Gesellschaften schlummernden Gewaltpotenzi-
ale an, riefen bei Europas Völkern Ressentiments hervor, verfestigten die historischen Feindseligkeiten und ließen den nationalistischen Instinkten frei-

en Lauf. Der Imperialismus mit all seinen katastrophalen Folgen, wie der Drang nach gewaltsamer Aufteilung der Welt, war nicht mehr aufzuhalten. Das Attentat eines serbischen Nationalisten auf den österreichischen Thronfolger, Erzherzog Franz Ferdinand, am 28. Juni 1914 in Sarajevo wirkte in Europa so wie die für die Komplexität der unsichtbaren Zusammenhänge als Metapher geltende Erzählung vom Schmetterling, der mit einem Flügelschlag am anderen Ende des Planeten einen Wetter-Tsunami auslöst. Am 1. August, also vier Wochen nach dem Attentat, erklärte die deutsche Reichsregierung Russland und wenige Tage später Frankreich den Krieg. Die über Jahre aufgebauschte Hochspannung zu Beginn des 20. Jahrhunderts entlud sich in einem innereuropäischen Krieg, der sich mit dem Eintritt der Vereinigten Staaten und Japan zum Ersten Weltkrieg entwickelte. Kriegsbündnisse waren längst zustande gekommen: Das deutsche Reich und die Österreichisch-Ungarische Monarchie auf der einen Seite, Russland, Frankreich, England auf der anderen Seite. Historiker, die die W*arum-dieser-Krieg-Frage* zum Leitbild ihrer Forschung machen, kommen aufgrund der Fülle der Fakten nicht umhin, Imperialismus, Nationalismus, Protektionismus, Rüstungsindustrie und Hochfinanz als den ökonomisch-machtpolitischen Komplex und Kern des hochexplosiven Vulkans zu sehen, der sich schließlich in den Weltkrieg ergießt.

6. Resümee: Zusammenfassung der Neuinterpretation des Imperialismus

Der Imperialismus um die Wende vom 19. zum 20. Jahrhundert resultierte – um erneut auch hier auf klassische Imperialismustheorien zu rekurrieren – nicht aus der Kapitalkonzentration und monopolkapitalistischen Strukturen sowie der Überproduktion, wie Hilferding und Lenin glaubten. Er war genauso wenig auch das Ergebnis des Realisierungsproblems, wie Rosa Luxemburg begründete. Vielmehr ging er primär aus der »falschen« Einkommensverteilung, wie Hobson meinte, oder genauer aus einer Dumpinglohn-Überproduktion und der zunehmenden Verschiebung der Kräfteverhältnisse zwischen Bourgeoisie und Arbeiterklasse in den entwickelten kapitalistischen Staaten hervor. Und zwischen diesen beiden Erklärungen gibt es einen riesigen Unterschied. Bei Lenin, Hilferding und Rosa Luxemburg hätte das Überproduktions-(Realisierungs-)Problem nur durch den Sturz des Kapitalismus gelöst werden können, bei der Alternativerklärung jedoch durch soziale Reformen. Nach dieser Lesart war der historische Imperialismus also nicht das Resultat der Schranken der Kapitalakkumulation, sondern der wachsenden Ungleichheit der Machtverhältnisse, letztlich also das Resultat eines Verteilungsproblems im Kapitalismus. Der Nationalismus, der Protektionismus, der Erste Weltkrieg und dessen katastrophale Folgen waren unvermeidlich, weil alle großen kapitalistischen Staaten in Europa am Ende des 19. und Anfang des 20. Jahrhunderts nahezu gleichzeitig vor demselben Problem standen und glaubten, dieses imperialistisch und durch Krieg lösen zu können.

7. Die erste Finanz- und Weltwirtschaftskrise

In der wirtschaftshistorischen Literatur gibt es eine breite Übereinstimmung über den Hergang der ersten Weltwirtschafts- und Finanzkrise. Sie wurde mit dem New Yorker Börsenkrach am 24. Oktober 1929 (Schwarzer Donnerstag) ausgelöst. Der Erste Weltkrieg hatte die schon zuvor bestehenden Ungleichgewichte auf dem Weltmarkt nicht nur verschoben, sondern auch dramatisch vergrößert: Inzwischen war die US-Volkswirtschaft stärker als Großbritannien, Deutschland und Frankreich zusammen.

An die Stelle der alten ökonomischen Großmacht Großbritannien waren die Vereinigten Staaten von Amerika getreten, wohlgemerkt mit beträchtlichen Export- und Kapitalüberschüssen, während die drei großen kapitalistischen Staaten Europas zu Defizit- und Schuldnerstaaten geworden waren: Großbritannien mit 4,7 Milliarden US-Dollar, Frankreich mit 4 Milliarden US-Dollar und Deutschland mit 21 Milliarden Reichsmark Verschuldung bei den Vereinigten Staaten, die vor allem durch beträchtliche Rüstungsausgaben im Ersten Weltkrieg verursacht wurde. Hinzu kommen auch die besonders hohen Reparationszahlungen, die Deutschland wegen Kriegsschäden im Vertrag von Versailles auferlegt worden waren.

Wie Abbildung 4 veranschaulicht, steigt die öffentliche Verschuldung der europäischen Industriestaaten[55] ab 1916, also zwei Jahre nach dem Ersten Weltkrieg, von ca. 40% bis 1920 rapide auf 70% des BIP an.

Nun standen die USA in den 1920er Jahren wegen des Lohndumping–Überproduktion-Syndroms vor demselben Problem wie die großen Industriestaaten Europas um die Jahrhundertwende: Beschränkte Absorptionsfähigkeit des Binnenmarktes, daher Überproduktion und überschüssiges Kapital. Das überschüssige Kapital und die Entstehung von Überkapazi-

---

[55] Die USA sind zu diesem Zeitpunkt wohl nicht verschuldet, sondern Gläubiger der europäischen Staaten.

**Abbildung 4: Öffentliche Schulden ausgewählter Industriestaaten
1880-2015 in % des BIP**

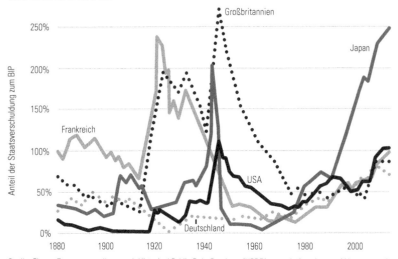

Quelle: Eigene Zusammenstellung nach Historical Public Debt Database (HPDD); www.imf.org/external/datamapper/
V4/datasets/DEBT

täten in der Stahlindustrie mit über 80% in den USA[56] erhöhte massiv den
Druck auf die Banken, Konsumentenkredite auszuweiten. Betrugen 1919
die Konsumentenkredite in den USA – um die rasche Expansion dieser Kredite zu veranschaulichen – noch 100 Millionen Dollar, stiegen sie 1929 um
das Siebzigfache auf 7 Milliarden Dollar.[57] Die Vereinigten Staaten standen
mit ihrem Wirtschaftsboom und den daraus resultierenden stetig wachsenden Produktionsüberschüssen vor der ersten großen Herausforderung: Einerseits blockierten die kurzfristigen Profitinteressen der US-Konzerne und
die Abstinenz staatlicher Gegenmaßnahmen – wie der erst nach der Weltwirtschaftskrise eingesetzte »New Deal« – die Erweiterung der Absorptionsfähigkeit des US-amerikanischen Binnenmarktes. Andererseits fehlte es
angesichts des hoch überschuldeten Europas an Massenkaufkraft auf dem
Weltmarkt. Die Gleichzeitigkeit von Überproduktionskrise und die durch
Geldknappheit verursachte Bankenkrise in den USA wird in der wirtschafts-
geschichtlichen Literatur überwiegend als Hintergrund für die Bankenkrise und damit als Auslöser der ersten Finanzkrise genannt. Der Konkurs einiger US-Konzerne und die Zahlungsunfähigkeit einiger amerikanischer

---

[56] Galbraith 2005: 180f.
[57] Pressler 2013.

Banken in den Tagen zwischen dem 20. und 24. Oktober 1929 führte demnach durch eine Kettenreaktion buchstäblich zur »Kernschmelze« des gesamten US-Bankensystems und des Zusammenbruchs der US-Ökonomie.

Dieser Hergang des New Yorker Börsenkrachs wurde von einem Teil der zeitgenössischen Ökonomen, vor allem von Milton Friedman, als eine monetäre Krise erklärt, die aus Geldverknappung resultiert, während die Mehrheit John Meynard Keynes folgten, der die mangelnde Nachfrage für die Finanz- und Weltwirtschaftskrise verantwortlich machte. Ähnlich wie Keynes hält auch Schumpeter die Unterkonsumtion für die Hauptursache der Krise. In allen diesen Erklärungsansätzen wird jedoch ein wichtiger Aspekt vernachlässigt: die wachsende Bedeutung des Finanzsektors, der um die Wende vom 19. auf das 20. Jahrhundert und dank des massenhaft überschüssigen Kapitals längst entstanden war und parasitär und spekulativ ganz besonders nach 1926 in das Marktgeschehen mit Spekulationen hineinwirkte.

Existierten Anfang 1927 in den USA nur 160 Investmenttrusts, so erhöhte sich diese Zahl bereits Ende 1929 auf 300 und bis 1929 auf 700. Die Aktivitäten des Finanzsektors jener Zeit wurden bisher leider nicht systematisch dokumentiert und detailliert untersucht. Dennoch dürfte man nicht falsch liegen anzunehmen, dass auch vor 100 Jahren der Druck des überschüssigen Kapitals die Banken zu rigoros riskanten Krediten veranlasste und damit, ähnlich wie Anfang des gegenwärtigen Jahrhunderts, eine Spekulationsblase nach der nächsten erzeugte und letztlich auch mit zur Auslösung der ersten Finanzkrise beigetragen hat. Die Zunahme der Spekulationstätigkeiten, die Millionen Menschen dazu animierten, bei den Banken Kredite aufzunehmen, um Aktien zu erwerben, sind signifikante Indizien, die für diese These sprechen.

Es dauerte jedenfalls weniger als zwei Jahre, bis der New Yorker Börsenkrach auf Europa, letztlich auch auf ein besonders fragiles und hoch verschuldetes Deutschland überschwappte. Im Juni 1931 brachen das deutsche Bankensystem und damit auch große Teile der Realwirtschaft in Deutschland und ganz Europa zusammen. Viele Indizien sprechen dafür, dass bereits in jener Epoche erstmals in der Geschichte des Kapitalismus mit der Entstehung des Finanzkapitals die Fundamente eines Finanzmarktkapitalismus errichtet wurden, der erst gegen Ende des 20. und Anfang des 21. Jahrhunderts mit voller Wucht emporkam: Private Vermögenskonzentration und Einkommensungleichheit unvorstellbaren Ausmaßes, massiv steigende öffentliche Verschuldung und Massenarbeitslosigkeit – diese sind verblüffend ähnliche Erscheinungen, die man jeweils vor den beiden Weltwirtschafts- und Finanzkrisen 1929 und 2008 vorfindet. Die Finanzkrise 1929 war ihrem Wesen nach Ausdruck des historisch ersten Systemwechsels innerhalb des Kapitalismus – weg von der Dominanz der Realwirtschaft und hin zum Beginn eines Prozesses, der nach ca. vier Dekaden Unterbrechung durch den *Keynesianischen Kapitalismus* spätestens am Ende des 20. Jahrhunderts zur Dominanz des Finanzkapitals führte und schließlich den *Finanzmarktkapitalismus* als eine neue Stufe, richtiger als eine neue Formation in der Geschichte des Kapitalismus, hervorbrachte, wie ich in Kapitel 6 näher erläutern werde.

Kapitel 5
Keynesianischer Kapitalismus

1. Historische Ausgangsbedingungen

Die erste Weltwirtschafts- und Finanzkrise hat die Vereinigten Staaten von Amerika am härtesten getroffen, was allerdings auch für ein Land, in dem die Lehren des klassischen Liberalismus von amerikanischen Regierungen bis zum Bankencrash nahezu blind befolgt wurden, keine Überraschung dar stellt. An dem Dogma der Zurückhaltung des Staates wagten die Politiker, vor allem aus dem konservativen Lager, keinerlei Abstriche zu machen. Kein Wunder, dass dann dort, anders als in Europa, keinerlei öffentlicher Schutz für die arbeitenden Menschen existierte, keine Krankenversicherung, keine Renten- und keine Arbeitslosenversicherung. Dank einer längeren Tradition von Arbeitskämpfen, sozialistischen Bewegungen sowie Parteien und dank der Entstehung von Gewerkschaften verfügten die arbeitenden Menschen in Europa bereits gegen Ende des 19. Jahrhunderts über ein Mindestmaß an sozialer Sicherheit. Dazu gehörten die vor allem in Deutschland – als Reaktion auf den wachsenden Einfluss der Sozialdemokratie – in den 1880er Jahren eingeführten Gesetze zur finanziellen Absicherung von Arbeitern gegen Krankheit, Unfall, Invalidität und Alter, die als Bismarcks Sozialgesetzgebung bekannt geworden sind. Als jedoch als Folge des Bankenkrachs in den Vereinigten Staaten 1929 beinahe 40 Banken zahlungsunfähig wurden, die Kreditwirtschaft nicht mehr funktionierte, 2,5 Millionen Bauern wegen fehlender Kredite Bankrott machten und die Industriefirmen auf die Krise mit Massenentlassungen reagierten, standen Millionen arbeitsloser Amerikaner ohne Einkommen ziemlich schutzlos da und mussten sich der Not, dem Hunger, der Obdachlosigkeit und dem unermesslichen Elend ihres Schicksals fügen, das scheinbar gottgewollt über sie hereingebrochen war. Der amtierende Präsident Hoover reagierte zunächst gemäß der herrschenden wirtschaftsliberalen Lehre mit der Politik des »Weiter so« in Form der staatlichen Zurückhaltung und setzte seine Hoffnung auf Spendensammlungen privater Initiativen, um die krasse Not der Armen zu lindern. Durch seine Niederlage bei den Wahlen 1932 wurde auch die liberale Wirtschaftspolitik für die Reichen vorerst ad acta gelegt.

Mit der Wahl von Franklin D. Roosevelt im selben Jahr begann in den Vereinigten Staaten eine neue Ära des amerikanischen Kapitalismus und der Geschichte des Kapitalismus überhaupt. Schon bei seiner Nominierung zum

Präsidentschaftskandidaten der Demokraten im Juli 1932 versprach Roosevelt dem amerikanischen Volk einen New Deal, der als Synonym für umfassende Reformen in die Geschichte eingegangen ist. Diese Reformen, die Roosevelt ab 1933 Schritt für Schritt durchgesetzt hat, umfassten Regulierungsmaßnahmen für die Banken, Arbeitsbeschaffungsprogramme zur Modernisierung der Infrastruktur, Finanzierungsprogramme zum Ausbau des Wohnungsbaus, die Einführung des Sozialstaates durch den *Social Security Act*, die Einführung von Arbeitslosen- und Rentenversicherung, eine öffentlich subventionierte Krankenversicherung, eine Steuerreform mit der Einführung des Steuerspitzensatzes von 79% und vor allem die gesetzliche Anerkennung von Arbeitnehmerrechten und der Gewerkschaften.[1] Dabei wirkten zwei Reformmaßnahmen besonders positiv auf die Erweiterung und das Wachstum des amerikanischen Binnenmarktes: Zum einen die Umverteilung des Nationaleinkommens von oben nach unten als Folge der Steuerreform und zum anderen die freie Betätigung von Gewerkschaften – dies führte fortan zu steigenden Löhnen und einer höheren Massenkaufkraft. Zu einem nachhaltigen Boom, zu hohen Wachstumsraten des Bruttoinlandsprodukts und schließlich zur Vollbeschäftigung kam es allerdings, nachdem Roosevelt 1941 dem Rat von Keynes und US-Keynesianern folgte und sich auf die Politik von *Staatsausgaben durch Verschuldung (Deficit Spending)* einließ. Erst dadurch war es möglich, die beträchtlichen Wachstumsreserven des Landes, wie Keynes vorausgesagt hatte, zu mobilisieren. Hinzu kam die steigende Nachfrage des Staates nach Rüstungsgütern, weil im selben Jahr die USA in den Zweiten Weltkrieg eingetreten waren.

Die Finanzkrise erreichte 1931 Europa. Im Juli desselben Jahres brach das Bankensystem in Deutschland zusammen, als amerikanische Banken ihre kurzfristigen Kredite von deutschen Banken zurückgezogen haben. In den Jahren zuvor erlebte Deutschland die stärkste Wirtschafts- und Sozialkrise seiner Geschichte. Die Arbeitslosenquote war in wenigen Jahren von 7% (1927) auf eine Rekordhöhe von über 30% (1932) geklettert. Hinzu kam eine galoppierende Inflation, die eine vernünftige Wirtschaftspolitik unmöglich machte. Die Regierung von Heinrich Brüning stand machtlos vor dieser Situation und verschärfte die Krise zusätzlich durch umfassende Ausgabenkürzungen. Für eine Art New Deal wie in den USA fehlten in Deutschland sämtliche politischen und kulturellen Voraussetzungen. Vor allen Dingen waren die sozialistischen und kommunistischen Parteien und die diversen Flügel der Arbeiterbewegung und Gewerkschaften untereinander völlig zerstritten. Der nationalistische Geist und der Protektionismus dominierten die

---

[1] Conkin 1975.

politischen und ökonomischen Beziehungen aller europäischen Staaten – verbunden mit einer jeweils gigantischen Verschuldung im Gefolge des Ersten Weltkrieges. Der blinde Nationalismus war offenbar nur in der Lage, einen Friedensvertrag zustandezubringen, dem ökonomischer Verstand und politischer Weitblick, über den nationalen Tellerrand und die Gegenwart hinaus, gänzlich fehlte. Keynes hatte zu seiner Zeit den Versailler Vertrag daher heftig kritisiert. Er sah darin »nichts um Europa wirtschaftlich wieder aufzurichten, nichts um die besiegten Mittelmächte zu guten Nachbarn zu machen, nichts um die neu entstandenen europäischen Staaten zu stabilisieren«.[2] In Deutschland kam neben Massenarbeitslosigkeit und Inflation auch die Demütigung der Deutschen als Folge der im Vertrag von Versailles festgelegten Kriegsreparationen hinzu, die – alle zusammengenommen – die Machtübernahme durch die Nationalsozialisten beflügelten.

Zwar schaffte es auch die nationalsozialistische Regierung in Deutschland, durch eine umfassende Modernisierung der Infrastruktur und zahlreiche Arbeitsbeschaffungsmaßnahmen wie in den USA bald hohe ökonomische Wachstumsraten und in wenigen Jahren sogar Vollbeschäftigung zu erlangen, allerdings um den hohen gesellschaftlichen Preis der Zerschlagung sämtlicher demokratischer Institutionen, Parteien sowie unabhängigen Gewerkschaften und des vom Zaun gebrochenen Zweiten Weltkriegs, der halb Europa in Schutt und Asche legte und über 60 Millionen Todesopfer forderte. Nach dem Zusammenbruch des Faschismus und dem Kriegsende war ein Großteil der Infrastrukturanlagen, der Industrieanlagen und der Großstädte in Europa zerstört. Die Zeit war spätestens jetzt reif für einen Neuanfang, für eine europäische New Deal-Perspektive mit Keynesianismus als einer neuen wirtschaftspolitischen Strategie, die sich in den USA der 1930er Jahre sehr gut bewährt hatte.

2. Keynes' Konzept

Während Lenin im Imperialismus das »höchste Stadium des Kapitalismus« sah sowie fest daran glaubte, dass die Revolution dem Kapitalismus in Russland und darüber hinaus den Todesstoß geben würde, und die revolutionären Linken in Deutschland, allen voran Rosa Luxemburg, die Hoffnung hegten, angesichts der sich anbahnenden tiefgreifenden Krise alsbald den Kapitalismus auch in Deutschland stürzen zu können, machten sich Nationalökonomen Gedanken darüber, wie die herrschende klassische Ökonomie

---

[2] Zitiert nach Pressler 2013; vgl. auch Peter 1997.

Sayscher Prägung mit ihren fundamentalen Fehleinschätzungen durch eine zeitgemäße Theorie und eine entsprechende Politik ersetzt werden könnte.

Im Unterschied zu den revolutionären Linken jener Zeit, erkannte John Maynard Keynes, dass nicht der Kapitalismus als Ganzes, sondern eine historische Kapitalismusformation an seine Grenzen gestoßen war. Keynes erschütterte das Saysche Dogma der Selbstregulierung ökonomischer Gleichgewichte (zwischen Angebot und Nachfrage auf allen Märkten und zwischen Ersparnis und Investition) und letztlich der wirklichkeitsfremden Annahme, dass allein die Gesetzmäßigkeiten des Marktes zu mehr Beschäftigung führen können. Nach Say schafft jedes Angebot seine Nachfrage, sodass Marktgesetze durch Preisbewegungen und intersektorale Produktionsverlagerungen stets die temporäre Überproduktion und Arbeitslosigkeit von selbst überwinden.[3] Bei Überproduktion sinken die Preise, deshalb steigt aber die Nachfrage und zwar solange, bis die überschüssige Produktion beseitigt ist. Analog dazu sinkt der Lohn bei Arbeitslosigkeit auf ein Niveau, bei dem die Unternehmer wieder beginnen, Arbeitskräfte einzustellen, sodass auch die Arbeitslosigkeit von selbst verschwindet. Genau genommen handelt es sich bei Say um ein Theoriemodell, bei dem Krisen, wie dauerhafte Überproduktion und Arbeitslosigkeit, erst gar nicht vorkommen können.[4]

Das Say'sche Marktgesetz war schon immer ein abgehobenes und untaugliches Gedankenmodell für die Konzipierung wirtschaftspolitischer Strategien. Der Kapitalismus ohne staatliche Steuerung entwickelte sich im 18. und 19. Jahrhundert nicht wegen, sondern trotz der Sayschen wirtschaftspolitischen Rezepturen. Während die Kapitalakkumulation über zwei Jahrhunderte, vor allem wegen der historischen Rahmenbedingungen (überschüssige Bevölkerung, Dumpinglöhne und Export von Überproduktion), wie in Kapitel 3 dargestellt, ohne große Zusammenbrüche stattgefunden hat, entstand bei den zeitgenössischen Ökonomen die Illusion, dass die relative Stabilität das Resultat der Selbstheilungskräfte der Märkte sei, wie Say es begründet hatte. Erst nach veränderten historischen Rahmenbedingungen um die Wende des 19. zum 20. Jahrhundert und dem Zusammenbruch der Weltwirtschaft in den 1930er Jahren konnten skeptische Nationalökonomen wie Keynes überhaupt erkennen, dass die alten ökonomischen Lehren völlig unbrauchbar waren.

---

[3] Say 1999.
[4] Ungeachtet seines dogmatischen Gehalts stellt Says Theorem das Fundament der klassischen Lehrmeinungen bis zur ersten Weltwirtschaftskrise dar. Im Neoliberalismus findet es eine Renaissance.

Vor dem Hintergrund der historischen Erfahrungen der dauerhaften Massenarbeitslosigkeit unterzog John Maynard Keynes bereits 1926 in seinem Beitrag »Das Ende des Laissez-faire«[5] die philosophischen Dogmen der klassischen Nationalökonomie einer grundsätzlichen Kritik. Keynes und Say und übriges auch Marx operierten mit dem Gleichgewicht von Angebot und Nachfrage, das sich im Kapitalismus immer wieder herstellt. Keynes entdeckte, dass das von Say gemeinte Gleichgewicht nur bei den Warenmärkten Gültigkeit besaß, jedoch nicht bei den Arbeitsmärkten. Denn er wies nach, dass ein Gleichgewicht bei Warenmärkten trotz einer Unterbeschäftigung möglich ist. Die Realität der Massenarbeitslosigkeit und die absolute Verelendung eines beachtlichen Teils der Bevölkerung stand bei der klassischen Lehre nicht sonderlich im Vordergrund der Analysen. Keynes Gleichgewichtsvorstellungen waren jedoch grundsätzlich anderer Natur. Bei ihm ging es um ein volkswirtschaftliches Gleichgewicht bei Vollbeschäftigung. So führten die Wahrnehmung der Realität von dauerhaften Produktionsüberschüssen und Massenarbeitslosigkeit sowie die Begründung wirtschaftspolitischer Konzepte zur Herstellung von Vollbeschäftigung und eines Wohlfahrtstaates zum Gegenstand der wissenschaftlichen Arbeit von Keynes in den 1920er und 30er Jahren.

Keynes Hauptwerk »Allgemeine Theorie der Beschäftigung, des Zinses und des Geldes«[6] entstand nach zahlreichen Einzelanalysen als eine geschlossene Theoriealternative zu Says Orthodoxie. Während die klassischen Lehren der Nationalökonomie, deren marktradikale Dogmen die erste Weltwirtschaftskrise hervorgerufen hatten, vorerst in den Hintergrund traten, etablierte sich das keynesianische Konzept nicht nur zu einem Gegenmodell und zu einem weltweit anerkannten neuen Lehrgebäude der Ökonomie. Es leitete darüber hinaus auch eine neue Epoche in der Geschichte des Kapitalismus ein, die in den USA in den 1930er Jahren und in Europa erst nach dem Zweiten Weltkrieg begann und bis Mitte der 1970er Jahre auch andauerte. Folgende Grundsätze können zusammenfassend als Kern der keynesianischen Lehre angeführt werden:
1. Der Markt allein kann genauso wenig die systemimmanenten Krisen im Kapitalismus lösen, wie das Angebot seine Nachfrage schafft.
2. Die effektive Nachfrage mobilisiert gesellschaftliche Ressourcen und ruft das Angebot hervor.
3. Investitionen sind nicht abhängig von Ersparnissen, sondern von Gewinnerwartungen der Investoren.

---

[5] Zinn 2008: 35f.
[6] Keynes 1966.

4. In der Regel bewegt sich das Investitionsvolumen unterhalb der Summe der Ersparnisse.

5. Der Staat kann durch kreditfinanzierte Ausgaben (deficit spending) eine für Vollbeschäftigung und Wachstum erforderliche effektive Nachfrage schaffen und dadurch sämtliche Produktionspotenziale zur Erreichung beider Ziele mobilisieren.

Mit diesen theoretischen Erkenntnissen und den wirtschaftspolitischen Konsequenzen steht Keynes für die gewaltigen Herausforderungen seiner Zeit mitten in der ersten Weltwirtschaftskrise und erst recht für die Bewältigung der ökonomischen und gesamtgesellschaftlichen Desaster nach dem Zweiten Weltkrieg. Es wäre keineswegs übertrieben, von einer *keynesianischen Revolution* zu sprechen. Immerhin gab es durch Keynes' Konzept einen historischen Systemwechsel: Weg vom *Laissez Faire- und Freihandelskapitalismus* mit allen seinen qualvollen sozialen Folgen für die überwältigende Bevölkerungsmehrheit und hin zu einem Kapitalismus mit menschlichem Antlitz, eben zum *Keynesianischen Kapitalismus.*

Schon während des Zweiten Weltkrieges gewannen Anhänger von Keynes in den Vereinigten Staaten die Oberhand, und die Politik der kreditfinanzierten öffentlichen Ausgaben ergänzte sehr effizient Roosevelts New Deal, der viele sich gegenseitig verstärkende Elemente zu einem wirtschafts- und gesellschaftspolitischen Gesamtkonzept bündelte: Arbeitsbeschaffungsprogramme, Arbeitszeitverkürzung, Erhöhung der Mindestlöhne, Stärkung der Gewerkschaften durch entsprechende gesetzliche Grundlagen, diverse Versicherungen einschließlich der Arbeitslosenversicherung sowie eine offensive Ausgabenpolitik des Staates. Damit wurde auch die Grundlage des *Fordismus*, des *American way of life*, mit drastisch steigender Massenproduktion von Autos und modernen Haushaltsgütern bei gleichzeitig steigenden Löhnen und Massenkaufkraft geschaffen.

In Europa konnte der Aufbau des Keynesianischen Kapitalismus erst nach dem Sieg über den Faschismus beginnen. Zu dieser Zeit lagen alle Volkswirtschaften in Europa durch massive Kriegszerstörungen am Boden. Massenarbeitslosigkeit, Hunger, Wohnungsnot und Inflation prägten die Lage der europäischen Gesellschaften. Tatsächlich gab es auch zur Überwindung der Kriegsfolgen in der Wirtschaft keine andere Alternative als die staatliche Intervention. Es begann mit dem von den Vereinigten Staaten für den Wiederaufbau in Europa initiierten Marshallplan im Umfang von 12,4 Milliarden US-Dollar, der unabhängig von dessen geostrategischen Intentionen in dem sich anbahnenden Ost-West-Konflikt, ohne Zweifel ganz im Sinne von Keynes, die wichtigste Initialzündung für den Aufbau der Infrastruktur und die Wiederbelebung von Europas Volkswirtschaften darstellte.

Das Erfolgsgeheimnis des keynesianischen Konzepts und die Hauptelemente des Keynesianischen Kapitalismus beruht auf dem Zusammenwirken folgender Faktoren, die in ihrem Verlauf und in ihrer Folgewirkung wie folgt skizziert werden können:

■ Der Staat schafft durch die Erhöhung seiner Ausgaben zusätzliche Nachfrage nach volkswirtschaftlichen Gütern im Produktions- wie im Dienstleistungsbereich.

■ Dadurch werden sämtliche noch brachliegenden volkswirtschaftlichen Ressourcen, einschließlich des nicht beschäftigten Arbeitskräftepotenzials, die sonst weiter ungenutzt geblieben wären, mobilisiert und der Volkswirtschaft zugeführt. Diese zusätzlich mobilisierten Ressourcen tragen ihrerseits zur Erhöhung des Volkseinkommens und Steueraufkommens bei.

■ Die Erhöhung der Staatsausgaben wird durch Aufnahme von Krediten finanziert, die entstandene Staatsverschuldung wird durch zusätzlich eingenommenes Steueraufkommen refinanziert.

■ Steigende Nachfrage auf dem Arbeitsmarkt führt zu steigenden Löhnen, die ihrerseits eine effektive Nachfrage erzeugen.

■ Die Gewerkschaften entwickeln sich erstmals in der Geschichte des Kapitalismus zu einer mächtigen gesellschaftlichen Kraft, die beginnt, gestalterisch auf die Wirtschafts- und Sozialpolitik im Interesse der arbeitenden Bevölkerung Einfluss zu nehmen.

3. Keynesianische Errungenschaften

Entwicklung des Sozialstaates

Alle kapitalistischen Staaten erlebten nach der ersten Weltwirtschaftskrise und den Zerstörungen des Zweiten Weltkriegs eine noch nie da gewesene Wohlstandssteigerung. Wie Abbildung 5 zeigt, spiegelt sich diese Wohlstandsentwicklung in steigendem Pro-Kopf-Einkommen wider. Hier geht es nicht darum, diese Entwicklung wirtschaftshistorisch abzubilden. Die Literatur darüber ist unübersehbar. Vielmehr sollen im Folgenden mithilfe zentraler Indikatoren wie *Pro-Kopf-Einkommen, Wirtschaftswachstum, Einkommensverteilung, Beschäftigungs- und Arbeitszeitentwicklung, Gewerkschaften, Staatsquote und Staatsverschuldung* die eigentümlichen Merkmale der Epoche des keynesianischen Kapitalismus herausarbeitet werden.

Dies impliziert auch den Verzicht auf die Darstellung des Verlaufs von unterschiedlichen Entwicklungen in den einzelnen Staaten, die freilich in Abhängigkeit von den jeweils herrschenden geschichtlichen Ausgangsbe-

Abbildung 5: Pro-Kopf-Einkommen 1950-2015

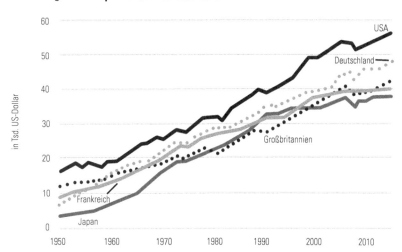

Quelle: Eigene Zusammenstellung auf der Basis von: The Conference Board. 2016. The Conference Board Total Economy Database™, Mai 2016, www.conference-board.org/data/economydatabase/

dingungen uneinheitlich sind. Zu diesem Zweck werden zunächst die für die wichtigsten Industriestaaten annähernd gleichen Ausgangsbedingungen dieser Epoche aufgelistet:

- *Erstens das* Vorhandensein von beträchtlichen Wachstumsressourcen, wie teilweise intakte und teilweise mit geringem Aufwand reparierbare Produktionsanlagen und gut ausgebildete Arbeitskräfte,
- *zweitens eine Keynesianische Wirtschaftspolitik,* die sich – wie oben dargestellt – alle kapitalistischen Staaten zu eigen gemacht haben,
- *drittens* der Marschallplan der USA für Europa, der als Initialzündung zur Ankurbelung der Wirtschaft eine wichtige Rolle spielte,
- *viertens* eine beträchtliche Nachfrage zur Befriedigung der Grundbedürfnisse nach Jahrzehnten der Entbehrungen als Folge der beiden Weltkriege,
- *fünftens* die Entwicklung der Demokratie und vor allem die Stärkung der gewerkschaftlichen Verhandlungsmacht,
- *sechstens der* Aufbau einer modernen Sozial- und Wohlfahrtspolitik, die die Massenkaufkraft sukzessive anhob und durch soziale Sicherungsmaßnahmen die Bedingungen für soziale Sicherheit der Belegschaften schuf und schließlich
- *sechstens* die Herstellung der Geldwertstabilität und der Aufbau effizienter geld- und kreditpolitischer Institutionen.

Abbildung 6: Wachstumsraten des BIP in %

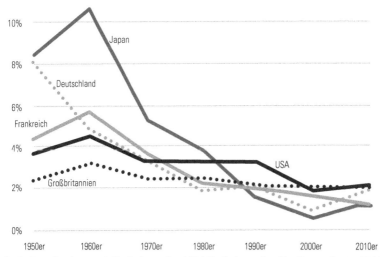

Quelle: Eigene Berechnung nach: The Conference Board. 2016. The Conference Board Total Economy Database™, Mai 2016, www.conference-board.org/data/economydatabase

Einkommensentwicklung

Das Pro-Kopf-Einkommen ist, sofern Wohlstand nur monetär aufgefasst wird und Umweltschäden als externalisierte Kosten davon nicht abgezogen werden, als Wohlstandsindikator allgemein anerkannt. Abbildung 5 spiegelt demnach die drastische Wohlstandssteigerung in den kapitalistischen Staaten wider, die in den USA bereits in den 1930er Jahren und in Europa und Japan nach dem Kriegsende beginnt und sich bis heute, allerdings ab den 1980er Jahren, mit deutlich geringeren Wachstumsraten fortsetzt. Nur in den USA bleiben die hohen Wachstumsraten des Pro-Kopf-Einkommens auch nach dem Ende des keynesianischen Zeitalters erhalten.[7]

Die rasante Wohlstandssteigerung im keynesianischen Kapitalismus hat in der Tat hinsichtlich des Ergebnisses der kreditfinanzierten Ausgabenpolitik des Staates – für Reparatur und Ausbau der Infrastruktur im Bereich von Autobahn und Straßenbau, des Eisenbahnnetzes, der Energie, der Wasserversorgung, der Kommunikationsnetze und von der Durchführung von

---

[7] Diese Ausnahme ist nicht durch eine höhere Produktivitätsentwicklung in den USA, sondern aller Wahrscheinlichkeit nach durch die hegemonialpolitische Rolle und imperialistische Aneignung von leistungslosem Einkommenstransfer aus dem Rest der Welt zu erklären. Näheres dazu vgl. Kapitel 6, Abschnitt »Exkurs: Der Imperialismus heute«.

Wohnungsbauprogrammen zur Schaffung von Kaufkraft und Ankurbelung der Wirtschaft in allen Sektoren – eine sehr wichtige Rolle gespielt. Dadurch konnten brachliegende Wachstumsressourcen mobilisiert und durch die Beschäftigung von Millionen Menschen ein sich selbst tragender nachhaltiger Wachstumsprozess in Gang gesetzt werden. Es wurde ein *extensives Wachstumsmodell* etabliert, das sich den Gegebenheiten der zuvor erprobten und in der Regel arbeitsintensiven Technologien und Organisationsstrukturen effizient anpasste. Hohe Wachstumsraten von 5% und mehr in Deutschland und über 10% in Japan schienen, wie Abbildung 6 veranschaulicht, im Zeitraum zwischen 1950 und 1970 zur Normalität geworden zu sein.

Einkommensverteilung
Zur Analyse der Einkommensverteilung im keynesianischen Kapitalismus wird die Entwicklung der bereinigten Lohnquote herangezogen, die für die entwickelten Industrieländer, wie Abbildung 7 zeigt, in dieser Epoche – für die USA schon nach dem New Deal, für die anderen Staaten erst nach dem Zweiten Weltkrieg – den höchsten Stand mit deutlich über 60% erreichte, um dann mit der steigenden Massenarbeitslosigkeit und sinkenden Löhnen im Finanzmarktkapitalismus wieder herabzusinken. Der Verlauf der Lohnquoten für alle ausgewählten Staaten zeigt auf jeden Fall eine beachtliche Einkommensumverteilung zugunsten der arbeitenden Menschen in der keynesianischen Epoche. Die Entwicklung der Lohnquote korrespondiert erwartungsgemäß mit der Entwicklung der Erwerbslosenquote (siehe Abbildung 8) mit der einzigen Ausnahme für Japan, deren Ursachen hier nicht näher untersucht werden sollen.

Beschäftigung
Innerhalb von wenigen Jahren fanden nahezu alle Arbeitssuchenden in Ländern mit keynesianischer Wirtschaftspolitik Beschäftigung, die aufgrund von Kriegszerstörungen ihre Arbeit verloren hatten oder als Soldaten aus dem Krieg in ihre Heimatregionen zurückgekommen waren. Bald entfesselte die Politik der kreditfinanzierten Nachfrage derart starke Wachstumsschübe, dass der Bedarf an Arbeitskräften aus den eigenen Reserven nicht mehr ausreichte. Beispielsweise kamen über 12 Millionen Zuwanderer aus den ehemals deutschen Ostgebieten und aus der sowjetischen Besatzungszone in die Bundesrepublik Deutschland.[8] Sie alle konnten in der westdeutschen Ökonomie integriert werden. Trotzdem entstand in Westdeutschland

---

[8] Es handelt sich um 12,5 Millionen Zuwanderer aus den ehemals deutschen Ostgebieten, die zu 75,7% (also 9,46 Millionen) in die Westzonen und spätere

Abbildung 7: Bereinigte Lohnquote in %, 1960-2010

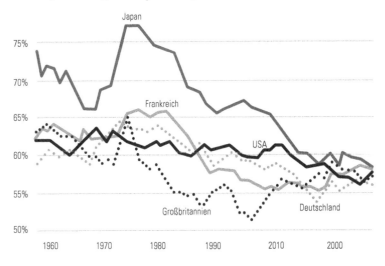

Quelle: Eigene Zusammenstellung nach: AMECO (Annual Macro-Economic Database of the European Commission's Directorate General for Economic and Financial Affairs), http://ec.europa.eu/economy_finance/db_indicators/ameco/index_en.htm

Abbildung 8: Erwerbslosenquoten in %, 1960-2015

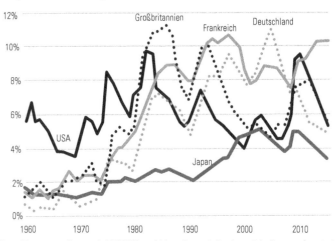

Quelle: Eigene Zusammenstellung nach: AMECO (Annual Macro-Economic Database of the European Commission's Directorate General for Economic and Financial Affairs), http://ec.europa.eu/economy_finance/db_indicators/ameco/index_en.htm

in beträchtlichem Umfang ein Arbeitskräftemangel, sodass die Bundesregierung damit begann, zunächst aus Südeuropa und später vor allem aus der Türkei Arbeitskräfte zu rekrutieren. Bis zum Anwerbestopp 1973 waren insgesamt ca. vier Millionen ausländische Arbeitskräfte in die deutsche Volkswirtschaft integriert worden. Eine ähnliche Entwicklung fand auch in allen westeuropäischen und skandinavischen Ländern statt, die als Folge des keynesianischen Wirtschaftswunders de facto zu Einwanderungs- und multikulturellen Gesellschaften wurden. Die keynesianische Wirtschaftspolitik sorgte dafür, dass auch in klassischen Einwanderungsstaaten wie den USA und Kanada, die mit ihren als schier unendlich erscheinenden ökonomischen Ressourcen schon immer Einwanderungsstaaten waren, die Nachfrage nach Arbeitskräften aus allen anderen Kontinenten weiter anstieg. Wie Abbildung 8 veranschaulicht, tendierte die Erwerbslosenquote in den europäischen Ländern gegen Null. Damit wurde zum ersten Mal in der Geschichte dieser Staaten das »Wunder« vollbracht, dass jeder Arbeit suchende Mensch tatsächlich auch, mit Einschränkungen sogar nach freier Wahl, einen Arbeitsplatz bekam und dass die Menschen wegen ihrer Zukunft nicht in ständiger Angst leben mussten.

Wie Abbildung 8 außerdem zeigt, liegen die Erwerbslosenquoten der europäischen Industriestaaten im Zeitalter des keynesianischen Kapitalismus ziemlich nah beieinander und bewegen sich zwischen 0,5 und 3%, während die Erwerbslosenquoten in den USA deutlich darüber liegen. Zum einen liegt der unterschiedliche Verlauf daran, dass die USA auch während des New Deal und der keynesianischen Epoche nie die Rolle eines sozialpolitischen Stimulators eingenommen hat, wie das in Europa der Fall war. Deshalb wird auch allgemein zwischen dem anglo-sächsischen und dem rheinischen Kapitalismus unterschieden. An diesem Beispiel zeigt sich, dass selbst bei einer weitgehenden Übereinstimmung wirtschaftspolitischer Maßnahmen die sozialpolitischen Folgen unterschiedlich sein können, weil die sozialstaatliche Qualität auch von anderen Faktoren abhängt. Eine keynesianische Wirtschaftspolitik allein führt nicht automatisch zu einer besseren kapitalistischen Gesellschaft. Wirksam sind dabei die Tradition, die Kultur und vor allem die Stärke der Gewerkschaften und anderer sozialer Träger, die mit der staatlichen Ausgaben- und Sozialpolitik zusammen die Qualität eines Sozialstaates ausmachen. Eine genauere Analyse der höheren Erwerbslosenquote in den Vereinigten Staaten von Amerika müsste mit der Analyse der Rolle der dortigen Gewerkschaften vorgenommen werden.

Bundesrepublik verteilt wurden sowie 2,7 Millionen Zuwanderer, die vor dem Mauerbau aus der DDR in die Bundesrepublik gekommen waren. Vgl. Oltmer 2005.

Immerhin hat sich im keynesianischen Kapitalismus das Recht auf Arbeit und freie Berufswahl, das in der Menschenrechtscharta der Vereinten Nationen, Artikel 23 und 24, als Menschenrecht festgeschrieben wurde, wenigstens annähernd durchgesetzt. Dieses Privileg existierte weder vor noch nach den »goldenen Jahren« des Kapitalismus. In der neoliberal-finanzkapitalistischen Epoche wird es, wie noch später zu zeigen sein wird, den arbeitenden Menschen in den hoch entwickelten Industriestaaten und darüber hinaus auch global ganz gezielt genommen.

Arbeitszeitverkürzung

Im 18. und 19. Jahrhundert sind die Arbeitszeiten ständig gestiegen, und zwar bis zu 80 und 85 Stunden pro Woche. Im Gefolge von Arbeitskämpfen in den USA in den 1880er Jahren wurde erstmals 1889 der Achtstundentag durchgesetzt. In Deutschland wurde die Arbeitszeit aber erst als direkte Folge der Novemberrevolution ab dem 1. Januar 1919 auf acht Stunden pro Woche begrenzt.[9] Erst beinahe 40 Jahre später, 1967, gelang es den deutschen Gewerkschaften, die Wochenarbeitszeit von der 48- auf die 40-Stundenwoche herabzusenken und die 5-Tagewoche einzuführen.[10] Die Arbeitszeitverkürzung, die Vollbeschäftigung und die Grundlegung des Sozialstaats sind wichtige Errungenschaften der Verschiebung der Machtverhältnisse zugunsten der Beschäftigten in der Nachkriegsära. Für letztere Bedingung sorgten allerdings die Arbeiterbewegung und ihre Parteien in Europa und den USA selbst. Nach der Einführung der 40-Stundenwoche ist es lediglich der IG Metall – dem historischen Vorreiter aller Arbeitszeitverkürzungen in Deutschland – 1995 gelungen, eine 35-Stundenwoche bei vollem Lohnausgleich im Metallbereich durchzusetzen. In Frankreich wurde 1998 die gesetzliche 35-Stundenwoche bei vollem Lohnausgleich für die gesamte Wirtschaft eingeführt. Wie Abbildung 8 belegt, ging sowohl in Deutschland als auch in Frankreich die Erwerbslosigkeit Ende der 1990er Jahre als Folge der Arbeitszeitverkürzung zwar zurück, sie stieg jedoch einige Jahre später wieder an, weil in beiden Fällen die Arbeitszeitverkürzung an einen Personalausgleich durch die Unternehmer gekoppelt worden war, sodass letztere freie Hand behielten, den Arbeitskräftebedarf nicht durch neue Arbeitskräfte, sondern durch die Steigerung der Arbeitsintensität und zusätzliche Belastungen für die Lohnabhängigen auszugleichen.

---

[9] Vgl. Dietenberger 2013: 43.
[10] Ebd.

Gewerkschaften

Die Gewerkschaften entstanden im Zuge der industriellen Revolution schon im 19. Jahrhundert. Sie sind in ihrer klassischen Form selbständige Interessenorganisationen der arbeitenden Menschen in den kapitalistischen Gesellschaften, sind in unterschiedlichen Perioden entstanden und weisen als Kampforganisation der Beschäftigten in Abhängigkeit von ihrem historischen Umfeld und der jeweils dominierenden Kapitalismusformation unterschiedliche Schlagkraft auf. Sie sind außerdem geprägt von eigenen Traditionen. In Europa sind Richtungsgewerkschaften bis heute – mit Ausnahme von Deutschland und Österreich – die dominierende Gewerkschaftsform. In den letztgenannten Staaten haben sich die Gewerkschaftsbewegungen für Einheitsgewerkschaften entschieden. Die Richtungsgewerkschaften sind werteorientiert und unterstützen politisch unterschiedliche Parteien. In den Einheitsgewerkschaften sind demgegenüber unterschiedliche Richtungen in den Einzelgewerkschaften vereinigt und tragen ihre politischen Auffassungen innerhalb des Verbandes aus.[11]

Unabhängig von ihren Unterschieden, stellen die Gewerkschaften eine ökonomische Gegenmacht innerhalb des Kapitalismus dar und verfolgen ganz abstrakt gesehen gemeinsame Ziele wie höhere Löhne und kürzere Arbeitszeiten bei Tarifauseinandersetzungen, längeren Urlaub, bessere Arbeitsbedingungen im Betrieb bis zur Mitbestimmung im Unternehmen. Ihre Kampfkraft bei der Durchsetzung ihrer Ziele hängt ganz entschieden vom Organisationsgrad innerhalb der Arbeiterschaft ab. Im Freihandelskapitalismus waren Gewerkschaften fast überall im Vergleich zu mächtigen Unternehmerverbänden viel zu schwach und konnten ihre Interessen – wenn überhaupt – nur unzureichend durchsetzen, weil nur ein Bruchteil der Arbeiterschaft in Gewerkschaften organisiert war und vor allem, weil sie unter den Bedingungen der Massenerwerbslosigkeit und scharfer Konkurrenz unter den organisierten und den nicht organisierten Beschäftigten ihre volle Kampfkraft nie haben entfalten können. Diese ungleichen Machtverhältnisse zuungunsten der Beschäftigten änderten sich jedoch radikal in der Ära des keynesianischen Kapitalismus. Wie Abbildung 9 zeigt, stieg der Organisationsgrad der Gewerkschaften in allen kapitalistischen Staaten rapide an. Bei genauem Hinsehen verläuft die steigende Mitgliederzahl der Beschäftigten in den Gewerkschaften nahezu parallel zur sinkenden Erwerbslosigkeit (Abbildung 8). Beide Entwicklungen, die steigende Zahl der Gewerkschaftsmitglieder und die sinkende Erwerbslosigkeit, beflügeln sich notwendigerweise gegenseitig.

---

[11] Müller-Jentsch 2011.

Abbildung 9: Organisationsgrad der Gewerkschaften in %, 1960-2015

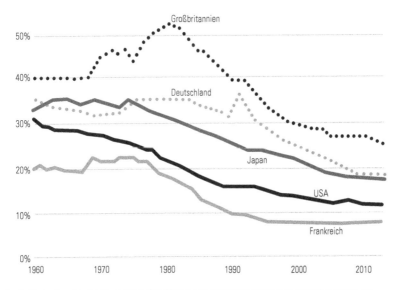

Quelle: Eigene Berechnung nach : J. Visser, ICTWSS Data base. Version 5.1. Amsterdam: Amsterdam Institute for Advanced Labour Studies (AIAS), University of Amsterdam. September 2016; Barry T. Hirsch, David A. Macpherson: Union Membership and Coverage Database from the Current Population Survey; www.uniunstats.com

Wie Abbildung 9 ebenso zeigt, stabilisiert sich der Organisierungsgrad der Gewerkschaften für Deutschland und Japan in den 1960er und 70er Jahren bei 35%, nachdem er sich in den 1950er Jahren drastisch gesteigert hatte. In Großbritannien erhöhte sich der Organisationsgrad aufgrund heftiger Streiks in den 1970er Jahren bis zu ihrer gezielten Schwächung durch die Regierung von Margaret Thatcher, der Vorreiterin von neoliberalen Regierungen in der Welt. In den USA beginnt das Abbröckeln der gewerkschaftlichen Macht schon ab 1960. Dieser Trend weist darauf hin, dass die US-Gewerkschaften im Vergleich mit den europäischen Gewerkschaften schwächer und auch weniger motiviert zum Kampf waren, was wiederum auch erklärt, warum es die US-Gewerkschaften im keynesianischen Kapitalismus, wie Abbildung 8 zeigt, nicht schafften, die Vollbeschäftigung zu erreichen. Die Tatsache, dass in Frankreich trotz des vergleichsweise noch niedrigeren Organisationsgrades der Gewerkschaften eine beinahe Vollbeschäftigung erreicht wurde, mag die für die USA unterstellte Kausalität zwischen niedrigem Organisationsgrad und höherer Arbeitslosenquote auf den ersten Blick widerlegen. Bei genauem Hinsehen ließe sich dieser Widerspruch jedoch dadurch auflösen, dass in den 1960er und 70er Jahren das besonders starke politisch linke Lager und die sozialistische Regierung um Mitterand als Staatspräsident selbst auch ohne den massiven Druck der Gewerkschaften den Aufbau des Sozialstaates in Frankreich entscheidend vorangetrieben haben. So ist es auch zu erklären, dass dieses Land trotz des niedrigen Organisationsgrads der Gewerkschaften die höchste Staatsquote unter den großen Industriestaaten erreichen konnte[12] und darüber hinaus auch die 35-Stundenwoche für alle gesetzlich durchgesetzt hat.

Starke Gewerkschaften, radikale Arbeiterparteien und keynesianischer Kapitalismus bedingen einander: Keine keynesianische Reformstrategie ohne kampfstarke Gewerkschaften sowie radikale Arbeiterparteien und umgekehrt. Die keynesianische Wirtschaftspolitik erweitert unter der Bedingung der Existenz von hinreichenden Wachstumsreserven einer Gesellschaft den Handlungsspielraum von Gewerkschaften und Arbeiterparteien. Beides zusammen sorgt für eine steigende Massenkaufkraft und ein erhöhtes Machtpotenzial der Gewerkschaften sowie der Arbeiterparteien und zieht auch einen relativen Machtausgleich zwischen Lohn- und Kapitalseite nach sich.[13]

Dieser Machtausgleich ist die eigentliche Grundlage des Gleichgewichts zwischen der Binnennachfrage und dem gesamtwirtschaftlichen Angebot an Waren und Dienstleistungen. Ohne starke Gewerkschaften kann es im Kapitalismus weder den Sozialstaat noch eine Einkommensverteilung geben, die man unter kapitalistischen Bedingungen als »gerecht« bezeichnen könnte.[14] Machtvolle Gewerkschaften gehen bei ihren Aktivitäten übrigens deutlich über originär gewerkschaftliche Arbeitsbereiche wie die Tarifpolitik hinaus und entwickeln, wie dies zum Beispiel bei den deutschen Gewerkschaften der Fall war, eigenständige Reformvorschläge zur Gesundheits-, Bildungs-

---

[12] Vgl. dazu die Entwicklung der Staatsquoten in Abbildung 10.

[13] Auch hier ist die Macht der Gewerkschaften eine soziale Macht, die über ein Eigenleben verfügt und den Kapitalismus im Interesse der arbeitenden Menschen formt und den Kapitaleigentümern, so sie hinreichend stark sind, auch Grenzen setzen kann. Vgl. dazu die Ausführungen in Kapitel 2 und Massarrat 2006: 45-77.

[14] Eine gerechte Entlohnung kann es im Kapitalismus unter der Herrschaft des Privateigentums an Produktionsmitteln nicht geben. Schon das Privateigentum an Produktionsmitteln und natürlichen Ressourcen verhindert eine nach individueller Leistung begründete Entlohnung, da das Privateigentum in seltensten Fällen das Ergebnis von ausschließlich eigener Leistung der Eigentümer ist. Eine gerechte Entlohnung der arbeitenden Menschen bedürfte einer Gesellschaft, in der eine radikale Chancengleichheit in allen Bereichen verfassungsmäßig als unumstößlich verankert wäre. Näheres dazu siehe Kapitel 7 Abschnitt »Chancengleichheit« und Massarrat 2006.

und Rentenpolitik usw. Machtvolle Gewerkschaften sind grundsätzlich auch das Fundament für eine gut funktionierende und lebendige Demokratie. Deshalb sind auch alle antidemokratischen Kräfte im Kapitalismus gegen freie Gewerkschaften, und deshalb gehört auch die Zerschlagung freier Gewerkschaften zu den allerersten Handlungen sämtlicher antidemokratischen Kräfte nach ihrer Machtergreifung, wie wir es im deutschen und italienischen Faschismus, bei der Franco-Diktatur in Spanien, den Obristen in Griechenland und der Pinochet-Diktatur in Chile gesehen haben.

Staatsquote

Die Idee der staatlich geregelten Verantwortung für die Staatsbürger ist nicht neu, sie ist schon bei den antiken Philosophen bekannt. Sie entwickelt sich aber erst zu einem gesellschaftlichen Diskurs im Kontext der industriellen Revolution und der Entwicklung des Kapitalismus. Denn hier stellte sich heraus, dass ein ungebändigter Kapitalismus und die Marktgesetze allein in aller Regel nur zur Verelendung der arbeitenden Menschen führen und dass deshalb in dieser Gesellschaftsordnung menschenwürdige Lebensbedingungen nur durch gesetzliche Regelungen erreichbar sind, die die sozialen Rechte der arbeitenden und eigentumslosen Menschen in allen Lebenslagen absichern. Die liberale Ethik leitet die Notwendigkeit der sozialen Rechte für die Menschen aus der Existenz des Privateigentums an Produktionsmitteln und den natürlichen Ressourcen ab und definiert diese Rechte als eine Verantwortung und Verpflichtung des Eigentums. »Eigentum verpflichtet« lautet zum Beispiel der Artikel 14, Absatz 2, der deutschen Verfassung. Im Unterschied dazu gehen die egalitären Ethiken davon aus, dass das Privateigentum keine Naturkonstante, sondern das Ergebnis der geschichtlichen Entwicklung ist und daher auch grundsätzlich aufgehoben werden könnte.[15]

Der Sozial- oder Wohlfahrtsstaat, wie er in den skandinavischen Staaten genannt wird, entwickelt sich, wie auch die Gewerkschaften, entsprechend den jeweiligen gesellschaftlichen Rahmenbedingungen und Traditionen unterschiedlich. Sie verdanken ihre Entstehung manchmal den taktischen Winkelzügen der herrschenden Elite, wie beispielsweise die Bismarcksche Sozialreform gegen Ende des 19. Jahrhunderts, die Bismarck einführte, um dem Einfluss revolutionärer Kräfte Einhalt zu gebieten. Grundsätzlich sind jedoch überall die Arbeiter- und Gewerkschaftsbewegungen in den einzelnen Staaten die authentischen Träger des Sozialstaates, und sie sind es auch, die sozialstaatliche Maßnahmen wie diverse Sozialversicherungen (Kranken- und

---

[15] Dazu ausführlicher vgl. Kapitel 7 dieses Buches mit den Abschnitten »Postkapitalistische Perspektiven« und »Neue Eigentumsformen«.

Unfallversicherung, Arbeitslosen- und Rentenversicherung) gegenüber der Gesellschaft bzw. dem Staat fordern und notfalls auch mit gewerkschaftlichen Kampfmitteln durchsetzen. Außer den hier genannten Feldern umfasst der Sozialstaat auch Regelungen zum Schutz der Kinder, der gebrechlichen Menschen, die für den eigenen Unterhalt nicht aufkommen können. Hinzu kommen auch Regelungen zum Schutze der Beschäftigten als dem schwächeren Part in der Wirtschaft, um sie gegen die Willkür der mächtigeren Unternehmerseite, wie beispielsweise durch den Kündigungsschutz und zahlreiche andere abgeleitete Maßnahmen geschehen, abzusichern.[16]

Der Sozialstaat bedarf freilich einer sicheren und im Grunde auch dauerhaften Finanzierung, die der Staat auf der Grundlage von Steuereinnahmen sicherstellen muss. Reichen die Steuern dazu nicht aus, dann müssten sozialstaatliche Maßnahmen, die das Parlament beschließt, notfalls auch mit kreditfinanzierten Ausgaben gedeckt werden. Insofern umfasst die durch Keynes begründete Notwendigkeit einer deficit-spending-Politik neben Ausgaben zur Ankurbelung der Wirtschaft auch Ausgaben für den Sozialstaat. Denn beide Ausgabeformen sind, wenn auch Keynes selbst dies nicht hervorgehoben hat, produktive Ausgaben, die direkt bei der Produktion von Waren und Dienstleistungen oder im Falle von Ausgaben für sozialstaatliche Maßnahmen indirekt zu einem höheren Steueraufkommen und zur Refinanzierung von Staatsschulden beitragen. Auffassungen, die Sozialausgaben als »soziale Lasten« für den Haushalt interpretieren, sind daher eigentlich irreführend, im Grunde aber sogar falsch. Sehr oft sind derartige Positionen politisch motiviert. Der Sozialstaat beeinflusst natürlich die Verteilung des gesellschaftlichen Reichtums und das Gerechtigkeitsempfinden der Staatsbürger, vor allem derjenigen, die auf den Sozialstaat angewiesen sind.[17] Neben steigenden Löhnen erhöhen auch die Sozialausgaben de facto den Einkommensanteil der arbeitenden Menschen. Der Sozialstaat ist so gesehen eine weitere Errungenschaft des keynesianischen Kapitalismus. Sein Entwicklungsgrad kann an der Staatsquote, also am Anteil der Staatsausgaben am Bruttoinlandsprodukt, gemessen werden, weil der Hauptanteil an Staatsausgaben aus Sozialleistungen besteht. Wie Abbildung 10 veranschaulicht, beginnt der Anteil der Staatsausgaben am Bruttoinlandsprodukt (Staatsquote) in den Industriestaaten erst in der Epoche des keynesianischen Kapitalismus überhaupt zu steigen. Dies erfolgt rasant, wie die Entwicklung in Westdeutschland zeigt, und erreicht in dieser Epoche seinen höch-

---

[16] Näheres dazu vgl. u.a. Kaufmann1997; Butterwegge 2005.

[17] John Rawls entwickelt seine Theorie der Gerechtigkeit indirekt auf der Basis des Umfangs der Sozialausgaben. (Rawls 1975)

Abbildung 10: Ausgaben des Staates in % des BIP zu Marktpreisen

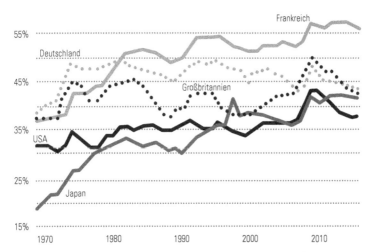

Quelle: Eigene Zusammenstellung nach: Statistical Annex of European Economy, European Commission, Directorate-General for Economic and Financial Affairs, Spring 2002 & Spring 2016

sten Stand.[18] Ab 1980 stagnierten die Staatsquoten derselben Staaten, mit der einzigen Ausnahme Frankreichs, deutlich unterhalb der 50%-Marke. Durch die steigende Arbeitslosigkeit nach 1980, die bald bis auf 11% (siehe Abbildung 8) anstieg, erhöhten sich auch die sozialen Ausgaben, sodass sich der durch neoliberale Regierungen durchgesetzte Sozialabbau in der Staatsquote nicht widerspiegelt. Nur in skandinavischen Staaten mit ihren deutlich besseren sozialen Sicherungssystemen sind die Staatsquoten deutlich über der 50%-Marke.

Die klassischen Vertreter des Neoliberalismus wie Wilhelm Röpke, Friedrich August von Hayek, Milton Friedman u.a. haben, wie ich später ausführlicher darstellen werde, in der Tat den Sozialstaat als Bevormundung, als ein Hindernis für die Entfaltung der Persönlichkeit der Individuen und letztlich auch der Freiheit interpretiert und auch scharf abgelehnt. Dagegen haben kapitalismuskritische Autoren den Sozialstaat als eine historisch für die Menschheit positive Errungenschaft angesehen. André Gorz schreibt in seinem Werk»Kritik der ökonomischen Vernunft« beispielsweise, dass»es

---

[18] Eine systematische und vergleichbare Statistik zu Staatsquoten für alle OECD-Staaten existiert leider nur für den Zeitraum ab 1970. Die Angaben für Westdeutschland ab 1950 sollen den wahrscheinlichen Trend exemplarisch auch für die übrigen Staaten widerspiegeln.

nur Ausdruck einer schwachsinnigen Ideologie [ist], wenn man den Wohlfahrtsstaat im Namen des Wirtschaftsliberalismus an den Pranger stellt. Der
Wohlfahrtsstaat hat keineswegs die Gesellschaft erstickt und die spontane
Entfaltung der ökonomischen Rationalität gefesselt; er ist vielmehr aus ihrer Entfaltung selbst entstanden: als Ersatz für die gesellschaftlichen und
familiären Solidarbeziehungen, die die Ausweitungen der Warenbeziehung
zerstört hatten, und als notwendiger Rahmen, um die Marktwirtschaft daran zu hindern, im kollektiven Desaster zu enden.«[19]

Staatsverschuldung

Die Hauptursache der Staatsverschuldung im vorkapitalistischen Europa waren in der Regel europäische Kriege, die hauptsächlich zwischen Großbritannien, Deutschland und Frankreich ausgetragen wurden.[20] Dieser Sachverhalt setzt sich bis zu den beiden Weltkriegen im 20. Jahrhundert und bei
den Staaten, die auch danach Kriege führten und weiterhin führen, fort.
Aber nicht nur in Kriegs-, sondern auch in Friedenszeiten, sofern ein Teil
der Wertschöpfung für die Aufrüstung ausgegeben wird, steigt die Staatsverschuldung wegen Rüstungsausgaben. Denn Rüstungsgüter verursachen
– im Unterschied zu Konsumgütern, Infrastruktur und Dienstleistungen –
Wert- und Wohlstandsvernichtung, sobald sie produziert worden sind. Der
Rüstungssektor stellt jedenfalls keine Quelle der volkswirtschaftlichen Produktivität und des kumulativen Steueraufkommens des Staates dar. Insofern
trägt er zur Steigerung der Staatsschulden bei. Der Sozialstaat verschuldet
sich, um öffentliche Aufgaben, wie die Schaffung von Infrastruktur und
Dienstleistungen, Gesundheit, Bildung etc. zu finanzieren. Doch sind derartige Staatstätigkeiten dem Grunde nach produktiv, tragen zur Wertschöpfung bei und finanzieren sich langfristig zu einem guten Teil selbst. Wegen
Staatsausgaben für solche Aufgaben müsste die Staatsverschuldung nicht
oder nicht mit kumulativer Wirkung steigen. Deshalb bewegen sich auch
die Staatsverschuldungen der kapitalistischen Industriestaaten in der Epoche des keynesianischen Kapitalismus, wie die Abbildungen 4 (S. 116) und
11 veranschaulichen, trotz der rasant steigenden Sozialausgaben auf dem
niedrigsten Stand in der Geschichte des Kapitalismus. Das Tal im Hochge-
birge der Staatsverschuldung in den Dekaden 1960-1990, das man besonders deutlich bei Abbildung 4 erkennen kann, spiegelt m.E. wie kein anderer
ökonomischer Indikator den Systemwechsel zwischen zwei finanzmarktka-

---

[19] Gorz 1989: 190
[20] Vgl. ausführlich Piketty 2014: 169ff.

Abbildung 11: Schuldenquote 1950-2013

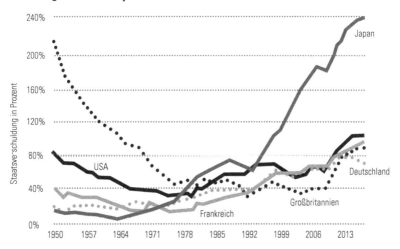

Quelle: Eigene Zusammenstellung: Historical Public Debt Database (HPDD); http://www.imf.org/external/datamapper/V4/datasets/DEBT

pitalistischen Formationen, einer vor und einer nach dem keynesianischen Kapitalismus wider.[21]

Obwohl der neoliberale Kapitalismus offensichtlich ohne Staatsverschuldung nicht auskommt, nahmen neoliberale Ökonomen z.b. in Westdeutschland die geringfügige Steigerung der Staatsverschuldung Ende der 1970er Jahre zum Anlass, um die keynesianische Ausgabenpolitik buchstäblich zu verteufeln.

Demokratieentwicklung

Die Demokratieentwicklung fand in Europa auf den Trümmern des Zweiten Weltkrieges und den Erfahrungen mit dem Faschismus statt, weil die Spaltung der Linken es verhinderte, dass schon nach dem Ersten Weltkrieg eine Reformperspektive mit Ausrichtung auf eine Art keynesianischer Sozialstaatlichkeit zustandekommen konnte. So blieben Europa leider die bitteren Erfahrungen mit Faschismus und dem Zweiten Weltkrieg nicht erspart. Der Konsens zwischen den relevanten Kräften der Gesellschaft, den Arbeitnehmern und den Unternehmern, den sozialistisch- sozialdemokratischen und

---

[21] Ausführlicher über den systemischen Zusammenhang der Kapitalismusformationen vgl. Kapitel 6 Abschnitt »Staatsverschuldung, Schuldenbremse und Zerschlagung des Sozialstaats«.

den konservativen Kräften, brachte nicht nur die keynesianische Wirtschafts-
und Sozialpolitik, sondern auch das Fundament für die Demokratieentwicklung hervor. Erst die sozialen Sicherungssysteme und das Sicherheitsgefühl,
nicht um einen Arbeitsplatz und eine Einkommensquelle bangen zu müssen, war die Voraussetzung für die Teilnahme breiter Schichten der Bevölkerung an der Gestaltung der eigenen Lebenslagen. Denn in einer Gesellschaft, in der die Angst um die eigene Zukunft und die Zukunft der eigenen
Kinder vorherrscht, ist kein Platz für Partizipation. Im keynesianischen Kapitalismus entwickeln sich die politischen Parteien zu stabilen Institutionen.

Daneben entsteht auch genug Raum für die zivilgesellschaftliche Entwicklung und die Entstehung von Nichtregierungsorganisationen in allen
gesellschaftlichen Bereichen, ohne die eine lebendige Demokratie in den Industriestaaten undenkbar gewesen wäre. Sämtliche relevanten sozialen Bewegungen, wie die Frauenbewegung, die zahlreichen Umweltbewegungen,
Dritte Welt-Bewegung, Friedensbewegung und Studentenbewegung, sind in
Deutschland und international in den 1950er bis 70er Jahren entstanden. Die
68er Studentenbewegung hat in den USA und in Europa die verkrusteten
Strukturen dieser Gesellschaften umgekrempelt und ist somit zur Quelle ihrer kulturellen Entwicklung geworden. Die internationale Bewegung gegen
den Vietnamkrieg schuf vor allem bei der Jugend ein neues Bewusstsein über
koloniale Ausbeutung der Industriestaaten und die aktuellen Entwicklungs-
probleme in der Dritten Welt. Die neuen sozialen Bewegungen, vor allem
die neue Friedensbewegung der 1980er Jahre, führte zu einer umfassenden
Kritik und breiten Ablehnung der Militarisierung und der Rüstungsproduktion. Die Imperialismuskritik fegte die herrschende Illusion, dass das Zeitalter des Imperialismus ein für alle Mal vorbei sei, beiseite.

Die Demokratieentwicklung machte auch bei der Herrschaftskritik nicht
halt. Es entstanden zahlreiche neue Gruppen und Parteien mit emanzipa-
torischem Anspruch. Die Kritik am real existierenden Sozialismus und die
Weiterentwicklung antikapitalistischer Perspektiven sind das Ergebnis der
geistigen Entwicklung jener Epoche. All das, was heute als selbstverständlich erscheint, hier hervorzuheben, ist deshalb wichtig, weil gerade die Demokratie und die zivilgesellschaftliche Entwicklung aus jener Epoche, nach
dem Systemwechsel hin zum neoliberalen Finanzmarktkapitalismus, in eine
gefährliche Stagnation geraten sind oder gar einen substanziellen Rückschritt
erlitten haben. Statt einer emanzipatorischen Weiterentwicklung der Demokratie erleben wir die Entstehung demokratiefeindlicher Bewegungen und
Parteien, die das Ziel verfolgen, eine Zukunft ohne Krieg, ohne Rassismus
und ohne Ausbeutung zu blockieren.

Resümee

Erst auf der Grundlage der keynesianischen Wirtschaftspolitik konnte jene gesellschaftliche Fehlentwicklung, wie sie für den Freihandelskapitalismus charakteristisch war, grundlegend überwunden werden: die strukturelle Überschussproduktion und der Zwang zur Exportexpansion gehörten der Vergangenheit an. Die Überwindung der Massenarbeitslosigkeit und starke Gewerkschaften sorgten für steigende Löhne und dadurch auch für die Gesamtkaufkraft der Gesellschaft. Die nachhaltig steigende Aufnahmekapazität der Binnenmärkte schuf ein gesundes Terrain für optimale Arbeitsteilung und ökonomische Verflechtung zwischen den Sektoren. Hier gelang es den arbeitenden Menschen, vielleicht erstmalig in der Geschichte des Kapitalismus, den tatsächlichen Wert ihrer Arbeitskraft zu realisieren. Die Gewerkschaften konnten wie nie zuvor eine Stärke gewinnen, die ein ordentlich funktionierender gleichgewichtiger Kapitalismus voraussetzt. Sie waren stark genug, um über die tarifpolitischen Fragen hinaus soziale und demokratische Reformen anzustoßen und auch voranzubringen. In jener Epoche waren die Gewerkschaften sogar in der Lage, Arbeitszeitverkürzungen durchzusetzen.

Damit kamen die Früchte der Produktivitätsentwicklung auch den arbeitenden Menschen zugute. Über Jahrzehnte war Vollbeschäftigung kein Tabu, sondern das Wunschziel aller Regierungen. Ein strukturell überschüssiges Kapital, das der Realwirtschaft den Rücken kehrte, konnte erst gar nicht entstehen. Selbst die im Prinzip parasitären Rentierklassen investierten einen Teil ihrer Renditen in die Realwirtschaft. Auch der Imperialismus wurde in dieser Ära nahezu an den Rand gedrängt und jenen Kräften (besonders im Agrarbereich) vorbehalten, die ihre Stellung auf den Weltmärkten nur durch monopolistische Sonderregeln und Machthebel halten konnten. In dieser Epoche konzentrierte sich der Finanzsektor im Wesentlichen auf Geld und kreditwirtschaftliche Aufgaben, die für das Funktionieren einer wachsenden Realwirtschaft unabdingbar sind. Es entstand auch kein überschüssiges Kapital und damit, was für das Verstehen des Finanzmarktkapitalismus fundamental wichtig ist, auch kein parasitärer Finanzsektor.

Diese nach dem Zweiten Weltkrieg bis zum Anfang der 1970er Jahre weltweit dominante Form des Kapitalismus konnte sich über weite Strecken durch Wohlstandsvermehrung, durch Anpassung an demokratische Entwicklungen und durch ein Maß an sozialer Gerechtigkeit, die der Kapitalismus zulassen kann, legitimieren. Zum ersten Mal wurde also ein gleichgewichtiger Kapitalismus geschaffen, in dem, von Konjunkturschwankungen abgesehen, sich zwischen Gesamtangebot und Gesamtnachfrage, zwischen Export und Import und dem intersektoralen Austausch stets ein annäherndes Gleichgewicht einstellte. Damit wurde auch der Beweis erbracht, dass der

Kapitalismus sich dort am intensivsten entwickeln kann und am stabilsten ist, wo die eigenen *internen Ressourcen* am wirkungsvollsten mobilisiert und am konsequentesten zur Systemgrundlage gemacht werden können. Kapitalistische Staaten, die sich von Ausbeutung und damit vom einseitigen Ressourcenfluss von außen abhängig machen, sodass diese Abhängigkeit sogar zum Dreh- und Angelpunkt aller gesamtwirtschaftlichen Gleichgewichte, wie zwischen Angebot und Nachfrage, Handels- und Zahlungsbilanz, wird, sind demnach am wenigsten stabil und am stärksten gewillt, die militärischen Potenziale zu mobilisieren und auch vor Kriegen nicht zurückzuschrecken, um *kurzfristig und künstlich die* ökonomischen Gleichgewichte herzustellen.

Der keynesianisch regulierte Kapitalismus stellte im Grunde einen zivilisatorischen Höhepunkt in der Geschichte des Kapitalismus dar. Er verkörperte Potenziale und gesellschaftliche Träger einer Perspektive hin zur postkapitalistischen Gesellschaft. Die Annahme, dass der keynesiansche Kapitalismus auf dem eingeschlagenen Weg der Arbeitszeitverkürzung im Begriff war, die Voraussetzungen für eine neue postkapitalistische Ära zu begünstigen, ist kein Hirngespinst, sondern ein historisches Erfordernis und übrigens auch ein durchaus realistisches.

4. Krise des keynesianischen Kapitalismus

Aus der heutigen Sicht ist das in den Nachkriegsjahren sehr erfolgreiche Akkumulationsmodell trotz seiner historisch einmaligen sozialen Errungenschaften und der relativen Stabilität in eine heftige Krise geraten und schließlich durch das antisozial-neoliberale Akkumulationsmodell abgelöst worden. Häufig wurde die Krise des keynesianischen Kapitalismus mit der Krise des Kapitalismus verwechselt oder es ist nicht zur Kenntnis genommen worden, dass es sich bei dieser Epoche um eine spezifische Kapitalismusformation in der Entwicklungsgeschichte des Kapitalismus handelt.[22] Die Gründe für die Krise des Keynesianismus sind mannigfaltig: Dazu gehören m.E. vor allem schrumpfende Wachstumsressourcen, eine neue internationale Arbeitsteilung, die mit einer Vertiefung und Ausweitung der Globalisierung einhergeht, sowie die neoliberale Konterrevolution. Das Zusammenwirken aller dieser Faktoren, die im Folgenden kurz vorgestellt werden, hat dem keynesianischen Kapitalismus vorerst ein Ende bereitet.

---

[22] So z.B. Müller 2016: 69ff. Müller stimmt sogar mit Martin Werding überein, der diese Periode gar für »ein historisches Intermezzo« hält (vgl. Werding 2008: 318).

Ökologische Grenzen des Wachstums

Wie in diesem Kapitel dargestellt, entfaltet die kreditfinanzierte Ausgabenpolitik vollständig ihre Wachstums- und Beschäftigungswirkung, solange
Wachstumspotenziale im Überfluss vorhanden sind. Keynes selbst hatte in
seiner Langzeitprognose eine Phase ökonomischer Stagnation im Kapitalismus vorausgesagt.[23] In dem Maße aber, wie Wachstumspotenziale schrumpfen, beginnen die kreditfinanzierten Staatsausgaben ihre Wachstums- und
Beschäftigungswirkung zu verwirken. Tatsächlich beobachten wir ab Mitte
der 1970er Jahre, wie Abbildung 6 (S. 128) zeigt, eine drastische Senkung
der Wachstumsraten des Bruttoinlandsprodukts in allen kapitalistischen Staaten mit Ausnahme der USA.[24] Bereits 1972 hatte der *Club of Rome* mit seinem ersten Bericht anschaulich auf die *Grenzen des Wachstums* hingewiesen.
Die Wachstumsressourcen aller relevanten Wachstumssektoren zum Aufbau
von Industrieanlagen, Wohnsiedlungen, den dazugehörigen Straßen, Auto-
bahnen und sonstiger Infrastruktur – und dies vor allem im dicht besiedelten
Europa – waren weitestgehend erschöpft; auch waren die zulässigen Grenzen für viele Schadstoffe längst überschritten. Mit Beginn der 1980er Jahre stellte sich immer deutlicher heraus, dass die klassische keynesianische
Wirtschaftspolitik nicht mehr funktionierte. Die Hauptantriebskraft dieses
Wachstumsmodells, nämlich die Refinanzierung wachsender Staatsverschuldung durch neue Wachstums- und Wertschöpfungsquellen, war ins Stocken
geraten, weil u.a. eben diese Quellen zur Neige gegangen waren. Versuche,
durch Erhöhung weiterer Staatsausgaben und Schulden die Wachstumsdy-
namik aufrechtzuerhalten und neue Arbeitsplätze zu schaffen, verursachten
folgerichtig eine Inflation, ohne jedoch die Stagnation überwinden zu können (Stagflation).

Übergang zum intensiven Wachstumsmodell

Das bis dato dominante *extensive Wachstumsmodell* (horizontal ausgerichtete Erweiterung bereits bestehender Produktions- und Investitionsmuster)[25]
war jedoch definitiv an seinem Ende angelangt. Die *dritte industrielle Revo-*

---

[23] Ausführlicher dazu vgl. Zinn 2008.

[24] Die Vereinigten Staaten verfügen aufgrund ihrer gigantischen Fläche und ihres
umfangreichen Rohstoffreichtums über erheblich größere Wachstumspotenziale als
Europa. Obwohl die rasante Entwicklung der Ressourcenmobilisierung lange vor Europa und schon mit dem New Deal begonnen hat, dürften die USA auch in der Zukunft für weitere Jahrzehnte höhere Wachstumsraten als in Europa erzielen können.

[25] Im Kontext politökonomischer Kategorien bleibt bei diesem Wachstumsmodell die organische Zusammensetzung des Kapitals annähernd gleich und im Verwertungsprozess dominiert die absolute Mehrwertproduktion.

lution durch den Einsatz elektronischer Kommunikationstechnologien war – so könnte man diese Entwicklung durchaus deuten – die historische Antwort des Kapitals auf den klassischen Keynesianismus, auf Vollbeschäftigung und steigende Stückkosten, auf die stark gewordenen Gewerkschaften und den Ausbau des Sozialstaates. Auf der Grundlage eben dieser neuen technologischen Potenziale der Produktivitätssteigerung wurde in den 1970er Jahren das bestehende *extensive Wachstumsmodell* durch das *intensive Wachstumsmodell* (auf Rationalisierung und Produktivitätssteigerung bzw. steigende organische Zusammensetzung des Kapitals und auf Dominanz der relativen Mehrwertproduktion ausgerichtete Investitionsmuster) abgelöst. Beruhte die Produktivitätssteigerung im extensiven Akkumulationsmodell im Wesentlichen auf der effizienteren Nutzung von Ressourcen durch Maßnahmen im Bereich der Organisation und des Betriebsablaufs, so wurde im neuen intensiven Akkumulationsmodell eine steigende Produktivität, vor allem durch technologisch bedingte Rationalisierungen, erzielt. Die Produktivitätssteigerung blieb somit das gemeinsame Merkmal beider Modelle und setzte sich, ungeachtet sinkender Wachstumsressourcen, auch im intensiven Modell, wenn auch mit niedrigeren Wachstumsraten, fort (siehe Abbildung 12).

Globalisierung und neue internationale Arbeitsteilung
Die typisch keynesianischen Institutionen, wie starke Gewerkschaften und der Sozialstaat, entstanden im Zeitalter des keynesianischen Kapitalismus zunächst national, die Staaten des Südens und der Weltmarkt insgesamt boten jedoch den multinationalen Konzernen die nahezu unbegrenzte Möglichkeit, den nationalstaatlich angelegten Fesseln einer gerechteren Verteilung des Einkommens zugunsten der Arbeiterklasse zu entrinnen und ihre Profitrate durch Nutzung kostengünstigerer Optionen zu erhöhen. Die Globalisierung hatte mit Rohstoffexporten längst begonnen. Ihre Ausweitung und Vertiefung geht aber mit der flächendeckenden globalen Verlagerung der arbeitsintensiven Sektoren einher. Die Produktionsverlagerung in Regionen mit niedrigeren Löhnen, die bereits in den 1970er Jahren begonnen hatte, kann aus heutiger Sicht auch als eine weitere Reaktion des Kapitals auf die sozialen Errungenschaften des keynesianischen Kapitalismus in den entwickelten Industriestaaten interpretiert werden. Sämtliche Produktionssektoren mit hoher Arbeitsintensität, wie beispielsweise die Textilindustrie und Montagesegmente der Metallverarbeitungsindustrien, wurden nach und nach in alle Kontinente des ökonomischen Südens und damit überall dorthin, wo die Konzerne Ausbeutungsverhältnisse wie im Freihandelskapitalismus im Europa des 19. Jahrhunderts vorfanden, verlagert. Frobel/Heinrichs/Kreye haben diesen Prozess der Verlagerung von Arbeitsplätzen und der da-

Abbildung 12: Entwicklung der Arbeitsproduktivität 1950-2010

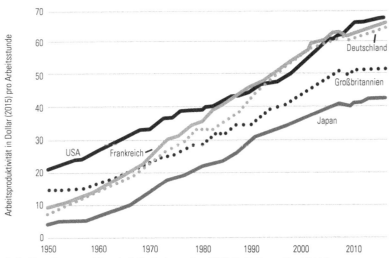

Quelle: Eigene Zusammenstellung durch: The Conference Board 2016. The Conference Board Total Economy Database™, Mai 20 – 2015, www.conference-board.org/data/economydatabase/

durch entstandenen *neuen internationalen Arbeitsteilung* in ihrer gleichnamigen umfassenden Studie genau untersucht.[26] Die internationale Expansion der multinationalen Konzerne rief in den Herkunftsländern, in Europa, Japan und den USA eine durch Arbeitsplatzverlagerung bedingte Arbeitslosigkeit hervor, die zu der technologisch bedingten Arbeitslosigkeit hinzukam und, wie Abbildung 8 (S. 129) zeigt, das Heer der schon vorhandenen Arbeitslosen massiv vergrößerte.

5. Verpasste Chancen

Schrumpfende Wachstumsressourcen, der Wechsel vom extensiven zum intensiven Wachstumsmodell durch die dritte industrielle Revolution und die neue internationale Arbeitsteilung aufgrund einer weiteren Vertiefung der Globalisierung – diese drei sich verstärkenden Entwicklungen bahnten sich bereits gegen Ende der 1960er Jahre an. Während die Kapitalseite längst damit begonnen hatte, die Globalisierung für die Überwindung des keynesianischen Kapitalismus mit voller Kraft zu nutzen, haben die Gewerk-

---

26 Fröbel/Heinrichs/Kreye 1977.

schaften und sozialdemokratischen sowie sozialistischen Parteien auf diese
Entwicklung nur passiv reagiert. Nicht nur die Produktivitätssteigerung und
der Wechsel vom extensiven zum intensiven Wachstumsmodell hinterließen
gegen Ende der 1970er Jahre eine Massenarbeitslosigkeit, sondern darüber
hinaus auch die zunehmende Verlagerung ganzer Sektoren auf dem gesamt-
en Globus. Zwar hatten die Gewerkschaften und die sie unterstützenden politischen Parteien in der Hochphase ihrer Stärke in Frankreich und Deutschland versucht, die Arbeitszeitverkürzung in den Vordergrund ihrer Politik zu
stellen. Tatsächlich haben sie in der Bundesrepublik Deutschland 1995 die
35-Stunden-Woche im Metallbereich und 1998 in Frankreich die 35-Stun-
den-Woche als generelle Arbeitszeitverkürzung durchgesetzt und dadurch
den steigenden Trend der Massenarbeitslosigkeit abgebremst. Sie haben jedoch die epochalen Folgen der Grenzen des Wachstums für die Beschäftigung
offensichtlich grandios unterschätzt. Auch linke Reformer jener Zeit übersehen leider, dass klassische keynesianische Regulierungsinstrumente, vor
allem nur unter den Bedingungen von hinreichend verfügbaren Wachstumsreserven, zu mehr Wohlstand führen. Zudem haben sie auch nicht begriffen,
dass bei einer Erschöpfung der Wachstumsreserven steigende Staatsausgaben eher zu Inflation, Stagnation, Arbeitslosigkeit und Armut führen können.

So verpassten die keynesianischen Ökonomen und Wirtschaftspolitiker
die historische Chance, rechtzeitig eine zeitgemäße und wirkungsmächtige
Gegenstrategie zu entwickeln und umzusetzen: eine *gut durchdachte, sukzessive und an die Produktivität gekoppelte Arbeitszeitverkürzung*. Keynes
selbst hatte im Grunde früh genug sowohl die erschöpfenden Wachstumsressourcen und die ökonomische Stagnation als auch eine steigende Produktivität für die nächsten 100 Jahre vorausgesagt und als Lösung dafür die Arbeitszeitverkürzung in Betracht gezogen.[27] Dies war unter den Bedingungen
schrumpfender Wachstumsressourcen im Grunde der einzig realistische Weg,
um die einmal erreichte Vollbeschäftigung und die sozialen Errungenschaften zu halten, letztere sogar auszubauen sowie die eigene politische Stärke
zu verteidigen. Das linke Lager hat insofern die Zeichen der Zeit nicht er-
kannt, im Grunde – um es ganz hart zu formulieren – die historische Chance
gründlich verschlafen, um sich rechtzeitig auf die neue Situation umzustel-
len. Der Grund dafür liegt aller Wahrscheinlichkeit nach im damals weit verbreiteten Wachstumsfetischismus, dem auch Sozialisten, Sozialdemokraten
und Gewerkschaften erlegen waren. Sie alle glaubten, dass die Lösung aller
Zukunftsprobleme, wie Beschäftigung und ökologische Herausforderungen,
in Wachstum, Wachstum und noch mal Wachstum zu suchen sein müsste.

---

[27] Vgl. Reuter 2007. Vgl. auch Zinn 2009.

Der Übergang vom extensiven zum intensiven Wachstumsmodell unter den Bedingungen schrumpfender Wachstumsreserven setzt der bis dato erfolgreichen keynesianischen Wirtschaftspolitik in zweierlei Hinsicht Grenzen: und zwar in puncto Vollbeschäftigung und Preisstabilität. Die nunmehr erzielbaren und bescheidenen Wachstumsraten auf dem Niveau zwischen 0 und 2% für Europa und Japan, sowie etwas darüber für die USA (siehe Abbildung 6 auf S. 127) reichen nicht mehr aus, um die durch Produktivitätssteigerung und Rationalisierung freigesetzten Arbeitskräfte aufzufangen, da fortan die durchschnittliche Wachstumsrate des Bruttoinlandsprodukts auf Dauer hinter der Rate der Produktivitätssteigerung zurückbleibt. Die Ära der Vollbeschäftigung geht somit, trotz der zuvor durchgesetzten drastischen Arbeitszeitverkürzung von der 48- auf die 40- und dann auf die 35-Stunden-Woche, zu Ende.

Ähnliches gilt auch für die Preisstabilität, da die Politik der staatlichen Ausgaben – wie schon erwähnt – wegen schrumpfender Wachstumsressourcen nicht mehr wirkt und auch nicht länger wirken kann. Fortan verlieren kreditfinanzierte staatliche Ausgaben ihre Ressourcen mobilisierende Funktion. Sie rufen nicht mehr Arbeitsplätze, sondern eine steigende Staatsverschuldung, ökonomische Stagnation und Inflation (Stagflation) hervor. Angesichts der Erinnerung an die galoppierende Inflation der 1920er Jahre greift speziell in der Bundesrepublik Deutschland erstmals nach drei Dekaden Preisstabilität die Angst vor einer neuen Inflation um sich.

In Deutschland – um ein Beispiel hervorzuheben – glaubte Helmut Schmidt, der letzte keynesianische Bundeskanzler, dennoch allen Ernstes, die Massenarbeitslosigkeit durch einen Einwanderungsstopp (die populistische Parole lautete damals»das Boot ist voll«), vor allem aber durch Wachstum überwinden zu können. Unbeirrt setzte er durch eine klassisch keynesianische Ausgaben- und Schuldenpolitik auf Wachstum und konterte auf den Vorwurf seiner neoliberalen Widersacher, er sei der erste Kanzler des Nachkriegs-Deutschlands, dem eine ansteigende Inflation keine Sorgen bereite, mit dem Argument,»ihm seien 5% Inflation lieber als 5% Arbeitslosigkeit«. Die Alternative zwischen Pest und Cholera, die Helmut Schmidt anbot, war nicht nur ein Offenbarungseid des Kanzlers, sie öffnete dem Neoliberalismus den Weg, das wirtschaftspolitische Vakuum auch in Deutschland zu füllen, das der klassische Keynesianismus im Begriffe war zu hinterlassen – in Margaret Thatchers Großbritannien und Ronald Reagans USA wütete der Neoliberalismus schon längst. Die zur Speerspitze des deutschen Neoliberalismus gewendete FDP, mit dem amtierenden Wirtschaftsminister Otto Graf Lambsdorff an vorderster Front, beendete im Oktober 1982 die sozialliberale Bundesregierung Schmidt-Genscher und hob mit der konservativ-li-

beralen Regierung von Kohl-Genscher das neoliberale Zeitalter in der dritt-
wichtigsten kapitalistischen Ökonomie der Welt aus der Taufe.

6. Zorn des Kapitals

»Der Keynesianismus«, schreibt der ausgewiesene Keynes-Kenner Karl
Georg Zinn,»instrumentalisiert den Kapitalismus zugunsten sozialstaat-
licher Verhältnisse, zugunsten der Vollbeschäftigung und verschafft damit
den arbeitenden Menschen und ihren Organisationen Verhandlungsstärke
und Durchsetzungsmacht für ihre Belange.«[28] Tatsächlich brachte er m.E.
den Kapitalismus unzweifelhaft zur vollen ökonomischen Entfaltung und
befreite ihn auch von seinem inhumanen Ruf, ein System der Ausbeutung
und Verelendung der Menschen zu sein. Zum ersten Mal erfuhr dieses System eine bisher unvorstellbare gesamtgesellschaftliche Akzeptanz. Dennoch
empfanden die Unternehmer und ihre fanatischen Ideologen die keynesianische Wirtschaftspolitik und deren gesellschaftliche Folgen, einschließlich
Demokratie und größerer Freiheitsräume für die arbeitenden Menschen, als
Stachel im eigenen Fleisch und als Fremdkörper. Sie haben sich daher von
Anfang an auf Gegenstrategien zum Keynesianismus eingestimmt, um ihn
bei passender Gelegenheit beiseitezuschieben. Denn»eine ungebrochene
Fortsetzung dieser Entwicklung« des Keynesianismus, konstatiert Zinn zu
Recht,»hätte durchaus Voraussetzungen für eine allmähliche Ablösung des
Kapitalismus durch eine nachkapitalistische Gesellschaftsformation schaf-
fen können. Es überrascht deshalb nicht, dass der neue Kapitalismus der
transnationalen Konzerne und der Finanzagenten jenem Prozess einer suk-
zessiven Überwindung kapitalistischer Verhältnisse durch keynesianisch
inspirierte Sozialstaatlichkeit entgegentrat und dem Sozialstaat sowie dem
Keynesianismus den Krieg erklärte.«[29]

Daher verwundert es auch nicht, dass die transnationalen Konzerne die
Globalisierung massiv vorangetrieben haben. Sie erlangten gar die Möglichkeit, den sich herausgebildeten Standortwettbewerb als Drohkulisse für
die Durchsetzung eigener kurzfristiger Interessen gegen die Nationalstaaten
und die Gewerkschaften einzusetzen und beide zu erpressen. Immerhin er-
öffnete diese Entwicklung dem Kapital die Möglichkeit, sich schleichend
der keynesianischen Zügel zu entledigen und den Weg für den entfesselten
Kapitalismus freizumachen. Daher kam auch den Konzernen die Krise des

---

[28] Zinn 2008: 38.
[29] Ebd.: 36f.

Keynesianismus und der neoliberalen Alternative sehr entgegen. Damit wurde auch einer kooperativen Gestaltung der Globalisierung und der Eindämmung ihrer Gefahren zugunsten eines Systemwechsels eine Absage erteilt.

Kapitel 6
Der Finanzmarktkapitalismus

1. Einleitung

Hatten die Sozialdemokraten den Umstand der zur Neige gehenden Wachstumsreserven missachtet und übersehen, dass unter diesen Bedingungen klassisch keynesianische Instrumente, insbesondere eine expansive Ausgabenpolitik, zu mehr Inflation, aber nicht zu mehr Arbeitsplätzen führen, so machten die Neoliberalen nicht die sinkenden Wachstumsreserven, sondern ganz und gar ideologisch den Keynesianismus und die Staatsintervention als Ganzes für das Scheitern der sozialdemokratischen Wirtschaftspolitik Ende der 1970er Jahre verantwortlich. Mehr noch: Auch sie versprachen, die Überwindung der Massenarbeitslosigkeit durch Wachstum, und dieses allerdings – ganz im Sinne der neoliberalen Ideologie – durch weniger Staat und mehr Markt erzielen zu wollen. Der Neoliberalismus konnte sich aller Wahrscheinlichkeit nach auch deshalb als Alternative zum Keynesianismus anbieten und ihn mit geringem Aufwand ablösen, weil er nahtlos an den allgemeinen Konsens des Fetischs Wachstum als Allheilmittel aller gesellschaftlichen Probleme anknüpfen konnte. Das sogenannte Lambsdorff-Papier vom 9. September 1982[1] – so etwas wie das erste neoliberale Manifest in deutscher Sprache – wurde nicht zufällig unter der Überschrift »Konzept für eine Politik zur Überwindung der Wachstumsschwäche und zur Bekämpfung der Arbeitslosigkeit« in Umlauf gebracht. Bereits in diesem Papier werden die inzwischen als neoliberal bekannten Maßnahmen wie Sozialabbau, Lohnsenkung, Flexibilisierung des Arbeitsmarktes, Entlastung der Unternehmer etc. – freilich verklausuliert in verharmlosende bis positive Begriffe wie Anpassung, Konsolidierung, Bürokratieabbau oder Anreize verpackt – aufgelistet. Diese Maßnahmen wurden bekanntlich allesamt, kurioserweise am konsequentesten unter der rot-grünen Bundesregierung Schröder-Fischer mit ihrem Programm *Agenda 2010,* auch umgesetzt. Warum für die postkeynesianische Epoche aber hier die Kategorie Finanzmarktkapitalismus verwendet wird, bedarf einer kurzen Erläuterung: Fast alle Kritikerinnen und Kritiker des gegenwärtigen Kapitalismus fühlen sich verständlicherweise herausgefordert, die klar erkennbaren Strukturveränderungen im Vergleich zum keynesianischen Kapitalismus auch begrifflich deutlich

---

[1] Graf Lambsdorff 1982.

zu machen. In diesem Kontext sind auch sehr häufig verwendete Begriffe wie *Raubtier-, Manchester-, Turbo- und Heuschreckenkapitalismus* entstanden. Paul Krugman verwendet, in Anlehnung an Piketty, mit einer bemerkenswerten Begründung den Begriff *Patrimonialkapitalismus,* den er für den gegenwärtigen globalen Kapitalismus für zutreffend hält.[2] Werner Rügemer verwendet den Begriff Black-Rock-Kapitalismus,[3] weil unter dieser Bezeichnung in den USA der größte Vermögensverwalter aller Zeiten entstanden ist, der Anteile an den großen internationalen Banken wie der Deutschen Bank besitzt und den Fusionierungsprozess in allen beteiligten Kapitalinstitutionen massiv beschleunigt. Sahra Wagenknecht benutzt in ihrem aufschlussreichen Buch »Reichtum ohne Gier«,[4] auf das ich in Kapitel 7 zurückkommen werde, für den gegenwärtigen Kapitalismus den Begriff »Neofeudalismus«.

Diese Begriffsvielfalt dokumentiert, dass Kapitalismus für die Erfassung des gegenwärtigen Gesellschaftszustandes begrifflich nicht scharf genug ist. Doch sind die genannten Beispiele entweder willkürlich ausgewählt oder erfassen jeweils einzelne neue Eigenschaften. Der inzwischen von einigen Ökonomen verwendete Begriff *Finanzmarktkapitalismus* ist m.E. jedoch präziser, weil er in der Tat Phänomene, wie insbesondere das Finanzkapital oder den Finanzsektor, die materiell neu sind oder richtiger erneut mit neuen Funktionen in den letzten drei Jahrzehnten im Kapitalismus aufgetreten sind, explizit erfasst. Denn der gegenwärtige Finanzsektor ist wesentlich mehr als der für den keynesianischen Kapitalismus typische Banken- und Kreditsektor. Wichtiger ist jedoch, dass wir es, wie ich in diesem Kapitel noch ausführlich begründen werde, mit einer ihrem Wesen nach qualitativ neuen Kapitalformation zu tun haben, die auch eine gesonderte Begrifflichkeit erfordert.

---

[2] »Der Kerngedanke von *Das Kapital im 21. Jahrhundert* besagt, dass wir nicht nur einfach zur Einkommensungleichheit auf dem Niveau des 19. Jahrhunderts zurückkehren, sondern dass wir uns auf einem Rückweg in einen Patrimonialkapitalismus befinden. In ihm werden die Kommandohöhen der Wirtschaft nicht von begabten Individuen kontrolliert, sondern von Familiendynastien.« Krugman 2014: 72.

[3] Rügemer 2016.

[4] Wagenknecht 2016.

2. Die neoliberale Konterrevolution

Doch war der Neoliberalismus nicht bloß ein wirtschaftspolitisches Konzept einer konservativen ökonomischen Schule. Nein, es hat sich im Laufe der letzten Jahrzehnte herausgestellt, dass der Neoliberalismus eine wirkungsmächtige Ideologie für ein neues Gesellschaftskonzept darstellt, das die Kraft besitzt, die durchaus realistische Möglichkeit einer Überleitung der keynesianischen Sozialstaatlichkeit in eine postkapitalistische Gesellschaftsordnung zu blockieren und die Verhältnisse auf dem Niveau eines rückwärtsgewandten Gesellschaftssystems der Reichen und der Mächtigen einzufrieren. *Die neoliberale Konterrevolution* beschreibt insofern zutreffend den weltweiten Aufstieg des Neoliberalismus.

Die Vordenker

Der Begriff Neoliberalismus wurde erstmals 1938 in einem internationalen Kolloquium in Paris formuliert, das mit Beteiligung führender Vertreter einer neuen Richtung innerhalb des herrschenden Wirtschaftsliberalismus stattgefunden hatte. Unter Führung von Friedrich August von Hayek gründeten diese sich nunmehr als neoliberal verstehenden Ökonomen erst 1947 ihren Verein *Mont Pelerin Society* (MPS), nach dem Ortsnamen der Vereinsgründung in der Schweiz, der sich zum beutenden neoliberalen Elitennetzwerk mit bis zu 1.000 Mitgliedern aus aller Welt entwickelte.[5] Außer Hayek gehörten zu dieser neuen Strömung auch Ludwig von Mises, Wilhelm Röpke und Alexander Rüstow, die über einen längeren Zeitraum die Stichwortgeber von neoliberalen Positionen wurden. Hier ist nicht der Ort, um sämtliche Vertreter des Neoliberalismus und seiner Schattierungen zu diskutieren. Er ist, im Unterschied zum klassischen Liberalismus, ohnehin kein moralisch fundiertes Denkgebäude. Der Neoliberalismus hat »zwar einzelne normative Vorstellungen, aber keine geschlossene Gesellschaftstheorie entwickelt«.[6] Deshalb sollten an dieser Stelle die beiden führenden Vertreter des Neoliberalismus vorgestellt werden, auf deren Gedankengebäude nahezu alle neoliberalen Projekte, die eine praktische Bedeutung erlangten, basieren: Friedrich August von Hayek und Milton Friedman.

Bei Hayek steht die Institution Markt zentral im Fokus. Für ihn erscheint der Markt als das Resultat der gesellschaftlichen Evolution, somit als eine Art Naturkonstante, den alles steuernden Mittelpunkt des Kapitalismus.

---

[5] Ptak 2016: 20f.
[6] Ebd.: 47

Nach Ralf Ptak, der Hayeks wichtigste Schriften systematisch untersuchte, unterliegt Hayeks Gedankengebäude folgenden Annahmen:

- »die konkrete Utopie einer besseren Gesellschaft ist weder möglich, noch auf Grund anthropologischer Bedingtheiten wünschenswert«.
- Das menschliche Wissen und die menschliche Vernunft sind und bleiben auch in Zukunft begrenzt. »Die Begrenzung des Wissens, mit der wir uns befassen ... ist nicht eine Begrenzung, die von der Wissenschaft überwunden werden kann.« Dafür gibt es zwei Gründe: erstens ist » diese ganze Vorstellung, dass der Mensch bereits mit einem Verstand ausgestattet ist, der fähig ist, sich eine Zivilisation auszudenken, und sich daran gemacht hat, diese zu schaffen, ist grundlegend falsch.«[7] Und zweitens, weil das vorhandene Wissen auf eine Vielzahl von Menschen verstreut ist, weshalb es kein gesellschaftliches und gemeinschaftliches, sondern das Wissen einzelner ist.[8]
- Der Markt bietet die Möglichkeit, das Problem der menschlichen Beschränktheit des Wissens und der Unvollkommenheit zu lösen, indem der Markt über den Wettbewerb einen Such- und Experimentierprozess anstößt, die Wissensfragmente zusammenführt und so eine »spontane Ordnung« produziert, die Hayek als Katallaxie bezeichnet.[9] Diese Katallaxie steht bei Hayek für die komplexe Marktwirtschaft.[10]
- Der Markt ist eine spontane Ordnung, der jedoch einen von der Gemeinschaft zu setzenden Rechtsrahmen voraussetzt. »Das Funktionieren des Wettbewerbs setzt nicht nur eine zweckmäßige Organisation bestimmter Institutionen des Geldes, der Märkte und der Informationsquellen voraus – wofür wir uns niemals auf Privatinitiativen verlassen können –, sondern es hängt vor allem von der Existenz eines entsprechenden Rechtssystems ab, dass die doppelte Aufgabe hat, den Wettbewerb aufrechtzuerhalten und ihn mit einem Maximum an Nutzen arbeiten zu lassen.«[11]

Bei genauerer Betrachtung dieser und anderer Annahmen von Hayeks Marktkonzept kann man sich des Eindrucks nicht erwehren, dass hier jemand versucht, seine Annahmen so zu konstruieren, dass der Markt als eine naturgesetzliche und für die Lösung aller gesellschaftlichen Probleme geeignete Institution erscheint. In Hayeks Marktkonstruktion fungiert der Mensch als Subjekt der Evolutionsgeschichte faktisch im Hintergrund. Menschen

---

[7] Von Hayek 1971a: 30.
[8] Ptak 2016: 41.
[9] Ebd.: 42.
[10] Von Hayek 1981: 147ff.
[11] Von Hayek 1971b: 60

könnten sich demnach, um es auf den Punkt zu bringen, um ihre eigenen und die Menschheitsbelange kümmern und letztlich auch überleben, wenn sie sich vollständig dem allwissenden übermenschlichen Markt unterordneten. Hayeks Konstruktion ist im Übrigen auch widersprüchlich. Einerseits ist der Markt ein Ersatz für menschliche Unwissenheit. Andererseits hält Hayek diese unwissenden Menschen soweit für mündig, dass er ihnen zutraut, ein »entsprechendes Rechtssystem« aufzubauen, das für das Funktionieren des Marktes erforderlich ist. Hayeks Ansinnen mutet beinahe religiös, im Grunde auch totalitär an, und ist jedenfalls alles andere als liberal.

Neben Hayek gilt Milton Friedman mit seiner Theorie des Monetarismus als weiterer Vordenker des Neoliberalismus, der ebenfalls in den 1970er Jahren seinen Siegeszug in den Wirtschaftswissenschaften feierte.[12] Gerade vor dem Hintergrund der steigenden Arbeitslosigkeit und Inflation sowie steigender Haushaltsdefizite zu jenem Zeitpunkt fand der monetaristische Grundgedanke große Zustimmung, der da empfahl, die Wirtschaftspolitik auf das Ziel der Preisstabilität und den Abbau der Staatsverschuldung auszurichten.[13] Friedman war einer der Hauptgegner der keynesianischen Interventionspolitik. »Die Schaffung der Vollbeschäftigung«, so Friedman, »ist aus monetaristischer Sicht keine Aufgabe der steuernden Wirtschaftspolitik, sondern ergibt sich quasi automatisch, wenn Marktstörungen wie z.B. Arbeitslosenversicherung oder Sozialhilfe beseitigt werden.«[14] Hinter dieser These verbirgt sich die bereits im klassischen Liberalismus durch Say vertretene Auffassung, dass bei einem Überangebot an Arbeitskräften der Lohn auf ein Niveau sinken müsste, bei dem die Unternehmer beginnen, freiwillig Arbeitskräfte einzustellen.

Hayek und Friedman haben zwar einen unterschiedlichen Zugang zur Ökonomie, sie verbindet aber nicht nur der Marktradikalismus, sondern auch ihr antisoziales Menschenbild. Demnach rangieren der Mensch und seine Sicherheit hinter dem Ziel der ökonomischen Effizienz. Soziale Gerechtigkeit sei eine »Fata Morgana«, so Hayek, weil aufgrund einer fehlenden wissenschaftlichen Definition niemand in der Lage sei, eine konkrete positive Definition vorzunehmen. »Die neue Moral des Sozialen, sei – so Hayek – das Gegenteil dessen«, was sie vorgäbe. Sie sei, so Hayek weiter, »ein willkommener Vorwand für den Politiker geworden, Sonderinteressen zu befriedigen«.[15] Auch die »Ungleichheit« sei nicht »bedauerlich, son-

---

[12] Vgl. dazu Ptak 2016: 77.
[13] Friedman 1973.
[14] Ebd.
[15] Von Hayek 1979: 16.

dern höchst erfreulich«. Sie sei »einfach nötig.«[16] Hayek kritisierte sogar seine etwas weniger dogmatischen »Freunde in Deutschland«, die den Begriff »Soziale Marktwirtschaft« anstelle von Marktwirtschaft verwendeten.[17] Ungeachtet möglicher politischer Absichten der Vordenker und der gesamten neoliberalen Richtung, eignet sich die bei ihnen als grundlegend erscheinende Marktidealisierung vorzüglich als eine Handhabe zur Rechtfertigung der Alleinherrschaft und der Willkür der Reichen und der Mächtigen. Denn die Überhöhung des Marktes als einer alles regelnden Vermittlungsinstanz ignoriert schlicht die reale Macht der Vermögenden auf den Märkten, die zweifelsohne in der Lage sind, das Marktgeschehen ganz im Sinne eines Monopols ihren eigenen Sonderinteressen unterzuordnen. Insofern muss die vehemente Ablehnung der keynesianischen Staatsintervention als eine scheinwissenschaftliche Rechtfertigung der Alleinherrschaft des Kapitals und der Vermögenden im Kapitalismus interpretiert werden. Diese erhalten dafür einen Freibrief, ihr Tun, ihre Interessen und ihre Macht hinter dem gottähnlichen Anonymus Markt zu verstecken. Daher ist es auch nicht zufällig, dass Vermögende und Mächtige dieser Welt allesamt und ohne wenn und aber neoliberale Ideen mit allen ihnen zur Verfügung stehenden Mitteln verteidigen und verbreiten, wo dies auch immer möglich ist und opportun erscheint.

Die Legitimationskrise des Keynesianismus in den 1970er Jahren bot tatsächlich die einmalige Chance für den Neoliberalismus, wie Phönix aus der Asche aufzusteigen und sich wie eine Glaubenslehre weltweit in den wissenschaftlichen Einrichtungen, in den globalen Institutionen der Weltwirtschaft, wie der Weltbank und vor allem dem IWF sowie in den herrschenden Parteien der kapitalistischen Staaten, als die einzig ökonomische Wahrheit auszubreiten. Fortan meinten auch tatsächlich neoliberale Politiker, alle ihre »Reformvorhaben« als *alternativlos* rechtfertigen zu können.

Mit der Kritik an seiner Idealisierung sollte keineswegs in Abrede gestellt werden, dass der Markt als eine historisch mit der Arbeitsteilung gewachsene Vermittlungsinstanz wichtige Steuerungs- und Allokationsfunktionen ausübt, auf die die menschliche Zivilisation nicht verzichten können wird.[18] Problematisch und sogar gefährlich wird es aber, den Markt über den menschlichen Willen zu stellen und letztlich auch der Menschheit eine totale Unterwerfung unter seine ordnenden Gesetze abzuverlangen.

---

[16] Vgl. Ptak 2016: 67.
[17] Ebd.: 44f.
[18] Ausführlicher dazu siehe Kapital 7, Abschnitt »Postkapitalistische Perspektiven«.

Ziele und Strategien

Hayek, Friedman und die ganze Riege der Ökonomen, für die Reichtum in wenigen Händen eine Voraussetzung für eine blühende Ökonomie darstellt, – möglicherweise durch die keynesianische Wirtschafts- und Sozialpolitik provoziert – haben keine publizistische Mühe gescheut, den politisch psychologischen Boden für den Aufstieg des Neoliberalismus vorzubereiten. Die neokonservative Politikelite erwies sich bei der Verbreitung und Umsetzung von neuen Konzepten ganz im Sinne neoliberaler Vorstellungen als die Speerspitze der Konterrevolution. Margaret Thatcher, die britische Ministerpräsidentin, begann nach ihrer Wahl 1983 mit dem Slogan *There is no Alternative* mit der Deregulierung der Arbeitsmärkte und zielte damit auf die Zerschlagung der »lästigen«, weil kampffreudigen britischen Gewerkschaften. Ronald Reagan folgte alsbald dem Konzept des Thatcherismus, der konsequenten Zerschlagung der alten Ordnung. Dem »Reaganismus« folgten kontinentaleuropäische Regierungen, allen voran die deutsche Bundesregierung mit Kohl und Genscher 1982. Hier diente das oben erwähnte »Lambsdorff-Papier« als eine erste Folie für die Einleitung eines Prozesses der neoliberalen Umgestaltung Deutschlands, das allerdings erst durch die rot-grüne Schröder/Fischer-Koalition mit ihrem Konzept »Agenda 2010« ab 2003 zur vollen Entfaltung gebracht wurde. Neoliberale Vordenker hatten sich im Wesentlichen darauf beschränkt, mit den grundlegenden Zielen wie »Entthronung der Politik« oder der »Unterordnung der Politik unter der Ökonomie« die allgemeine Richtung vorzugeben, um das alte System auf die Gleise des neuen zu stellen. In dem weiteren Such- und Lernprozess haben sich *Flexibilisierung der Arbeitsmärkte, Deregulierung der Kapital- und Finanzmärkte, Liberalisierung des Handels und Privatisierung der öffentlichen Güter* als wirkungsmächtige wirtschaftspolitische Leitplanken zu einer gründlichen Umkrempelung der alten keynesianischen Ordnung und der Transformation zur *Marktgesellschaft* herausgestellt. Die neue Ordnung sollte den kapitalistischen Gesellschaften mehr Wachstum, dauerhafte Beschäftigung, stabile Preise, weniger Staatsverschuldung und schließlich auch mehr Wohlstand für alle bescheren. Erzielt wurde bei einer retro-perspektivischen Betrachtung allerdings das Gegenteil davon und vielmehr waren Entmachtung der Gewerkschaften, Festigung der Massenarbeitslosigkeit, Schaffung prekärer Arbeitsverhältnisse, Spaltung der Gesellschaft und noch mehr Reichtum für Reiche sowie Sozialabbau die Folge. Schließlich wurde Angst in großen Teilen der Gesellschaft zu einem selbst regulierenden sozialpsychologischen Mechanismus zur Verfestigung der gegenwärtigen unsozialen Verhältnisse.

Weniger statt mehr Arbeitsplätze

Der größte Vorwurf an die keynesianische Wirtschaftspolitik war, sie hätte keine Antwort auf die Beseitigung der wachsenden Arbeitslosigkeit. Die neuen neoliberal orientierten Regierungen legitimierten ihre Politik mit der Schaffung von Arbeitsplätzen. Wie man aber an der Entwicklung der Erwerbslosenzahlen in den Abbildungen 3 (S. 109) und 8 (S. 129) ablesen kann, hatte die Erwerbslosigkeit in der Bundesrepublik Deutschland nach der neoliberalen Wende mit einer Erwerbslosenquote von 11% den höchsten Stand in der deutschen Nachkriegsgeschichte erlangt. Diese sozialpolitische Fehlentwicklung lag durchaus nicht an spezifisch bundesrepublikanischen Bedingungen. Die Massenarbeitslosigkeit ist, wie Abbildung 8 veranschaulicht, nach einer Phase der keynesianischen Vollbeschäftigung in allen Industriestaaten geradezu in die Höhe geschossen und hat sich überall auf hohem Niveau bis heute verfestigt. Dadurch entsteht der berechtigte Verdacht, dass die massive Kritik an der geringfügig steigenden Arbeitslosigkeit, als Folge der Grenzen keynesianischer Politik der Staatsausgaben, nur einen Vorwand darstellte. Tatsächlich entstand an der Stelle von Vollbeschäftigung ein Akkumulationsmodell, das offensichtlich an die Massenarbeitslosigkeit gekoppelt ist und nur auf dem Rücken von Millionen arbeitslosen Menschen gedeihen kann, indem die Löhne sinken. Noch dramatischer fällt diese moralisch durch nichts zu rechtfertigende Entwicklung innerhalb der EU aus (siehe Abbildung 13).

Die durchschnittliche Arbeitslosenquote für die EU ist seit Anfang der 2000er Jahre bis 2013 von 9,2 auf 10,8% gestiegen. Im Januar 2017 betrug sie immer noch knapp unter 10%. Besonders hoch ist diese Rate Anfang 2017 in den südeuropäischen Staaten mit 23% in Griechenland, 18,2% in Spanien, 11,9% in Italien, 10,2% in Portugal und 10% in Frankreich.[19] Skandalös und politisch gefährlich ist die Jugendarbeitslosigkeit in der EU, die deutlich über dem durchschnittlichen Wert liegt. In Griechenland ist fast jeder zweite, in Spanien und Italien mehr als jeder dritte Jugendliche arbeitslos. Das Scheitern des neoliberalen Wachstumsmodells ist der beste Beleg dafür, dass die steigende Arbeitslosigkeit in den hoch entwickelten kapitalistischen Staaten nicht von der einen oder der andern Wirtschaftspolitik oder von der guten bzw. schlechten Regierungsführung abhängt, sie erscheint vielmehr als eine dem neoliberalen Kapitalismus komplementäre Konstante, die für dessen Funktionieren offensichtlich unerlässlich geworden ist.

---

[19] Statista 2017.

**Abbildung 13: Entwicklung der Erwerbslosenquote in
ausgewählten EU-Staaten 1960-2015 (in %)**

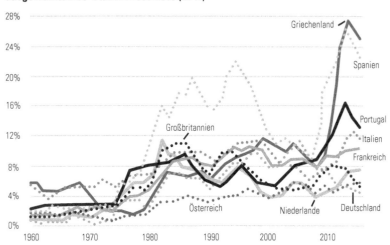

Quelle: Eigene Berechnungen nach: AMECO (Annual Macro-Economic Database of the European Commission's
Directorate General for Economic and Financial Affairs), http://ec.europa.eu/economy_finance/db_indicators/ameco/
index_en.htm

Sinkende Investitionsrate

Während sich die seit Mitte der 1970er Jahre entstandene Massenarbeitslosigkeit, wie Abbildung 8 (S. 129) veranschaulicht, auf hohem Niveau in
allen kapitalistischen Staaten stabilisiert, sinken die Lohn- und steigen die
Gewinnquoten – wie Abbildung 7 (S. 129) zeigt. Bei einer sinkenden Lohnquote sinkt auch, wie bereits hervorgehoben,[20] die Binnennachfrage und daher auch die Kapitalaufnahmekapazität des Binnenmarktes. Tatsächlich ist ab
1973, dem Ende des keynesianischen Kapitalismus, wie Abbildung 14 veranschaulicht, die Investitionsrate in den wichtigsten kapitalistischen Staaten
von ca. 24% drastisch auf 17,5% im Jahr 2010 gesunken, während die Gewinnrate im gleichen Zeitraum von 28,5 auf fast 36% gestiegen ist. Es darf
angenommen werden, dass die Differenz genau dem überschüssigen Kapital entspricht, das den Weg in den Finanzsektor eingeschlagen hat.

Dieses bemerkenswerte Auseinanderdriften zwischen Gewinn- und Investitionsrate liefert nicht nur die Erklärung für die Entstehung eines ständigen Kapitalüberschusses in der Realwirtschaft, sondern offensichtlich auch
einen epochalen Systemwechsel um 1973, von einem wachsenden hin zu

---

[20] Ausführlicher dazu vgl. Kapitel 3, Abschnitt »Überproduktion und überschüssiges Kapital«.

Abbildung 14: Entwicklung der Investitions- und Gewinnrate in % des BIP in den USA, der EU und Japan 1960-2010

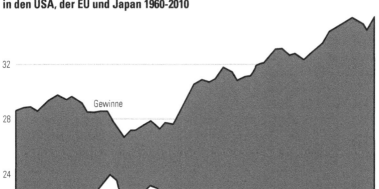

Quelle: Atlas der Globalisierung 2015

einem insgesamt stagnierenden Kapitalismus. Die Investitionsneigung der Unternehmer sinkt seit diesem Zeitpunkt offenbar nicht allein als Folge sinkender Lohnquoten und Aufnahmekapazitäten der Binnenmärkte, weil diese Faktoren sich erst zu einem späteren Zeitpunkt ab 1980 bemerkbar machen. Viel wahrscheinlicher für diese Entwicklung sind auch die von mir bereits im Kapitel 5 ausführlich dargelegten *Grenzen des Wachstums*, die nicht zuletzt zu einer schwerwiegenden Barriere für die keynesianischen Wirtschaftspolitik geworden waren. Legt man aber die Tatsache der sinkenden Investitionsneigung der Unternehmer bei steigenden Gewinnen zugrunde, so entpuppen sich die durch neoliberale Ökonomen und Politiker weit verbreiteten Behauptungen, hohe Lohn- und Lohnnebenkosten in entwickelten Staaten hätten zur Verschlechterung des Wettbewerbs dieser Staaten im Globalisierungsprozess und zu sinkenden Wachstumsraten beigetragen, als gezielte Fake News, die propagandistisch voll für die Zerschlagung des Sozialstaats und die Verschiebung der Kräfteverhältnisse zulasten der Lohnarbeit in der gesamten kapitalistischen Welt missbraucht werden sollten. Die weltweit sinkende Lohnquote im Kapitalismus nach dem Sieg des Neoliberalismus hat die Neigung der Unternehmer, statt in die Realwirtschaft in den Finanzsektor zu investieren, freilich zusätzlich gestärkt. Die Tatsache der sinkenden Neigung zu Investitionen in der Realwirtschaft hat überdies auch die massive Täuschung der neoliberalen Elite in den 1980er Jahren entlarvt, dass »zur Schaffung neuer Arbeitsplätze die Arbeitskosten sinken müssen«. Dabei muss schon damals den neoliberalen Strategen klar gewesen sein, dass unter den Bedingungen der Grenzen des Wachstums, entgegen ihrer Propaganda, weder steigende Wachstumsraten noch die Schaffung von mehr Arbeitsplätzen eine realistische Perspektive darstellten. Tatsächlich wurden auch trotz Sozialabbau weder Wachstum noch neue Arbeitsplätze geschaffen. Erreicht wurde, wie offensichtlich beabsichtigt, ein rückwärtsgewandter Kapitalismus mit einem parasitären Finanzsektor, der obendrein auch noch den Blick vor der einzig möglichen Alternative versperrte: *Die radikale Verkürzung der Erwerbsarbeitszeit bei vollem Lohnausgleich*, die angesichts der sehr hohen Gewinnraten auch durchaus realistisch gewesen wäre und darüber hinaus auch die Binnenkaufkraft und Investitionsraten gesteigert hätte.

Lohndumping und Armutsproduktion als Strategie

Mit dem Slogan, »es gäbe keine linke und rechte, sondern nur eine moderne Wirtschaftspolitik«, rechtfertigte der damalige Kanzler Gerhard Schröder den Schwenk seiner Regierung zu neoliberalen »Reformen«. Das Hauptziel von »Arbeitsmarktreformen« der rot-grünen Regierung – die Agenda 2010 – war die Umsetzung der von Milton Friedman vorgeschlagenen Entlastung der Unternehmer durch den Abbau von Soziallasten (Kranken-, Renten- und Arbeitslosenversicherung). Die prekären Arbeitsverhältnisse in Deutschland sind das Resultat dieser »Reform«, übrigens die umfassendste in der EU, die 2003 in Gang gesetzt wurde. Tatsächlich beflügelte diese Reform die Schaffung eines Niedriglohnsektors, in dem inzwischen mit acht Millionen fast jeder vierte Beschäftigte tätig ist. Der deutsche Altbundeskanzler Gerhard Schröder, der Hauptverantwortliche für die Agenda 2010, rühmte sich bekanntlich beim Weltwirtschaftsforum in Davos am 28. Januar 2005 unverhohlen seines Erfolges bei der Vorreiterrolle zur Schaffung des Niedriglohnsektors in Europa.[21] Hinzu kommen zahllose unsichere Beschäftigungs-

---

[21] »Wir haben unseren Arbeitsmarkt liberalisiert. Wir haben einen der besten Niedriglohnsektoren aufgebaut, den es in Europa gibt … Wir haben einen funktionierenden Niedriglohnsektor aufgebaut, und wir haben bei der Unterstützungszahlung Anreize dafür, Arbeit aufzunehmen, sehr stark in den Vordergrund gestellt. Es hat erhebliche Auseinandersetzungen mit starken Interessengruppen in unserer Gesellschaft gegeben. Aber wir haben diese Auseinandersetzungen durchgestanden. Und wir sind sicher, dass das veränderte System am Arbeitsmarkt erfolgreich sein wird.«

formen wie das Leiharbeitssystem, die Praxis befristeter Einstellungen auch im Staatssektor, der Missbrauch der Praktikantenstellen mit Hungerlöhnen für Daueraufgaben, Arbeit auf Abruf mit inzwischen ca. 1,5 Millionen Beschäftigten etc. Mit der Agenda 2010 ging eine um sich greifende Spaltung der Gesellschaft einher, die sich ausdrückt in der Spaltung zwischen den Arbeitslosen und noch Beschäftigten in brave, weil zu allen möglichen Zugeständnissen bereite Lohn- und Gehaltsabhängige und in »faule, arbeitsunwillige« Menschen, die selbst an ihrem Schicksal der Arbeitslosigkeit Schuld seien. Das Hartz IV-Konzept, das Herzstück der Agenda-Reform, das die Zusammenlegung von Arbeitslosengeld und Sozialhilfe beinhaltet, beruht grundsätzlich auf einem negativen Menschenbild. Die Umwandlung vom deutlich höheren Arbeitslosengeld in Hartz IV-Sätze beruht auf der Unterstellung, Arbeit sei eigentlich vorhanden, es lohne sich aber eher, sich arbeitslos zu melden als zu arbeiten. Den Sanktionen des Hartz IV-Systems liegt die Annahme zugrunde, die Erwerbslosen seien faul und müssten daher zur Arbeit unter Druck gesetzt werden.[22] Altkanzler Schröder mahnte flankierend, »es gäbe kein Recht auf Faulheit«. Im Grunde sollten die Arbeitslosen mit Hartz IV-Sanktionen zur Übernahme von prekären Jobs im Niedriglohnsektor indirekt gezwungen werden. Die öffentliche Debatte um die Zukunft der Arbeit und um das Ziel der Überwindung der Arbeitslosigkeit wird seit der Agenda 2010 in den Medien und vor allem in den Talkshows fast immer mit zahlreichen impliziten Vorurteilen überzogen, die den Eindruck vermitteln, dass die Arbeitslosen selbst an ihrem Schicksal schuld sind.

In Deutschland herrscht weit und breit die Auffassung, die Arbeitslosigkeit sei entstanden, weil die Erwerbstätigen zu anspruchsvoll und wählerisch geworden seien, weil sie nicht bereit seien, jede Arbeit zu akzeptieren, und weil sie ferner keine Lust hätten, zu arbeiten und sich deshalb arbeitslos meldeten. Die Agenda-Reform hat viele Gewissheiten der keynesianischen Epoche, wie Arbeitsplatzsicherheit, auf den Kopf gestellt. Die soziale Unsicherheit gilt seitdem als das eigentlich Normale. Jeder sollte froh sein, überhaupt einen Arbeitsplatz zu haben. Der von der neoliberalen Politikelite immer wieder ins Feld geführte Slogan, ein schlecht bezahlter Job sei besser als gar kein Job, speist sich aus dieser moralisch verwerflichen Haltung und hat den legitimatorischen Boden für die Beschäftigung im Niedriglohnsektor bereitet.

---

[22] »Auch ich brauchte Druck, um zur Schule zu gehen«, verteidigte der sozialpolitischer Sprecher und Vorstandsmitglied der CDU, Jens Spahn, die Hartz IV-Sanktionen in der ZDF-Talkshow von Maybrit Illner am 9. März 2017.

Im neoliberalen Kapitalismus wird die Massenarbeitslosigkeit, wie um die Wende des 19. zum 20. Jahrhundert, zum entscheidenden Hebel für die erneute Etablierung eines neuen Lohndumping-Systems. Denn die Massenarbeitslosigkeit sorgt für ein nachhaltig sinkendes Lohnniveau. Wie Abbildung 7 (S. 129) zeigt, beginnt die Lohnquote in allen großen kapitalistischen Staaten seit 1980 stetig zu sinken und zwar von ursprünglich 65 auf 60% 2015, im Falle Japans sogar von 75% um 15 Prozentpunkte. Man kann sich des Eindrucks nicht erwehren, dass das eigentliche im Verborgenen verfolgte Ziel der neoliberalen Wirtschaftspolitik nichts anderes war und ist, als unter dem Vorwand von mehr Wachstum und mehr Arbeitsplätzen genau dieses Lohndumping-System zu etablieren. Das Ergebnis der sinkenden Einkommen ist fast überall eine steigende Armut. In Deutschland können Millionen Beschäftigte vor allem im Niedriglohnsektor von ihrem Lohn nicht mehr leben, sie sind auf die Aufstockung des Lohns durch Hartz IV-Leistungen angewiesen. Weil auch die Renten entsprechend gesunken sind, ist die Altersarmut zu einem gravierenden Sozialproblem geworden. In Deutschland, einem der reichsten Länder der Welt, lebten nach Medienberichten 2015 12,9 Millionen Menschen unterhalb der statistischen Armutsschwelle.[23] Der Anteil der Armen an der Gesamtbevölkerung betrug im selben Jahr 15%, Tendenz steigend. Die sinkenden Einkommen der Beschäftigten wurden durch neoliberale Politiker und Experten mit der Wettbewerbsfähigkeit der Wirtschaft auf dem Weltmarkt legitimiert. In Wahrheit lieferte die Wettbewerbsfähigkeit, wie bereits oben näher begründet wurde, nur den Vorwand für Lohnsenkungen.[24] Die Massenarbeitslosigkeit ist auch die Ursache für die Entstehung einer Angstgesellschaft, in der die Angst, den Arbeitsplatz zu verlieren, zum entscheidenden Bestimmungsfaktor für sämtliche ökonomischen Entscheidungen und das Sozialverhalten mutiert. So meldet man sich beispielsweise trotz Krankheit nicht krank, nimmt mehr Stress in Kauf und konsumiert lieber Dopingmittel als sich gegen die Verschlechterung der Arbeitsbedingungen zu wehren.[25] Zu der Angst um die

---

[23] Frankfurter Rundschau vom 3. März 2017.

[24] Vgl. dazu den Abschnitt »Sinkende Investitionsrate« in diesem Kapitel.

[25] Laut einer Studie der Deutschen Angestellten Krankenkasse (DAK) vom Februar 2009 nehmen zwei Millionen »gesunde Arbeitnehmer« Dopingmittel am Arbeitsplatz. »Psychische Leiden oder Angststörungen haben in den vergangenen 10 Jahren erheblich zugenommen« und gleichzeitig auch die Bereitschaft, Arzneimittel zur Bewältigung von Alltagsproblemen zu missbrauchen (Frankfurter Rundschau vom 13.2.2009). Deutschlandtrends im April 2009 ergaben folgendes Bild: 32% der Erwerbstätigen in Deutschland haben Angst, ihren Arbeitsplatz zu verlieren (Frankfurter Rundschau vom 30. April/1. Mai 2009). Noch deutlicher sind die

eigene Lage kommt gewöhnlich auch die Angst vor der Perspektivlosigkeit der eigenen Kinder hinzu.

Fälschung der Arbeitslosenstatistiken: Beispiel Deutschland

In Deutschland erreichte die Arbeitslosigkeit 2004 mit fast fünf Millionen bzw. 13% den Höchststand seit der neoliberalen Wende. Glaubte man den offiziellen Statistiken, so sollen die Arbeitslosenzahlen bis November 2016 auf 2,532 Millionen gesunken sein. Untersucht man aber die offiziellen Arbeitsmarktstatistiken, so stellt man fest, dass eine Gruppe der Unterbeschäftigten mit 985.000 an der Zahl unter den Arbeitslosen nicht erfasst wurden, weil die betroffenen Arbeitslosen etwa krank waren oder Fördermaßnamen erhielten.[26] Hunderttausende Menschen, die in Wirklichkeit arbeitslos waren und auch Arbeitslosengeld erhielten, werden als Arbeitslose – anders kann man das nicht bezeichnen – einfach wegmanipuliert.[27] Ende 2016 waren nicht 2.532, sondern exakt 3.517 Millionen Menschen unterbeschäftigt bzw. arbeitslos. Hinzu kommt, dass der Anteil der Teilzeitjobs, darunter sehr viele Menschen, die lieber eine Vollzeitstelle haben wollten, aber nicht bekommen haben, im Verhältnis zu den neu geschaffenen Arbeitsplätzen drastisch gestiegen ist. Die tatsächliche Arbeitslosigkeit in Deutschland ist jedenfalls viel – sehr viel – höher, als die Bundesregierung bereit ist zuzugeben. Die Statistiken werden offensichtlich methodisch so erfasst, dass zahlreiche Arbeitslose als solche in der Statistik einfach verschwinden. Indem aber das Statistische Bundesamt in einer Pressemitteilung darauf aufmerksam ma-

---

Ergebnisse einer durch die Techniker Krankenkasse in Auftrag gegebenen Studie: »Acht von zehn Deutschen empfinden ihr Leben als stressig, jeder Dritte steht unter Dauerstress. Stressfaktor Nummer eins ist demnach der Job.« (Neue Osnabrücker Zeitung vom 15. Mai 2009).

[26] Der Arbeits- und Ausbildungsmarkt im Deutschland-Monatsbericht November 2016, Tabelle 5.11.

[27] Die Bundesanstalt für Arbeit hat laut einem Bericht von ZDF-Heute Plus vom 30. November 2016 seit 1986 17 Mal die Statistiken durch Neudefinition angepasst. Dabei kamen jedes Mal sinkende Arbeitslosenzahlen heraus. Bei aktuellen Zahlen seien beispielsweise 74.866 Arbeitslose nicht mitgezählt worden, weil sie krankgemeldet gewesen seien, 173.782 Arbeitslose, die zu diesem Zeitpunkt an Fortbildungskursen teilgenommen hätten, 87.668 Ein-Euro-Jobber und 160.834 Arbeitslose über 58 Jahren, weil sie schwer vermittelbar gewesen seien. Diese und ähnliche Arbeitslosengruppen, deren Zahl an eine Million reicht, wären unter dem Begriff »Unterbeschäftigte« erfasst und aus der Arbeitslosenstatistik herausgenommen worden, obwohl sie allesamt arbeitslos sind und auch Arbeitslosengeld erhalten. Ausführlichere Kritik zur Manipulation der Arbeitslosenzahlen vgl. auch lunapark 2010: Heft 10, Sommer 2010: 2f.

chen will, dass in Deutschland ein beträchtliches Arbeitspotenzial *ungenutzt* bleibt, offenbart sich das Schönrechnen der Statistiken möglicherweise unbemerkt doch. Das »ungenutzte Arbeitskräftepotenzial« in Deutschland beträgt 6,7 Millionen, wird in einer Pressemitteilung des Statistischen Bundesamtes verbreitet. Wie das Statistische Bundesamt auf der Grundlage der Arbeitskräfteerhebung weiter mitteilt, »setzt sich dieses ungenutzte Arbeitskräftepotenzial aus 2,3 Millionen Erwerbslosen, 1,1 Millionen Personen in stiller Reserve und insgesamt 3,3 Millionen Unterbeschäftigten zusammen«.[28] Damit wird hier die Gruppe der *Unterbeschäftigten* ohne wenn und aber als arbeitslos eingestuft und einer anderen offiziellen Stelle eindeutig widersprochen, die einen Teil davon nicht als arbeitslos definiert. Gehen wir also bei einer Erwerbstätigenanzahl von 43,032 Millionen von 6,7 Millionen Arbeitslosen aus, was ja nach obiger Betrachtung unerlässlich wird, so beträgt die aktuelle Arbeitslosenrate, wie Ende 2016 lautstark verbreitet wurde, nicht 5,9, sondern 15,5%. Damit liegt sie also noch höher als in 2005, dem Jahr mit der höchsten Arbeitslosigkeit mit 13%. Diese grobe Zahlenmanipulation dürfte für eine Politik symptomatisch sein, die zu den Mitteln der Täuschung greift, um zu verschleiern, dass sie das Gegenteil von dem verfolgt, was sie vorgibt, tun zu wollen.

Eine aktuelle Mitteilung von ver.di entlarvt das immer wieder propagandistisch erzählte Jobmärchen. »Tatsächlich entstanden seit den Hartz-Reformen rund 4,5 Millionen neue Jobs«, schreibt ver.di in seiner Mitteilung.[29] Hat aber »die Agenda-Politik also ein Job-Wunder geschaffen«? »Nein« ist die klare Antwort der Dienstleistungsgewerkschaft. »Wenn Unternehmen Vollzeitjobs in Teilzeit- oder Minijobs aufspalten, gibt es mehr Arbeitsplätze. In den letzten 15 Jahren entstanden über vier Millionen zusätzliche Teilzeit-Jobs. Die Zahl der Vollzeitbeschäftigten liegt dagegen noch unter dem Stand von 2002. Zugleich verdreifachte sich die Zahl der in Leiharbeit Beschäftigten auf eine Million.« In der von ver.di übernommenen Abbildung 15 spiegeln sich die Veränderungen der Arbeitsplätze und die Entstehung der angeblich neuen Jobs seit dem Beginn der Agendapolitik wider.

---

[28] Statistisches Bundesamt: Pressemitteilung vom 5. September 2013 – 297/13
[29] Verd.i Wirtschaftspolitik aktuell, März 2017

Abbildung 15: »Jobwunder« nur bei Teilzeit und Leiharbeit
Veränderung der Beschäftigtenzahlen 2013-2016, in Mio.

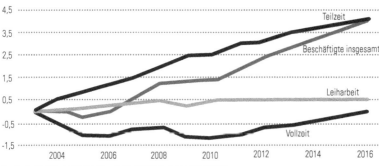

Quelle: Institut für Arbeitsmarkt- und Berufsforschung/ver.di Infografik

Entmachtung von Gewerkschaften durch Zementierung der Massenarbeitslosigkeit

Mit der Behauptung, die starren und stark regulierten Arbeitsverhältnisse stellten ein großes Hindernis für mehr Beschäftigung dar, verlangten seit dem Ende der 1970er Jahre die Unternehmerverbände lautstark die *Flexibilisierung* der Arbeitsmärkte. Gemeint waren die Lockerung des Kündigungsschutzes, der festen Arbeitszeiten, der Senkung von tariflich festgelegten Löhnen und Gehältern sowie des Kranken- und Urlaubsgeldes. Unter massivem Druck der Nachfrage nach Arbeitsplätzen unter den Bedingungen der Massenarbeitslosigkeit haben die Regierungen in den meisten kapitalistischen Staaten die gesetzlichen Regelungen, die zur »Lockerung« des Schutzes von Arbeitsbeziehungen führten, eine nach der anderen aufgehoben und damit den Weg für die Unternehmer freigemacht, Arbeitskräfte nach eigenen Vorgaben und an den Gewerkschaften vorbei zu beschäftigen. Damit wurde eine starke Konkurrenz unter den Beschäftigten hervorgerufen und die Verhandlungsmacht der Gewerkschaften wirksam ausgehöhlt. Es folgten weitere Aufweichungen der gewerkschaftlichen Machtposition, wie beispielsweise in Deutschland die Kündigung des Flächentarifvertrages seitens der Unternehmer und die Verlagerung von Tariffragen auf die betriebliche Ebene. Mit der gezielten Schwächung der Gewerkschaften verfolgte man freilich kein anderes Ziel als die Senkung der Arbeitskosten entlang einer von der Kapitalseite bestimmten Abwärtsspirale.

Tatsächlich begannen in allen kapitalistischen Staaten seit Mitte der 1970er Jahre – mehr oder weniger zeitgleich – die Löhne, wie Abbildung 7 (S. 129) anhand der Entwicklung der Lohnquote zeigt, dramatisch zu sinken. Dieser historische Knick in der Lohnentwicklung markiert auch die

Wende hin zur Entmachtung der Gewerkschaften. Statt der Machtbalance und einer gerechten Verteilung der Wertschöpfung sollte ein Machtgefälle zugunsten der Unternehmerseite und einer kapitalverträglichen Verteilung als Dauerzustand gefestigt werden. Die Kapitalseite sollte in die Lage versetzt werden, die Gewerkschaften vor sich herzutreiben, ihnen ihre Handlungsfreiheit – das wichtigste Gut, das sie im Kapitalismus besitzen – schleichend zu nehmen, ihnen bei Tarifverhandlungen ihre Ziele zu diktieren und sie zu Gefangenen ihrer Taktik zu machen. Den Gewerkschaften sollte so keine andere Möglichkeit verbleiben, als in der strukturellen Defensive zu verharren und zuzusehen, wie die sozialen Errungenschaften eine nach der anderen abgebaut werden. Hatten die Gewerkschaften ihre Stärke und ihre Kampfkraft im keynesianischen Kapitalismus durch Vollbeschäftigung erreicht, so wurde die Massenarbeitslosigkeit zur Achillesferse der gewerkschaftlichen Entmachtung. Denn sie, die Massenarbeitslosigkeit, ist es, die die noch Beschäftigten dauerhaft in Angst und Schrecken versetzt, den eigenen Job zu verlieren, die sie deshalb auch unter Druck setzt, alle möglichen Zugeständnisse auf der Lohnseite, bei den Sozialleistungen, bei der Arbeitszeit hinzunehmen, um nicht in die Arbeitslosigkeit zu stürzen.

Das Ergebnis sämtlicher Gesetzesänderungen und Reformen, das kann hier resümiert werden, ist die massive Schwächung der Gewerkschaften und die grundlegende Verschiebung der Machtverhältnisse zugunsten der Kapitalseite. Die Schwächung der Verhandlungsmacht der Gewerkschaften begünstigte auch, wie Abbildung 9 (S. 133) zu entnehmen ist, den dramatischen Verlust der Gewerkschaftsmitglieder und ihrer Kampfkraft. Zwar gelang es den Gewerkschaften, einige Gesetze und Regeln durchzusetzen, um einer vollständigen Prekarisierung der Arbeitsverhältnisse Einhalt zu gebieten. Massenarbeitslosigkeit und Konkurrenz unter den Jobsuchenden eröffnen den Arbeitgebern jedoch Tür und Tor, diese Gesetze überall, wo dies möglich ist, zu missachten. Beschäftigte mit 20-Stunden-Verträgen, z.B. im Reinigungsgewerbe, müssen oft länger arbeiten, bezahlt werden aber nur 20 Stunden. Arbeitgeber verletzen routinemäßig das Arbeitszeitgesetz, das Teilzeit- und Befristungsgesetz und das Mindestlohngesetz.[30] Von zentraler Bedeutung ist dabei die dramatische Verschiebung der Machtverhältnisse zulasten der arbeitenden Klassen durch die bewusste Zerschlagung von Gewerkschaften einerseits und durch die neue Allianz der – wie oben ausführlich dargelegt – im Finanzsektor beheimateten Rentiersklassen mit einem beträchtlichen Teil der in der Realwirtschaft tätigen Großkonzerne andererseits. Das Ergebnis dieser Machtverschiebung lässt

---

[30] Rügemer/Wigand 2014.

sich beispielsweise in der EU ablesen. Zahlreiche Errungenschaften der Arbeiterbewegung wie Kündigungsschutz und Flächentarifverträge wurden dramatisch abgeschwächt oder ganz abgeschafft, Feiertage gestrichen und Lohnstopps verhängt. Die Liste von Maßnahmen, die darauf ausgerichtet waren, die Konkurrenz der arbeitenden Menschen untereinander auf ein möglichst hohes Maß zu steigern und deren Kampfkraft auf ein möglichst niedriges Niveau zu senken, ist lang und bisher auch längst nicht voll abgearbeitet.

In Großbritannien ist beispielsweise ein Gesetz in Vorbereitung, das bei Urabstimmungen den Anteil der Streikbefürworter auf die Hälfte der Wahlberechtigten erweitern und damit die Schwelle von Urabstimmungen für Streikbeschlüsse anheben soll. Demnach soll es auch Unternehmern leichter gemacht werden, bei Streiks Zeitarbeiter einzusetzen. Zudem sollten Gewerkschaften zwei Wochen vor den Streiks die Polizei über geplante Aktivitäten informieren. Auf der EU-Ebene, um ein anders Beispiel zu nennen, sind Bestrebungen im Gange, die Kommission zu ermächtigen, sich bei Bedarf in die nationale Lohnfindung einzuschalten.[31]

Exportüberschüsse durch Lohndumping

Die Massenarbeitslosigkeit und das darauf beruhende Lohndumping in Deutschland und den meisten anderen kapitalistischen Staaten hat unweigerlich zur Folge, dass die Binnenkaufkraft schrumpft und dadurch eine überschüssige Produktion entsteht, die ihrerseits eine Exportexpansion und einen Verdrängungswettbewerb auf dem Weltmarkt hervorruft. Wie Abbildung 16 zeigt, sind die Handelsbilanzen der größten kapitalistischen Länder im keynesianischen Kapitalismus durchweg ausgeglichen. Die ungleichgewichtigen Handelsbilanzen sind dagegen das Ergebnis der neoliberalen Politik der Lohnsenkung und sinkenden Konsumkraft auf den Binnenmärkten. Diese Ungleichgewichte rufen im Grunde nationalökonomisch betrachtet nicht nur bei Defizitländern, sondern auch bei Überschussstaaten negative Wirkungen hervor. Die Überschussländer verzichten mit dieser Politik darauf, den eigenen Binnenmarkt zu stärken und durch höhere Kaufkraft der Beschäftigten mehr Wachstum und Arbeitsplätze zu schaffen. Trotzdem bleiben diese Länder bei dieser nationalökonomisch irrationalen Politik und nehmen bewusst mehr Arbeitslose in Kauf, damit die größeren Konzerne bei geringeren Arbeitskosten einen höheren Wettbewerbsvorteil auf dem Weltmarkt und einen Kapitalüberschuss erzielen. Dieser Kapitalüberschuss fließt über die Banken der Überschussländer als Kredit an die Defizitländer zurück. Während also die reichen Eliten durch diese gesamtwirtschaftlich

---

[31] Ausführlicher siehe Borger/Kaufmann/Roth 2016.

Abbildung 16: Entwicklung der Handelsbilanz ausgewählter Industriestaaten 1960-2015

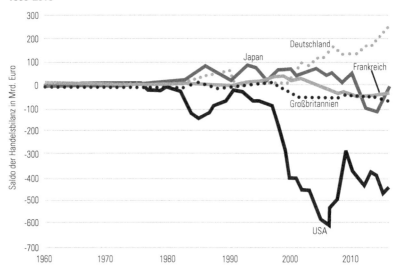

Quelle: Eigene Berechnungen nach: AMECO (Annual Macro-Economic Database of the European Commission's Directorate General for Economic and Financial Affairs), http://ec.europa.eu/economy_finance/db_indicators/ameco/index_en.htm

unsinnige Politik doppelt profitieren, machen die Defizitländer einen doppelten Verlust: einerseits durch den Verlust von Marktanteilen, andererseits durch ihre steigende Verschuldung bei den Überschussländern.

Die USA sind, wie Abbildung 16 zeigt, zwar das größte Importdefizitland der Welt, sie sind gleichzeitig nach Japan auch das Land mit der größten Staatsverschuldung (siehe Abbildung 11 auf S. 139). Dennoch sind sie wegen ihrer Hegemonial- und Leitwährungsmacht keineswegs Verlierer, sondern, wie im Folgenden noch begründet wird, sogar Gewinner der globalen Entwicklung.[32]

Besonders dramatisch sind die Auswirkungen der neoliberalen Exportüberschusspolitik in der EU. Die Verlierer dieses Verdrängungswettbewerbs sind die südeuropäischen Staaten wie Frankreich, Italien, Spanien, Portugal und Griechenland. Sie alle mussten Importüberschüsse, Leistungsbilanzdefizite und eine steigende Verschuldung verbuchen (siehe dazu auch Abbildung 17). Der Hauptgrund für diese ungleichgewichtige Entwicklung innerhalb der EU ist die Lohnsenkung in den Überschussländern. Denn bei einer einheit-

---

[32] Vgl. dazu den Abschnitt »Exkurs: Der Imperialismus heute« in diesem Kapitel.

**Abbildung 17: Entwicklung der Handelsbilanzen ausgewählter EU Staaten in %
des BIP 1960-2016**

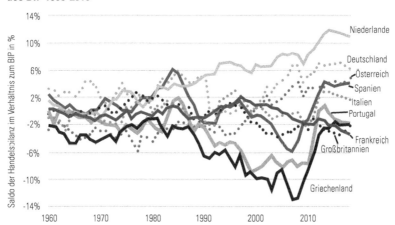

Quelle: Eigene Zusammenstellung nach: AMECO (Annual Macro-Economic Database of the European Commission's
Directorate General for Economic and Financial Affairs), http://ec.europa.eu/economy_finance/db_indicators/ameco/
index_en.htm

lichen Währung haben Länder in West- und Nordeuropa mit vergleichsweise höherer Produktivität, schwachen Gewerkschaften und sinkenden Löhnen
einen Wettbewerbsvorteil und erweitern Marktanteile, während die südeuropäischen Staaten bei geringerer Produktivität, starken Gewerkschaften und
steigenden Löhnen einen eindeutigen Wettbewerbsnachteil vorweisen und
Marktanteile verlieren. Insofern schlägt die Entmachtung der Gewerkschaften in den Exportüberschussländern als Kostenvorteil zu Buche, während
Länder mit funktionierenden Gewerkschaften einen Kostennachteil haben.

Besonders drastisch wirkte sich diese Politik der zusätzlichen Kostenvorteile in Exportüberschussländern innerhalb der EU für Griechenland aus, und
jene Strategie der politisch herbeigeführten Wettbewerbsvorteile war auch –
nach übereinstimmender Auffassung kritischer Ökonomen – der entscheidende Grund für den drohenden Bankrott dieses Landes und auch für die
dramatische Verschuldung für andere südeuropäische Staaten.[33] Um Pleiten
durch eine Zahlungsunfähigkeit in Südeuropa zu vermeiden, war die EU gezwungen, mit einem gigantischen Rettungspaket im Umfang von über 700
Mrd. zu intervenieren. Damit wurde der Kreislauf der absurden Politik der
Umverteilung von der Lohn- zur Kapitalseite geschlossen: Von der Lohnsenkung in Deutschland und den deutschen Export- und Handelsbilanz-

---

[33] Vgl. dazu u.a. Krugman 2010; Flassbeck 2010.

überschüssen hin zu Arbeitsplatzvernichtung und Importüberschüssen, Handelsbilanzdefiziten und Verschuldung in Südeuropa bis zum Rettungspaket und zur Abwälzung von Kosten der Rettungspakete auf die Lohn- und Gehaltsabhängigen in Deutschland und anderen am Rettungspaket beteiligten Ländern. Genau genommen sind Gewinner und Verlierer dieser Politik am Ende dieser Kette von Umverteilungen nicht die Volkswirtschaften von Deutschland bzw. Griechenland. Vielmehr sind die Gewinner die großen Banken sowie reichen Eliten und die Verlierer die Lohn- und Gehaltsabhängigen in allen Staaten. Die gegenwärtige ungleichgewichtige Entwicklung in der EU in der Epoche des neoliberalen Kapitalismus stellt bei genauem Hinsehen gewissermaßen eine Parallele zur strukturellen Überschussproduktion im Freihandelskapitalismus um die Wende des 19. zum 20. Jahrhundert dar. Zu jener Zeit erzielte Großbritannien mit höherer Produktivität und seinem Lohndumpingsystem Exportüberschüsse bei Industriegütern, während sich die weniger entwickelten Staaten wie Deutschland und Frankreich mit ihren Importüberschüssen bei den selben Gütergruppen bei Großbritannien verschulden mussten.[34]

Wie Say darauf vertraute, dass sich das Problem der Nachfragelücke durch die Marktkräfte löst, scheinen auch neoliberale Ökonomen daran zu glauben, dass sinkende Löhne und eine schrumpfende Binnennachfrage kein ökonomisches Anliegen darstellen. Im 18. und 19. Jahrhundert wurde das Problem der Überschussproduktion dadurch gelöst, dass die überschüssige Nachfrage notfalls imperialistisch durch Exportexpansion und Anzapfen der zahlungsfähigen Nachfrage der Nachbarländer oder der Kolonien überwunden wurde. Die Neoliberalen von heute setzen offensichtlich stillschweigend ähnliche Rahmenbedingungen wie im England des 18. und 19. Jahrhunderts voraus: Einerseits das Heer von billigen Arbeitskräften im Inland, auf die das nationale Kapital zurückgreifen kann, andererseits unbegrenzte Absatzmärkte in anderen Ländern. Hier regiert nicht die ökonomische Rationalität, sondern die Philosophie der Rosinenpickerei. Das Fehlen einer gesamtwirtschaftlichen Sicht macht sich ebenso bei den lediglich auf sich selbst fixierten Unternehmern in einer Volkswirtschaft bemerkbar, die nach dem Prinzip *Nach uns die Sintflut* die Kostensenkung bei sich zur einzigen Messlatte ihrer Unternehmensentscheidungen machen und davon ausgehen, dass für die Nachfrage andere Unternehmer zuständig sind. Wie innerhalb einer Nationalökonomie muss eine solche verengte Sichtweise auch auf dem

---

[34] Vgl. dazu Kapitel 3 in diesem Buch, Abschnitt »Komplementärer Außenhandel und Kapitalverkehr«.

Weltmarkt gefährliche Schieflagen hervorrufen, die dann irgendwann in eine internationale Wirtschaftskrise einmünden können.

Reichtum den Reichen: Wachsende Einkommensungleichheit

Es gibt inzwischen niemanden, der die wachsende Einkommensungleichheit in den einzelnen Staaten ernsthaft bestreitet. Mittlerweile belegen auch zahlreiche Studien diese sich ab Beginn der 1980er Jahre abzeichnende Entwicklung. Die Nichtregierungsorganisation Oxfam beispielsweise legte kürzlich eine prägnante Studie über dieses Thema vor, auf die hier Bezug genommen werden soll.[35] Demnach besaßen 2016 die acht reichsten Personen der Welt – allesamt Männer – zusammen 426 Milliarden US-Dollar. Demgegenüber verfügte die ärmere Hälfte der Weltbevölkerung – 3,6 Milliarden Menschen – zusammen über 409 Milliarden US-Dollar. Das reichste Prozent der Weltbevölkerung allein verfügt über mehr als die Hälfte des globalen Vermögens. Des Weiteren hat laut der Studie das oberste Prozent der Spitzenverdiener in den letzten 25 Jahren höhere Einkommenszuwächse erzielt als die gesamten unteren 50% der Einkommensskala zusammen. Ähnlich ungleich haben sich die Einkommen in Deutschland entwickelt: Das reichste Prozent der Deutschen besitzt 31,5% des Gesamtvermögens. Die reichsten 10% der Bevölkerung verfügen über fast zwei Drittel des Gesamtvermögens, während die ärmeren 50% zusammen über knapp 2,4% des Vermögens in ihrem Besitz haben. Diese Zahlen mögen die Dramatik der Einkommens- und Vermögensgleichheit in der Welt und auch in den reichen Industrieländern selbst vor Augen führen.

In der genannten Studie werden einige allgemeine und konkrete Gründe für diese soziale Fehlentwicklung genannt. Als eine der Hauptursachen dieser Entwicklung muss – wie bereits mehrfach erwähnt – die Lohndumpingstrategie der Kapitalseite, wie sie sich in Abbildung 7 (S. 129) widerspiegelt, herausgestellt werden. In seiner Langzeitstudie untersucht Thomas Piketty die langfristige Entwicklung der Einkommensungleichheit. Demnach bewegt sich der Einkommensanteil der obersten 10% in den USA und in Europa am Anfang des 20. Jahrhunderts um 41 bis 46% des Gesamteinkommens. Dann sinken die Einkommensanteile ab 1930 rapide ab und stagnieren während der Epoche des keynesianischen Kapitalismus im unteren Bereich zwischen 30 und 34%, um nach dieser Epoche erneut bis in unsere Gegenwart anzusteigen (siehe Abbildung 18).

In beiden Perioden können wir eine beinahe Gleichzeitigkeit von Massenerwerbslosigkeit, sinkenden Lohnquoten und einer wachsenden Bedeu-

---

[35] Oxfam International 2017.

Abbildung 18: Ungleichheit der Einkommen: Europa und USA, 1900-2010

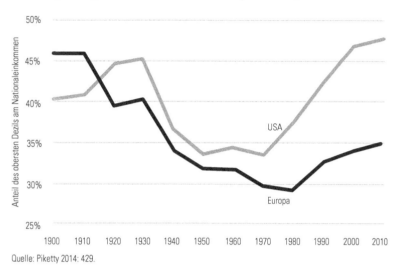

Quelle: Piketty 2014: 429.

tung des Finanzsektors feststellen.[36] Diese Feststellung deckt sich auch mit Pikettys Beobachtung, die ihn dazu veranlasste, eine kausale Wechselwirkung zwischen steigender Einkommensungleichheit in den USA und den beiden Finanzkrisen 1928 und 2008 zu vermuten.[37] In der Tat lässt sich das

---

[36] Die Abbildung 18 enthält Daten nur ab 1900. Für den davor liegenden Zeitraum kann mit Bezug auf Daten, die bereits im Kapitel 3 in den Abschnitten »Überschüssige Bevölkerung, Dumpinglöhne und Machtungleichheit« sowie »Verschärfung der Einkommensungleichheit« genannt wurden, ergänzt werden, dass die Lohnquote in Großbritannien von ca. 66% 1790 auf 57% 1850 und von 68% 1890 auf 63% 1910 gefallen ist. Auch in Frankreich sank die Lohnquote von 74% 1890 auf 66% 1910. Für Deutschland des 19. Jahrhunderts kann zwar Piketty mangels zuverlässiger Daten keine Berechnung vorlegen, die verfügbaren Indizien zeigen aber, dass auch hier die Reallöhne vor der ersten Weltfinanzkrise stark gesunken waren. So blieb das Realeinkommen der arbeitenden Bevölkerung in Deutschland zwischen 1821 und 1880 auf dem gleichen Niveau, während das Nettosozialprodukt in realen Größen schätzungsweise weit über das Fünffache angestiegen war. (Vgl. die oben angegebenen Abschnitte im Kapitel 3). Wirtschaftsgeschichtliche Quellen bestätigen diese Entwicklung. Demnach betrug in Deutschland im Zeitraum 1780-1800 die Lohnquote 88%, sie sank in den Jahren 1910/1913 jedoch drastisch und zwar auf 70%.

[37] Piketty stellt bei der Untersuchung der Entwicklung der Einkommensungleichheit am Beispiel der USA explizit die Frage, ob »womöglich der Anstieg der amerikanischen Ungleichheiten zur Entfesselung der Finanzkrise von 2008 beigetragen hat«. »Bedenkt man«, schreibt er weiter, »dass der Anteil des obersten Dezils am

Abbildung 19: Der Anteil des Kapitals in den reichen Ländern, 1975-2010

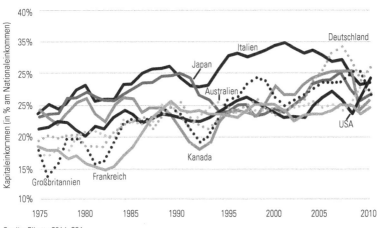

Quelle: Piketty 2014: 294

von Piketty aufgearbeitete Material auch für die Analyse und die Entstehungsgeschichte des Finanzsektors heranziehen. Zu diesem Material gehört auch die seiner Studie entnommene Abbildung zur Entwicklung der Einkommensverteilung seit 1975 in den wichtigsten Industrieländern (siehe Abbildung 19). Wie dieser Abbildung zu entnehmen ist, sinken in allen diesen Ländern seit 1975 die Lohnquoten, damit also die Reallöhne.[38] Demnach bewegten sich die Lohnquoten in den wichtigsten OECD-Staaten zwischen 1975 und 1985, also am Ende des keynesianischen Kapitalismus, zwischen 85 und 75%, während sie im Zeitraum 2000 bis 2010 jedoch um 10 Prozentpunkte auf durchschnittlich 75 und 65% sanken.

Doch bevor ich mich der Frage nach den Ursachen der wachsenden Einkommensungleichheit zu Beginn und am Ende des 20. Jahrhunderts widme und der von Piketty aufgeworfenen Frage im übernächsten Abschnitt nachgehe, soll zunächst Pikettys Erklärung der Einkommensverteilung kritisch hinterfragt werden.

---

amerikanischen Nationaleinkommen zweimal Höchststände erreicht hat, einmal 1928 (am Vorabend der Krise von 1928) und einmal 2007 (am Vorabend der Krise von 2008), fällt es schwer, die Frage nicht zu stellen.« (Piketty 2014: 391)

[38] Piketty ermittelt hier allerdings die Kapitaleinkommen, also die Gewinnquoten der OECD-Länder, die jedoch im Umkehrschluss den Verlauf der Lohnquote widerspiegeln.

Exkurs: Piketty und die Grenzproduktivitätstheorie

Piketty bemüht sich zunächst um die Klärung der Frage, ob die *neoklassische Lehre der Grenzproduktivitäten* des Lohns bzw. der *Grenzproduktivität des Kapitals*, mit der die Neoklassik die Einkommensverteilung zu erklären versucht, für die Erklärung tauglich ist. Piketty artikuliert zurecht Zweifel an der einkommenstheoretischen Aussagekraft der Grenzproduktivitätstheorie, ist allerdings mit viel Aufwand und in einem längeren Abschnitt seines Buches bemüht, diese in der Neoklassik allgemeingültige Theorie der Einkommensverteilung deduktiv und empirisch mit teilweise schwer nachvollziehbarer Argumentationsakrobatik zu widerlegen.[39]

Im Grunde kann die Grenzproduktivitätstheorie schon deshalb verworfen werden, da sie zur Erklärung der Einkommensverteilung letztlich auf einer tautologischen Ebene verharrt und beide Einkommensarten in der Theoriekonstruktion letztlich als bekannt voraussetzt statt sie zu erklären. Denn in ihrem Kern besagt diese Theorie, dass die Unternehmer zur Erzielung einer Profitmaximierung beim Einsatz gleichbleibender Kapitaleinheiten solange weitere Arbeiter einstellen, bis durch den Einsatz des letzten Arbeiters kein zusätzlicher Profit entsteht. Dieser Punkt sei, so die Lehre, unter der Bedingung vollkommener Konkurrenz identisch mit dem Preis des eingesetzten Produktionsfaktors Arbeit. Demnach soll der Faktorpreis der Arbeit, also der Lohn, die Grenzproduktivität der Arbeit oder der Grenzlohn sein. Dieser Grenzlohn ergibt sich aber bei steigender Zahl der Beschäftigten und sinkender Grenzproduktion an einem Schnittpunkt, bei dem die Grenzproduktion mit dem Lohnsatz identisch ist. Somit wird der Lohn selbst, der erst durch die Grenzproduktivität der Arbeit erklärt werden sollte, erst zur Voraussetzung für die Bestimmung der Grenzproduktivität. Wir haben es hier also nicht mit einer belastbaren Theorie des Arbeitseinkommens, sondern mit einer Tautologie zu tun. Tatsächlich resultiert der Lohnsatz aber aus dem Zusammenspiel der Marktkräfte auf dem Arbeitsmarkt und als Ergebnis der Kräfteverhältnisse zwischen den Unternehmern und Gewerkschaften sowie den jeweils dominierenden Rahmenbedingungen. Unter der Bedingung der Massenarbeitslosigkeit haben die Gewerkschaften eine schwache Position. Deshalb sinkt der Lohnsatz – und nicht wegen der Grenzproduktivität der Arbeit. Erst der so auf dem Arbeitsmarkt entstandene Lohnsatz kann darüber Auskunft geben, ob die Beschäftigung von weiteren Arbeitern das Produktionsergebnis steigert oder nicht. Insofern gibt die Grenzproduktivitätstheorie Auskunft über den optimalen Faktoreinsatz bei einem vorausgesetzten Lohn, aber keinerlei Auskunft über die Lohnhöhe selbst.

---

[39] Vgl. dazu Piketty 2014: 415ff.

Diese hier an der Grenzproduktivitätstheorie angebrachte Kritik kann auch bezüglich der Theorie zur Erklärung des Kapitaleinkommens vorgebracht werden. Auch hier wird in der neoklassischen Ökonomie der Profit bzw. das Kapitaleinkommen nicht erklärt, sondern in Wirklichkeit als bekannt vorausgesetzt. Denn analog zum Grenzlohn gibt die Theorie bei einer konstanten Anzahl von Arbeitern Anhaltspunkte dafür, bei welcher Kapitalmenge durch den zusätzlichen Einsatz einer weiteren Kapitaleinheit die Grenzproduktion nicht mehr ansteigt, sondern auf Null herabsinkt. Diese so ermittelte Grenzproduktivität des Kapitals bestimmt zwar den Einsatz der optimalen Kapitalmenge, die sich aus dem Schnittpunkt zwischen steigender Kapitalmenge und dem bereits als bekannt vorausgesetzten Durchschnittsprofit ergibt. Eine Erklärung für Lohneinkommen und analog dazu auch Kapitaleinkommen liefert die Grenzproduktivitätstheorie jedoch nicht. Sie ist also im besten Fall eine Optimierungs- oder Allokationstheorie, jedoch mitnichten eine belastbare Einkommenstheorie.[40]

Allerdings ist auch die von Piketty gelieferte Erklärung der historisch auftretenden wachsenden Einkommensungleichheiten am Anfang und am Ende des 20. Jahrhunderts mehr als unbefriedigend. Er macht dafür die im Wesentlichen subjektiven, kulturellen und sozialen Normen und Empfindungen verantwortlich, worüber, wie er selbst sagt,»die größte Ungewissheit herrscht«.[41] Die subjektiven Faktoren, die Piketty heranzieht, mögen tatsächlich die exorbitanten Spitzenvergütungen beeinflusst haben. Sie mögen auch die in verschiedenen Staaten unterschiedlichen Einkommensdifferenzen zwischen Lohn und Spitzeneinkommen erklären. Die gesellschaftlichen Kräfteverhältnisse, letztlich der entscheidende Hebel der Einkommensverteilung, kommen bei Piketty jedoch gar nicht oder nur andeutungsweise vor.[42]

---

[40] Der Verdacht liegt nahe, dass die Neoklassik mit der Verwendung der Grenzproduktivitätstheorie als Einkommenstheorie von der eigenen Unzulänglichkeit ablenkt, die Quelle des Profits erklären zu können. Die Grenzproduktivitätstheorie wurde arg strapaziert, um die politische Streit- und Jahrhundertfrage, woher eigentlich der Profit kommt, umschiffen zu können. Würden die Neoklassiker die wissenschaftliche Erklärung der Klassiker wie Ricardo und Marx akzeptieren, dass der Profit aus keiner anderen Quelle stammen kann als aus dem von den Beschäftigten produzierten Mehrwert, so gäbe es eigentlich keinen logischen und einsichtigen Grund mehr, das Kapitaleinkommen moralisch legitimieren zu können. Damit erschiene das Kapitaleinkommen als das, was es wirklich ist, nämlich als Einkommen dank der Kapitalmacht oder der monopolistischen Macht, Eigentümer des Kapitals zu sein.

[41] Ebd.: 441.

[42] Ebd.: 440 (vgl. dazu auch Bontrup 2014: 7). Piketty »bleibt aber«, schreibt Bontrup,»wichtige Erklärungen schuldig, warum die abhängig Beschäftigten ... es

Zwei Epochen Finanzmarktkapitalismus

Dabei lässt sich durch die epochale Parallelität der Phänomene am Anfang und am Ende des 20. Jahrhunderts durch einen Vergleich des Entwicklungsverlaufs unschwer der Schluss ziehen, dass es zwischen wachsender Einkommensungleichheit, der Massenarbeitslosigkeit, sinkender Lohnquote bzw. steigender Gewinnquote und Verschiebung der Machtverhältnisse zugunsten des Kapitals einen kausalen Zusammenhang gibt.[43] Diese drei Faktoren zusammen gedacht erklären ferner die Entstehung von überschüssigem Kapital und des jeweils historisch dominierenden Finanzmarktkapitalismus. Die Massenerwerbslosigkeit in den USA und in Europa am Anfang und am Ende des 20. Jahrhunderts, die empirisch nachweisbar ist, bewirkt in beiden Fällen sinkende Löhne und eine Schrumpfung der Binnennachfrage. Diese führen wiederum bei steigender Gewinnquote zur Entstehung des überschüssigen Kapitals, das seinerseits die Aufblähung des Finanzvolumens im Finanzsektor hervorruft und schließlich in die beiden Weltwirtschafts- und Finanzkrisen einmündet. Diese theoretische Erklärung in Verbindung mit Strukturdaten lassen kaum Zweifel darüber aufkommen, dass der Finanzsektor im 20. Jahrhundert in zwei Etappen, vor und nach der keynesianischen Epoche, entstanden ist und dass er auch in beiden Etappen die ökonomische Grundlage für die Dominanz des Finanzkapitals darstellte. Um diese Hypothese empirisch zu erhärten, soll Pikettys Datenmaterial zur Besteuerung in den USA und Europa im Zeitraum 1900-2013 in allen drei Etappen, wie man sie der Abbildung 20 entnehmen kann, herangezogen werden.

Bei einer genauen Analyse der Besteuerung stellen wir folgendes fest: In der Epoche des Freihandelskapitalismus bzw. des klassischen Liberalismus bewegten sich die Spitzensteuersätze für alle vier in die Untersuchung einbezogenen Staaten, USA, Großbritannien, Deutschland und Frankreich, zwischen 0 und 8%. Kurz vor dem Ersten Weltkrieg führte der massive Geldbedarf der Regierungen für den Krieg zu einer drastischen Steigerung der Spitzensteuersätze. Diese wurden in einer kurzen Boomphase zwischen den beiden Kriegen in den USA, Großbritannien und Frankreich und wahrscheinlich in der Annahme, bald könnte durch die Rückzahlung der deutschen Kriegsschulden die eigene Verschuldung wieder zurückgefahren werden, heruntergesetzt (von 60 bis 80% auf 25 bis 50%). Ab 1930 wurden die Steuersätze für die Finanzierung des Zweiten Weltkrieges erneut nach oben

---

akzeptieren, dass sie nicht den *vollen Wert* ihrer Arbeit erhalten«.

[43] Vgl. dazu die Abbildungen 3 (S. 109) und 8 (S. 129) sowie 9 (S. 133), 18 (S. 172) und 19 (S. 173).

geschraubt und zwar sehr drastisch von ca. 50% auf ein sehr hohes Niveau von 80% bis zeitweise sogar 98%.[44]

Auf diesem hohen Niveau bleiben die Steuersätze für die drei europäischen Staaten bestehen, um die Wiederaufbauphase der Nachkriegszeit zu finanzieren. In den USA wird der Steuersatz aber schon 1965 wegen des fortgesetzten Wirtschaftsbooms von 90 auf 70% reduziert. Interessant ist jedoch, dass während des gesamten Zeitraums des keynesianischen Kapitalismus in allen vier Staaten der Spitzensteuersatz auf dem vergleichsweise hohen Niveau zwischen 52% in Deutschland und 98% in Frankreich eingefroren wurde. Die vergleichsweise moderate Steuerpolitik in dieser Etappe ist offensichtlich das Resultat des keynesianischen Klassenkompromisses, einer beinahe herrschenden Vollbeschäftigung und der Wiedererstarkung der Gewerkschaften. Durch die massive Besteuerung der Reichen konnte auch der Wohlfahrtsstaat zügig aufgebaut werden. Doch mit der Krise der keynesianischen Wirtschaftspolitik und dem Siegeszug der neoliberalen Konterrevolution fallen diese Spitzensteuersätze dank der veränderten Machtverhältnisse zwischen Kapital und Arbeit in allen diesen Staaten beinahe synchron auf das niedrige Niveau von 30 bis 60% herab. Betrachtet man den Verlauf der Entwicklung der Spitzensteuersätze auf einen Blick, so gewinnt man den Eindruck, als hätten die reichen Eliten in den beiden Etappen des boomenden Finanzsektors direkt in den Finanzministerien gesessen und selbst nach Lage der eigenen machtpolitischen Stärke ihren eigenen Steuersatz bestimmt. Auffallend ist jedenfalls, wie verblüffend ähnlich die niedrigen Steuersätze für die Reichen am Anfang und am Ende des 20. Jahrhunderts bzw. vor und nach der Epoche des keynesianischen Kapitalismus festgelegt worden waren. Die Besteuerung in den vier großen kapitalistischen Staaten ist m.E. eine eindrucksvolle Bestätigung der hier begründeten Hypothese von zwei historischen Epochen des Finanzmarktkapitalismus.

Es kann nach dieser Analyse auf jeden Fall kein Zweifel darüber bestehen, dass die Besteuerung – und in einem größeren Zusammenhang auch die Staatsverschuldung – letztlich immer eine Frage der machtpolitischen Stärke ist. Die jeweils von Politikern vorgebrachten Argumente, die Entlastung der Unternehmer diene zu mehr Anreiz für Investitionen und zur Schaffung von Arbeitsplätzen, haben lediglich rechtfertigenden Charakter und mit der Realität nichts zu tun. Die reichen Eliten haben das Elend von Millionen Menschen in Erwerbslosigkeit und die darauf beruhende Schwäche der Ge-

---

[44] Die offensichtlich hohe Bereitschaft der reichen Elite zu Steuerabgaben in Kriegszeiten könnte im Übrigen auf die militaristische Haltung und Kriegsbereitschaft der reichen Schicht der Gesellschaft verweisen.

Abbildung 20: Entwicklung der Spitzensteuersätze 1990-2013

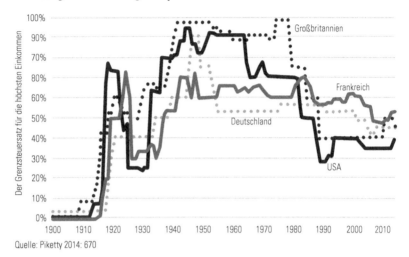

Quelle: Piketty 2014: 670

werkschaften dazu benutzt, die Regierungen vor ihren Karren zu spannen und eine ihnen selbst genehme Besteuerung durchzusetzen.

Staatsverschuldung, Schuldenbremse und Zerschlagung des Sozialstaats

Wie ist aber zu erklären, dass mit dem Beginn der neoliberalen Strategie in den kapitalistischen Staaten die Staatsverschuldung fast in allen kapitalistischen Staaten am Anfang des 20. Jahrhunderts von dem niedrigen Niveau von 50% des BIP 1920 dramatisch auf ein deutlich höheres Niveau von 120% des BIP 1945 ansteigt, um dann in der Epoche des keynesianischen Kapitalismus auf 50% des BIP zu sinken und schließlich 1978 von diesem niedrigen Niveau erneut auf 100% des BIP und mehr – im Falle Japans sogar auf 240% des BIP – anzusteigen (siehe Abbildung 4 auf S. 116 und 11 auf S. 139)?

Neoliberale Ökonomen und Politiker untermauerten die Legitimation ihres Projekts nicht zuletzt mit dem Argument des Abbaus der Staatsverschuldung, die wegen der nicht mehr wirksamen kreditfinanzierten Staatsausgabenpolitik keynesianischer Regierungen tatsächlich geringfügig angestiegen war. Sie behaupteten, nicht nur die Massenerwerbslosigkeit beseitigen, sondern auch die Staatsverschuldung reduzieren zu wollen. Wie wir jedoch wissen, sind beide Versprechen nicht erfüllt worden. Die steigende Staatsverschuldung zu Beginn des 20. Jahrhunderts kann sicherlich zu einem guten Teil auf die Finanzierung der beiden Weltkriege zurückgeführt werden. Für die steigende Staatsverschuldung in der gegenwärtigen Kapitalismusepoche sind mehrere Faktoren verantwortlich. Die Hauptursache liegt aber, wenn man die Besteuerungspolitik der neoliberalen Regierungen untersucht, wie sie sich empirisch in Abbildung 20 widerspiegelt, ganz klar in der drastischen Steuersenkung für die Unternehmer und Vermögensbesitzer. Dadurch wurden, wie die sinkende Investitionsrate zeigt (siehe Abbildung 14 auf S. 159), entgegen der offiziellen Begründung, man wolle für Investitionen Anreize schaffen, keine neuen Investitionen in die Realwirtschaft getätigt, die neue Steueraufkommen generiert und zur Rückzahlung der Staatsschulden geführt hätten. Wohin aber die Steuergeschenke tatsächlich geflossen sind, zeigt die wachsende Einkommensungleichheit und – wie im Abschnitt »Das Finanzkapital« in diesem Kapitel noch zu zeigen sein wird – das wachsende Finanzvolumen im Finanzsektor. Eine weitere Ursache der steigenden Staatsverschuldung ist die anwachsende Massenerwerbslosigkeit, die ebenfalls zu weniger Steuereinnahmen führt und führen muss.

Hätten aber die Regierungen die ökonomische Rationalität zur Grundlage ihrer Wirtschaftspolitik in den letzten Jahrzehnten gemacht, so wären Steuergeschenke an die Reichen ganz sicher keine Lösung gewesen, um die Staatsverschuldung abzubauen. Aber Regierungen, die die neoliberale Unvernunft zu ihrem Dogma erklärt haben, hat dieser ökonomische Unsinn der Steuerschenkungen offensichtlich nicht gestört. Mehr noch: Sie bauschten diese selbst verursachte steigende Staatsverschuldung fortan immer wieder propagandistisch als die größte gesellschaftliche Herausforderung auf. Ihnen, den neoliberalen Wortführern und ihren ahnungslosen Helfershelfern in den Parteien und Regierungen, ist sogar das Kunststück gelungen, unter dem lautstark vorgetragenen Vorwand des Abbaus der Staatsverschuldung einen ungeheuren moralischen Druck zu erzeugen, um dann umso leichter ihren Angriff auf den Sozialstaat vorzubereiten. Zu erwähnen ist an dieser Stelle exemplarisch der Finanzminister der rot-grünen Bundesregierung (1999-2005), Hans Eichel, der einerseits den großen Konzernen durch die Senkung der Unternehmersteuern Steuergeschenke machte und gleichzeitig mit dem Slogan, *die Staatsverschuldung sei das »Unsozialste«, was es überhaupt gäbe,* damit begonnen hat, den Sozialstaat umzukrempeln und sozialstaatliche Errungenschaften, die nach dem Krieg geschaffen worden waren, eine nach der anderen abzuschaffen.[45]

---

[45] Hans Eichel übernahm das Finanzministerium erst nach dem Rücktritt von Oskar Lafontaine, der unmittelbar nach dem Sieg der rot-grünen Regierung angekündigt hatte, den kurzfristigen Kapitalverkehr zur Eindämmung der Spekulationsgewinne von Hedgefonds zu regulieren. Nicht zuletzt wegen derartiger Kampfansagen an die

Die Praxis *Senkung der Unternehmenssteuer und steigende Staatsver-schuldung* hat sich offensichtlich als eine äußerst wirksame Strategie er-wiesen, mit einem Schlag – ganz im Sinne der neoliberalen Umverteilung von der gesellschaftlichen Basis zu den reichen Eliten – mehrere Fliegen mit einer Klappe zu schlagen: *erstens* den Konzernen Steuerschenkungen zu machen, *zweitens* dadurch und ohne Not die Staatsverschuldung zu stei-gern und schließlich *drittens* die steigende Staatsverschuldung zum An-lass zu nehmen, um die Politik des Sozialabbaus moralisch zu legitimieren.

Der Abbau von sozialen Sicherungsmaßnahmen im Rahmen der Agenda 2010-Politik der rot-grünen Bundesregierung wurde und wird im neolibe-ralen Jargon immer noch mit der Absenkung der Arbeitskosten (Lohnneben-kosten) und der darauf beruhenden Wettbewerbssteigerung für den *Stand-ort Deutschland* gerechtfertigt.

Tatsächlich begünstigte diese gegenüber der eigenen Bevölkerung mo-ralisch höchst fragwürdige und auf Täuschung aufgebaute Strategie – nen-nen wir sie *das Unternehmensentlastungs-Staatsverschuldungs-Sozialab-bau-Modell* (im Folgenden »USS-Modell« genannt) – die Exportexpansion zulasten anderer EU-Staaten. In Wirklichkeit hatte die sozialdemokratisch-grüne Regierung mit dem Sozialabbau begonnen, wichtige Produktivitäts-potenziale in Deutschland und in Europa zu vernichten, die der Kapitalis-mus in seiner Geschichte geschaffen hatte.[46] Diese Vernichtung spiegelt sich aber langfristig in Gestalt von anhaltender Erwerbslosigkeit, tiefer Verunsi-

---

Adresse des Finanzsektors wurde Lafontaine in einer britischen Boulevardzeitung als gefährlichster Mann des Jahres (The Sun, 25.11.1998) gebrandmarkt. Demgegenüber begrüßten Finanzunternehmen laut Wikipedia die Ernennung Eichels als Nachfolger Lafontaines und legten ihm nahe, »schmerzliche Umstrukturierungen zum freien Markt« durchzuführen. »Im Mai 2000 führte Eichel eine umfassende ›Steuerreform‹ durch, die unter anderem eine deutliche Senkung der Unternehmenssteuer und Steuerbefreiung für den Verkauf von Aktienpaketen und Tochterunternehmen enthielt. Offizielle Begründung für die Reform war die Ankurbelung der Wirtschaft. … Nach der Steuerreform kam es zu einem Einbruch der Einnahmen. Hatte der Staat im Jahr 2000 insgesamt 23,6 Milliarden Euro Körperschaftsteuer von den Kapitalgesellschaften eingenommen, so brachen die Steuereinnahmen nach der Steuerreform vollkommen weg und per saldo mussten die Finanzämter stattdessen fast eine halbe Milliarde Euro an die Firmen auszahlen. Ebenso verschlechterte sich die wirtschaftliche Lage (z.B. steigende Arbeitslosenzahlen) und Staatsschulden stiegen stark an. … Als Finanzminister versuchte Eichel ab 2003 außerdem, den Finanzplatz Deutschland durch eine Deregulierung der Eigenkapitalvorschriften bei Krediten zu fördern.« Zitiert nach Wikipedia.

[46] Hätte der Kapitalismus ein Gericht geschaffen, um Regierungen für Schäden, die sie dem System zugefügt haben, zur Rechenschaft zu ziehen, dann wäre die

cherung großer Bevölkerungsteile, großem Misstrauen gegenüber der herrschenden Politik und damit einem Aufblühen populistischer Parteien wider.[47] Der »Verschuldete Staat« ist aber ein von der reichen Elite strukturell abhängiger Staat, der so gut wie nie die Reichenbesteuerung zur Haushaltssanierung überhaupt auch nur in Erwägung zieht, dagegen wie selbstverständlich an der Schraube der Ausgabenkürzungen im Sozialbereich dreht, um die Kosten der Staatsverschuldung auf die Allgemeinheit abzuwälzen.

Die verarmte, verunsicherte und verängstigte Bevölkerung fügt sich in ihr Schicksal, entweder weil sie sich ohnmächtig fühlt, ihr der Schwindel erst bewusst wird, wenn alles längst gelaufen ist, und sie resignierend feststellt, dass es zu spät ist, um dagegen Widerstand zu mobilisieren. Oder aber sie glaubt wirklich an die neoliberale Erzählung, eine reiche Minderheit müsse noch reicher werden, damit Arbeitsplätze entstehen und die arme Mehrheit müsse ihre Armut hinnehmen, um eine noch größere Armut zu verhindern.

Eine nüchterne Beobachtung zeigt aber im Ergebnis, dass Schuldenmachen unter neoliberalen Vorzeichen seit den 1980er Jahren – im Gegensatz zum Schuldenmachen in der keynesianischen Epoche der 1950er bis 70er Jahre – für die überwältigende Bevölkerungsmehrheit eine strukturelle Schuldenknechtschaft und eine unsichtbare Sklaverei hervorgebracht hat. Tatsächlich steht der Bevölkerung ein Finanzsektor gegenüber, der durchaus nicht überraschend parallel zum »Verschuldeten Staat« in den meisten kapitalistischen Staaten entstanden ist. Der »Verschuldete Staat« ist im Grunde kein souveräner Staat mehr. Seine Steuer-, Finanz- und Sozialpolitik wird nicht mehr durch Parlamente kontrolliert, sondern von der Finanzlobby diktiert. Insofern hat der Finanzsektor auch die demokratischen Kontrollmechanismen der Staatsfinanzen ausgehebelt und sich zu einem ernst zu nehmenden Feind für die Demokratie entwickelt.

Ist es nun zufällig, so muss gefragt werden, dass sich jetzt auch Frankreichs neuer Präsident Emmanuel Macron entschlossen hat, den in Deutschland und anderswo eingesetzten Mechanismus »Steuergeschenke an die Reichen, steigende Staatsverschuldung« nachzuahmen? Bis zum Jahr 2022

Politik von Finanzminister Eichel und der gesamten Bundesregierung 1999-2005 ein krasser Fall für ein solches Gericht.

[47] Im Übrigen wälzen Regierungen die Kosten ihrer expandierenden Schulden letztlich auf die Lohn- und Gehaltsabhängigen, die Mittelschichten der eigenen Gesellschaften und auf die künftigen Generationen ab. Was sich aber insofern als steigende öffentliche Verschuldung niederschlägt, befindet sich zu einem beträchtlichen Teil als Kapital in der Hand einer dünnen Schicht von Dollarmilliardären, das diese auf unterschiedlichen Wegen den Volkswirtschaften der Welt entziehen, um ihren Reichtum noch größer zu machen.

soll nämlich der Steuersatz für Unternehmen von 33,3 auf 25% schrumpfen und die Kapitalertragsteuer von 50 auf 20% abnehmen. So wird Macron bei der flächendeckenden Neoliberalisierung der französischen Ökonomie zum einen dem neoliberalen Dogma gerecht, dass durch Steuersenkung bei den Unternehmen wider besseres Wissen die Ökonomie wachsen und neue Arbeitsplätze entstehen würde. Zum anderen wird durch die Senkung der Unternehmensteuer sowie steigende Staatsverschuldung ein Mechanismus für den flächendeckenden Sozialabbau und die Aufhebung der gesetzlichen 35-Stundenwoche in Bewegung gesetzt, gegen den, wenn er schon rollt, soziale Kämpfe nichts ausrichten könnten.

Denn Haushaltssanierung durch Abbau der Staatsverschuldung und »Gerechtigkeit gegenüber der jüngeren Generation«, das sind wirkungsmächtige propagandistische »Waffen«, um den zu erwartenden massiven Widerstand vieler Franzosen gegen Macrons neoliberales Projekt zu brechen und Jung gegen Alt, weniger Entschlossene gegen stark Entschlossene aufzuwiegeln und zu spalten. Das moralische Potenzial dieser »Waffen« ist stark genug, um einen Teil der arbeitenden Bevölkerung dazu zu bringen, letztlich sogar gegen eigene Interessen zu votieren.

Um in die von Macron beabsichtigte Falle nicht hineinzutappen, gilt es nun, aus den Erfahrungen in Deutschland und Großbritannien und anderen neoliberal umgestalteten Staaten zu lernen und rechtzeitig schon jetzt den Schwindel »Steuersenkung für Unternehmen und steigende Staatsverschuldung« aufzudecken. Denn die französischen Unternehmen bräuchten in Wirklichkeit keine Investitionsanreize, schwimmen sie doch angesichts der dramatisch sinkenden Lohnquote von 65% in 1980 auf 58% in 2015 in überschüssigen Gewinnen, die sie aber nicht in die Realwirtschaft, sondern in den Finanzsektor investieren. Hier ist der Anteil der Vorsteuergewinne am Bruttoinlandsprodukt von 8% in 2013 auf mehr als 10% in 2016 angestiegen.[48]

Spaltung der EU

Das oben dargestellte deutsche USS-Modell ist allerdings historisch eingebettet in einen Prozess der Weiterentwicklung der Europäischen Union, deren Grundlagen im *Maastrichter Vertrag* von 1992 verabschiedet worden waren. Erst der in Dublin 1996 vereinbarte *Stabilitätspakt* regelte für die EU-Staaten Obergrenzen für die Staatsverschuldung: Demnach sollten die Staatsschulden maximal 60% und die Neuverschuldung maximal 3% des Bruttoinlandsprodukts betragen. Diese Regelungen wurden in den 1990er

---

48 Siehe auch die Analyse von Stephan Kaufmann (2017) in der Frankfurter Rundschau vom 15./16. Juli 2017.

Jahren zum wichtigen Instrument der flächendeckenden Umsetzung wirtschaftspolitischer Ziele mit neoliberalen Vorzeichen. Im keynesianischen Kapitalismus war die Festlegung einer Obergrenze für die Staatsschulden und die Erfindung eines Automatismus wie die *Schuldenbremse* erst gar nicht erforderlich, da die kreditfinanzierten Staatsausgaben dem Zweck dienten, neue Staatseinnahmen zu generieren. Erst durch die steigende Staatsverschuldung im neoliberalen Kapitalismus als Folge von rigorosen Steuergeschenken an die Reichen und der Vernichtung von Produktivitätspotenzialen durch den Sozialabbau war die Schuldenbremse unvermeidlich geworden. Aus der Sicht der neoliberalen Eliten in Deutschland schien sich das deutsche USS-Modell als ein Instrument der Umverteilung von unten nach oben in der Praxis offensichtlich so gut bewährt zu haben, dass diese dazu übergegangen ist, diesem Modell in Deutschland Verfassungsrang zu verschaffen. Tatsächlich hat die schwarz-rote Koalition 2009 die Schuldenbremse mit ihrer Zweidrittelmehrheit im Parlament in der deutschen Verfassung verankert. Damit verfügt die neoliberale Elite in Deutschland über einen Automatismus zur dauerhaften Umverteilung des gesellschaftlichen Reichtums von unten nach oben, solange sie in der Lage ist, die gegenwärtige nur ideologisch begründete Steuerpolitik aufrechtzuerhalten.

Und diese Elite ist nicht nur dazu entschlossen, sondern unternimmt mit dem gegenwärtigen deutschen Finanzminister an der Spitze alle Anstrengungen, um das deutsche Modell in der gesamten EU, vor allem aber in den besonders hoch verschuldeten Ländern Südeuropas, Frankreich, Italien, Spanien, Portugal und Griechenland, durchzusetzen. Alle diese Staaten steckten angesichts ihrer Leistungsbilanzdefizite u.a. als Folge der deutschen Exportexpansion ohnehin in einer Schuldenfalle. Die Finanzkrise von 2008 hat die besonders schwachen südeuropäischen Staaten wie Griechenland, Portugal und Spanien daher in eine nahezu ausweglose ökonomische Lage hinein manövriert. Die Fortexistenz dieser Staaten ist mittlerweile von »Rettungspaketen« finanzstarker EU-Staaten und vom IWF abhängig geworden. Wie wir wissen, setzen IWF-Kredite und Strukturanpassungsregeln vor allem drastische Ausgabenkürzungen im sozialen Bereich voraus. Doch die Politik des Sozialabbaus hat in keinem der südeuropäischen Staaten zur Abnahme, sondern umgekehrt sogar zu einer drastischen Zunahme der Staatsverschuldung geführt: Und zwar zwischen 2006 und 2014 in Griechenland von 103,3 auf 176,3%, in Portugal von 69,2 auf 129% und in Spanien von 38,9 auf 98,3%.[49]

---

[49] Vgl. lunapark 2015: 4.

Wie aber Deutschland und seine Regierung die schwere Finanzkrise der südeuropäischen Staaten zum Anlass nahm, um die fragwürdige Politik des Sozialabbaus und des deutschen USS-Modells in diesen Ländern durchzusetzen, hat der Umgang der Bundesregierung und der EU-Kommission mit Griechenland 2015 exemplarisch offenbart. Es begann damit, dass Griechenland schon Anfang 2010 seine Schulden an die internationalen Banken nicht zurückzahlen konnte und die EU um ein erstes Hilfspaket aus dem »Euro-Rettungsschirm« ersuchte. Doch wurde das Hilfspaket unter die Kontrolle der Troika gestellt und mit einer Reihe von Haushaltskürzungen als Auszahlungsbedingung verknüpft. Die griechische Schuldenkrise hatte sicherlich teilweise hausgemachte Ursachen, die auf eine ineffiziente Verwaltung und vor allem die inkonsequente Besteuerung der Reichen zurückzuführen ist. Doch hatten die internationalen Banken mit ihrer unkontrollierten Kreditvergabepolitik die Schuldenkrise Griechenlands dramatisch verstärkt. Die EU und die Troika haben jedoch zu keinem Zeitpunkt auch nur einen Versuch unternommen, um ebenfalls die Banken an der Bewältigung der griechischen Schuldenkrise zu beteiligen. Ganz im Gegenteil verfolgte man in der EU mit den »Rettungspaketen« zuallererst das Ziel, die internationalen Banken zu retten.[50] Sämtliche Bedingungen aller Griechenland gewährten Hilfspakete wurden auch so formuliert, als hätten die angeblich hohen Sozialausgaben die griechische Schuldenkrise verursacht. Die geforderten Haushaltskürzungen, zusammen mit weiteren Hilfspaketen nach 2010, betrafen Lohnkürzungen im öffentlichen Dienst, Kürzung des Mindestlohns, Rentenkürzungen, Einstellungsstopp im öffentlichen Dienst, Erhöhung der Mehrwertsteuer, Erhöhung des Rentenalters, Senkung der Ausgaben für Bildung und Gesundheit etc. Diese Kürzungsmaßnahmen hatten jedoch, wie man sich leicht vorstellen kann, das Potenzial, entweder durch Entlassungen im öffentlichen Dienst direkt oder aber indirekt als Folge der drastischen Senkung der Massenkaufkraft und der Firmenpleiten die Massenarbeitslosigkeit zu steigern.

Vor dem Hintergrund der sozialen Situation einschließlich steigender Armut, Kriminalität und der Kapitalflucht, weil die Haushaltskürzungen nicht zu mehr Wachstum, sondern zur Schrumpfung des BIP führten, wählte die griechische Bevölkerung Anfang 2015 die linke Partei Syriza in die Regierung, die sich mit einem im Wesentlichen anti-neoliberalen Wahlprogramm gegen das alte Parteienestablishment zur Wahl gestellt hatte. Die Syriza-Re-

---

[50] Einer Recherche von Attac in Österreich zufolge sind über 77% der Hilfspaketsumme direkt oder indirekt an die Gläubigerbanken geflossen (vgl. Attac Österreich 2014).

gierung mit Alexis Tsipras an der Spitze machte einen Teil der Haushalts-kürzungen von den Vorgängerregierungen rückgängig, um die Kaufkraft-senkung zu bremsen und forderte von der EU einen Schuldenschnitt und ein Investitionsprogramm zur Ankurbelung der Wirtschaft und Schaffung von neuen Arbeitsplätzen.

Diese von den Griechen angedachte Krisenlösung war jedoch nichts anderes als jene wirtschaftpolitische Strategie, die die Bundesrepublik Deutschland und fast alle europäischen Staaten nach dem Zweiten Weltkrieg zur Überwindung ihrer am Boden liegenden Wirtschaft erfolgreich durchgeführt hatten. Denn auch in Griechenland sind die Wachstumsreserven wie die Infrastruktur und gut ausgebildete Fachkräfte vorhanden, sodass ein sich selbst tragendes Wirtschaftswachstum trotz der ineffizienten Verwaltung durchaus zu erwarten gewesen wäre. Weltbekannte keynesianisch orientierte Ökonomen wie Paul Krugman und Joseph Stieglitz, europäische Gewerkschaften und linke Ökonomen aus der ganzen Welt unterstützten Syrizas Reformen. Dennoch hat die neoliberale Elite in Europa, unter Führung des deutschen Finanzministers Schäuble, nichts, aber auch gar nichts unversucht gelassen, um die Regierung Griechenlands dazu zu zwingen, die von Brüssel verordneten Kürzungsbedingungen für weitere Hilfspakete, damit also das Gegenteil ihres eigenen Wahlprogramms, im griechischen Parlament durchzusetzen. Dabei ist nachgewiesen, dass das gegenwärtige Schuldenproblem Griechenlands zu einem guten Teil durch die internationalen Banken verursacht wurde. Diese Banken hatten, um ihr aufgeblähtes Kapitalguthaben als Darlehen zu vermarkten, zu Beginn der 2000er Jahre versucht, die Baufirmen mit Anreizen zu animieren, rigoros in Staaten mit starkem touristischen Sektor, wie Spanien, Portugal und Griechenland, zu investieren. Auch deren Regierungen wurden günstige Kredite angeboten, ohne ihre Bonität sorgfältig zu überprüfen. Daher spricht es für eine Haltung der gröbsten Unverantwortlichkeit der politischen Finanzelite, allen voran des deutschen Finanzministers Wolfgang Schäuble, die sich dennoch gegen einen Schuldenschnitt für Griechenland gewendet hat und ganz brutal und unbarmherzig die Auffassung vertrat, die griechischen Rentner, Kranken, Arbeitslosen, Studenten und alle anderen sozialen Verlierer dieses Landes müssten die Staatsverschuldung mit ihrem Schweiß und Blut bezahlen und nicht die Banken, die diese Verschuldung zum großen Teil mitverursacht haben.

Auch heute, im Sommer 2017, hat sich die Lage für Griechenland weiter verschärft. Die Arbeitslosigkeit hat nicht abgenommen und die Schuldenquote ist auf 315 Milliarden Euro und damit auf deutlich über 170% gestiegen. Einziger Hoffnungsschimmer ist dessen geringfügig gestiegene Kre-

ditfähigkeit auf den internationalen Kapitalmärkten.[51] Man kann sich des
Eindrucks nicht erwehren, dass Europas Eliten mit ihrer hartnäckigen Politik in Griechenland sowohl Alternativen zu ihrer falschen neoliberalen Kri-
senpolitik als auch ein erfolgreiches Gegenmodell, das andere südeuropäische Staaten hätten nachahmen können, mit aller Macht verhindern wollten.
Der deutsche Finanzminister hat sich stets sogar über die Position des IWF
hinweggesetzt, der seit Langem für einen Schuldenschnitt Griechenlands
eintritt. IWF-Europachef Poul Thomsens und Chefvolkswirt Maurice Obst-
felds Vorstoß für die Schaffung eines modernen Sozialsystems in Griechenland, das durch eine Neugestaltung des Steuer- und Rentensystems finanziert werden sollte, wurde von Schäuble und anderen EU-Finanzministern
postwendend zurückgewiesen.[52] Die IWF-Experten argumentierten offensichtlich ökonomisch, die neoliberalen Finanzminister nur noch machtpolitisch. Schäuble lehnte auch den Vorschlag der griechischen Regierung eis-
kalt ab, den besonders hart von den Kürzungen betroffenen Rentnern eine
finanzierbare Sonderzahlung zu gewähren. Südeuropa als Ganzes verharrt
ökonomisch in hoher Arbeitslosigkeit, einer Verschuldungskrise und politischer Instabilität. Am stärksten leiden die Völker dieser Staaten unter Massenarbeitslosigkeit, vor allem der Jugendarbeitslosigkeit.[53] Auch die Staatsverschuldung bewegte sich mit 179,2% in Griechenland, 135,5% in Italien,
131,7% in Portugal, 100,5% in Spanien und 98,2% in Frankreich auf neu-
en Höhen weit über dem EU-Durchschnitt von 84%.

Die südeuropäischen Regierungen wurden teils zur neoliberalen Politik
mit katastrophalen ökonomischen und sozialen Folgen genötigt. Oder sie haben wider bessern Wissens das deutsche Agenda 2010-System und dessen
USS-Konzept unter dem Druck der reichen Eliten freiwillig übernommen.
So hat die sozialistische Regierung Frankreichs bereits im Sommer 2016 ein
neues Arbeitsgesetz beschlossen. Dieses Gesetz enthält, in Anlehnung an
die deutsche Agenda 2010, Regeln zur Lockerung des Kündigungsschutzes,
zur Teilzeitarbeit und zu befristeten Verträgen, zur Ausdehnung der Leiharbeit und darüber hinaus auch zur Priorität für innerbetriebliche Tarifver-

---

[51] Dies liegt aber sehr wahrscheinlich nicht an der erpresserischen Kreditpolitik
der EU, sondern eher an chinesischen Investitionen in die Infrastruktur Griechenlands, die zu einem ökonomischen Wachstum führten. Beispielsweise wurden im
Frühjahr 2014 Investitionen im Umfang von 4,7 Milliarden US-Dollar vereinbart,
FAZ vom 22.6.2014.

[52] Frankfurter Rundschau vom 14.12.2016: IWF kritisiert Griechenland-Politik
der EU.

[53] Näheres dazu vgl. Abschnitt»Weniger statt mehr Arbeitsplätze« in diesem
Kapitel.

träge.[54] Mit der letzten Maßnahme sollen natürlich die Gewerkschaften ins Mark getroffen werden. Auch weitere unternehmerfreundliche Regeln wurden trotz erheblichen Widerstands von Gewerkschaften und Zivilgesellschaft durchgesetzt. Macron, der neue Präsident Frankreichs, beabsichtigt, diese Gesetze schrittweise durchzusetzen. Dazu hat er schon jetzt eine Vollmacht des Parlaments.[55] Es steht fest: Die EU wurde durch die neoliberale Politik der Eliten zutiefst gespalten, die Solidarität hat praktisch und mental so gut wie keinen Stellenwert mehr im europäischen Staatenbund. Die deutsche Bundesregierung beklagt sich oft darüber, dass viele EU-Staaten sich bei der Verteilung von Flüchtlingen unsolidarisch verhalten, und mahnt diese zur Solidarität. Dabei nimmt dieselbe Regierung offensichtlich nicht einmal wahr, dass sie selbst dieses unsolidarische Verhalten allen anderen Staaten, wie im Falle Griechenlands, sogar in existenziellen Fragen vorgemacht hat.

Verschärfung der globalen Externalisierung

Hin und wider entdeckt man in entlegenen Gebieten völlig verrostete Überreste eines alten Autos, eines Elektroherdes oder anderer Haushaltsgeräte. Das Problem ist rasch geklärt: Jemand wollte sich die Verschrottungskosten dieser Gegenstände ersparen. Zwar bezahlt dieser Jemand tatsächlich für die Verschrottung nichts. Dies bedeutet aber nicht, dass deshalb überhaupt keine Kosten entstehen. Tatsächlich entstehen Kosten, allerdings nicht bei den Verursachern, sondern bei der Allgemeinheit. Der Verursacher hat so die einfachste Form der Kosteneinsparung gewählt, die historisch immer und überall stattfand. Man praktizierte diese Methode in vorkapitalistischen Gesellschaften, im Kapitalismus wurde diese Methode flächendeckend angewandt, um höhere Profite zu erzielen und sich im Wettbewerb besser zu behaupten. Die Altlasten giftiger Schlacken von stillgelegten Stahlwerken oder Gießereien, die man – um ein häufig anzutreffendes Beispiel zu nennen – heute an den Stadtperipherien entdeckt und mit großem Aufwand sanieren muss, sind eine Kostenexternalisierung, die Unternehmergenerationen von gestern und vorgestern uns, den gegenwärtigen Generationen, aufgebürdet haben. William Kapp, der Begründer der *Institutionellen Ökonomie*, lieferte die erste allgemein formulierte Definition der Kostenexternalisierung,[56] die man abgewandelt, erweitert und modernisiert »als soziale und ökologische

---

[54] FaktenCheck EUROPA 2016.

[55] Paoli 2017.

[56] Diese sind demnach »direkte und indirekte Verluste, die Drittpersonen oder die Allgemeinheit als Folge einer uneingeschränkten wirtschaftlichen Tätigkeit zu tragen haben. Die Sozialkosten können in Schädigung der menschlichen Gesundheit,

Kosten« bezeichnen kann,»die von Individuen, sozialen Gruppen und Nationen verlagert werden auf die Allgemeinheit, auf andere soziale Gruppen, Nationen und künftige Generationen, um den eigenen Wohlstand und das ökonomische Wachstum über das Ergebnis der eigenen Leistungen und der eigenen Produktivität hinaus zu steigern«.[57]

Demnach findet Kostenexternalisierung in zwei Richtungen statt: Zum einen werden reale soziale Kosten zulasten anderer Nationen verlagert, etwa indem ganze Branchen aus Industriestaaten, die mit strengen arbeitsschutzrechtlichen Einschränkungen ausgestattet sind, die selbstverständlich zusätzliche Kosten verursachen, in Länder wie Bangladesch, Indien oder in afrikanische Länder ausgelagert werden, in denen derartige Regeln zum Schutz und zur Humanisierung der Arbeit entweder noch nicht existieren oder grob missachtet werden. Und zum anderen werden eigene Kosten durch Raub bzw. unsichtbare Umverteilungsmechanismen (über Märkte, Preise, globale Institutionen etc.) gesenkt, indem etwa die rohstoffreichen Staaten des Südens mittels Strukturanpassungsprogrammen des IWF dazu genötigt werden, Raubbau an den eigenen Rohstoffen zuzulassen.[58] Ganz allgemein sind zwei Hauptformen der Externalisierung zu unterscheiden: a) Externalisierung von sozialen Kosten und b) Externalisierung ökologischer Kosten durch die kostenlose Belastung der Umwelt so wie durch kostenlose Nutzung von nicht erneuerbaren Rohstoffen.[59] Dies gilt auch, wenn diese Rohstoffe zu Dumpingpreisen veräußert werden, so wie wir sie zur Genüge kennen. Kosteneinsparung durch Externalisierung ist also ein globaler Prozess der Reichtumsumverteilung auch und gerade im Zeitalter der Globalisierung, die auf Machtungleichheit beruht. Nur die Akteure (Individuen, Unternehmer, Nationen) mit größeren Machtpotenzialen können ihre realen Kosten externalisieren und ihren Wohlstand vermehren, während gleichzeitig die Akteure, die mit weniger Macht ausgestattet sind, Opfer der Externalisierung sind.

Externalisierung ist also auf jeden Fall ein unsichtbarer imperialistischer Vorgang, der für den gegenwärtigen Imperialismus, wie er im noch folgenden Abschnitt »Exkurs: Imperialismus heute« ausgeführt wird, symptomatisch ist. Tatsächlich gibt es auch, ausgehend von den Zielen der Akteure einer leistungslosen Wohlstandssteigerung, große Übereinstimmung zwischen bei-

---

in der Vernichtung oder Verminderung von Eigentumswerten oder in vorzeitiger Erschöpfung von Naturschätzen zum Ausdruck kommen.« (Kapp 1979: 10)

[57] Massarrat 1997. Vgl. auch die Begriffsanalyse in Massarrat 2010.

[58] Ausführliche Analyse und Dokumentation der Auswirkungen dieser IWF-Programme vgl. Informationsbrief Weltwirtschaft & Entwicklung 2002.

[59] Massarrat 2006: 64ff.

den Vorgängen und auch beiden Theorien. Bei Imperialismustheorien steht in der Regel die Profitsteigerung als Hauptmotiv im Vordergrund, während bei der Externalisierungstheorie die Kostensenkung das Hauptmotiv der handelnden Akteure ist. Die Externalisierungstheorie hat allerdings eine größere Reichweite, weil sie a) auch die Zukunft mit einbezieht, b) die soziale Kostenexternalisierung erfasst und grundsätzlich auf alle sozialen, also auch im Inland und mit Bezug auf die unmittelbare Umgebung, anwendbar ist und c) auch die unsichtbaren Vorgänge, etwa auf den Märkten, beispielsweise Kostenexternalisierung mittels Dumpingpreisen, erfasst.

Der Münchener Soziologe Stephan Lessenich nennt kapitalistische Gesellschaften generell *Externalisierungsgesellschaften*, die nach dem Zusammenbruch der realsozialistischen Staaten in»Gestalt radikalisierter Externalisierung«als die der»Einen Welt«in Erscheinung tritt.[60] Nach diesen Erläuterungen war auch der keynesianische Kapitalismus nicht davor gefeit, soziale und ökologische Externalisierung zu betreiben. Im neoliberal umgestalteten Finanzmarktkapitalismus werden Externalisierungsprozesse durch die Liberalisierung der Waren- und Kapitalmärkte und durch Kreditinstitutionen wie den IWF rigoros verstärkt, genauer geradezu richtig entfesselt, um durch Verbilligung der Arbeit auf dem Niveau von Dumpinglöhnen und durch Verbilligung der Rohstoffe zu Dumpingpreisen doch noch die letzten Wachstumsreserven aus der Weltwirtschaft herauszupressen. Die kläglichen Wachstumsraten, die in dieser Epoche seit dem Beginn der 1980er Jahre in den kapitalistischen Ländern erzielt wurden (vgl. Abbildung 6 auf S. 127), finden ihre Begründung nicht in der Effizienz neoliberaler Wirtschaftspolitik, sondern in der Externalisierung realer Kosten in den armen Süden und in die Zukunft.

Resümee: Hauptmerkmale des neoliberalen Kapitalismus

Der Finanzmarktkapitalismus hat sich nach der Analyse in diesem Kapitel als großes Hindernis des sozialen Fortschritts im Kapitalismus erwiesen. Alle im keynesianischen Kapitalismus geschaffenen positiven Errungenschaften wurden in dieser neuen Epoche entsprechend der ideologischen Fiktionen und Ideale des Neoliberalismus grundsätzlich infrage gestellt. Tatsächlich gelang es auch, den historischen Fortschritt teilweise wieder rückgängig zu machen: Die Erwerbslosigkeit hat einen neuen Höhepunkt erreicht. Als Lösung der steigenden Massenarbeitslosigkeit wurde vor allem in Deutsch-

---

[60] Lessenich 2016: 27. Lessenich scheint jedoch übersehen zu haben, dass dieses Thema seit längerem Gegenstand gründlicher Untersuchungen ist. In seinem eher essayistischen Text ist jedenfalls keine Spur von alledem zu finden.

land ein Teil der vorhandenen Arbeitsplätze auf mehrere Köpfe aufgeteilt, sodass statistisch ein Rückgang der Arbeitslosigkeit vorgetäuscht werden konnte. Erreicht wurde dadurch jedoch steigende Armut, die bis in die Gegenwart stets zugenommen hat. Die Konkurrenz unter den Beschäftigten hat sich massiv verschärft, die Gewerkschaften wurden stark geschwächt, das Lohnniveau wurde sukzessive gesenkt, es fand eine Umverteilung des Einkommens von unten nach oben statt.

Das Ergebnis dieser Politik war ein dramatisch stark steigender privater Reichtum bei gleichzeitig steigender öffentlicher Staatsverschuldung und Massenarmut, was sich in der ungleichen Einkommensentwicklung widerspiegelt. Man kann sich des Eindrucks nicht erwehren, dass die Strategen des Neoliberalismus steigende Kosten der Massenarbeitslosigkeit einer Vollbeschäftigung eindeutig bevorzugten, um die Verschiebung der Machtverhältnisse und damit Lohndumping sowie politische Hegemonie des Kapitals und der Reichen zu festigen. Die alten Ungleichgewichte wie sinkende Binnennachfrage, die Entstehung von überschüssiger Produktion und überschüssigem Kapital, wie sie im Freihandelskapitalismus symptomatisch waren, haben sich erneut herausgebildet. Während die Großkonzerne sich von der Realwirtschaft abwendeten und den im keynesianischen Kapitalismus tot geglaubten Finanzsektor wieder belebten und damit eine schleichende Transformation des Systems hervorriefen, bildeten sich bei den Menschen nahezu flächendeckend Unsicherheit, Ohnmacht, Perspektivlosigkeit und Angst heraus, und es entstand damit der Nährboden für Entdemokratisierung, Nationalismus und Populismus.

3. Exkurs: Der Imperialismus heute

Um es vorwegzunehmen: Alle ökonomischen Erscheinungsformen des Imperialismus resultieren im Ergebnis auch heute noch aus den teils sichtbaren und teils unsichtbaren ungleichen Machtverhältnissen zwischen den sehr mächtigen Staaten, den weniger mächtigen Staaten und vor allem den schwachen Staaten des Südens. Im Folgenden werden zunächst wesentliche Fälle imperialistischer Aneignung dargestellt, um anschließend den hegemonialen Imperialismus der USA, den man aufgrund seines Monopols an der internationalen Leitwährung Dollar nur diesem Staat zuschreiben kann, als Sonderfall herauszustellen: Die entwickelten kapitalistischen Staaten des Nordens beherrschen sämtliche internationale Institutionen, wie IWF, WHO und Weltbank, und nutzen diese Institutionen auf verschiedenste Weise, um – wie im Folgenden aufgelistet wird – eine Umverteilung von Einkommen und Ressourcen aus dem Süden in die westlichen Nationalökonomien herbeizuführen:

1. Im Rahmen der WHO (früher GATT-Runde) wurden und werden innerhalb der entwickelten Staaten zwar Zölle abgebaut. Bei den Verhandlungen zwischen Norden und Süden geht es aber keineswegs durchgängig um den Freihandel durch den generellen Abbau von Zöllen und anderen Handelshemmnissen, sondern oft um den Abbau der Zölle und Hemmnisse bei südlichen Staaten und zahlreiche Ausnahmeregelungen zum Schutz von Produzenten des Nordens. Dies gilt auf besondere Weise für den Agrarhandel der EU mit dem Süden, insbesondere mit Afrika. Agrarprodukte aus dem Süden werden durch Zölle behindert, während die eigenen Agrarexporte in den Süden subventioniert werden. Dadurch findet eine imperialistische Süd-Nord-Einnahmeumverteilung statt, die undurchsichtig ist, nur weil die Staaten des Nordens über unvergleichbar größere institutionelle Macht in der WHO verfügen.

2. Ein weiteres Feld der machtpolitischen Instrumentalisierung der institutionellen Macht der kapitalistischen Staaten für die imperialistische Umverteilung der globalen Wertschöpfung bildet die IWF-Kreditpolitik, die den Rohstoffanbietern des Südens durch sogenannte Strukturanpassungsprogramme eine Politik der Exportförderung aufoktroyiert, die eine Überproduktion und sinkende Preise für die Exporte aus dem Süden hervorruft. Diese strukturelle Überproduktion ist der Hauptfeind Hunderter Millionen von Kleinproduzenten im Süden, die angesichts sinkender Preise und Einnahmen immer ärmer werden, während gleichzeitig Verbraucher des kapitalistischen Nordens ihren Wohlstand aus demselben Grund erhöhen. Man könnte auch diese Art des Süd-Nord-Einkommenstransfers, wie im vorausgehendem Abschnitt »Verschärfung der globalen Externalisierung« dargestellt, als unsichtbaren Imperialismus bezeichnen, weil der Transfer nicht mit physischer, sondern mit struktureller Gewalt und marktförmig stattfindet.

3. Die größte imperialistische Süd-Nord-Umverteilung fand durch Öl-Dumpingpreise statt, die von der Mitte bis zum Ende des 20. Jahrhunderts durch dauerhafte Öl-Überproduktion stattgefunden hat. Es gelang den USA im Bündnis mit Saudi-Arabien und den arabischen Golfemiraten, den Weltmarkt mit Öl geradezu zu überfluten und den Preis auf dem möglichst niedrigen Niveau zu halten. Die Mechanismen dieser Umverteilung sind andernorts umfassend analysiert worden,[61] sodass sie hier nicht näher ausgeführt werden müssten. Klar ist, dass Öl-Dumpingpreise

---

[61] Vgl. Massarrat 2006: Kapitel 3.

ökonomisch keinen Sinn ergeben und ökologisch sogar die Hauptursache des globalen Klimawandels darstellen. Sie resultierten aus einer globalen Machtallianz und ungleichen Machtverteilung zwischen den USA und den übrigen kapitalistischen Staaten einerseits und den erdölproduzierenden Ländern des Südens andererseits und dienten ausschließlich der Umverteilung der Wertschöpfung zwischen Rohstoffproduzenten und -verbrauchern. Im Grunde hätten die Rohstoffpreise angesichts der Grenzen des Wachstums und ökonomischer Knappheitsgesetze längst steigen müssen. In Wirklichkeit sind aber die Rohstoffpreise in den letzten Dekaden überwiegend gesunken, weil die meisten rohstoffproduzierenden Staaten, die zugleich auch zu der Gruppe der hoch verschuldeten Staaten gehören, entweder durch IWF-Strukturanpassungsprogramme zu einer ökonomisch unsinnigen Überproduktion und Überausbeutung der Natur gezwungen wurden, und zwar mit der Folge der Preissenkung dieser Rohstoffe und der Kostensenkung für die Industrieländer (verschleierte Kostenexternalisierung).

Oder aber, gerade bei Rohstoffen wie Öl und Gas, also den wichtigsten Rohstoffen der Weltwirtschaft, haben die seit dem Iran-Irak-Krieg 1981-1988 bis zur Gegenwart im Mittleren Osten – der Region mit den meisten Ölreserven der Welt – kontinuierlich geführten Kriege den Ölexportstaaten dieser Region keine andere Wahl gelassen, als zum Mittel der Überausbeutung ihrer Reserven zu greifen, die ebenfalls zur Preissenkung von Öl und Gas unterhalb der Knappheitspreise geführt hat.[62] Insofern wäre es nicht weit hergeholt, die Geopolitik der USA und ihrer *Regime-Change*-Politik im Mittleren Osten, vor allem unter der neokonservativen Regierung von George W. Bush, im Einklang mit den neoliberalen Wachstumsstrategien im Finanzmarktkapitalismus zu verorten. Zu dieser Politik der Verbilligung des Faktors Natur gehörte beispielsweise die Energiepolitik der Bush-Regierung in den USA selbst: Ausbau der Kohleproduktion, Entscheidung für die Ölförderung in Alaska, Erleichterungen für Tiefseebohrungen überall und vor allem im Golf von Mexiko, die dort am 20. April 2010 die bisher größte Umweltkatastrophe in der Geschichte der USA hervorriefen. Donald Trump, Nachfolger von Obama, scheint offenbar fest entschlossen zu sein, zur Energiepolitik von Bush zurückzukehren. Bei genauerem Hinsehen ist auch diese Strategie der Verbilligung der Natur nichts anderes als ein beschleunigter Ver-

---

[62] Sehr ausführlich über die politischen und ökonomischen Mechanismen zur Etablierung von Dumpingpreisen bei Rohstoffen vgl. Massarrat 2000: vor allem in Kapitel 9, »Überproduktion durch neoliberale Planwirtschaft«, 123ff.

brauch der Natur und somit eine Umverteilung des Wachstums von der Zukunft in die Gegenwart. Obendrein kommen durch den beschleunigten Naturverbrauch immense ökologische Kosten hinzu, die beispielsweise bei fossilen Energien durch die drastische Erhöhung von CO_2 anfallen und die angesichts des drohenden Klimawandels sowohl den gegenwärtigen wie aber auch den künftigen Generationen aufgebürdet werden. Auch die neoliberale Lösung für steigende Umweltkosten, die – durch Liberalisierung der Handels- und Kapitalmärkte forciert – sich darin erschöpft, alle Produktionsanlagen mit hohen Umweltkosten möglichst in Länder mit schwachen Umweltgesetzgebungen und korrupten Regimen auszulagern, ist eine Kostenexternalisierung in den Süden mit Wohlstands- und Wachstumseffekten im Norden – im Prinzip also eine Umverteilung. Der Preis für diese kurzsichtige unsoziale und auch fahrlässige Politik ist sehr hoch, nicht nur für die künftigen Generationen, sondern auch für die heutigen Verursacher selbst. Wie die Externalisierungspolitik die Agrarmärkte in Afrika durch subventionierte Billigprodukte aus der EU zerstört, schlägt nun dadurch auf sie zurück, dass Afrikaner, weil ihnen keine andere Wahl bleibt, sich jetzt auf den Weg in die EU machen. Und was aus der Externalisierungspolitik der stärksten neoliberalen Macht der Welt – den USA – folgt, die zur Destabilisierung und Zerrüttung ganzer Staaten geführt hat, können wir an der Terrorwelle beobachten, die die USA seit dem 11. September 2001 in New York und die Europa seitdem in Paris, London, Madrid, Brüssel, Berlin und an zahlreichen anderen Orten erfasst hat. Erst seit dem Beginn des 21. Jahrhunderts und als die steigende Knappheit an Ölressourcen der Überproduktionspolitik Schranken setzte, stiegen die Ölpreise sprunghaft an und beendeten vorerst die Einkommensumverteilung. Die alte Politik der Ölüberproduktion wurde von jener oben erwähnten Machtallianz fortgesetzt, als die eigene Ölproduktion in den USA selbst rentabel wurde und die Ölknappheit zurückging.

4. Im neoliberalen Kapitalismus entstehen durch die Politik des Lohndumpings, das ein struktureller Bestandteil dieses Systems ist, zwangsläufig globale ungleichgewichtige Außenhandelsbeziehungen, weil unter der Bedingung schrumpfender Binnenmärkte in produktiveren Staaten ein ständiger Waren- und Kapitalüberschuss hervorgerufen wird: Den produktiveren Staaten gelingt es, ihre Überproduktion auf dem Weltmarkt abzusetzen und einen Handelsüberschuss zu erzielen, weil sie durch die Kombination von höherer Produktivität und Lohndumping über einen Wettbewerbsvorteil verfügen und zulasten der weniger produktiven Staaten ihren Marktanteil erhöhen. Die weniger produktiven Staaten verlieren Marktanteile, werden zu Handelsdefizitländern mit steigender Arbeitslo-

sigkeit und müssen sich bei den Waren- und Kapitalüberschussländern verschulden. Dieser Vorgang, der angesichts der einheitlichen Währung besonders krass innerhalb der EU stattfindet,[63] ist zweifellos imperialistisch. Denn der Handelsüberschuss entsteht nicht allein aufgrund von Produktivitätsvorteilen, sondern auch wegen einer internen Verschiebung der Kräfteverhältnisse zwischen Kapital und Arbeit, damit also durch einen politisch erzeugten Machtvorsprung. Gewinner sind dabei die Großkonzerne und Banken der Handelsüberschussstaaten, während die arbeitenden Menschen dieser Staaten und die hoch verschuldeten Handelsdefizitstaaten die Verlierer dieser imperialistischen Beziehung sind. Insofern ist der neoliberale Finanzmarktkapitalismus strukturell ein imperialistisches System.

Diese Beispiele belegen, wie eine imperialistische Aneignung von Einnahmen und Ressourcen im gegenwärtigen Kapitalismus weiterhin auf der Grundlage der global ungleichen Machtverteilung stattfindet, an der alle kapitalistischen Staaten partizipieren. Hiervon ist jedoch der Sonderfall des *Dollarimperialismus* zu unterscheiden, der im Prinzip den hegemonialen Imperialismus der USA gegenüber dem Rest der Welt zum Ausdruck bringt.

Dollar- und Hegemonialimperialismus

Die USA sind heute weiterhin die größte Volkswirtschaft der Welt, jedoch bei Weitem nicht die produktivste: Die US-Handelsbilanz weist seit 1987 ununterbrochen Defizite auf, die bis 2013 angehäufte Defizitsumme beträgt 9.627 Milliarden US-Dollar (vgl. auch Abbildung 16 auf S. 168). Tatsächlich ist auch die US-Ökonomie in Teilen gegenüber ihren Hauptkonkurrenten EU, China und Japan längst nicht mehr wettbewerbsfähig. Hinzu kommen chronisch steigende Haushaltsdefizite, die aus drastisch steigenden Rüstungsausgaben resultieren. So wurde die größte Volkswirtschaft der Welt gleichzeitig auch die Volkswirtschaft mit der größten Staatsverschuldung. Diese betrug 2013 über 17 Tausend Milliarden Dollar (vgl. auch Abbildung 11 auf S. 139). Jede andere Volkswirtschaft der Welt wäre längst zahlungsunfähig geworden und zusammengebrochen, nicht jedoch die USA. Ganz im Gegenteil: Die Vereinigten Staaten sind das begehrteste Land für Kapitalinvestitionen aus der ganzen Welt. Die Erklärung für diesen geheimnisvollen Widerspruch ist, dass die USA mit dem Dollar als globaler Währung über ein währungsimperialistisches Monopol verfügen, das sie in die Lage versetzt, beträchtliche Kapitalmassen, die außerhalb der USA geschaffen worden sind, in die US-Ökonomie umzuleiten. Seit dem Zusammenbruch

---

[63] Vgl. den Abschnitt »Spaltung der EU« in diesem Kapitel.

des Bretton-Woods-Systems 1973 gelang es der US-Regierung unter dem Präsidenten Richard Nixon, den Dollar aus der Abhängigkeit der Golddeckung herauszulösen und ihn im Prinzip nach eigenen Interessen auch ohne Golddeckung und frei von jeglicher vertraglicher Verpflichtung zu vermehren.der Auslöser für den Zusammenbruch des Bretton-Woods-Vertrages – immerhin einem völkerrechtlich bindenden Vertragssystem – war zwar der Vertrauensverlust der französischen Regierung gegenüber der Stabilität des Dollarwertes, weswegen sie vertragsgemäß darauf bestand, Frankreichs Dollarreserven gegen Gold, das bei der US-Zentralbank (Federal Reserve) deponiert war, zurückzugeben. Die Vertragskündigung erfolgte aber durch Nixons Regierung, weil die US-Experten herausgefunden hatten, dass der globale Ölhandel die Funktion des goldgedeckten Dollars übernehmen und der Dollar auch ohne Golddeckung als Leitwährung verbleiben könnte. Dazu bedürfte es allerdings einer Erhöhung des Ölpreises und damit auch des Ölhandelsvolumens in der Weltwirtschaft. Prompt wurde der Ölpreis beinahe gleichzeitig mit der Kündigung des Bretton-Woods-Vertrages 1973/74 durch die OPEC und durch die Initiative von Saudi-Arabien von ca. zwei auf zehn Dollar je Barrel erhöht. Fortan sorgte die dauerhaft steigende Nachfrage nach Öl für die Stabilität des Dollarwertes – auch ohne dass das Weltgeld durch Gold gedeckt werden musste.[64] Insofern haben die US-Regierungen es verstanden, den Ölpreis seit dem ersten Ölpreissprung in doppelter Weise hegemonialpolitisch und imperialistisch für sich zu instrumentalisieren: zum einen den verbündeten kapitalistischen Staaten (wie EU, Japan etc.) einen Öl-Dumpingpreis bei dauerhaft verfügbaren Ölmengen auf dem Weltmarkt zu garantieren und sich dadurch diese Verbündeten hegemonialpolitisch zu unterwerfen; und zum anderen dennoch den Ölpreis auf einem Niveau zu halten, der für die Dollarstabilität erforderlich ist. Diese von den Experten der Weltökonomie kaum reflektierte einmalige Option der Vereinigten Staaten ist *hegemonialimperialistisch* und sie machte obendrein auch eine gigantische Umverteilung von Einkommen und Kapital zugunsten der USA und zulasten aller anderen Staaten einschließlich der eigenen militärischen Verbündeten in der Nato möglich. Und sie verschaffte der Hegemonialmacht eine in der Geschichte noch nie da gewesene Aufrüstung und Kriegspolitik mit, wie wir wissen, drastischen Folgen für den Mittleren Osten und die internationalen Beziehungen insgesamt.

Bevor aber diese Dimension der hegemonialimperialistischen Politik der USA erläutert wird, sollten die Mechanismen der offensichtlich ungezügelten wie sorgenfreien Geldvermehrung in gebotener Kürze herausgearbeitet

---

[64] Ausführlicher dazu vgl. Massarrat 2014a und ders. 2014b.

werden: in diesem Prozess stellen *US-Staatsanleihen*, die die US-Regierung herausgibt, das wichtigste Instrument dar. Um laufende Staatsausgaben zu tätigen, tauscht das US-Finanzministerium Staatsanleihen bei der FED gegen von dieser frisch gedruckte Dollars um – allein 2013 wurden so 1.100 Milliarden Dollar in Umlauf gebracht. Die FED wiederum vermarktet diese Staatsanleihen auf dem Weltmarkt und lenkt so ständig neues Kapital in die US-Ökonomie, das für den Ausgleich der Leistungsbilanzdefizite sorgt. Der Preis für diese Geldschöpfungspolitik ist die gigantische Staatsverschuldung. Um die alten Anleihen samt Renditen bei Fälligkeit zu bedienen, werden neue Staatsanleihen ausgegeben, die – gegen frisches Geld bei der FED eingetauscht – erneut in Umlauf gebracht werden. Dieser Prozess kann beliebig fortgesetzt werden, solange wie die Dollarzone eine lukrative Anlagesphäre bleibt, was wiederum angesichts der Ölnachfrage für die nächste Zukunft als sicher angenommen werden kann. Dieser weitestgehend verborgene Dollarkreislauf – Investitionen in US-Staatsanleihen, steigende Nachfrage nach Dollar – garantiert, dass so ein ständiger Kapitalfluss aus dem Rest der Welt in die US-Ökonomie stattfindet.

Wie die Tabelle 6 zeigt, scheint zwischen der Auslandsverschuldung, den Rüstungsausgaben und den US-Kriegen ein Zusammenhang zu bestehen. Noch stärker zeigt sich dieser Zusammenhang seit der Machtübernahme der US-Neokonservativen mit George W. Bush jr. 2001, seit diese *das Projekt des amerikanischen Jahrhunderts* konzipiert haben.[65] Die Rüstungs-

---

[65] Schon lange vor Bush jr. hatten die Neokonservativen die Idee entwickelt, die bestehenden Grenzen im Mittleren Osten durch die Schaffung eines *Greater Middle East* neu zu ziehen und durch Kriege im Irak, Iran und in Syrien »Regime Changes zu betreiben«. In ihren Veröffentlichungen haben sie jedenfalls, wie man im folgenden Zitat erkennen kann, über ihr Vorhaben keinen Zweifel gelassen: »Die Geschichte des 20. Jahrhunderts sollte uns gelehrt haben, dass es wichtig ist, die Umstände zu gestalten, bevor es zu Krisen kommt, und Bedrohungen entgegenzutreten noch bevor sie dringlich geworden sind. Die Geschichte des vorausgegangenen Jahrhunderts sollte uns gelehrt haben, dass wir uns der Sache der amerikanischen Führungsrolle verschreiben müssen. ... Gegenwärtig haben die Vereinigten Staaten keinen Rivalen. Amerikas große Strategieplanung sollte darauf zielen, diese vorteilhafte Position soweit wie möglich in die Zukunft hinein nicht nur zu erhalten, sondern sie auszubauen. Es gibt allerdings potenziell mächtige Staaten, die mit der gegenwärtigen Lage unzufrieden sind und die die Situation daher gerne verändern würden. Um also die gegenwärtige für die USA wünschenswerte strategische Situation aufrechtzuerhalten, ist eine global militärische Überlegenheit heute und in der Zukunft erforderlich. ... Obwohl die internen Sensibilitäten in Saudi-Arabien es gebieten, dass die dortigen US-Streitkräfte nominell rotieren, ist es doch offensichtlich geworden, dass es sich dort um einen dauerhaften Einsatz handelt. Aus

ausgaben stiegen dramatisch an und erreichten 2011 die Rekordsumme von 705.557 Mrd. Dollar.[66] Gegenwärtig geben die USA so viel für Rüstung aus, wie der Rest der Welt zusammen. Es gibt, wie bereits erwähnt, einen eindeutigen kausalen Zusammenhang zwischen Kriegen, Rüstungsausgaben und der Staatsverschuldung. Dafür können zwei wesentliche Gründe angeführt werden: *Erstens* können Regierungen – nicht nur in den Vereinigten Staaten – Kriege durch Staatsverschuldung leichter akzeptabel machen, da man so die Kriegskosten auf mehrere Generationen verteilen kann. Die Finanzierung der Kriegskosten durch direkte Steuern würde dagegen die Bevölkerungen gegen jeden Krieg mobilisieren. So wären die beiden Weltkriege ohne Staatsverschuldung gar nicht möglich gewesen. Auch die USA haben ihre Beteiligung an diesen Kriegen durch Staatsverschuldung finanziert. Da die Vereinigten Staaten vor allem seit dem Ersten Weltkrieg bis heute permanent an zahlreichen Kriegen beteiligt waren, ist ihre Staatsverschuldung folglich kumulativ angewachsen. *Zweitens* verursachen Kriegsschulden generell exponentielles Schuldenwachstum. Denn Rüstungsinvestitionen sind, im Unterschied zu Investitionen in die Infrastruktur, die neue Wertschöpfung und entsprechend neue Steuereinnahmen generieren, unproduktiv und bewirken, ökonomisch gesehen, eine Kapitalvernichtung. Die Staatsverschuldung der USA stieg jedenfalls jedes Mal, wie die Daten in der Tabelle 6 belegen, bei einem neuen Krieg sprunghaft an. Um eine Vorstellung vom Umfang der leistungslosen Kapitalumverteilung durch Staatsverschuldung zu vermitteln, stieg die Auslandsverschuldung der USA im Zeitraum 2000 bis 2013 von 5.628,700 auf 17.240,23, somit um 11.620,539 Milliarden Dollar.[67] Im Klartext floss in diesem Zeitraum eine zusätzliche Kapitalmasse, damit also reale Wirtschaftsleistungen aus der ganzen Welt, in dieser Höhe in die USA. Dank ihrer hegemonial-imperialistischen Machthebel haben die Vereinigten Staaten also ein doppeltes Ziel durchgesetzt: zum einen durch die Vermarktung von Staatsanleihen und Auslandsverschuldung im genannten Zeitraum eine gigantische Kapitalum-

---

amerikanischer Sicht bleibt die Bedeutung solcher Militärstützpunkte erhalten, auch wenn Saddam Hussein von der Szene verschwinden sollte. Auf lange Sicht kann es sich herausstellen, dass der Iran eine große Bedrohung für amerikanische Interessen am Golf darstellt, so wie es zuvor beim Irak der Fall war. Aber selbst für den Fall, dass sich die Beziehungen mit dem Iran verbessern sollten, bliebe die Aufrechterhaltung der Voraus-Streitkräfte am Golf ein wesentliches Element der US-Streitkräfte in Anbetracht der langfristigen Interessen in der Region.« www.newamericancentury. org/statementofprincipales.htm

[66] Fiscal Year 2014: 50ff.
[67] Zu den Zahlen vgl. Fiscal Year 2014: 143f.

Tabelle 6: US-Verteidigungsetat und Auslandsverschuldung seit 1900 in Milliarden Dollar Jahresdurchschnitt

Dekaden	US-Verteidigungs-etat	Staats-verschuldung	Beteiligung an Kriegen
1900-09	k.A.	2,30	
1910-19	k.A.	6,80	
1920-29	k.A.	22,83	Erster Weltkrieg
1930-39	k.A.	35,35	
1940-49	33,35	182,71	Zweiter Weltkrieg
1950-59	41,50	269,45	Koreakrieg
1960-69	60,28	323,82	Vietnamkrieg
1970-79	89,00	547,27	
1980-89	231,61	924,05	Jugoslawienkrieg
1990-99	272,50	4.635,56	Irakkrieg
2000-2009	465,36	7.888,10	Kriege in Afghanistan, Irak, Libyen
2010	693,50	13.528,81	Kriegsfolgekosten
2011	705,56	14.762,22	Kriegsfolgekosten
2012	677,86	16.050,92	Kriegsfolgekosten
2013	660,04	17.249,24	Kriegsfolgekosten

Quelle: Eigene Berechnung auf der Basis von: Das Schulden-Porträt der USA 1791-2013. www.sgipl. org.; Fiscal Year 2014: 143-144, und eigene Berechnungen.

verteilung zugunsten der US-Ökonomie. Um die Relationen zu verdeutlichen, machte die allein in 2013 in die USA geflossene Kapitalmasse von 1.198 Milliarden Dollar ca.7, 6% des BSP aus. Und zum anderen haben die US-Regierungen im selben Zeitraum einen Teil dieser Wertsumme für ihre Kriege im Mittleren Osten ausgegeben, um dort die vollständige Kontrolle des Öls und die langfristige Stabilität des Dollars zu sichern.

4. Das Finanzkapital

Nun muss es nach der Analyse der Folgen des neoliberalen Kapitalismus in diesem Abschnitt um die Analyse der Gesamtheit neoliberaler Politikmuster und Strategien gehen, in der das Finanzkapital die Melodie spielt. Spätestens die zweite große internationale Finanzkrise 2008 hat offenbart, dass das Finanzkapital in den letzten Dekaden einen dramatischen Funktionswandel vollzogen hat. Experten verschiedenster Couleur beschrieben diesen Funktionswandel auf unterschiedliche Weise. Der *Global Wealth Report*

2014 der Unternehmensberatung Boston Consulting hob deshalb »eine gefährliche Fehlentwicklung« hervor, die »im zentralen Maschinenraum des Kapitalismus« stattgefunden hat. »Früher sorgten«, so derselbe Report, »Banken, Fonds und Investmentgesellschaften dafür, die Ersparnisse der Bürger in technischen Fortschritt, Wachstum und Arbeitsplätze zu verwandeln. Heute organisieren sie die Umverteilung des gesellschaftlichen Reichtums von unten nach oben, die nicht zuletzt Angehörige der Mittelschicht trifft. Viele Normalverdiener erleben seit Jahren, dass ihr Wohlstand nicht mehr wächst, sondern schrumpft.«[68] Der Finanzwissenschaftler Rudolf Hickel konstatierte in diesem Zusammenhang, »dass sich Aktivitäten auf den Finanzmärkten stark von der dienenden Funktion seit Anfang der neunziger Jahre im letzten Jahrhundert entkoppelt haben«. Dahinter verberge sich, so Hickel, die Verschiebung der Rangordnung der Märkte in »Richtung einer machtvollen Dominanz der Akteure auf den Finanzmärkten«.[69] Bei näherem Hinsehen geht es eigentlich um deutlich mehr als um einen Funktionswandel des Finanzkapitals. Im Grunde entstand nach dem Ende des keynesianischen Kapitalismus erneut ein Finanzsektor, den es schon einmal in der Endphase des Freihandelskapitalismus gegeben hat und der während der keynesianischen Epoche fast vollständig verschwunden war. Wir haben es bei dem neuen Finanzsektor, das möchte ich auch hier noch einmal hervorheben, mit einem Systemwechsel zu einer neuen Kapitalformation zu tun.

Wie in der bisherigen Analyse des neuen Kapitalismus, des Finanzmarktkapitalismus, dokumentiert, beginnen sämtliche sozialunverträglichen Entwicklungen in allen kapitalistischen Staaten beinahe gleichzeitig während der 1980er Jahre: Massenarbeitslosigkeit, sinkende Lohnquoten, rasante Steigerung der Staatsverschuldung, ungleichgewichtige Handels- und Kapitalbeziehungen, ungleiche Einkommensentwicklung – wie ich in den vorausgegangenen Abschnitten hervorgehoben und auch empirisch durch Abbildungen belegt habe –, sie alle zeigen eine systemische Parallelität, die das Wesen des Finanzmarktkapitalismus als Ganzes ausmachen. In diesem Abschnitt geht es aber um den Finanzsektor, das Wesen des Finanzkapitals, die innere Logik der Finanzkapitalakkumulation, die Entstehung und Quellen, die Ökonomie des Finanzsektors und das spezifische Verhältnis des Finanzkapitals sowie des Finanzsektors zur Realwirtschaft und schließlich um gesellschaftliche Folgen dieses Verhältnisses.

---

[68] Der Spiegel 43/2014: Das Zombie-System.
[69] Frankfurter Rundschau vom 30.9.2015.

4.1 Rasanter Ausbau des Finanzsektors

In der Tat ist in allen kapitalistischen Staaten eine überproportionale Ausdehnung des Finanzvolumens zu beobachten. So erhöhte sich das Verhältnis
der Bilanzsumme inländischer Banken zum BIP zwischen 1990 und 2013
in Deutschland von 170 auf 280%, in Frankreich von 210 auf 325%, in den
Niederlanden von 215 auf 445% und in Großbritannien von 210 auf 540%.[70]
Eine parallele Entwicklung ist im Grunde auch für die gesamte Weltwirtschaft
festzustellen. In 2003 waren die Aktien, Anleihen und Bankanlagen der Welt
100 Billionen Dollar wert, 2013 rund 270 Billionen Dollar – das Vierfache
der Weltwirtschaftsleistung.[71] Wie Abbildung 21 am Beispiel der Entwicklung des Handelsvolumens im Finanzsektor zeigt, entsteht mit der rasanten
Ausweitung des Handelsvolumens seit Mitte der 1980er Jahre der Finanzsektor, den es offensichtlich in dieser Form vorher nicht gegeben und den
der Neoliberalismus mit seiner unsozialen Wirtschaftspolitik erst geschaffen hat. Mit dem überproportionalen Wachstum des Finanzsektors wächst
ein Sektor, der selbst keine Werte schafft, also unproduktiv ist, jedoch einen Großteil des hoch qualifizierten Fachkräftepotenzials der Gesellschaft
absorbiert. Der US-Experte Gautam Mokunda bringt diese Misere im *Harvard Business Review* so auf den Punkt:»Die Großbanken, die ein fantas-
tisches Wachstum des Finanzvolumens verursachten, stellen im Grunde genommen das Herz der Finanzordnung dar. Aber wenn ein Herz zu groß wird,
wird es den Körper schädigen. Das Herz, das den Körper schützen sollte,
könnte mit Leichtigkeit den Körper an der Erfüllung seiner Aufgaben hindern. Die US-Ökonomie leidet unter einem zu groß gewordenen Herzen.«[72]
Mit dieser Entwicklung finden wir auf jeden Fall einen Kapitalismus in
einer neuen Qualität vor, in dem sich der produktive und Werte schaffende
Teil dem spekulativen und unproduktiven Teil unterordnet. In der kapitalismuskritischen Literatur wird mit den Begriffen *Finanzialisierung, Finanz-
getriebener Kapitalismus* oder auch mit *Finanzmarktkapitalismus* versucht,
die neue Qualität des Kapitalismus genauer zu erfassen, allerdings erfolgt
dies mehr oder weniger selektiv und nicht hinreichend systematisch. Daher
soll hier der Versuch unternommen werden, den spezifischen Triebkräften,
Akkumulations- und Verteilungsmechanismen des neuen Kapitalismus sowie den unsichtbaren gesellschaftlichen Kräften, die sich dahinter verber-

---

[70] Der Spiegel 43/2014: 67.
[71] Frankfurter Rundschau vom 27./28.9.2013: Finanzmärkte dominieren die
Realwirtschaft.
[72] Mokunda 2014.

Abbildung 21: Globales jährliches Handelsvolumen in % des globalen BIP

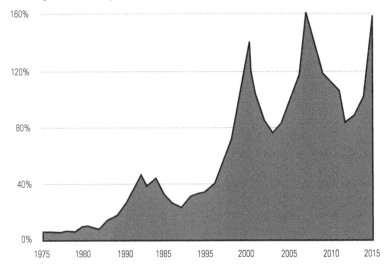

Quelle:World Federation of Exchanges database/World DataBank: World Development Indicators
(http://databank.worldbank.org)

gen, auf den Grund zu gehen. Eine solche analytische Zielsetzung ist m.E.
aus zwei Gründen längst fällig: *Erstens*, weil die Analyse der gesellschaftlichen Träger des Finanzkapitals die Voraussetzung liefert, realitätsnahe
Schritte und Strategien zur Bändigung und langfristig auch zur Überwindung des Kapitalismus herzustellen. *Zweitens* weil die bisherigen Erklärungen des Finanzkapitals, vor allen Dingen die von Hilferding vor nahezu
einem Jahrhundert vorgelegte Analyse, auf die sich nahezu alle kapitalismuskritischen Beiträge zum Finanzkapital beziehen, wie unten zu zeigen
sein wird, eine differenzierte Analyse des Finanzkapitals und seiner sozialen Träger eher blockieren.

4.2 Finanzkapital als überschüssiges Kapital und dessen Quellen

Ich habe bereits in Kapitel 4 in dem Abschnitt »Klassische Imperialismustheorien« ausführlich dargelegt, dass Hilferding in seinem Werk das Finanzkapital mit dem Bankenkapital gleichsetzt und daher dessen Finanzkapitalthe-
orie für die Analyse des Finanzkapitals, das wir kennen, nicht herangezogen
werden kann. Hier nehme ich nunmehr den dort gesponnenen Faden wieder auf, um die eigene Theorie des Finanzkapitals weiterzuentwickeln, um

sie für eine realitätsnahe Analyse des Finanzmarktkapitalismus fruchtbar zu machen. Meine Abhandlung an genannter Stelle hörte mit der Frage auf, wo die Quellen des Finanzsektors eigentlich herkommen. Man kann drei unterscheidbare Quellen für das Finanzkapital und dessen astronomisch wachsendes Volumen identifizieren, die historisch zur Entstehung des Finanzsektors geführt haben. *Erstens* die Grundrenten aus Grundeigentum für Immobilien, die sich die Grundeigentümer aneignen. *Zweitens* die bei der Öl- und insgesamt der Rohstoffproduktion entstandenen Differenzialrenten, die sich ebenfalls die Grundeigentümer aneignen und *drittens* die aus dem Lohndumping von der Arbeits- zur Kapitalseite umverteilten Geldeinnahmen. Alle drei werden im Folgenden ausführlicher erläutert:

Renten aus Grund und Boden und Immobiliengrundeigentum

Die mächtigste Klasse der Grundeigentümer im Feudalismus verlor mit dem Aufkommen des Kapitalismus zwar ihre Herrschaft, sie verschwand jedoch nicht gänzlich aus der Welt. Im Kapitalismus verwandelte sie sich zu einer weiterhin einflussreichen sozialen Klasse, die allein dank ihres Monopols an landwirtschaftlichem Grund und Boden sowie an Immobilieneigentum in der Lage war und auch weiterhin ist, sich Jahr für Jahr einen Teil der globalen Wertschöpfung als Grundrente anzueignen, ohne eine Gegenleistung zu erbringen (leistungsloser Kapitalstrom). Es kann davon ausgegangen werden, dass diese Rentiers nur einen kleinen Teil ihrer Renteneinnahmen selbst konsumieren und dass sie den deutlich größeren Teil als Überschuss davon in den Finanzmarkt investieren. In Deutschland, um eine Vorstellung vom Umfang dieses Kapitalüberschusses zu erhalten, betrug die Summe der Grundrenten (sonstige Zinseinnahmen und Pacht) 2013 rund 60 Milliarden Euro.[73] Bei einer Übertragung dieser Größe auf alle OECD-Staaten für die letzten 50 Jahre, betrügen die OECD-Immobilien-Grundrenten grob geschätzt ca. 21 Tausend Milliarden Euro, sodass davon ausgegangen werden kann, dass ein Teil dieser Summe, sofern Absorptionskapazität vorhanden, in die Realwirtschaft und der Rest davon in den Finanzsektor geflossen ist.

Renteneinnahmen aus Bodenschätzen und Immobilieneigentum

Analog zu der oben genannten Rentenform partizipiert eine noch mächtigere Gruppe von Privat- und Staatseigentümern, auch hier dank des Monopols an Kohle- und Ölquellen und zahlreichen anderen Bodenschätzen, an den Differenzialrenten (Differenz zwischen Produktionskosten und in

---

[73] Statistisches Jahrbuch der Bundesrepublik Deutschland 2014.

der Regel erheblich höheren Marktpreisen).[74] Allein die angeeigneten Ölrenten durch die Ölkonzerne und die Ölstaaten seit Beginn der Ölproduktion
dürften mehrere tausend Billionen US-Dollar betragen. Es muss davon ausgegangen werden, dass der größte Anteil dieser Renten als überschüssiges
Kapital den Weg in den Finanzsektor eingeschlagen hat, weil angenommen
werden kann, dass die Kapitalabsorptionsfähigkeit in der Realwirtschaft
deutlich langsamer ansteigt als die Wachstumsrate der Renteneinnahmen.
Der besonders markante Anstieg des weltweiten Finanzvolumens seit 2000
resultiert aller Wahrscheinlichkeit nach aus den drastisch angestiegenen Ölrenten angesichts des rapide steigenden Ölpreises, der im Zeitraum 2001-
2005 von 40 auf 120 und mehr US-Dollar/Barrel angestiegen ist. Tatsächlich sind Ölstaaten wie Saudi-Arabien und andere Ölstaaten am Persischen
Golf auch die größten Gläubiger auf den Finanzmärkten. Der Umfang der
Öl-Differenzialrente, die weltweit kumulativ in der Zeit von 1965 bis 2014
entstanden ist, beträgt schätzungsweise über 21.000 Milliarden US-Dollar,
die ca. 1,7% des Weltsozialprodukts im selben Zeitraum ausmachen.[75] Zwar
ist ein Teil dieser Summe in der Realwirtschaft, z.B den Ölstaaten selbst,
investiert bzw. konsumiert worden, ein beträchtlicher Teil davon dürfte jedoch als überschüssiges Kapital in den Finanzsektor geflossen sein. Diese
hier grob geschätzte Kapitalgröße als eine wichtige Quelle des Finanzkapitals müsste im Grunde um die Summe aller bei sämtlichen Rohstoffen angeeigneten Differentialrenten erweitert werden, die in beträchtlichem Umfang ebenfalls in den Finanzsektor umgeleitet wurden.

Umverteilung von Arbeit zum Kapital

Diese Quelle des Finanzsektors hat eine strategische Relevanz, da die systematische Umverteilung der Wertschöpfung von der Arbeits- zur Kapitalseite für den Übergang zum Finanzmarktkapitalismus symptomatisch ist. Dass
diese Umverteilung aus der sinkenden Lohnquote als Folge der veränderten
Kräfteverhältnisse zwischen Lohnarbeit und Kapital resultiert, wurde in früheren Abschnitten dieses Kapitels ausführlich erläutert. Wie Abbildung 7
(S. 129) zeigt, sank die Lohnquote der wichtigsten Industriestaaten von 60-

---

[74] Zu der Frage, warum die Marktpreise für einen großen Teil der Rohstoffe weit
über den Produktionskosten liegen und wie die Differentialrenten entstehen vgl.
Massarrat 1974, ders. 1980, ders. 1993, ders. 2000.

[75] Eine genaue Berechnung hierfür dürfte kaum möglich sein. Um jedoch
eine Vorstellung von dieser Quelle des Finanzkapitals zu vermitteln, wurde diese
Kapitalsumme mithilfe folgender Annahmen ermittelt: a) weltweite Ölproduktion im
Zeitraum 1965 bis 2014 und b) eine durchschnittliche Differentialrente, in Preisen
von 2014, von 20 Dollar/Barrel.

65% 1980 im Durchschnitt um 5 Prozentpunkte auf 55-60%. Im Falle Japans sinkt die Lohnquote im gleichen Zeitraum sogar von 75 auf 60%. Die entsprechend steigenden Gewinnquoten bei gleichzeitig sinkenden Investitionsraten bedeuten im Grunde die Umverteilung einer beträchtlichen Kapitalmenge von der Realwirtschaft zum Finanzsektor. Um sich von der Dimension dieser Umverteilung eine halbwegs realistische Vorstellung machen zu können, sei darauf verwiesen, dass sie allein in Deutschland im Zeitraum 1991-2012 ca. 1.500 Milliarden Euro betrug.[76] Wollte man die im genannten Zeitraum für Deutschland ermittelte Summe auf alle OECD-Staaten im Zeitraum 1980 bis 2012 übertragen, so ergäbe sich der astronomische Betrag von über 30,3 Tausend Milliarden US-Dollar.[77] Demnach stieg – nach der hier groben Schätzung aller drei Quellen – das Finanzvolumen in den letzten fünf Dekaden insgesamt auf 72,3 Tausend Milliarden US Dollar[78] an.

4.3 Der Finanzsektor als parasitäres Tätigkeitsfeld

Dieser Finanzsektor ist zwar mit dem für die Kreditversorgung der Ökonomie unverzichtbaren Bankensektor verflochten. In fast allen international agierenden Banken werden jedoch Investmentabteilungen gegründet, deren Bedeutung unaufhaltsam zunimmt, und die irgendwann auch die reinen Kreditabteilungen der Banken in ihren Bann ziehen. Hierauf ist auch der massive Druck auf Renditeerhöhungen in der Realwirtschaft zulasten der Lohn- und Gehaltabhängigen zurückzuführen. Der ehemalige Direktor der Deutschen Bank, Joseph Ackermann, brachte mit seiner sinngemäßen Aussage,»Wer weniger als 25% Rendite auf das Eigenkapital erziele, sei für den Job nicht geschaffen«, diese Haltung auf den Punkt. Der Finanzsektor ist dem Wesen nach unproduktiv, weil er nichts zur Wertschöpfung beiträgt. Im Unterschied zum Bankensektor, der hinsichtlich seiner Kreditversorgungsfunktion ein existenzieller Bestandteil des kapitalistischen Akkumulationskreislaufs darstellt, kann sich der neuartige Finanzsektor von

---

[76] Massarrat 2013: 30.

[77] Die obige Schätzung ergibt sich aus dem Vergleich der Relation von 1.500 Milliarden Euro zu Deutschlands Nationaleinkommen in diesem Zeitraum, der durchschnittlich 3,8% beträgt. Daraufhin wird die absolute Summe aus der Relation von 3,8% zum OECD-Nationaleinkommen im Zeitraum 1980 bis 2012 ermittelt.

[78] Das gesamte globale Finanzvolumen wird in 2010 mit 223,800 Billionen bzw. Tausend Milliarden US-Dollar angegeben (Atlas der Globalisierung 2015). Insofern sind meine oben gemachten Schätzungen äußerst konservativ, auf jeden Fall nicht ganz unrealistisch.

der Realwirtschaft abkoppeln, da dieser selbst zum Gravitationszentrum von Kapitalinvestitionen mutiert. Dieser Finanzsektor ist im Kern letztlich nichts anderes als das Ergebnis einer gigantischen Umverteilung von der Lohn- zur Kapitalseite und, was die Immobilien- und Bodenschatzrenten anbetrifft, von den Konsumenten zu den Finanzkapitalisten. Mangels fehlender produktiver Investitionstätigkeiten wird hier die Jagd nach kurzfristig höheren Renditen der Hauptzweck von Investitionen. Und hier wird auch der Entfaltung einer alles dominierenden Atmosphäre der global folgenreichen Finanzspekulationen fortan Tür und Tor geöffnet.

Die Nationalsozialisten haben das zu jener Zeit schon einmal existente Finanzkapital im Unterschied zum »schaffenden Kapital« als »raffendes Kapital« bezeichnet, um letzteres rassistisch zu deuten und das Finanzkapital wegen seiner Unbeliebtheit bei der Bevölkerung als das Tätigkeitsfeld der jüdischen Bevölkerung hinzustellen. Ungeachtet der rassistischen Begrifflichkeit war und bleibt der Finanzsektor ein »parasitäres« Tätigkeitsfeld, bei dem die reiche Spitze der Gesellschaft zu noch mehr Reichtum gelangen konnte. Wie wir längst wissen, führte die heuschreckenartige Renditeerzielung durch Kurzfristigkeit der Anlagetätigkeiten und beschleunigte Beweglichkeit der Finanzkapitalströme in den letzten vier Jahrzehnten zur Entstehung von Finanzblasen, die von Südamerika über Russland, Südostasien und Europa nacheinander alle Kontinente heimsuchten, um dann die Welt in die zweite Wirtschafts- und Finanzkrise zu stürzen.[79] Der amtierende deutsche Bundespräsident Horst Köhler, selbst eigentlich ein neoliberaler Ökonom, sagte anlässlich der Finanzkrise 2008 in einem Interview: »Jetzt muss jedem verantwortlich Denkenden in der Branche klar geworden sein, dass sich die internationalen Finanzmärkte zu einem Monster entwickelt haben, das in die Schranken gewiesen werden muss.«[80] Der neue Finanzsektor umfasst neben der von der Lohnseite umverteilten Wertsumme auch die globalen Immobilienrenten und die aus dem Rohstoffsektor stammenden Differenzialrenten, da sich auch die letztgenannten Kapitalströme nunmehr in der Realwirtschaft keine attraktiven Betätigungsfelder erschließen können. Alle drei oben angeführten Quellen des Finanzkapitals sind durch folgende zwei Wesensmerkmale gekennzeichnet: *Erstens* handelt es sich bei dem in den Finanzsektor umgeleiteten Geldkapital (Immobiliengrundrenten, Differentialrenten aus dem Öl- und Rohstoffsektor insgesamt[81] und der Arbeit

---

[79] Vgl. dazu Huffschmid 2002; Stiglitz 2010: 57ff.
[80] Stern vom 15.5.2008.
[81] Zu dieser Kategorie gehören auch internationale Ölkonzerne, die nach dem Zweiten Weltkrieg aufgrund von neokolonialistischen Verhältnissen einen großen

vorenthaltenen Lohnanteile) um *leistungslose* Bestandteile der Wertschöpfung, die einseitig, d.h. ohne Gegenleistung, der Wertschöpfungskette entzogen und dem Finanzsektor zugeführt werden. Dieses Charakteristikum ist insofern besonders hervorzuheben, weil die Besitzer von leistungslosen Kapitaleinnahmen mit einer deutlich höheren Risikobereitschaft ausgestattet sind, die sie dazu verleitet, unverantwortlich zu handeln oder gar ein Geschäft mit Folgen für viele andere Menschen mit einem Spiel im Kasino zu verwechseln. Und *zweitens* ist der Hebel dieser Umverteilung stets die gesellschaftliche Macht: a) die Macht der Immobilieneigentümer, die darin besteht, qua ihres Monopols an Grund und Boden über die von Nutzern gezahlte Grundrente als ein Kostenelement von Mieten (dies gilt entsprechend auch für landwirtschaftlichen Grund und Boden) zu verfügen; b) die Macht der Öleigentümer (und Eigentümer sonstiger Bodenschätze), die sich teilweise beträchtliche Differentialrenten von Öl und sonstigen Bodenschätzen aneignen und sie im Finanzsektor anlegen und c) das zusätzliche Machtpotenzial der Unternehmer, das über die »normale« Eigentümermacht im gegenwärtigen Kapitalismus entsteht, weil sich wegen der Massenarbeitslosigkeit die Kräfteverhältnisse zwischen Kapital und Arbeit zugunsten des Kapitals verschieben. Dieser Machtvorsprung versetzt die Unternehmer in die Lage, über den »normalen« Durchschnittsprofit hinaus auch zusätzlich durch Umverteilung von der Lohn- zur Kapitalseite einen Extraprofit zu erzielen, der letztlich in Gestalt von überschüssigem Kapital in den Finanzsektor fließt. Gerade diese letztgenannte Quelle des Finanzkapitals ist für den Systemwechsel vom keynesianischen Kapitalismus zum Finanzmarktkapitalismus charakteristisch, und sie stellt die Weichen für einen neuen Kapitalismus, dem sich wie im Feudalismus eine immer kleinere Schicht der Superreichen verbunden fühlt. Manche Kapitalfraktionen können sich mit diesem jedoch nicht mehr identifizieren, und zwar jene, die keine übermäßigen Kapitalüberschüsse erzielen und sich daher mit dem Finanzsektor auch nicht verflechten können. Des weiteren können auch die ethisch orientierten Unternehmerinnen und Unternehmer dazu zählen, die ihren Gewinn lieber durch produktive als durch spekulative Tätigkeiten erwirtschaften wollen

---

Teil der Ölrenten für sich selbst angezapft und in den Finanzsektor umgeleitet haben. Vgl. dazu Massarrat 1980a: 185ff.

4.4 Der Übergang zum Finanzmarktkapitalismus

In Kapitel 3 dieses Buches habe ich dargelegt, dass um die Wende vom 19. zum 20. Jahrhundert bereits ein Finanzsektor auf der Grundlage des strukturell entstandenen überschüssigen Kapitals entstanden war. Das überschüssige Kapital resultierte auch damals aus dem in allen Industrieländern jener Epoche dominierenden Lohndumping und einer damit zusammenhängenden strukturellen Beschränktheit der Aufnahmekapazität der Binnenmärkte. Nach der ersten Weltfinanzkrise 1928 und dem Zusammenbruch der Weltwirtschaft hat sich auch dieser historische Finanzsektor mehr oder weniger auf das Bankenkapital reduziert, das für die Kreditversorgung der Wiederaufbauphase nach dem Zweiten Weltkrieg unentbehrlich geworden war. Im keynesianischen Kapitalismus beobachten wir zwar einen gut funktionierenden Banken- und Kreditsektor, der sich international rasant verflechtet, jedoch keinen Finanzsektor mit immensem Kapitalvolumen, das sich außerhalb der Realwirtschaft spekulative Tätigkeiten sucht. Der Grund für die Austrocknung des Finanzkapitals in jener Epoche dürfte nahe liegen: Immense Wachstumsreserven im Bereich der produktiven Realwirtschaft, steigende Investitionsneigung der Unternehmer und steigende Löhne, die aller Wahrscheinlichkeit nach das Entstehen eines strukturell überschüssigen Kapitals überflüssig machten. Doch ändert sich diese Situation schlagartig, seit die als schier unbegrenzt erschienenen Wachstumsreserven und auch der Umfang des historisch einmaligen Massenkonsums drastisch zu schrumpfen beginnen und als der keynesianische Kapitalismus in eine dramatische Krise gerät und die neoliberale Wirtschafts- und Gesellschaftspolitik anfängt, die Schranken des wilden und ungebändigten Kapitalismus mit der Zurückdrängung der Gewerkschaften und der drastischen Ausweitung der Massenarbeitslosigkeit brachial zu zerschlagen. Ab Anfang der 1970er Jahre entstand, wie in der Freihandelsepoche und bei der Dominanz des klassischen Liberalismus, erneut und kontinuierlich ein struktureller Kapitalüberschuss, der mehr und mehr nicht in die produktive Realwirtschaft, sondern in den unproduktiven Finanzsektor investiert wurde und damit das Finanzvolumen kumulativ aufgebläht hat. Mit diesem alten und neuartigen Finanzsektor beginnt die Epoche des *Finanzmarktkapitalismus*, der entstand, weil sich durch die Herstellung dauerhaft ungleicher Machtverhältnisse zwischen Kapital und Arbeit das Koordinatensystem des Kapitalismus von der *Kapitalakkumulation durch Mehrwertproduktion in Richtung Kapitalakkumulation durch Umverteilung* verschoben hat. Von dem Finanzsektor geht auch ein immenser Druck auf die Regierungen überall in der Welt aus, möglichst viele Sektoren der öffentlichen Daseinsvorsorge, wie die Wasser- und Gesund-

heitsversorgung, den Verkehrssektor, den Bildungssektor, die Sicherheits-
versorgung und weitere gesellschaftliche Bereiche zu privatisieren. Die Privatisierung der öffentlichen Güter – neben der Liberalisierung des Handels
und der Deregulierung der Finanzmärkte – wurde daher zu einem weiteren
strategischen Ziel der neoliberalen Wirtschaftspolitik. Die ökonomischen
und sozialen Nachteile der Privatisierung öffentlicher Güter überwiegen in
den meisten bisher durchgeführten Studien bei Weitem mögliche Vorteile
in den hochgradig monopolisierten und ineffizienten Versorgungsbereichen.
Der Soziologe Sighard Neckel sieht im Finanzmarktkapitalismus die An-
zeichen einer *Refeudalisierung,* die er in vier Dimensionen festmacht: *Erstens* in der »Verfestigung sozialer Ungleichheit«. *Zweitens* im »Status der
Führungsgruppen auf den Finanzmärkten, die nicht unternehmerisch tätig
sind, sondern als Rentiers«. *Drittens* »in der Ablösung des Leistungsprinzips
durch die Maximierung des reinen finanziellen Erfolges«. *Viertens* schließlich in der Transformation des Wohlfahrtstaates, »der öffentliche Sozialpolitik als Stiftung und Spende reprivatisiert und sozialstaatliche Anrechte in
Abhängigkeit von privater Mildtätigkeit verwandelt«.[82] Im Kern deckt sich
diese soziologische Sicht auf die finanzmarktkapitalistische Sozialordnung
weitestgehend mit der oben dargestellten politökonomischen Analyse dieser Sozialordnung. Meine Bewertung dieses »refeudalisierten« Kapitalismus
führt zu der Schlussfolgerung, dass dieser Kapitalismus die Sozialentwick-
lung blockiert und dass damit auch beträchtliche Produktivitätspotenziale
zerstört werden, die für den menschlichen Wohlstand und den Schutz der
Natur unerlässlich sind.

Allianz der Reichen als Träger des Finanzmarktkapitalismus

Die Grundeigentümer (der Immobilien und Bodenschätze) waren im Kapitalismus schon immer die gesellschaftliche Basis des historischen Finanzsektors, und die durch sie angeeigneten Grundrenteneinnahmen fanden im
Kapitalismus des 19. und 20. Jahrhunderts den Weg in den Finanzsektor.
Die Beteiligung der Unternehmerklasse mit ihrem überschüssigen Kapital
an der Expansion des Finanzsektors setzt jedoch, wie erwähnt, den Systemwechsel und einen qualitativen Sprung zum Finanzmarktkapitalismus voraus. In diesem neuen System findet eine rückwärts gewandte Revolution
durch eine zweifache Verschiebung der gesellschaftlichen Kräfteverhältnisse statt: Zum einen bei dauerhafter Massenarbeitslosigkeit zulasten der
lohn- und gehaltabhängig arbeitenden Menschen, die – wie noch zu zeigen
sein wird – den Kapitalismus selbst verändert. Und zum anderen zugunsten

---

[82] Neckel 2016: 157ff. und 162.

der parasitären Grundeigentümerklassen, der Rentiers, weil die mächtigen Großkonzerne und mit ihnen ein Teil der gierigen Mittelschichten, die in den Besitz des überschüssiges Kapitals gelangen, mit den Grundeigentümern im Finanzsektor de facto eine unheilige Allianz eingehen und sich gegen den Rest der Gesellschaft stellen. Namhafte Analytiker, wie beispielsweise David Harvey[83] und Thomas Piketty,[84] erkennen zwar die wachsende Macht der Rentiers, übersehen aber ihre Allianz mit einem Teil der Kapitalisten im Finanzsektor und dadurch auch den Finanzmarktkapitalismus als ein selbständiges System einer insgesamt rückwärtsgewandten Kapitalformation. Dieses neue gesellschaftliche Bündnis ist aber, mit dem alles beherrschenden Finanzsektor im Rücken, in der Lage, *erstens* den Hauptwiderspruch zwischen Arbeit und Kapital in Richtung eines Widerspruchs zwischen Arm und Reich zu verschieben und *zweitens* ein neues Modell der *Akkumulation durch Verteilung* zu etablieren, das sich von seinem originären Ursprung, der *Akkumulation durch Mehrwertproduktion,* grundsätzlich negativ abgrenzt.

Der Neoliberalismus ist die Ideologie dieser Allianz, die mit beträchtlicher institutioneller Macht ausgestattet ist und sich einer starken sozialen Basis in der Politik, der Wissenschaft und den Medien erfreut. Die historischen Wurzeln der finanzkapitalistischen Allianz und des Finanzkapitals selbst reichen bis ins 19. Jahrhundert. Schon damals – und nicht erst in den 1970er Jahren, wie gemeinhin angenommen wird – koppelte sich das Finanzkapital von der Realökonomie ab und stellte sich über die gesamte Gesellschaft. Es begann, den Staat, insbesondere dessen Wirtschafts-, Haushalts- und Sozialpolitik, in seinen Bann zu ziehen.

Ökonomische Stagnation statt Kreativität und Ausgleich

Der Kapitalismus hat trotz seines ausbeuterischen Wesens, historisch gesehen, der Menschheit einen zivilisatorischen Fortschritt gebracht, ja sogar – wie Marx selbst mehrfach hervorhob – einen einzigartigen revolutionären Prozess entfacht. Tatsächlich hat er die rückwärtsgewandten feudalen Grund-

---

[83] Harvey 2015: 65f. Harvey führt in manchen seiner Beiträge sämtliche übermäßigen Profite offensichtlich intuitiv und ohne analytische Begründung mehr oder weniger nebulös auf eine »Akkumulation durch Enteignung« zurück. Die hier dargestellte »Akkumulation durch Umverteilung mag Harveys begriffliche Unklarheit gewissermaßen beseitigen.

[84] Piketty 2014: 562f. Piketty scheint allerdings weder eine klare Vorstellung vom Umfang der Rente im Kapitalismus von heute, noch über ihre Bedeutung für den Finanzsektor zu haben. »Der Landbesitz ist zum Immobilien-, Industrie- und Finanzkapital geworden, aber dadurch hat sich an dieser elementaren Realität nichts geändert« (ebd.: 564).

eigentümer und ihre Diktatur in Europa beseitigt und den Weg für eine Industrialisierung, Freihandel, soziale Emanzipation und politische Freiheiten geebnet. Die Erben der feudalen Grundeigentümer haben es jedoch
geschafft, sich kapitalistisch in den neuen bürgerlichen Gesellschaften anzupassen und ihr Monopol an Grund und Boden sowie Bodenschätzen in
Gestalt von »Naturkapital«[85] mit einer unscheinbaren, aber sehr einflussreichen Macht aufrechtzuerhalten. Ihre gigantischen Grundrenteneinnahmen stellen im Grunde einen Abzug von der Wertschöpfung aller Menschen
in der Weltwirtschaft dar, da sie zu einem guten Teil nicht in die Realwirtschaft zurückfließen und stattdessen jenen parasitären Finanzsektor hervorrufen, dem sich im Finanzmarktkapitalismus die Realwirtschaft und die
gesamte Gesellschaft zunehmend unterwirft. Hatte sich das Kapital im 19.
und 20. Jahrhundert bemüht, den Einfluss dieser parasitären Schichten zu
beschneiden, weil sie mit der Aneignung eines Teils der Wertschöpfung die
Kapitalakkumulation, also den Hauptzweck der Profitmaximierung, massiv
blockierten und die ökonomische Stagnation und einen gesellschaftlichen
Stillstand förderten, so bedeutet das neue Bündnis des mächtigen Teils der
Unternehmerklasse mit den Grundeigentümern im Finanzmarktkapitalismus eine Renaissance von feudalistischen Machtstrukturen und einen historischen Rückschritt, der der Menschheitsentwicklung im Wege steht. In
diesem System tritt an die Stelle von Kreativität und Abbau von Ungleichheiten in allen gesellschaftlichen Bereichen die Stagnation, Korruption und
Tendenz zu Imperialismus und Krieg. Die Vereinigten Staaten mit der stärksten Machtallianz der reaktionären Kräfte und dem eigentlichen Herz des
internationalen Finanzkreislaufs sind längst dazu übergegangen, sich globale Reichtümer imperialistisch anzueignen. Ganz im Interesse kurzfristiger Bereicherung der großen Rüstungs- und Rohstoffkonzerne sowie der
Grundeigentümerklasse investieren die Vereinigten Staaten in den militär-
industriellen Komplex mit zahlreichen Kriegen, die sich aus der Logik dieser herrschenden Machtallianz ergeben. Diese Politik stellt, wie wir ihre
Folgen im Mittleren Osten beobachten können, eine große Gefahr für den
Weltfrieden dar, und sie schadet obendrein auch den langfristigen Interessen der eigenen kreativen Kapitalfraktionen.[86]

---

[85] Ein populärer Begriff für Grund und Boden sowie Naturschätze im
Kapitalismus, der insofern missverständlich ist, weil er die Nichtreproduzierbarkeit
der Natur verschleiert.
[86] Vgl. dazu auch den Abschnitt »Exkurs: Imperialismus heute« in diesem Kapitel.

4.5 Finanzkapital als Macht

Der Übergang zum Finanzmarktkapitalismus kann in seinem Kern darauf fokussiert werden, dass sich das Kapital in zwei unterschiedliche Modelle der Kapitalakkumulation spaltet, die nebeneinander fortbestehen und miteinander einen finanzmarktkapitalistischen Kreislauf bilden: Kapitalakkumulation durch Mehrwertproduktion (produktiver Sektor) und Kapitalakkumulation durch Umverteilung (unproduktiver Sektor). Im letzteren Sektor beruht die Umverteilung auf Macht, also auf einem außerökonomischen Faktor. Somit wird angenommen, dass die Kapitalakkumulation und die Reichtumsansammlung im Finanzsektor der Logik der Macht folgen. Letzteres bedarf näherer Erläuterungen.

Macht hat, wie ich in Kapitel 2 näher untersucht habe, in allen Gesellschaften, also auch in den kapitalistischen, eine eigenständige Existenzweise. Allein schon deshalb, weil sie einer anderen Logik folgt als der des Kapitals. Denn Macht folgt der Logik des Monopols, der Logik des Beharrens und des Konservierens bestehender Verhältnisse. Das Monopol ist ein Zustand, der nur mit Macht, militärischer eingeschlossen, aufrechterhalten werden kann. Und umgekehrt wohnt der Macht die Eigenschaft inne, monopolistische Zustände herzustellen. Mächtige Individuen oder gesellschaftliche Gruppen, die mit Machtressourcen ausgestattet sind, neigen zuallererst dazu, Monopole zu errichten. Und umgekehrt sind Monopolisten gleichzeitig auch die Mächtigen. Macht ist also ein Instrument zur Privilegierung weniger und zur Ausgrenzung und struktureller Benachteiligung vieler. Als solche ist sie so auch nur ein wirkungsmächtiger Hebel der Umverteilung (Nullsummenspiel), jedoch nicht ein Mittel zur Vermehrung des gesellschaftlichen Reichtums (Plussummenspiel).[87] Da das Monopol auf Ausgrenzung beruht, setzt monopolistische Aneignung die Ausgrenzung voraus. Daher mangelt es dem Monopolisten strukturell an der gesellschaftlichen Legitimation, mehr noch: er ist der permanenten Gefahr ausgesetzt, durch Ausgegrenzte delegitimiert und beseitigt zu werden. Um der Selbstbehauptung willen bleibt dem Monopolisten nur die Alternative der Machtvermehrung übrig. Noch mehr Macht, um das geschaffene Machtpotenzial zu sichern – die grenzenlose Machtakkumulation wird also zur treibenden Kraft als Ersatz für die der Macht innewohnenden Legitimationslücke. Machtakkumulation steht so im direkten Verhältnis zu ihrer sinkenden Legitimation. Die akkumulierte Macht in materialisierter Form ist aber nichts weiter als die quantitative Vermehrung der monopolisierten Ressourcen (z.B.

---

[87] Vgl. auch Massarrat 2013.

Vermehrung von Eigentumsrechten bzw. territorialer Ausdehnung des Besitzes) bei gleichzeitiger Vermehrung von Machtinstrumenten (Waffenarsenalen etc.).[88] Schöpferische Tendenzen gehen nur insofern mit der Reproduktion von Macht einher, wie sie zur Absicherung des Monopols (und des Herrschaftssystems) erforderlich sind, das seinem Wesen nach jedoch keine andere Perspektive als gesellschaftliche Stagnation zulässt.

Im Finanzmarktkapitalismus wird der Finanzsektor, vom Ergebnis her betrachtet und durch die Macht parasitärer Oligarchien verkörpert, zu einer unsichtbaren Maschinerie der Umverteilung und Kanalisierung eines beträchtlichen Teils der Wertschöpfung hin zu unproduktiven Kapital-»Abschiebebahnhöfen« der Vermögenden. Vereinfacht dargestellt, vollzieht sich der über die Realökonomie etablierte finanzkapitalistische Kreislauf der Umverteilung wie folgt: sinkende Löhne dank Massenarbeitslosigkeit, sinkende Massenkaufkraft, Überakkumulation, Kanalisierung des überschüssigen Kapitals in den Finanzsektor, spekulative Investitionen, Finanzblasen und Zusammenbruch von »systemrelevanten« Banken, staatliche Rettungspakete, steigende Staatsverschuldung und schließlich Abbau der Sozialausgaben.

Im Finanzmarktkapitalismus haben sich vor der ersten Weltfinanzkrise am Anfang des 20. Jahrhunderts jedoch – viel aggressiver und systematischer als in den letzten vier Dekaden – alle Voraussetzungen entwickelt, um dem Finanzsektor als Ganzem einen monopolistischen Status gegenüber dem Rest der Gesellschaft zu verleihen. Das Finanzkapital als Macht hat die Tendenz, sich die Realwirtschaft und die Gesellschaft insgesamt unterzuordnen. Um diese sicherlich überraschende These näher zu untermauern, werden unten die wichtigsten institutionellen und funktionellen Hebel der Macht in der neuen Ordnung des Kapitalismus skizziert.

Konzentration im Finanzsektor

Der Finanzsektor ist einzigartig stark konzentriert. »Hier dominiert ein Netz von megamächtigen Anbietern und Nachfragen«, meint der Finanzexperte Rudolf Hickel. »Nach einer aktuellen Untersuchung aus der Schweiz gibt es weltweit ein kleines, geschlossenes System von im weiteren Kreis hundertvierzig, im engeren Kreis dreißig Finanzgruppen, Banken, Hedgefonds, Private-Equity-Fonds, Finanzinvestitionsfonds und Pensionsfonds.«[89] Hinzu kommt die personelle Verflechtung des Finanzsektors mit internationalen

---

[88] Genau diese monopolistische Logik war m.E. die treibende Kraft der Entstehung unzähliger Territorialstaaten in der Antike. Mehr dazu Massarrat 1996.

[89] Hickel 2012: 39.

Finanzinstitutionen und Regierungen. Sie dient dazu, möglichst wichtige finanzpolitische Entscheidungen im Sinne des Machterhalts des Finanzsektors zu kontrollieren und politische Entscheidungen, wie z.b. die Deregulierung der Finanzmärkte, durchzusetzen.

Dafür steht das globale Netzwerk von Goldman Sachs: Etwa 25 US-amerikanische und europäische Spitzenfinanzmanager von Goldman Sachs, darunter John Whitehead, Robert Rubin, Henry Fowler, Lawrence Summers, Robert Zoellik, Josh Bolton, Gary Gensler, Mario Draghi, Romano Prodi, Mario Monti, Otmar Issing, Christoph Brand und andere übernahmen in den letzten Dekaden den Posten des Finanzministers bei diversen US-Regierungen von Reagan bis Obama. Sie fungierten als Berater derselben, wechselten zur Weltbank, zum IWF, zu US- und europäischen Zentralbanken, zu Mitgliedern der Parlamentsausschüsse in wichtigen Ländern und zu Beratern in EU-Expertengruppen.[90] Durch diese netzwerkartig verwobenen Beziehungen unter den Topmanagern des internationalen Finanzsektors kann effizient auf die Politik der Regierungen sowie sogar auf die Gesetzgebung souveräner Staaten direkt Einfluss ausgeübt und dem Finanzkapital zu größtmöglichen Freiheiten verholfen werden. Dieses Netzwerk wirkt mehr oder weniger unsichtbar in alle Politikbereiche hinein und stellt letztere in den Dienst höherer Renditen der Eigentümer des Finanzkapitals, also der Investmentbanken, und einer dünnen Schicht der spekulierenden Vermögensbesitzer. Es entwickelte sich dadurch zu einem Machthebel der Reichen, weil es einer in seinem Dienst stehenden Schar von hoch bezahlten Finanzexperten immer wieder gelingt, komplexe und vor allem intransparente Finanzprodukte, wie Derivate, Hedgefonds, Leerverkäufe etc., zu kreieren, die niemand außer ihnen selbst zu durchschauen in der Lage ist. Mit dem *Monopol eines Informationsvorsprungs* verwandelte sich der internationale Finanzsektor dann in eine Machtbastion der Reichen. Im Vertrauen auf die absurde Annahme, *alles ist gut, was für den Finanzsektor richtig ist,* folgte die gesichtslose Mehrheit der politischen Klasse in den hoch entwickelten kapitalistischen Staaten den *Finanzalchimisten* (so Stephan Schulmeister) und legitimierte politisch so gut wie alles, was man ihnen vorsetzte. So ist es für die Finanzwelt dann auch ein leichtes Spiel, dank ihres Monopols über Jahre und Jahrzehnte nicht nur die politische Klasse wie eine Schafherde vor sich herzutreiben, sondern eine Finanzblase nach der andern zu produzieren, Währungskrisen zu erzeugen, Staatsverschuldungen drastisch in die Höhe treiben zu lassen, die Grundlagen sozialer Errungenschaften

---

[90] Detaillierte Ausführungen dazu siehe Schmalz 2014 (insbesondere das Kapitel »Götter der Gerissenheit«).

zu erschüttern, Regierungen zu Rettungspaketen zu nötigen oder gar ganze Staaten in den Bankrott zu stürzen.

Komplexe Finanzprodukte

Komplexe Finanzprodukte werden durch hoch bezahlte und hoch qualifizierte Mathematiker und Finanzspezialisten der Welt ausgeheckt, um so deren Risiken optimal verstecken zu können, damit Anleger außerstande sind, diese zu erkennen. Die von dieser Komplexität herrührende Macht der großen Finanzunternehmen öffnet betrügerischen Manipulationen Tür und Tor. Erfindungsreiche Spezialisten verpacken und verschachteln klassische Anlageformen wie Aktien, Anleihen sowie Rohstoffe zu Derivaten und verkaufen sie mit allen darin versteckten Risiken weiter. »Die größere Komplexität der Verkettung innerhalb und zwischen Finanzsystemen macht inzwischen sogar einem Mann Angst, der von Berufs wegen eigentlich den Durchblick haben müsste.«[91] Der 2008 amtierende Präsident der Europäischen Zentralbank, Jean-Claude Trichet, beklagte in einem Vortrag an der New Yorker Universität die »Obskurität und Wechselwirkungen vieler Finanzinstrumente, die oft mit hohem Verschuldungsgrad gepaart sind«.[92] Das gigantische Volumen der Kapitalüberschüsse, die zwecks Renditen angelegt werden müssen, zwingt die Banken, ihre Kunden um weniger abgesicherte Kreditnehmer (Quelle der faulen Kredite) zu erweitern. Um jedoch das Risiko derartiger Kredite zu verschleiern, bedienen sich die Banken neuer Finanzprodukte, wie beispielsweise der Kreditausfall-Swaps, die als die gefährlichsten Derivate bezeichnet werden. Darin sind die guten wie die weniger gesicherten Kredite neu verbrieft. Finanzinvestoren, die ebenfalls unter dem Druck ihrer Rendite suchenden Anleger stehen und an Einnahmen durch Handelsgebühren interessiert sind, investieren in dieses neue Finanzprodukt in der Hoffnung, Spekulationsgewinne einzustreichen.[93]

Spekulationsgewinne sind die Antriebskraft des Handels, der durch weitere Verbriefung solange fortgesetzt wird, bis die dadurch entstandene Blase platzt. Ratingagenturen können mit einer positiven Bewertung des Finanzprodukts zum wachsenden Volumen dieser Art des Derivathandels erheblich beitragen. Im Frühjahr 2010 war das Volumen der Derivatgeschäfte zehn Mal höher als das Weltsozialprodukt.[94] Der Betrug beginnt damit, dass die Verbriefung die Beziehung zwischen Kreditgeber und Kreditnehmer zer-

---

[91] Der Spiegel 40/2008: 28.
[92] Ebd.
[93] Bontrup 2012.
[94] Hickel 2012: 59.

reißt.[95] Dadurch können tatsächliche Risiken des Produktes versteckt werden. Marktteilnehmern fehlt einfach die Möglichkeit, die Verkettung transparent zu machen und sich die nötigen Informationen für die Risikoermittlung zu beschaffen. Im Grunde wird so der Wettbewerb, der normalerweise auf vollständigen Informationen beruhen sollte, ausgehebelt. Gewinner des Kasinos sind in diesem Spiel mächtige Finanzinvestoren, die in der Lage sind, sich quasi monopolistisch die nötigen Informationen zu beschaffen oder aber diese mithilfe von Ratingagenturen selbst herzustellen. Den weniger mächtigen Anlegern, wie in Deutschland den Landesbanken, wird dieser Betrug erst bewusst, wenn sie viel Geld verloren haben. Spezialistentum generiert bekanntlich die monopolistische Macht eines winzigen Insiderkreises gegen die Masse der ahnungslosen Mitwirkenden auf den Finanzmärkten. Nicht Leistung, sondern Täuschung wird zur Hauptqualifikation des Erfolges.

Ratingagenturen

Sie sind von großen Finanzunternehmen selbst geschaffene Institutionen, die mithilfe zweifelhafter Kriterien die Risiken von Finanzprodukten, die Kreditwürdigkeit ganzer Staaten und Geldinstitutionen je nach Bedarf negativ oder positiv einstufen und dadurch die Existenz dieser von der Spekulationslaune der Finanzmärkte abhängig machen. Ratingagenturen sind privatwirtschaftliche Unternehmen. Sie verdienen ihr Geld nicht durch Aufträge seitens einer unabhängigen Institution, sondern durch Anbieter von Finanzprodukten, sind somit also abhängig von jenen Marktakteuren, die bewertet werden wollen. Die Finanzmärkte erzeugen durch komplizierte Finanzprodukte also erst Informationsdefizite, um dann die Ratingagenturen mit der Erstellung von »benötigten« Marktinformationen zu beauftragen. »Die Ratingagenturen«, konstatiert der Nobelpreisträger Stiglitz, »die die Zunahme der toxischen Instrumente hätten eindämmen sollen, bestätigten ihre Unbedenklichkeit, was andere in den Vereinigten Staaten und anderen Ländern dazu ermunterte, sie zu kaufen – darunter auch Pensionsfonds, die nach sicheren Anlagen für die Gelder suchten, die Arbeitnehmer für ihre Altersversorgung beiseite gelegt hatten.« Dem Markt unterlief auch ein Fehler, sagt er weiter, »als er den Ratingagenturen und Investmentbanken vertraute, als sie die zweitklassigen Hypotheken in neue Produkte umwandelten und diesen neuen Produkten den höchsten Bonitätsgrad zuerkannten.«[96]

Um die Macht des Finanzkapitals mithilfe dieser Unternehmen exemplarisch zu konkretisieren, wird das Beispiel der Herabsetzung des grie-

---

[95] Stiglitz 2010: 42.
[96] Ebd.: 33f.

chischen Kreditratings genannt, die die Agentur Standard & Poor's am 27. April 2010 vorgenommen hat. »Die Märkte reagierten, als habe eine Bombe eingeschlagen. Die Aktienkurse purzelten weltweit, der Euro sank, griechische Anleihen wurden mit 20 bis 25% Abschlag gehandelt. Das Szenario wiederholte sich tags darauf, als auch die Schuldenpapiere von Portugal und Spanien herabgestuft wurden.«[97] Dabei war an diesen zwei Tagen weder in Griechenland noch in Portugal und Spanien etwas Besonders passiert. Vielmehr waren sämtliche Informationen zur Zahlungsfähigkeit und -willigkeit aller drei Länder längst öffentlich bekannt und wurden auch von den Medien wöchentlich verbreitet. Allein die Tatsache, dass eine Ratingagentur durch eine simple Pressemitteilung die gewaltigen Kursbewegungen zulasten dieser Staaten auslöste und skrupellos Jobverluste für Millionen von Menschen in den drei Volkswirtschaften in Kauf nahm, belegt die ungeheure Macht, die der Finanzsektor besitzt und die er gegen die Gesellschaft und die demokratisch legitimierten Regierungen auch gezielt einsetzen kann.

4.6 Weltwirtschafts- und Finanzkrisen

Dem Finanzmarktkapitalismus liegt per se Instabilität zugrunde. Unter den monopolistischen Voraussetzungen, wie sie oben beschrieben wurden, können Finanzkapitalinstitutionen für die Finanzakteure horrende und sich von der Realwirtschaft abhebende Renditen von, wie der ehemalige Direktor der deutschen Bank Joseph Ackermann sie postulierte, 25% und mehr erzielen und mit falschen Anreizen immer mehr Geldkapitalmassen und andere Ressourcen von der Realwirtschaft abziehen und in den spekulativen Finanzsektor umleiten. Hohe Renditen im Finanzsektor, wobei Gewinner und Verlierer ein Nullsummenspiel erzeugen, sind deshalb möglich, weil das angelegte Kapital, das quasi »leistungslos« erworben wurde, die Kapitaleigner zu höherer Risikobereitschaft und Spekulation animiert und so den Finanzsektor zu einem Kasino im Kapitalismus verwandelt. So wird der Kapitalismus im Grunde nunmehr unter Mitwirkung eines Teils der Industriekapitalisten auf den Kopf gestellt, indem sich der Finanzsektor dank seiner wachsenden gesellschaftlichen Macht über die produktive Realwirtschaft erhebt, die Regierungen zu seinem Erfüllungsgehilfen degradiert und die Akkumulationsbedingungen des Realkapitals unter die eigenen irrationalen Akkumulationstriebkräfte subsumiert. Es entsteht damit ein Kreislauf der Umleitung des Kapitals von der Realwirtschaft zum Finanzsektor, weil hohe Renditen

---

[97] Vontobel 2010.

im Finanzsektor die Unternehmen der Realwirtschaft dazu animieren, die Produktion einzuschränken und ebenfalls in den Finanzsektor zu investieren. Dieser Prozess kann sich, solange wie im Finanzsektor höhere Renditen erzielt werden können, fortsetzen. Das Ergebnis ist, dass am Ende des Tages die Massenkaufkraft und der allgemeine Lebensstandard zugunsten neuer Umverteilungen von unten nach oben weiter sinkt und dass sich die Tendenz der Umleitung des Kapitals aus der Realwirtschaft in den Finanzsektor verstärkt und sich dieser menschenfeindliche Prozess letztlich als ein Dauerzustand ohne Alternative festsetzt.

Das durch die Umverteilung rasant angewachsene Finanzkapital ist unproduktiv und trägt, wie bereits öfters hervorgehoben, nicht zur Wertschöpfung bei. Ganz im Gegenteil behindert es massiv die Neuwertschöpfung, indem es völlig falsche Anreize für die zusätzliche Umleitung der Ressourcen (Geldkapital und bestens ausgebildete Fachkräfte) in den Finanzsektor schafft. Die damit einhergehende rapide ansteigende Macht des Finanzsektors drückt sich statistisch u.a. dadurch aus, dass das globale Finanzvermögen von 54 Billionen Dollar 1990 um das Vierfache auf 212 Billionen Dollar im Jahr 2010 angewachsen ist,[98] während im selben Zeitraum das Weltsozialprodukt deutlich langsamer von 223.800 Billionen Dollar auf 656.009 Dollar, also um weniger als das Dreifache, angestiegen ist. Noch deutlicher zeigt sich dieser Trend in den kapitalistischen Industriestaaten. In Deutschland sank sogar das Realvermögen der Unternehmen zwischen 1981 und 2011 von ca. 260 auf ca.170% der Nettowertschöpfung, während im selben Zeitraum das Finanzvermögen derselben von ca. 55 auf beinahe 200% der Nettowertschöpfung stieg.[99]

Diese Entwicklung zeigt zudem auch die eindeutig negative Wirkung des wachsenden Finanzvolumens auf die Realwirtschaft. In dem Maß, wie Geldkapitaleigentümer ihr Geldkapital aus der Realwirtschaft in den Finanzsektor umleiten, müssen sich Unternehmen, Haushalte und Staat verschulden. So ist die globale Verschuldung dieser Akteure im Zeitraum 2000 bis 2014 von 87 auf 199 Billionen gestiegen.[100] Auch die vielerorts vertretene Hypothese der Abkoppelung des Finanzsektors von der Realwirtschaft[101] findet hier ihre soziologische Begründung: Das produktive Kapital (die Realwirtschaft) und das unproduktive, weil »parasitäre« Finanzkapital, folgen

---

[98] Atlas der Globalisierung 2015: 21.
[99] Ebd.
[100] Schuhler 2015: 43.
[101] So sehr frühzeitig bei Elmar Altvater in zahlreichen Beiträgen u.a. mit Birgit Mahnkopf. Altvater 1996: 129ff.; Menkhoff/Tolksdorf 1999.

wie oben dargelegt unterschiedlichen Logiken, der Logik der Mehrwertproduktion und der Wertschöpfung einerseits und der Logik der Umverteilung
durch Macht andererseits. Ihre Abkoppelung voneinander ist schon funktional in diesen Kapitalformen in ihren unterschiedlichen Funktionen angelegt.
Jede große Krise, so die Weltwirtschafts- und Finanzkrisen 1928 und 2008,
resultiert daraus, dass einige Strukturprobleme des Kapitalismus zeitlich zu-
sammenfallen oder sich gegenseitig verstärken. Um die komplexen Zusammenhänge der genannten Krisen möglichst realitätsnah herauszuarbeiten,
kommt es also darauf an, *erstens* Ursache und Wirkung auseinanderzuhalten,
und *zweitens* die Hauptstränge des Ursachenkomplexes *ganzheitlich, d.h. in
ihrem Entstehungszusammenhang,* zu erfassen. Die Krise von 2008 ist mittlerweile aus unterschiedlichen Perspektiven untersucht worden. Dabei überwiegen Analysen, die selektiver Natur sind und daher kaum zum Verständnis dieser Krise beitragen. Der Vorteil von selektiven Analysemethoden ist
bekanntlich, dass man mit ihnen alles beweisen und auch alles widerlegen
kann. Ihr Nachteil ist, dass nichts dabei heraus kommt. Neoliberale Ökonomen können beispielsweise mit diesen Methoden das Staatsversagen für
die Finanzkrisen ausfindig machen. Nur sie beweisen damit im Grunde, was
sie eigentlich schon vorher wussten. Denn *Staatsversagen* steht bei diesen
Ökonomen schon immer und überall Pate, wenn ihre eigenen Konzepte versagen. Keynesianische Krisenanalysen liegen jedoch m.E. der Realität viel
näher. Joseph Stiglitz hebt immerhin die Deregulierung des Finanzsektors
mit den neu »ausgetüftelten«, hoch riskanten Finanzprodukten und die Ratingagenturen, die oft die Risiken der Finanzprodukte falsch bewerteten, als
Krisenursache hervor. Schließlich haben diese Faktoren zum »Freien Fall«
des Systems geführt.[102] Paul Krugman fügt darüber hinaus die fehlende globale Nachfrage und, wie er sagt, »durchgeknallte« Banker sowie die Einkommensungleichheit zu den von Stiglitz herausgestellten Aspekten hinzu.[103] Max Otte, um einen viel zitierten deutsch-amerikanischen Ökonomen
zu nennen, führt »ein System der organisierten Verantwortungslosigkeit«[104]
aller Finanzinstitutionen als Ursache an, die in Verbindung mit Regierungs-
entscheidungen in den USA und in der EU, zusammen mit Immobilienkäu-
fern und Wirtschaftsprüfgesellschaften sowie tendenziös arbeitenden Ökonomen – sozusagen kollektiv – die Finanzkrise ausgelöst haben.
    Mit größerem Tiefgang als keynesianische Ökonomen gehen einige ka-
pitalismuskritische Ökonomen der Krisenursache auf den Grund. Jörg Huff-

---

[102] Stiglitz 2010: 27ff.
[103] Krugman 2012: 37, 68 und 88f.
[104] Otte 2012: 10.

schmid, der leider verstorbene deutsche Ökonom, bescheinigte dem Finanzsektor, aufgrund der Erfahrungen mit der Asienkrise bereits acht Jahre vor
der Krise 2008, ein Hort der ökonomischen Korruption zu sein.»Die Wirt-
schaftsprüfer erweisen sich«, schrieb er in einer deutlichen Sprache,»als
Komplizen des Betrugs, Analysten und Ratingagenturen hatten sich schon
in der Asienkrise auf Grund ihrer völligen Ahnungslosigkeit blamiert. Jetzt
ist auch ihr moralischer Ruf ramponiert, nachdem bekannt wurde, dass sie
enthusiastisch Kaufempfehlungen für Unternehmeraktien gaben, die sie in-
tern als ›Stück Scheiße‹ bezeichneten.«[105] Umfassender und aktueller als
Huffschmid, arbeitete der Finanzwissenschaftler Rudolf Hickel in seinem
lesenswerten Buch so gut wie alle wichtigen ökonomischen und politischen
Ursachen der»entfesselten Finanzmärkte« heraus, die, wie er meint, als
»massives Politikversagen wahrgenommen werden«.[106] Wie Paul Krugman
führt auch Hickel die Einkommensungleichheit als Folge der»gigantischen
Vermögenskonzentration« für einen»entscheidenden Grund«der»expandierenden Finanzmärkte«[107] an. Bei aller Differenziertheit und Ausführlichkeit der bisherigen Analysen, die hier ausführlicher nicht rezipiert werden
können, ist hervorzuheben, dass sie alle den Hauptgrund für die Finanzkrise
gänzlich ausblenden oder ihn bestenfalls nur beiläufig erwähnen: *das überschüssige Kapital und wo dieses herkommt.* Zwar führt Krugman in einem
Szenario zur Erklärung der Immobilienblase an, dass am Anfang»amerikanische Unternehmen ihre Überschüsse an Banken verliehen haben, die damit wiederum Hypothekenkredite vergaben.«[108] Wie dieses überschüssige
Kapital aber entstand, thematisiert er jedoch genauso wenig wie Hickel, der
die Vermögenskonzentration als Ursache der Finanzkrise für entscheidend
hält, jedoch die Frage nicht weiter verfolgt, was sich eigentlich dahinter verbirgt. Dabei sind die historischen Finanzquellen für die Art und Weise der
Entstehung des Finanzsektors sowohl Anfang des 20. Jahrhunderts als auch
ab den 1980er Jahren für die Wesensmerkmale dieses Sektors wie für die jeweiligen Finanzmarktkapitalismen und Finanzkrisen fundamental und kon-
stitutiv. Wie oben unter»Finanzkapital als überschüssiges Kapital und dessen Quellen« dargestellt, sind in beiden Weltwirtschafts- und Finanzkrisen
sinkende Lohnquoten und massive Umverteilung von der Lohn- zur Kapitalseite ein wichtiges gemeinsames Merkmal, das in doppelter Weise kri-
senverursachend wirkt, weil diese Umverteilung einerseits das überschüs-

---

[105] Huffschmid 2002: 13.
[106] Hickel 2012.
[107] Ebd.: 35.
[108] Krugman 2012: 43.

sige Kapital entstehen lässt und andererseits die Binnennachfrage massiv
einschränkt. Auf dieser bisher bei allen Analysen systematisch ausgeblen-
deten Grundlage der Kapitalüberschussexplosion soll der Prozess und der
Verlauf der Finanzkrise 2008 als Ergänzung zu der bereits in Kapitel 3 und
4 vorgenommenen ersten Finanzkrise 1929 knapp nachgezeichnet werden:

Finanzkrise 2008

Die Finanzkrise nahm ihren Anfang 2008 im Immobiliensektor. Das überschüssige und Anlageoptionen suchende Kapital in den USA floss über
US-Banken zu einem großen Teil ohne genaue Überprüfung der Bonität
der Kreditnehmer in den Bausektor. Eine ähnliche Entwicklung fand auch
in Europa statt. Wie in den USA entstand auch in Europa die Bankenkrise
als Folge umfangreicher Investitionen im Immobilienbereich. Um ihr überschüssiges Kapital gewinnbringend zu investieren, haben die internationalen Banken Baufirmen mit Anreizen animiert, in die Tourismusbranche jener Länder (wie Spanien, Portugal oder Griechenland) zu investieren, die
in diesem Sektor traditionell stark sind. Auch Regierungen dieser Staaten
wurden günstige Kredite angeboten, ohne deren Bonität sorgfältig zu überprüfen. Als die Schulden nicht mehr bedient werden konnten und die Finanzblase platzte, hat der künstlich erzeugte Bauboom nicht nur in Florida,
sondern auch in Südeuropa zur Entstehung von unüberschaubaren Bauru-
inen an den Küsten von touristischen Regionen geführt.[109] Daraus folgten
flächendeckend Firmen- und Bankenpleiten, eine steigende Arbeitslosigkeit
und eine sich hochschaukelnde Staatsverschuldung. Ein Großteil der griechischen Staatsverschuldung, um die Verantwortung des Finanzsektors für
die Miseren verschuldeten Staaten an einem besonders krassen Beispiel zu
konkretisieren, entstand genau zu diesem Zeitpunkt.[110]
   Wie in den USA landete das überschüssige Kapital des Finanzsektors
über die spanischen Banken in Spaniens Immobiliensektor ohne genaue
Überprüfung der Bonität der Kreditnehmer. Die Vorstände der Kreditge-
berbanken und sonstiger Finanzinstitute hätten wissen müssen, dass die zu
erwartenden Kreditausfallraten bei Kreditnehmern mit faulen, also nicht
hinreichend abgesicherten Krediten, mittel- und langfristig eine höchst ris-
kante Angelegenheit sind.»Tatsache ist, dass die Banken es nicht wissen
wollen«, sagt Joseph Stiglitz.[111] Die Gehälter und Bonis eben dieser Vorstände waren an kurzfristige Aktienkurse gekoppelt. Durch die angeblich

---

[109] Vgl. Krugman 2010.
[110] Dazu vgl. ausführlicher im Abschnitt »Spaltung der EU« in diesem Kapitel.
[111] Stiglitz 2010: 42.

innovativen Finanzprodukte, d.h. durch die Verschleierung riskanter Hypotheken und ihre Verbriefung, handelten diese Banken dank der *Deregulierung* – d.h. dem Fehlen hinreichender Kontrollen analog zum Prinzip *Nach mir die Sintflut* – fahrlässig, bescherten sich selbst und ihren Klienten jedoch märchenhafte Renditen. Steigende Immobilienpreise als Folge steigender Nachfrage nach Eigenheimen bzw. Immobilien als Kapitalanlage führten zu steigenden Renteneinnahmen bei den Grundeigentümern, letztlich also abermals zur Aufblähung des Kapitalvolumens auf den Finanzmärkten. Hinzu kamen die gigantischen Öldifferenzialrenten als Folge der dramatischen Ölpreissteigerung am Anfang der 2000er Jahre, die das Volumen des Finanzkapitals abermals steigerten.

Vor allem freuten sich die Amerikaner über billige und kaum abgesicherte Konsumentenkredite, die die US-Ökonomie künstlich ankurbelten. Dieses Geschäftsmodell war bald eines mit globalen Ausmaßen. Die USA hatten die Deregulierung und ihre riskanten Finanzprodukte längst exportiert. Doch als sich die Kreditausfälle durch zahlungsunfähige Kreditnehmer bemerkbar machten, geriet das Modell ins Stocken. Die Banken bremsten ihre bisher verantwortungslose Kreditpraxis und sorgten dadurch erst recht dafür, dass die enorm aufgestaute Finanzblase platzte. »Zu guter Letzt«, schreibt Stiglitz, »tappten die Banken dann in ihre eigene Falle. Die Finanzinstrumente, die sie entwickelt hatten, um die Armen auszubeuten, wandten sich gegen die Finanzmärkte und zogen sie in den Abgrund.«[112] Die Konsumenten in den USA reduzierten drastisch ihren Konsum, die Unternehmen investierten nicht mehr und der Immobilienmarkt kollabierte. Schließlich brach mit dem Konkurs der US-Großbank Lehman Brothers das Kreditsystem komplett zusammen. Sowohl in den USA als auch in Europa schrumpfte folglich das Bruttosozialprodukt und die Massenarbeitslosigkeit stieg spürbar.

Dank gigantischer Bankenrettungsprogramme im Umfang von ca. 1.000 Milliarden Dollar und einem koordinierten Vorgehen von öffentlichen Finanzinstitutionen wie dem IWF, den Notenbanken sowie übergeordneten Konsultationen gelang es, ein protektionistisches Gegeneinander und letztlich den völligen Zusammenbruch des Handels und eine Weltwirtschafts- und Finanzkrise, wie sie 1929 stattfand, zu verhindern. Dafür wurden neue Staatsschulden und die Abwälzung der Krisenkosten auf untere und mittlere Einkommensgruppen in Kauf genommen.

---

[112] Ebd.: 44.

Weltwirtschafts- und Weltfinanzkrisen 1929 und 2008 im Vergleich

In der wirtschaftshistorischen Literatur gibt es, wie bereits in Kapitel 4 erwähnt, eine breite Übereinstimmung über den Hergang der Finanzkrise, die mit dem New Yorker Börsenkrach am 24. Oktober 1929 (Schwarzer Donnerstag) begann und die erste Weltwirtschafts- und Finanzkrise auslöste. Auch die Krisen begünstigenden Ausgangsbedingungen, vor allem die Zerstörung Europas durch den Ersten Weltkrieg, werden als Krisenursache angeführt. Dazu gehört auch die hohe Staatsverschuldung Großbritanniens, Frankreichs und vor allem Deutschlands bei den Vereinigten Staaten als Folge von beträchtlichen Rüstungsausgaben im Ersten Weltkrieg. Hinzu kommen die besonders hohen Reparationszahlungen, die Deutschland wegen Kriegsschäden im Vertrag von Versailles auferlegt worden waren.

Tatsächlich dominierte seit Anfang des Jahrhunderts zwischen allen kapitalistischen Staaten ein Klima der militaristischen und imperialistischen Konkurrenz zur Erweiterung der eigenen kolonialen Gebiete nach außen und zur nationalistischen Abschottung durch Protektionismus nach innen. Letzteres blockierte erst recht die Abtragung von Europas Schulden an die USA. Alles in allem befand sich die kapitalistische Weltwirtschaft Ende des 19. und Anfang des 20. Jahrhunderts in einem strukturellen Umbruch: Die Ära des Freihandels, des freien Kapitalverkehrs und der zaghaften innereuropäischen Kooperation war durch eine neue Ära des Protektionismus und der Konfrontation abgelöst worden. Hinzu kamen ungleichgewichtige Handels- und Kapitalbeziehungen mit einem gefährlich überschuldeten Europa, das den ökonomisch boomenden und mit wachsenden Kapitalüberschüssen gesegneten USA gegenüberstand. Diese krassen Ungleichgewichte waren bestens dafür prädestiniert, dass der New Yorker Börsenkrach – so wie ein Funke in einem vollständig ausgetrockneten riesigen Wald – einen Flächenbrand auslöst. Zwar fehlt das Datenmaterial über die Investitionsquoten für den Zeitraum vor der ersten Weltfinanzkrise, es kann jedoch davon ausgegangen werden, dass auch damals, wie ich es für die letzten vier Dekaden nachgewiesen habe, durch sinkende Lohnquoten und eine massive Umverteilung von unten nach oben, logischerweise gleichzeitig auch eine sinkende Binnennachfrage und sinkende Investitionsquoten hervorgerufen worden waren.

Alles in allem unterscheiden sich die historischen Ausgangsbedingungen der ersten und zweiten Weltfinanzkrise in einigen signifikanten Punkten. Was aber diese beiden Krisen durchaus, und zwar in entscheidenden Punkten, vergleichbar macht, sind die Kapitalüberschüsse, die sich vor allem nach dem Ersten Weltkrieg in den USA aufgetürmt hatten und auch wie diese Überschüsse entstanden waren. In der dem Verfasser bekannten Literatur wurde dieser Aspekt der auf den Finanzmärkten Rendite suchenden Kapitalüber-

schüsse als Krisenursache bisher weitgehend ausgeblendet. Die Quelle dieser Überschüsse sind jedoch – ähnlich wie Ende des 20. Jahrhunderts, auch
um die Wende des 19. zum 20. Jahrhundert – außer Renten der Grundeigentümer und Differentialrenten der Bodenschätze, wie oben unter »Finanzkapital als überschüssiges Kapital und dessen Quellen« gezeigt wurde, vor
allem stagnierende bzw. sinkende Löhne in den USA und ganz besonders
in Europa. Die Massenarbeitslosigkeit und die daraus resultierende erbar-
mungslose Konkurrenz ließ den Beschäftigten keine andere Wahl, als Lohnsenkungen hinzunehmen. Dies hatte in doppelter Hinsicht Konsequenzen:
Zum einen sank dadurch die Binnennachfrage, wodurch die Absorptionskapazität für Investitionen zusätzlich eingeschränkt wurde. Und zum anderen türmten sich die überschüssigen Gewinne der Unternehmer in Europa
auf den Finanzmärkten ähnlich wie vor der Finanzkrise 2008 auf, was den
Druck auf die Banken erhöhte, beispielsweise die Konsumentenkredite stark
auszuweiten. Betrugen 1919 die Konsumentenkredite in den USA – um die
rasche Expansion dieser Kredite zu veranschaulichen – noch 100 Millionen Dollar, stiegen sie 1929 um das Siebzigfache auf 7 Milliarden Dollar.[113]
    Die speziellen Bedingungen der Bankenkredite dieser Zeit sind leider
nicht so umfassend und detailliert wie für den Zeitraum vor der Finanzkrise 2008 untersucht worden. Wäre es aber weit hergeholt, davon auszugehen,
dass auch Anfang des letzten Jahrhunderts der Druck des überschüssigen
Kapitals die Banken ebenso zu anderen riskanten Krediten veranlasste und
damit, ähnlich wie Anfang des gegenwärtigen Jahrhunderts, eine Spekulationsblase nach der nächsten erzeugt und die Finanzkrise ausgelöst wurde?
Es dauerte jedenfalls weniger als zwei Jahre, bis der New Yorker Börsenkrach auf Europa, letztlich auch auf ein besonders fragiles und dazu noch
hoch verschuldetes Deutschland, überschwappte. Im Juni 1931 brachen das
deutsche Bankensystem und damit auch große Teile der Realwirtschaft in
Deutschland und ganz Europa zusammen. Viele Indizien sprechen dafür, dass
bereits in jener Epoche erstmals in der Geschichte des Kapitalismus mit der
Dominanz des Finanzkapitals über die Realwirtschaft ein Finanzmarktkapitalismus entstanden war, wie wir ihn auch Ende des 20. und Anfang des 21.
Jahrhunderts erlebt haben: Private Vermögenskonzentration und Einkommensungleichheit unvorstellbaren Ausmaßes, massiv steigende öffentliche
Verschuldung und Massenarbeitslosigkeit, diese und andere auch in diesem
Buch empirisch nachgewiesenen Erscheinungen[114] sind Indizien mit verblüf-
fender Ähnlichkeit vor den beiden Weltwirtschafts- und Finanzkrisen 1929

---

[113] Pressler 2013.
[114] Vgl. dazu die Abbildungen 3 (S. 109); 4 (S. 116); 17 (S. 169) und 19 (S. 173).

und 2008. Auch Thomas Piketty fällt auf, dass es zwischen Einkommensungleichheit und den beiden Finanzkrisen einen kausalen Zusammenhang geben muss. Hinsichtlich der Frage, ob »der Anstieg der amerikanischen Ungleichheiten zur Entfesselung der Finanzkrise von 2008 beigetragen« hat,
schreibt er, »fällt es schwer, diese Frage nicht zu stellen«, wenn man bedenkt, »dass der Anteil des obersten Dezils am amerikanischen Nationaleinkommen zweimal Höchststände erreicht hat, einmal 1928 (am Vorabend der
Krise von 1929) und einmal 2007 (am Vorabend der Krise von 2008)«.[115] Ein
weiterer »vielleicht noch ausschlaggebenderer« Grund als die »Ungleichheit in den Vereinigten Staaten« ist nach Piketty »der strukturelle Anstieg
des Kapital-Einkommens-Verhältnisses (namentlich in Europa), begleitet
von dem enormen Anstieg internationaler Bruttovermögenspositionen«.[116]
Pikettys Untersuchungsergebnisse veranschaulichen in zahlreichen Abbildungen, wie frappierend ähnlich die Vermögenskonzentration und die ungleiche Einkommensentwicklung vor 1929 und 2008 sowohl in den USA
als auch in Europa ist.[117]

Ungeachtet ihres unterschiedlichen Hergangs hinsichtlich des Anlasses,
des Ablaufs und der Dauer sind beide Finanzkrisen, 1929 und 2008, ihrem
Wesen nach Ausdruck eines Systemwechsels innerhalb des Kapitalismus –
von der Dominanz der Realwirtschaft hin zur Dominanz des Finanzkapitals, eben zum *Finanzmarktkapitalismus*. Im ersten Fall führten die Marktanarchie und eine nationalistische und machtgesteuerte Politik der einzelnen
Staaten in der Weltwirtschaft zu Protektionismus, Chaos, Massenelend und
Faschismus sowie letztlich auch zum Zweiten Weltkrieg. In der gegenwärtigen Weltwirtschafts- und Finanzkrise gelang es den Regierungen kapitalistischer Staaten, den Protektionismus weitestgehend zu vermeiden und durch
gigantische Bankenrettungspakete der Menschheit einen vollständigen Zusammenbruch der Banken und der Wirtschaft, einschließlich eines Dritten
Weltkriegs, zu ersparen. Die massiven Kosten der Rettungsmaßnamen gingen jedoch durch umfangreiche Kürzungen zulasten der Renten, der Bildung und der Gesundheit, was letztlich zur Entstehung von spürbarer Unsicherheit und Zukunftsängsten bei breiten Bevölkerungsschichten beitrug.

---

[115] Piketty 2014: 391.
[116] Ebd.: 393.
[117] Ebd.: 395-431.

5. Das Ende der zivilisatorischen Errungenschaften im Kapitalismus

Vier Dekaden einer schleichenden Neoliberalisierung liegen hinter uns, sie existiert aber weiterhin neben uns und bestimmt mit dem Finanzmarktkapitalismus die Geschicke der Weltgemeinschaft. Die Neoliberalen haben mit vielen Versprechen im Vorfeld das Ruder in Wirtschaft und Politik übernommen, sie haben jedoch kein einziges von diesen erfüllt – weder was Wachstum, noch was Arbeitsplätze betrifft. Ganz im Gegenteil: Die Massenarbeitslosigkeit ist mit der neoliberalen Politik erst richtig ausgeweitet worden. Das bisschen Wachstum, das in den finanzmarktkapitalistischen Ländern erzielt wurde, ist mit dem Leid von Millionen und dem Blut Hunderttausender Menschen behaftet, die mit ihrer Arbeitskraft und mit den Rohstoffen ihrer Länder die Weltwirtschaft mit Billigprodukten versorgt haben. Und dieses bisschen Wachstum kommt auch ausschließlich den reichen und mächtigen Eliten zugute. Mehr noch: Diese gierigen Eliten haben die Mittelschichten und die armen Bevölkerungsteile noch ärmer gemacht. Pikettys Langzeitstudie hat gezeigt: Die soziale Ungleichheit hat zwei Mal in der Geschichte des Kapitalismus erschreckend große Ausmaße angenommen, einmal vor der ersten Finanzkrise und dem Zweiten Weltkrieg und ein anderes Mal zu Beginn des 21. Jahrhunderts vor der zweiten Finanzkrise, die nach der in diesem Kapitel gelieferten und empirisch untermauerten Analyse aus der wachsenden Einkommensungleichheit herrührt.

Auch die Staatsschulden, deren vernachlässigbare Steigerungen in den 1970er Jahren die Neoliberalen zum Anlass nahmen, den Bankrott der keynesianischen Wirtschaftspolitik zu reklamieren, sind im Finanzmarktkapitalismus dramatisch angestiegen. Diese Staatsschulden gehen, wie bereits in diesem Kapitel näher dargestellt wurde, zulasten von Lohnabhängigen, der Mittelschicht und künftigen Generationen. Man kann sich nur schwer des Verdachts erwehren, dass die Massenerwerbslosigkeit, so wie wir sie vorfinden, von den neoliberalen Parteien und Regierungen nicht wirklich als ein soziales Problem, sondern eher als ein notwendiges Übel angesehen wird und damit gewollt ist. In der neoliberalen Ökonomiezunft wird ganz offen von einer *natürlichen Arbeitslosenrate* gesprochen.

Nur so kann ein Anstieg der Lohnkosten selbst regulierend und geräuschlos verhindert werden. Auch steigende Staatsschulden scheinen ein nützliches Instrument zu sein, um für die Rechtfertigung des rigorosen Sozialabbaus missbraucht zu werden. Denn für den Abbau der Arbeitslosigkeit wird bis auf die Manipulation von Statistiken, die der Beruhigung der Gemüter dienen, nichts unternommen. Und eine Steuersenkung zum Zwecke der Verringerung der Staatsschulden ist bei den Neoliberalen offensichtlich ein Tabuthema, sie tritt jedenfalls als Lösung bei ihnen nirgendwo in Erscheinung. Im Finanzmarktkapitalismus ist jedenfalls eine weitere Entwicklung der sozialen Sicherheit für die arbeitende Bevölkerung – die wichtigste Errungenschaft des Kapitalismus in der keynesianischen Epoche – so gut wie ausgeschlossen, weil soziale Sicherheit dem neoliberalen Ziel der größtmöglichen Freiheit für unternehmerische Entscheidungen grundsätzlich zuwiderläuft. In der seit den 1980er Jahren entstandenen Kapitalismusformation wurde die Gesellschaft zutiefst gespalten. Die Entsolidarisierung zwischen regulär Beschäftigten und Leiharbeitern, zwischen Jobbesitzern, Arbeitslosen und Sozialhilfeempfängern, schließlich krankmachende Verlustängste um Arbeitsplatz, um Status und soziale Beziehungen sind ähnlich stark wie vor der ersten Weltwirtschafts- und Finanzkrise.

Nicht zufällig fallen auch Phänomene wie der »Kampf der Kulturen« und fundamentalistische Bewegungen an den extremen Polen der Weltgesellschaft genau mit dem Aufschwung des Neokonservativismus und des Neoliberalismus seit Beginn der 1980er Jahre zusammen. In den hoch entwickelten kapitalistischen Ländern entstand vor allem bei den jüngeren Generationen ein Gefühl der Perspektivlosigkeit, die eine ernsthafte Gefahr für die Demokratie darstellt und die sich bestens dafür eignet, den Boden für Demagogen und Populisten fruchtbar zu machen. Es ist auch sicherlich kein Zufall, dass ausgerechnet neoliberale Politiker wie Wolfgang Clement und Thilo Sarrazin in Deutschland, die als verantwortliche Politiker Wirtschaft und Gesellschaft mit in den Ruin stürzten, sich nun als Sozialdarwinisten verdingen und im Begriff sind, die Spaltung der Gesellschaft durch das Schüren neuer Ängste à la »Deutschland schafft sich ab«[118] und durch die Mobilisierung rassistischer Ressentiments zu zementieren. Diese Politiker mit ihrer im Grunde rechten Gesinnung haben den Boden für eine Vertiefung von antisozialem und egoistischem Gedankengut vorbereitet. In der Tat sind auch die Höhenflüge von nationalistisch-faschistischen Parteien wie dem Front National in Frankreich und die Entstehung von rechten Parteien mit großem Zulauf wie der FPÖ in Österreich, Geert Wilders Partij vor de Vrijheid in den Niederlanden und die AfD in Deutschland sowie rechtsnationalistische Regierungen in Ungarn und Polen ein Resultat des Neoliberalismus und des Finanzmarktkapitalismus. Hat der keynesianische Kapitalismus mit der 1968er Bewegung eine nach vorne gerichte-

---

[118] So der Titel eines Sarrazin-Buches, das dem Autor nach seinem Erscheinen (2010) – in rechten Kreisen eine Art Basislektüre gegen Einwanderer und Flüchtlinge – zu Ruhm verholfen und den neuen rechten und nationalistischen Bewegungen großen Auftrieb verschafft hat (vgl. Sarrazin 2010).

te emanzipatorische Weiterentwicklung der Gesellschaft hervorgerufen, so erleben wir in der Gegenwart genau umgekehrt einen rückwärtsgewandten gesellschaftlichen Trend, der besorgniserregend und für die Wende zurück in die Vergangenheit symptomatisch ist.

Im Finanzmarktkapitalismus hat die Bereitschaft zur Kooperation beträchtlich abgenommen, die Konkurrenz entfernt sich zunehmend von ihren regulativen und Kreativität erzeugenden Funktionen und entwickelt sich zu einem zerstörerischen Mechanismus, der Angst erzeugt. Im Grunde befinden sich die kapitalistischen Ökonomien in einer Stagnation, und die Fäulnistendenzen, von denen Lenin am Anfang des 20. Jahrhunderts gesprochen hat, scheinen jetzt Realität geworden zu sein. Hierfür steht z.b. die Skrupellosigkeit der Regierungen, durch Verfälschungen von Statistiken Fortschritt vorzutäuschen und Legitimation zu erzeugen. Angela Merkel muss offensichtlich, um ein anderes Beispiel für die Täuschung der Menschen zu nennen, immer wieder die gleiche Leier (*uns ging es in Deutschland nie so gut wie heute*) abzuspulen. Wenn dem so wäre, bräuchte man das eigentlich erst gar nicht und nicht so oft hervorzuheben. Im Übrigen kann man den Fortschritt nicht im Vergleich mit den vergangenen Epochen oder mit der Dritten Welt messen, er kann nur aufgrund von Produktivitätspotenzialen in ökonomischen und sozialen Bereichen im eigenen Land beurteilt werden. Und diese sind aufgrund der aktuellen Entwicklung der Produktivität im ökonomischen Bereich und ungenutzter menschlichen Arbeitskraft in Deutschland, im Umfang von sechs bis sieben Millionen Vollzeitjobs[119] und der bevorstehenden Digitalisierung, unermesslich groß.

Im keynesianischen Kapitalismus hatten große Teile der Bevölkerung keine Dauerangst um einen Arbeitsplatz. Man hatte unter den Bedingungen der Vollbeschäftigung in der Regel sogar die Chance, einen Arbeitsplatz nach eigenen Bedürfnissen auszusuchen. Im Finanzmarktkapitalismus kann sich lediglich eine kleine Elite von Fachkräften im digitalen Bereich vor Arbeitsplatzverlust sicher fühlen. Alle anderen leben in andauernder Angst um ihren Arbeitsplatz und den sozialen Absturz. Inzwischen gib es bei Neueinstellungen kaum noch unbefristete Stellen. Wegen der Befürchtung, entlassen zu werden, leisten Beschäftigte in Branchen mit einem geringen Grad an gewerkschaftlicher Organisation, insbesondere in Dienstleistungssektoren wie der Reinigung, aufgezwungene Überstunden, die nie bezahlt werden. Im keynesianischen Kapitalismus fühlten sich Gewerkschaften stark genug, um sich weit über Tariffragen hinaus um gesellschaftliche Reformen u.a. im Gesundheits- und Bildungsbereich zu kümmern, ordnungspolitische Pro-

---

[119] Statistisches Bundesamt 2013.

jekte, wie z.b. die Mitbestimmung in großen Betrieben, zu thematisieren
und auch durchzusetzen und sogar sich mit Perspektiven jenseits vom Kapitalismus zu beschäftigen. Heute sehen sie es als einen großen Erfolg, dass
sie nach beinahe zwölf Jahren gewerkschaftlichem Kampf den Mindestlohn
von 8,50 Euro durchgesetzt haben. Ihnen geht es längst nicht um Vollbeschäftigung, sondern um Bestandsschutz, aus Angst, noch mehr Mitglieder
zu verlieren. Die gegenwärtigen Gesellschaften sind Angstgesellschaften.
Angst scheint eine Art Klebstoff geworden zu sein, der die Gesellschaft zu-
sammenhält.[120] Im Finanzmarktkapitalismus ist die Herstellung von Angst
und existenziellen Bedrohungen Dreh- und Angelpunk der Herrschaft und
der Überlebensstrategie der herrschenden Klassenallianz geworden: Angst
der arbeitenden Menschen vor Entlassung in die Arbeitslosigkeit, Angst
vor einem sozialen Absturz, Angst vor einem Leben ohne Würde, letztlich
auch Angst vor einer aussichtslosen Zukunft der eigenen Kinder. Wachsende Langzeitarbeitslosigkeit und Aufrechterhaltung derselben ist zu diesem
Zweck ein zentrales Element, ja sogar ein Schlüssel des Erfolges dieser Strategie, die nicht nur Angst reproduziert, sondern gleichzeitig auch alle anderen erwünschten Zustände und Tendenzen (Absenkung des Lohnniveaus,
Anpassungsbereitschaft der arbeitenden Menschen, Abschaffung der Ta-
rifautonomie etc.) beinahe von selbst reguliert. Die Kapitalisten und Reichen scheinen sich sicher zu wähnen, den abhängig Beschäftigten und ihren Gewerkschaften jegliche Reformambitionen für alle Zeiten den Garaus
zu machen. Symptomatisch ist übrigens auch die Ignoranz der herrschenden Allianz gegenüber der schleichenden Entdemokratisierung und Entsolidarisierung in nahezu allen kapitalistischen Gesellschaften der Gegenwart.

In diesem System verliert das Kapital also seinen sich legitimierenden zivilisatorischen Auftrag, weil hier die arbeitenden Menschen ihrer Autonomie und Kreativität beraubt werden und ihnen stattdessen der Status einer
ständig in der Defensive gehaltenen und um ihre Zukunft bangenden Klasse der Besitzstandbewahrer zugewiesen wird. Im keynesianischen Kapitalismus konnten sich breite gesellschaftliche Schichten, weil sie sich selbst
in Sicherheit wähnten, offensiv gegen gesellschaftliche und weltpolitische
Ungerechtigkeiten und Missstände engagieren. Ein Vietnamkrieg, weit ent-

---

[120] Heinz Bude, Soziologe am Hamburger Institut für Sozialforschung, hat sich
sehr verdienstvoll mit dem Thema in seinem 2014 veröffentlichten Buch »Gesellschaft der Angst« beschäftigt. Leider beschränkt sich Bude dabei auf die Angst um
Statusverlust nur bei den Mittelschichten und streift die grundlegende Angst, von
der hier die Rede ist, nur beiläufig im kleinen Kapitel »Alltägliche Kämpfe auf der
unteren Etage«. Bude 2014: 83ff.

fernt von Europa und Amerika, reichte aus, um innerhalb von wenigen Jahren die Systemfrage auf die politische Tagesordnung zu setzen und die kapitalismuskritische politische Ökonomie und marxistische Literatur insgesamt hoffähig zu machen. Und dies alles trotz des Feindbilds Sowjetunion und des herrschenden Kalten Krieges. Im Finanzmarktkapitalismus finden gegenwärtig weltweit mehrere »Vietnamkriege« statt und die Ungerechtigkeiten, wie die Massenarbeitslosigkeit und wachsende Einkommensungleichheit im Zentrum sowie Hunderte Millionen Hungernde in der Peripherie, haben um ein Vielfaches zugenommen. Und dennoch sind die sonst aufmüpfigen Studenten voll und ganz nur mit ihrem Studium beschäftigt. Aus Angst, danach arbeitslos zu werden oder die herabwürdigenden bürokratischen Torturen von Harz IV-Leistungen über sich ergehen lassen zu müssen, sind die heutigen Studenten damit beschäftigt, sich mehrfach zu qualifizieren.

Die Gesellschaften im gegenwärtigen Kapitalismus sind politisch zutiefst gelähmt, auch wenn wir die Lähmung als solche so nicht empfinden. Ein Mensch, der z.b. durch einen Autounfall im Rollstuhl landet und sich diesem Schicksal fügen müsste, würde sein Unglück so ziemlich schlagartig wahrnehmen. Die gesellschaftliche Lähmung findet aber nicht abrupt, sondern schleichend, tagtäglich und unbemerkt statt. Die überwältigende Mehrheit der Menschen, auch die politisch aufgeklärten und sogar den Linken unter ihnen, fällt dieser Prozess der Lähmung und der inneren Neoliberalisierung, der im Verborgenen über sie hereinfällt, kaum noch auf.[121] Allein der Sachverhalt der Herrschaft der Irrationalität über die rationalen Erfordernisse im realen Leben macht das System gewissermaßen zu einer Zeitbombe und zu einer großen Gefahr für den gesellschaftlichen Frieden. Dieses System ist alles andere als stabil. Es produziert daher periodisch gesellschaftliche Tsunamis, die immer wieder zu neuen Erschütterungen führen: Eine Finanzblase schwappt über zur nächsten, ein Krieg nach dem anderen, eine Umweltkatastrophe ruft eine neue hervor, eine Flüchtlings- und Armutskrise folgt der nächsten. Die Eliten dieses Systems sind – offensichtlich von der Angst des eigenen Untergangs verblendet – sichtlich bestrebt, das Überleben dieses Systems von oben nach unten und an den Menschen vorbei in den Institutionen, in den Verfassungen und den Verträgen für alle Ewigkeit zu verankern. Die im Vertrag von Maastricht, um ein Beispiel zu nennen, festgeschriebene Schuldenbremse macht es möglich, dass die EU-Kommission sämtliche demokratisch beschlossenen sozialpolitischen Maßnahmen eines EU-Staates blockieren kann. Wie im Falle Griechenlands im Sommer

---

[121] Vgl. das Interview mit Sebastian Müller (2016b) auf den NachDenkSeiten vom 16.12.

2015 vorexerziert, mobilisierten die finanzmarktkapitalistischen Eliten ihre
geballte politische und institutionelle Macht, die natürlich sie selbst nach
den neoliberalen Mustern schufen, um – mit Verweis auf »die Einhaltung
von gemeinsamen Regeln« –, jegliche Alternativen rücksichtslos im Keim
zu ersticken. Auch das Transatlantische Freihandelsabkommen (TTIP) und
das Umfassende Wirtschafts- und Handelsabkommen EU-Kanada (CETA)
müssen als ein weiterer Versuch des Finanzmarktkapitalismus verstanden
werden, um im globalen Rahmen alle Standards und letztlich Projekte, die
strategisch dem Finanzkapital abträglich sind, zur Strecke zu bringen.

6. Die unsichtbare Hand des Neoliberalismus oder Lohnsenkung durch Massenarbeitslosigkeit

An dieser Stelle sei hervorgehoben, dass der Finanzmarktkapitalismus nicht
nach einem ausgeklügelten Masterplan funktioniert, aus dem die Regierungen
jeden Tag ihre Tagesordnung ableiten. Eine solche verschwörungstheore-
tische Sicht würde ohnehin den neoliberalen Medien und Wissenschaftlern
nur noch den Vorwand in die Hand geben, diese Kritik als Verschwörungstheorie abzutun, um sich damit nicht befassen zu müssen. Wahr ist jedoch, dass
es den neoliberalen Strategen in den letzten vier Dekaden gelungen ist, ein
globales Netz von gleichgesinnten Einzelpersonen in allen gesellschaftlichen
Institutionen zu knüpfen, das über unzählige Denkfabriken und Medien mit
den neuesten Materialien und Informationen versorgt wird. Hinzu kommen
ökonomische Instrumente und Mechanismen, die die entsprechenden »Sach-
zwänge« erzeugen, die selbstregulativ die gewünschten Verhältnisse herstellen. Um dies zu konkretisieren, sei hier Hans-Werner Sinn – einer der im
deutschsprachigen Raum bekanntesten neoliberalen Strategen – zitiert, der
das Geheimnis der politischen Praxis der neoliberalen Umverteilungsstra-
tegie von den Öl produzierenden Staaten der OPEC zu den westlichen Verbraucherstaaten gelüftet hat. In seinem Buch *Das Grüne Paradoxon* schlägt
Sinn den westlichen Ölverbraucherstaaten ein »Super-Kioto-System« vor,
das für den Westen »in doppelter Hinsicht attraktiv wäre. Zum einen würde der fossile Kohlenstoff nicht so schnell abgebaut, was den Klimawandel verlangsamt. Zum anderen müssten die Verbraucherländer nicht mehr
so viel für die Brennstoffe zahlen … In seinem Kern läuft das so beschrie-
bene Super-Kioto-System aus ökonomischer Sicht auf eine *Teilenteignung
der Ressourceneigentümer* (Hervorh. M.M.) hinaus.« Sinn kann unumwun-
den offen zugeben, dass an sein Super-Kioto-System eine Teilenteignung der
Ressourceneigentümer zugunsten der Verbraucher in den Industriestaaten

gekoppelt ist und er diese daher als Verbündete hinter sich wähnt. Wie soll aber diese Teilenteignung organisiert werden? Sinns Lösung:»Wenn sich *alle* Verbraucherstaaten einer Mengenbeschränkung unterwerfen, dann finden die Ressourcenanbieter für ihr Angebot keine Nachfrage und müssen sich beugen, ob sie es wollen oder nicht …. Mit Mengenbeschränkungen, die für alle Nachfrager gelten, werden die Verhältnisse quasi mit dem Vorschlaghammer dorthin gezwungen, wo man sie hin haben will.«[122] Mit anderen Worten: Durch eine Mengenbeschränkung entstünde auf dem Weltmarkt eine Öl-Überproduktion und die Konkurrenz unter den Ressourceneigentümern würde dann zwangsläufig zur Preissenkung führen, weil so »die Verhältnisse quasi mit dem Vorschlaghammer dorthin gezwungen (werden), wo man sie hin haben will«.[123]

So offen würden Sinn und seine Mannen niemals reden, wenn es um die Teilenteignung der Lohnabhängigen ginge. Sie würden Behauptungen in dieser Richtung mit Vehemenz als wilde Propaganda und Verschwörungstheorie zurückweisen. Sinns unbemerkt ausgeplauderte Enteignungsstrategie auf die globalen Arbeitsmärkte übertragen, hieße doch: ein dauerhaft überschüssiges Angebot an Arbeit, also die dauerhafte Massenarbeitslosigkeit, würde, wenn sich alle Unternehmer darauf einigten, die »Verhältnisse« für die Lohnabhängigen »quasi mit dem Vorschlaghammer dorthin [zwingen], wo man sie haben will«, ob die arbeitenden Menschen das wollen oder nicht. Der Mechanismus *Massenarbeitslosigkeit – Lohnsenkung* und die durch sie erzeugte Angst in ihrer unsichtbaren Wechselwirkung sind eine der beiden zentralen Fundamente und perfidesten Selbstregulierungsmechanismen, die der Neoliberalismus den abhängig Beschäftigten zumutet und auf denen der Finanzmarktkapitalismus seine Existenz stützt. Dadurch findet unsichtbar und unbemerkt eine ständige und quasi automatische Umverteilung von unten nach oben statt. Die Funktionsweise des zweiten zentralen Fundaments, nämlich der *Schuldenbremse-Steuersenkung*, dem USS-Modell, habe ich bereits an einer anderen Stelle genauer beschrieben.[124] Mit diesen selbst regulierenden ökonomischen Mechanismen werden übrigens diktatorische Regime

---

[122] Sinn 2009: 417ff.

[123] Sinn liefert in der Tat ein trickreiches Konzept, das den kapitalistischen Staaten in offen imperialistischer Manier einen kostenlosen Klimaschutz verspricht. Bei genauem Hinsehen übersieht er aber mehrere Haken seines Plans und vor allem den Umstand, dass es sich um eine konfrontative Strategie handelt, die für die Bewältigung eines globalen Problems wie des Klimaschutzes gänzlich untauglich ist. Ausführlicher dazu vgl. Massarrat 2012.

[124] Vor allem im Abschnitt »Staatsverschuldung, Schuldenbremse und Zerschlagung des Sozialstaats« in diesem Kapitel.

überflüssig, die – wie beispielsweise in Spanien unter Franco, in Griechenland unter den Obristen, in Chile unter Pinochet – die Gewerkschaften verboten haben und ihre Führer mit den aufmüpfigen Arbeiterinnen und Arbeitern in ihre Kerker verbannten oder sie einfach umbrachten.

Der Finanzmarktkapitalismus entfesselte auch außenpolitisch eine offen aggressive imperialistische Strategie. Er verstärkte massiv die bereits vorhandenen Bedrohungsängste und Feindbilder, bauschte den Islam als eine neue Bedrohung für den Westen auf (man denke dabei an Samuel P. Huntingtons »Kampf der Kulturen«) und machte diese Strategie anstelle von Gewaltfreiheit und Kooperation zur Richtschnur der internationalen Wirtschaftsbeziehungen, um analog zur nationalen Politik der Umverteilung von unten nach oben auch international sein Akkumulationsmodell – Umverteilung von Reichtümern anderer Völker in die Zentren – zu vervollständigen. Daraus folgten, wie wir nun weltweit beobachten können, Imperialismus, Chaos und Terrorismus, Wiederbelebung des Nationalismus, Kriege und globale Flüchtlingsbewegungen, die an dramatische Fluchtbewegungen des Zweiten Weltkrieges erinnern. Die zwei Weltkriege und der Faschismus scheinen nach dieser Lesart der Geschichte genau der Ausdruck finanzmarktkapitalistischer Konterrevolution am Anfang des 20. Jahrhunderts gewesen zu sein. Angesichts der nuklearen Vernichtungskapazitäten vermag man sich nicht vorzustellen, wohin eine neue finanzmarktkapitalistische Katastrophe führen könnte.

Beide der oben angegebenen Mechanismen (*Massenarbeitslosigkeit-Lohnsenkung sowie Schuldenbremse-Steuersenkung*) zusammengenommen könnte man durchaus als eine in sich konsistente neoliberale Strategie der Systemverewigung (SS) bezeichnen. In diesem Projekt sind Menschen und ihre Sorgen, menschliches Leid und menschliche Ängste sowie Armut Mittel zum Zweck. Dabei scheint die rückwärtsgewandte finanzgetriebene Klassenallianz[125] in diesem Projekt – offensichtlich von ihrem Ego verblendet – sich über die geschichtlichen Erfahrungen des Zweiten Weltkriegs und des Faschismus hinwegsetzen zu wollen. Menschliche Ängste waren aber unbestritten die Ressource, die den Faschismus in Deutschland und Europa am stärksten beflügelt hat. Würde sich der Finanzmarktkapitalismus wei-

---

[125] Nicht alle Kapitalisten heißen eine Strategie gut, die, wie die neoliberale Klassenallianz, die Umverteilung als ihre Haupttätigkeit ansieht. Die identischen Klasseninteressen, das Überleben des Kapitalismus zu sichern, mag aber erklären, warum auch ein Teil der von der Wertschöpfung lebenden Kapitalisten bereit ist, die Dominanz des von der Umverteilung zehrenden Finanzkapitals stillschweigend hinzunehmen.

ter fortsetzen, könnte eine Wiederholung der Geschichte in neuen Erscheinungsformen nicht mehr ausgeschlossen werden.

Kapitel 7
Postkapitalistische Gesellschaftsordnung

1. Evolution in zwei Schritten

Spätestens jetzt muss die Zweckmäßigkeit und der analytische Nutzen des in den ersten beiden Buchkapiteln zugrunde gelegten Ansatzes herausgestellt werden: Erstens die Unterscheidung zwischen Logischem und Historischem Kapitalismus in Kapitel 1 und die Intention, die kapitalistische Realität als eine Synthese aus der Wechselwirkung zwischen kapitalistischen Gesetzmäßigkeiten und den jeweils historischen Rahmenbedingungen zu begreifen. Und zweitens die Annahme, Macht als eine vom Kapital unabhängige Kategorie zu betrachten, weil sie in der gesamten Geschichte der kapitalistischen Entwicklung das Kapital nach der eigenen Logik geformt und geprägt hat und auch in Zukunft formen und prägen wird. Immerhin war es durch dieses Analyseverfahren möglich, in den Kapiteln 3 bis 6 den konkreten Nachweis zu erbringen, dass es beinahe unerlässlich ist, zwischen den drei dem Wesen nach unterscheidbaren Kapitalismusformationen, die abwechselnd die Menschheitsgeschichte im Positiven wie im Negativen beeinflusst haben, zu unterscheiden:

- der Freihandelskapitalismus, der bis in die 1880er Jahre andauerte und den man auch als eine Art nachfeudalistische Übergangsphase bis zum voll entwickelten Kapitalismus bezeichnen könnte,
- der Finanzmarktkapitalismus, der sich einmal um die Wende des 19. zum 20. Jahrhundert entwickelte, zunächst bis 1945 andauerte und dann ab 1975 bis heute zur vollen Entfaltung kommt,
- und der keynesianische Kapitalismus, der zunächst in den Vereinigten Staaten ab den 1930er Jahren und in Europa und Japan ab 1945 entstand und bis 1975 in den kapitalistischen Staaten zur dominanten Form des Kapitalismus wurde.

Der keynesianische Kapitalismus zeichnet sich durch positive Merkmale aus, wie eine beinahe erreichte Vollbeschäftigung, geringe Einkommensungleichheit, niedrige Staatsverschuldung und günstige Rahmenbedingungen für Arbeitszeitverkürzungen und emanzipatorische Perspektiven über den Kapitalismus hinaus, während die aus humanitärer Perspektive klar negativen Eigenschaften, wie Massenarbeitslosigkeit, steigende Einkommensungleichheit, hohe Staatsverschuldung, Strukturmerkmale des Finanzmarktkapitalismus sind, die keinerlei Reformen im Interesse der Menschen zulassen.

Tatsächlich begünstigte der Finanzmarktkapitalismus Anfang des 20. Jahrhunderts die erste Weltwirtschaftskrise, die beiden Weltkriege und den Faschismus, und es steht gegenwärtig zu befürchten, dass dieser die Menschheit ein weiteres Mal in eine Katastrophe stürzen könnte.

Diese hier bewusst zugespitzt dargestellten Alternativen legen nahe, dass die Perspektive zu einer neuen Gesellschaftsordnung, über deren Beschaffenheit in diesem Kapitel noch genauer zu diskutieren sein wird, in zwei evolutionären Schritten erfolgen müsste: Zunächst in einer friedlichen Zerschlagung des gegenwärtig vorherrschenden Finanzmarktkapitalismus und im nächsten Schritt im Übergang zu einer neuen humanen, ökologischen, gerechten und friedlichen Weltordnung. Nahezu alle bisherigen kapitalismuskritischen Analysen kranken fundamental daran, dass sie, sofern sie überhaupt konkret werden, den Finanzmarktkapitalismus mit Kapitalismus gleichsetzen und von der Annahme ausgehen, dass der Kapitalismus direkt in eine nicht-kapitalistische Gesellschaft transformiert werden kann. Diese Analysen gehen offensichtlich von der irrigen Annahme aus, es sei – ausgehend vom gegenwärtigen Kapitalismus – unmittelbar, d.h. ohne Zwischenschritte, möglich, eine nichtkapitalistische Gesellschaftsordnung anzusteuern. Eine solche Strategie des antikapitalistischen Kampfes war und ist schon immer deshalb grundsätzlich zum Scheitern verurteilt gewesen, weil sie unwillkürlich den Weg dafür eröffnet, dass große gesellschaftliche Gruppen – wie die Mittelschichten, Teile der Arbeiterschaft und die liberale Zivilgesellschaft, die zwar per se nicht antikapitalistisch sind, jedoch einer neuen postkapitalistischen Ordnung nicht feindlich gegenüberstehen – in das Lager der Mächtigen und Reichen hineingetrieben werden. Dadurch wird es den mächtigen Platzhaltern leicht gemacht, den Finanzmarktkapitalismus in ein wirkungsvolles Bollwerk gegen emanzipatorische Reformen zu verwandeln, indem große Bevölkerungsteile ungewollt zu passiven Unterstützern einer Allianz der Mächtigen und Reichen (Multinationale Konzerne, Immobilien- und Rohstoffeigentümer, Manager dieser Sektoren und Vermögensverwalter) gemacht werden. Diese Allianz hat jedoch nichts anderes im Sinn als für den Erhalt des eigenen Status und Besitzstandes zu kämpfen. Diesem Dilemma, das ich *Kapitalismusfalle* nenne, sind in der Geschichte schon oft antikapitalistische Bewegungen und Parteien zum Opfer gefallen. Das folgende Szenario mag dieses Strukturproblem einer Evolution zur Überwindung des Kapitalismus besser verdeutlichen:

Stellen wir uns einmal vor, die Protagonisten einer antikapitalistischen Bewegung entschieden sich heute dafür, mit dem zweiten Schritt vor dem ersten zu beginnen, d.h. also den Finanzmarktkapitalismus zu ignorieren und gleich die Überwindung des Kapitalismus in den Vordergrund zu stellen. Dann wäre doch glasklar, dass diese Bewegung dadurch lediglich das Kunststück vollbrächte, sämtliche per se nicht antikapitalistischen Kräfte – und diese sind bei Weitem mehr als nur die Kapitalisten selbst – in das Lager des Finanzkapitals zu treiben und damit das eigene politische Ziel eigenhändig zu blockieren, also in die *Kapitalismusfalle* hineinzutappen. Ich möchte an dieser Stelle die Behauptung wagen, dass sämtlichen antikapitalistischen Strömungen und Theoretikern seit über einem Jahrhundert – mit der einzigen Ausnahme von Antonio Gramsci – genau diese selbst blockierende Verwechslung zwischen dem zweiten und dem ersten Schritt zum Verhängnis geworden ist.[1] Dies gilt auch für die Gegenwart. Im linken antikapitalistischen Lager dominieren Vorstellungen, die von Etappen zur Überwindung des Kapitalismus nichts wissen wollen. Trotz umfassender und aufschlussreicher Kritik am Finanzmarktmarktkapitalismus wurde bisher fast flächendeckend nicht in Betracht gezogen, dass dieses System als eine selbständige Kapitalformation mit einem qualitativ unterscheidbaren Akkumulationsmodell anzusehen ist. Stattdessen florieren postkapitalistische Debatten, in denen implizit davon ausgegangen wird, den Finanzmarktkapitalismus zu überspringen und den Postkapitalismus direkt ansteuern zu können. Mit einer solchen Vorstellung, die offenbar den Finanzmarktkapitalismus mit dem Kapitalismus gleichsetzt und den qualitativen Unterschied leugnet, gäbe man jedoch freiwillig die historische Chance aus der Hand, zusammen mit einem Teil der Machteliten[2] und großen Bevölkerungsteilen eine breite Allianz zu schmieden, die gewillt ist, dem Finanzkapital den Boden unter den Füßen zu entziehen und die zahlreichen inhumanen und unsozialen neoliberalen Projekte zu stoppen.

---

[1] In diesem Zusammenhang möchte ich beispielsweise den historisch noch nicht hinreichend erforschten Fall vorerst als bloße Vermutung hervorheben, dass im Finanzmarktkapitalismus zur Jahrhundertwende des 19. zum 20. Jahrhundert die Kommunistischen Parteien und Bewegungen genau dieser Illusion verfielen und, statt mit der Sozialdemokratie gegen Imperialismus, Krieg und Faschismus zu kämpfen, die – zugegeben im Sumpf des Patriotismus versinkende und zur Kriegspartei absteigende – Sozialdemokratie zu ihrem gefährlicheren Gegner kürten und den Weg somit für die faschistische Machtergreifung ebneten – eine These, die allerdings empirisch erhärtet werden müsste.

[2] Vgl. auch den wertvollen Beitrag von Dieter Klein, in dem er eine Spaltung innerhalb der Machteliten in den kapitalistischen Staaten registriert und ganz dezidiert dafür plädiert, analog zu den USA in den 1930er Jahren, einen neuen *New Deal* zu organisieren. (Klein 2017: 89ff.)

Den Finanzmarktkapitalismus zerschlagen – braucht die Welt überhaupt den Finanzsektor?

Ist dieses Vorhaben, das Zerschlagen des Finanzmarktkapitalismus, nicht ein wenig zu hoch gegriffen und schon wieder ein unverbindliches, weil unrealistisches Projekt, das nicht mehr als ein bloßes Schlagwort ist? Haben wir nicht schon so oft vom »bevorstehenden Sturz des Kapitalismus«, vom »Ende des Kapitalismus« oder »vom Ende des Kapitalismus, den wir kennen« gehört? Mit diesen oder ähnlichen Reaktionen – gerade mit Blick auf diesen Buchabschnitt – ist zu rechnen. Und sie mögen auch alle ihre Berechtigung haben. Es wäre in der Tat auch absurd, die Zerschlagung eines derart mächtigen Systems einfach so für möglich und geboten zu halten. Doch wenn diese Perspektive hier ganz ernsthaft thematisiert und mit einer gewissen Vehemenz die Aktualität dieser politischen Aufgabe betont wird, dann nur deshalb, weil meine empirisch begründete Analyse in diesem Buch keine andere Schlussfolgerung zulässt. Die Menschheit hat bereits die zwei Grundtypen des Kapitalismus erlebt.

Der keynesianische Kapitalismus erschien gegenüber dem ihm vorausgehenden Finanzmarktkapitalismus als etwas qualitativ Neues und er war auch wirklich etwas Neues. Er hat trotz der historischen Katastrophe der ersten Finanz- und Weltwirtschaftskrise, trotz der beiden Weltkriege und obwohl der Kapitalismus weltweit delegitimiert worden war, diesen zu einem System mit menschlichem Antlitz gemacht. Dabei hat auch die Systemkonkurrenz dazu beigetragen, dass die sozial orientierten klugen und korporatistischen Unternehmer innerhalb der Machtelite die Oberhand gewannen. Und dies geschah nicht nur in den alten Industrieländern, sondern weltweit auch in einigen Ländern des Südens, die den staatssozialistischen Weg als einen besseren Weg beurteilten, um die Armut und Unterentwicklung zu überwinden. Aber der gegenwärtige Finanzmarktkapitalismus stellt, wie in Kapitel 6 dieses Buches dargelegt, für die Menschheit keine neue Qualität dar, er ist der alte hässliche Kapitalismus im neuen Gewand, aber mit einigen neuen *Sicherheitsventilen*, die im günstigsten Fall die Entstehung neuer Katastrophen abschwächen und hinausschieben können, ohne diese jedoch ganz verhindern zu können.

Warum aber die Zerschlagung und was ist damit überhaupt gemeint? Rudolf Hickel reagierte auf die zweite Weltfinanzkrise mit seiner Streitschrift »Zerschlagt die Banken«.[3] Darin führte er, wie ich im Abschnitt »Das Finanzkapital« in Kapitel 6 schon darstellte, einige wichtige Ursachen der Finanzkrise, u.a. die Einkommensungleichheit und Vermögenskonzentra-

---

[3] Hickel 2012.

tion, an. Die Hickel vorschwebende Lösung, nämlich die Trennung der Investmentabteilungen vom kreditversorgenden Körper der Großbanken, ist
nachvollziehbar, da dem Spekulationskapital damit die Möglichkeit genommen wäre, seine Verluste auf die Bankkunden abzuwälzen.[4] Im vorliegenden
Buch begründe ich aber, dass es dem Finanzkapital gelungen ist, aus dem
gleichgewichtigen Kapitalismus eine im Kern inhumane und gefährliche
Kapitalismusformation zu kreieren, deren Hauptzweck darin besteht, nach
dem Motto *Nach uns die Sintflut* aus Millionären Milliardäre und aus Mil-
liardären Multimilliardäre zu machen.

Deshalb reicht es bei Weitem nicht aus, allein die Banken zu zerschlagen,
den Finanzmarktkapitalismus mit seinem sozialen Fundament als Ganzes
aber bestehen zu lassen. Um dies plastisch zu machen, sei hier ein hochran-
giger deutscher Banker zitiert, der 2002 dem Theaterregisseur Andres Veiel
auf seine Frage, welche Konsequenzen er aus einer möglichen Liquiditäts-
blase schließen würde, antwortete:»Erstens melken wir die Kuh, solange sie Milch gibt. Zweitens bevor sie stirbt, müssen wir rechtzeitig auf den
Tod der Kuh wetten. Das ist die Logik – soviel Geld verdienen wie möglich. Und wenn in der Krise überschüssiges Kapital vernichtet wird, dann
darf es halt nicht das eigene sein.«[5] Tatsächlich hat sich das Finanzkapital
auch, wie wir gesehen haben, nach einer kurzen Periode der Schwächung
wieder regeneriert und steht jetzt noch stärker als zuvor an der Spitze aller kapitalistischen Gesellschaften. Der neue US-Präsident Donald Trump
hat beispielsweise sein neues Kabinett wie aus einem Guss aus dem Umfeld von Goldman Sachs zusammengesetzt und inzwischen die von Obama
eingeführten Regeln für das Finanzkapital zurückgenommen. Es ist also an
der Zeit, die Überwindung des neuen Systems als solches ins Visier zu nehmen. Um jedoch schon jetzt der populistischen Propaganda den Wind aus
den Segeln zu nehmen, bedeutet die Zerschlagung des Finanzkapitals in
keinster Weise die Beseitigung der Kreditversorgung und damit die Stran-
gulierung der Wirtschaft. Das Gegenteil ist richtig. Tatsächlich sollen mit
der Zerschlagung des Finanzkapitals die Voraussetzungen dafür geschaffen werden, dass das Kreditwesen durch das parasitäre Spekulationskapital
nicht andauernd in Mitleidenschaft gezogen wird und im Interesse der Allgemeinheit erst richtig funktioniert. Der Finanzmarktkapitalismus ist nicht
in der Lage, eine Selbstlegitimation, wie wir sie im keynesianischen Kapitalismus kennen, herzustellen. Seine Legitimation wird vor allem durch
Propaganda und mit enormem Aufwand betriebenen Werbekampagnen so-

---

[4] Ebenda: 114ff.
[5] Vgl. Kaufmann (2017).

wie mit Täuschungsmanövern durch Manipulation von Statistiken erkauft. Zahlreiche finanzkräftige Initiativen, wie die in Deutschland agierende *Initiative Soziale Marktwirtschaft* und Stiftungen wie die *Bertelsmann Stiftung* leisten beispielsweise enorme Arbeit in dieser Richtung. Von dieser Art Institutionen, die für den Neoliberalismus und den Finanzmarktkapitalismus Legitimation kreieren, gibt es weltweit mehr als genug. Potenziert wird diese Stärke durch die beinahe genauso wichtige politische Schwäche und die Vereinzelung der antikapitalistischen Kräfte, die ungewollt mit dazu beitragen, dass ein faktisch gescheitertes System weiter am Leben gehalten wird.

Wenn meine Analyse in diesem Buch auch nur annähernd zutrifft, dass der Finanzsektor und die neue Kapitalismus-Formation gegenwärtig dabei ist, die Menschheit in eine erneute Katastrophe zu führen, dann ist die im Titel dieses Buches aufgeworfene Frage »Braucht die Welt den Finanzsektor?« aktueller denn je. Tatsächlich braucht weder die Welt noch der Kapitalismus selbst den Finanzsektor. Die historischen Erfahrungen während der Nachkriegsjahre belegen, dass die Welt auch ohne diesen unproduktiven und spekulativen Wirtschaftssektor gut, ja im Grunde sogar besser auskommen kann. In jener Epoche diente der Finanzsektor der Wirtschaft und den Menschen. Jetzt ist es genau umgekehrt. Der globale Finanzsektor entstand tatsächlich, wie ich bereits in Kapitel 6 ausführlich dargestellt habe,[6] mit dem völlig abnorm steigenden Handelsvolumen der Finanzprodukte erst in den 1980er Jahren.[7] Aus historischen Erfahrungen wissen wir auch, dass mit der Entstehung des globalen Finanzsektors der Kapitalismus schon einmal in eine rückwärts gewandte Formation, in den Finanzmarktkapitalismus, übergegangen ist, der eine gesellschaftliche Vorwärtsentwicklung faktisch blockierte und Verwerfungen, Instabilitäten sowie folgenreiche Finanzkrisen hervorrief. Die Menschheit erfuhr schon einmal diese Art des Finanzmarktkapitalismus, der 1929 in die erste Weltwirtschafts- und Finanzkrise einmündete, den unseligen Protektionismus sowie eine Kriegsstimmung beflügelte und ihr schließlich den Faschismus und den Zweiten Weltkrieg bescherte.

Heute, beinahe ein Jahrhundert danach, sind dieselben Intentionen, dieselben Triebkräfte und Mechanismen beim Entstehen des gegenwärtigen globalen Finanzsektors zu erkennen, die wider alle historischen Erfahrungen von den Eliten kapitalistischer Staaten hingenommen oder gar forciert werden. Wir beobachten die ungeheure militärische Aufrüstung und die zunehmende Bereitschaft der Eliten, die anhaltenden Wirtschafts- und Finanzkrisen durch Gewalteinsatz und Kriege an den Rändern der Weltwirtschaft bewältigen zu

---

[6] Kapitel 6, Abschnitt »Rasanter Ausbau des Finanzsektors«.
[7] Vgl. dazu vor allem Abbildung 21 auf S. 201.

wollen. Es gelang den Regierungen westlicher Staaten zwar, die Finanzkrise von 2008 mit gigantischen Rettungspaketen von über Tausend Milliarden US-Dollar zulasten der Steuerzahler zu entschärfen. Werden sie aber noch einmal in der Lage sein, die erforderlichen Mittel zur Rettung der »systemrelevanten« Banken bei der nächsten Finanzkrise aufzubringen? Werden ihnen dann auch die erneut betrogenen Menschen folgen? Schon jetzt laufen die verunsicherten Menschen in den USA, in Nord-, West-, Süd- und Osteuropa und anderswo den populistischen und nationalistischen Strömungen hinterher. Wer garantiert denn überhaupt, dass die katastrophalen Ereignisse des letzten Jahrhunderts sich in anderen Formen nicht wiederholen?

Wir beobachten gegenwärtig auch einen finanzkapitalistisch geprägten Verfall der Sitten bei Regierungen und großen Konzernen. Die Regierungen verlieren sich zunehmend in Manipulationen von Statistiken und Informationen und betreiben Propaganda, um die Menschen von den tiefen Krisen des neoliberalen Systems abzulenken. Der unübersehbare Vertrauensverlust der bestehenden Parteigänger des Neoliberalismus bei den Bevölkerungen fast aller kapitalistischen Staaten ist Ausdruck der drastisch abnehmenden Zustimmung zu dieser rückwärtsgewandten Version des Kapitalismus. Auch in der unbestreitbar wie gefährlichen Wiederbelebung rechter nationalistischer und rassistischer Parteien spiegelt sich die sinkende moralische Legitimation des Kapitalismus wider. Es darf nicht übersehen werden, dass auch ein Donald Trump, was zu den Kuriositäten der Gegenwart gehört, mit scheinbar systemkritischen Attitüden die Präsidentschaftswahl für sich gewonnen hat. Und die Konzerne – wie man das z.Z. in der globalen Autobranche sehen kann – stürzen sich in immer größere Skandale, weil sie offensichtlich glauben, ihre Zukunft durch Manipulation der Abgaswerte und Technologien besser meistern zu können. Den reformwilligen Kräften stehen zwei Optionen gegenüber: Entweder sich mit Klein-Klein im Finanzmarktkapitalismus und der Regulierung der Finanzmärkte abzugeben und sehenden Auges den Pfad zu einer neuen Katastrophe zu beschreiten. Sehr viele Finanzjongleure sehen in den Regulierungsmaßnahmen, wie die Erhöhung von Eigenkapital der Banken, Bankenaufsicht etc., ohnehin lediglich eine symbolische Bedeutung. Aufschlussreich ist in diesem Zusammenhang die Äußerung eines Hedgefonds-Managers, die Andreas Veiel in seinem bereits zitierten Interview wiedergibt: »Herr Veiel, setzen Sie nicht auf Regulierungen, denn wir werden immer schneller sein. Bis die Aufsicht versteht, dass sie etwas nicht verstanden hat und dann ein Regelwerk schafft, haben wir schon die Wertpapiere wieder umverpackt.«[8]

---

[8] Vgl. Kaufmann (2017).

Oder die reformwilligen Kräfte reißen das Ruder komplett herum und verhindern eine »Weiter-so«-Option hin zum Abgrund, indem sie anfangen, mit aller Konsequenz dem Finanzmarktkapitalismus den Boden unter seinen Füßen wegzuziehen. Hierzu bedarf es Phasen einer umfassenden und intensiven Aufklärung in den Reformparteien und in der Zivilgesellschaft über die inhumanen Strukturen und Folgen des Finanzmarktkapitalismus und auch darüber, warum, wie unten näher begründet wird, die radikale Arbeitszeitverkürzung ein entscheidender Schritt zur Zerschlagung der gegenwärtigen Kapitalismusformation ist. Mag sein, dass dieses Ansinnen wegen der tief in den Köpfen verankerten neoliberalen Ideologie als gänzlich unrealistisch eingeschätzt wird. Historische Beispiele belegen aber, dass eine rasche Wende der öffentlichen Meinung immer wieder möglich war und ist. Die SPD war unter der Führung von Helmut Schmidt, um ein wichtiges Beispiel zu nennen, in ihrer großen Mehrheit schon 1981 für die Aufstellung der US-Mittelstreckenraketen in Westdeutschland und Westeuropa. Die umfassende Aufklärung der Öffentlichkeit durch die Friedensbewegung hat aber dazu geführt, dass sich innerhalb von weniger als einem Jahr das Blatt gewendet hat und die SPD und mit ihr auch die Bevölkerung in ihrer großen Mehrheit sich zu Zielen der Friedensbewegung bekannt hat. Bei den Präsidentschaftswahlen in den USA in 2016 gelang es – um ein aktuelleres Beispiel hervorzuheben – dem sozialistischen Kandidaten Bernie Sanders mit einem klar anti-neoliberalen Wahlkampfprogramm und trotz dessen Benachteiligung durch die Führung der US-Demokraten beachtliche Teile der amerikanischen Bevölkerung, vor allem unter den Jugendlichen, zu begeistern und zu den Wahlurnen zu bringen.

Radikale Arbeitszeitverkürzung als gegenhegemoniales Projekt

Die letzte Arbeitszeitverkürzung fand in der Epoche des keynesianischen Kapitalismus statt. Nach dem Siegeszug des Neoliberalismus wurde die Arbeitszeit in Deutschland und den meisten Staaten Europas zunächst auf 38-Wochenstunden und anschließend in den meisten Branchen auf 42-Wochenstunden erhöht. Dafür haben neoliberale Ökonomen mit Hans-Werner Sinn an vorderster Front ganze Arbeit geleistet.[9] Mit reißerischen und manchmal auch alarmierenden Hiobsbotschaften wie »Wieder 42 Stunden

---

[9] Er forderte schon 2003 die Verlängerung der Arbeitszeit um 10% und ohne Lohnausgleich, weil nur so die deutsche Wirtschaft international wettbewerbsfähig würde. Vgl: www.hanswernersinn.de/de/themen/Arbeitszeitverlängerung.

arbeiten«,[10] »Abschied vom Freizeitpark«,[11] »Warum wir länger arbeiten müssen«,[12] »So ist Deutschland zu retten«[13] oder »Warum die Arbeitszeitverlängerung mehr Jobs schafft«[14] etc. hämmerten die Medien diese absurden Behauptungen als eine unumstößliche Wahrheit so in die Köpfe der Menschen ein, dass jedwede Überlegung in Richtung Arbeitszeitverkürzung als eine weltfremde und völlig an der Realität vorbei gehende Sicht gebrandmarkt wurde. Dabei gebietet allein die Tatsache von über sechs Millionen Arbeitslosen in Deutschland, dass die Arbeitszeit auf mindestens 30 Stunden in der Woche gesenkt wird.

Denn die Produktivität der Wirtschaft in Deutschland ist, mit Ausnahme der Periode des keynesianischen Kapitalismus, in allen kapitalistischen Ländern fast immer schneller gestiegen als die Senkung der Arbeitszeit. Dies erklärt auch die Massenarbeitslosigkeit, die wir in der Geschichte des Kapitalismus – wiederum mit der eben genannten Ausnahme – beobachten können. Im Grunde ist es angesichts der Massenarbeitslosigkeit und steigender Produktivität längst fällig, die Erwerbsarbeitszeit in Deutschland bei vollem Lohnausgleich drastisch zu senken und Vollbeschäftigung zu erreichen. Da angesichts der Grenzen des Wachstums die Schaffung neuer Arbeitsplätze auch nicht mehr möglich ist, bietet sich an, weitere Verkürzungen der Erwerbsarbeitszeit bei vollem Lohnausgleich auf Dauer an die Entwicklung der Produktivität zu koppeln und diese Regelung auch in der Verfassung festzuschreiben.[15] Eine solche Regelung hätte eine Reihe von Vorteilen: Sie würde die Beschäftigten zu höherer Produktivität motivieren und allen beteiligten Unternehmern, aber auch abhängig Beschäftigten mehr Sicherheit bringen. Eine radikale Verkürzung der Erwerbsarbeitszeit[16] ist aber schon deshalb die effektivste Strategie zur Zerschlagung des Finanzmarktkapitalismus, weil dieser, wie ich in den Kapiteln 4 und 6 dargelegt habe, von der Existenz der Massenerwerbslosigkeit abhängig ist. Unter den Be-

---

[10] Frankfurter Allgemeine Zeitung vom 23. Juli 2003.
[11] Pro Firma, Nr. 9, September 2003.
[12] Welt am Sonntag vom 14. November 2004.
[13] Bild vom 22. April 2004.
[14] Impuls, Nr. 2/2005.
[15] Ausführlicher zur Notwendigkeit und Möglichkeit der Verkürzung der Erwerbsarbeitszeit vgl. Bontrup/Massarrat 2011.
[16] Es macht durchaus Sinn, von der Verkürzung der Erwerbsarbeitszeit zu sprechen, da mehr Freizeit für die überwältigende Mehrheit der Menschen nicht Faulenzerei und Nichtstun bedeuten muss. Vielmehr kann davon ausgegangen werden, dass durch mehr Freizeit Menschen Betätigungen ausüben werden, die ihnen Spaß machen und die zu ihrer Selbstverwirklichung beitragen.

dingungen der Vollbeschäftigung und der Option, dass jeder Arbeitsuchende in der Lage wäre, den gewünschten Arbeitsplatz, für den er qualifiziert ist, zu bekommen, hätte auch Angst keinen Platz mehr und keine Herrschaftsfunktion für einen parasitären Kapitalismus. Und gerade weil durch eine radikale Arbeitszeitverkürzung der Finanzmarktkapitalismus wie ein Kartenhaus zusammenbrechen dürfte, meiden neoliberale Ökonomen und Politiker die Verkürzung der Erwerbsarbeitszeit wie die Pest. Vorsorglich haben sie mit der Erfindung des Märchens vom *Fachkräftemangel* schon seit Jahren propagandistisch geschickt die Illusion verbreitet, wir hätten schon längst das Stadium der Vollbeschäftigung erreicht. Mit der Vollbeschäftigungslüge soll die Idee der Arbeitszeitverkürzung tabuisiert und eine wirkliche Vollbeschäftigung torpediert werden.

Mit dem Märchen vom Fachkräftemangel haben die neoliberalen Vorreiter die Gesellschaft, wie Hans-Werner Sinn zu sagen pflegen würde, dorthin geschoben, wohin man sie haben wollte.[17] Bei der Konstruktion vom Fachkräftemängel wird offensichtlich genauso manipulativ mit der Statistik umgegangen wie bei der Konstruktion der angeblich sinkenden Arbeitslosigkeit. Tatsächlich ist der Fachkräftemangel überwiegend eine Luftnummer, weil Unternehmer die Zahl der offenen Stellen je nach Bedarf ihrer Branche mit einem beliebigen Koeffizienten multiplizieren.[18] Dabei gilt es als unumstritten, dass in bestimmten Branchen tatsächlich Engpässe vorhanden sind, die aus mangelnder Bereitschaft der Unternehmer zu Investitionen in die Ausbildung der Fachkräfte und ihrer angemessenen Bezahlung herrühren.[19] Schließlich gilt die Marktregel auch für den Arbeitsmarkt, dass bei einer Angebotslücke Löhne steigen und dadurch der Anreiz bei den Arbeitskräften entsteht, die Lücke zu schließen. Denn Arbeitssuchende sind genug vorhanden, sie müssten bei Bedarf nur umgeschult werden. Wenn aber die Löhne nicht steigen, dann kann es auch keinen Fachkräftemangel geben. Ähnlich manipulativ bestimmt auch die EU-Kommission, ab welcher Arbeitslosenquote die EU-Staaten beschäftigungspolitisch überhaupt aktiv werden und die Arbeitslosigkeit bekämpfen müssten.[20] Im Finanzmarktka-

---

17 Im letzten Abschnitt des Kapitel 6 habe ich am Beispiel von Hans-Werner Sinn und globalen Öl- und Arbeitsmärkten jene Methode der Herstellung von Zuständen offen gelegt, die die Akteure zu gewünschtem Verhalten zwingen, ohne dass diese die Fernsteuerung bemerken.

18 Vgl. die ARD-Sendung vom 21.7.2014.

19 Siehe dazu Niggemeyer 2011.

20 Aus der Sicht der EU-Kommission, sagt der österreichische Finanzexperte Stephan Schulmeister in einem Interview in der Frankfurter Rundschau, »liegt eine Krise vor, wenn die aktuelle Arbeitslosenrate weit über dem liegt, was man struktu-

pitalismus geht es um die Festigung der Massenarbeitslosigkeit und nicht um ihre Bekämpfung.

Die radikale Arbeitszeitverkürzung zwecks Vollbeschäftigung bedeutet nach dem gegenwärtigen Stand des Wissens eine Senkung der Arbeitszeit auf die 30-Stunden-Woche, wie es der Attac-Arbeitsgruppe *ArbeitFairTeilen* vorschwebt,[21] oder auf die Vier-Tage-Woche nach der Vier-in-einem-Perspektive von Frigga Haug.[22] Bedenkt man, dass inzwischen längst auch das Zeitalter der Digitalisierung, der vierten technologischen Revolution, angebrochen ist, dann würde die Reduktion der Erwerbsarbeitszeit auf eine 30-Stunden-Woche nicht ausreichen. Mit der neuen Welle der Rationalisierung wäre aller Wahrscheinlichkeit nach die Einführung der 20-Stunden-Woche angesagt, wie Keynes und andere weitsichtige Ökonomen vor hundert Jahren vorausgesagt hatten.[23] Die 30- oder 20-Stunden-Woche ist kein starres Konzept mit einer Schlüsselzahl, die unterschiedslos für alle und unabhängig von branchen- oder geschlechtsspezifischen Bedürfnissen eingeführt werden müsste. Vielmehr kann und soll die Verkürzung der Erwerbsarbeitszeit höchst flexibel und in Abhängigkeit von Bedürfnissen der Beschäftigten und betrieblichen Erfordernissen gestaltet werden. Die 30- oder 20-Stunden-Woche sind demnach Durchschnittswerte, die lediglich zur Orientierung dienen.

Die radikale Verkürzung der Erwerbsarbeitszeit ist ein gesellschaftlich sinnvoller Schritt und eine Antwort zur Lösung vieler gesellschaftlicher Probleme: Sie ist die zeitgemäße Antwort auf die *Grenzen des Wachstums*. Denn weniger Arbeit bedeutet weniger Produktion sowie Dienstleistungen und damit weniger Energieverbrauch. Dank steigender Produktivität kann dennoch der erreichte materielle Wohlstand mit mehr Zeitwohlstand und we-

---

relle Arbeitslosenrate nennt«. Wie definiert die EU-Kommission aber die strukturelle Arbeitslosenrate? Die EU-Kommission schätzt, nach Schulmeister, die »strukturelle Arbeitslosenrate so, dass sie immer der tatsächlichen folgt, starke Abweichungen werden weggeschätzt und damit auch die Krise«. Da die durchschnittliche Arbeitslosenrate in der Eurozone zurzeit bei 10% liegt, entstünde eine Wirtschaftskrise bei Arbeitslosenraten, die über dieser Rate liegen.»Die Folge: Bei einer aktuellen Arbeitslosenquote von zehn Prozent dürfen die (EU-)Staaten nicht mehr Geld ausgeben, um die Wirtschaft anzukurbeln, damit neue Jobs entstehen. Diese Arbeitslosen werden mit einer solchen Haltung abgeschrieben, sie derzeit für nicht brauchbar erklärt.« (Stephan Schulmeister, in: Frankfurter Rundschau vom 2./3. Januar 2016).
[21] Vgl. dazu die Positionspapiere der Attac-AG *ArbeitFairTeilen* unter www.attac-netzwerk.de/ArbeitFAIRTeilen. Außerdem auch Krull 2014.
[22] Haug 2008.
[23] Reuter 2000; Zinn 2008: 40.

niger Umweltverbrauch verbunden werden.[24] Durch sie wird die gegenwärtige Stressgesellschaft in eine Zeitwohlstandsgesellschaft mit weniger Gesundheitsschäden verwandelt. Der Zeitwohlstand ist zudem die wichtigste Ressource für die Familie, für gleichberechtigte Teilnahme an Hausarbeit und Kindererziehung, für Gesundheitspflege, Sport, Kultur und allerlei andere kreative Tätigkeiten. Weniger Stress bringt auch zusätzliche Produktivitätssteigerung mit sich. Mehr Zeitwohlstand bringt für einen Teil der Menschen die Option hervor, die überschüssige Freizeit für die Selbstversorgung mit ökologischen und gesunden Nahrungsmitteln zu verwenden. Mehr Zeitwohlstand bedeutet auch mehr Demokratie und Stärkung der Zivilgesellschaft. Er ist die Quelle eines neuartigen gesellschaftlichen Reichtums, der auch ohne Systemwechsel, d.h. schon jetzt realisierbar ist. Eine radikale Verkürzung der Erwerbsarbeitszeit ist auch finanzierbar. Wie in Kapitel 6, Abschnitt »Finanzkapital als überschüssiges Kapital und dessen Quellen«, belegt, erzielen allein in Deutschland die Unternehmer dank flächendeckender Dumpinglöhne jährlich ca. 1.000 Milliarden Euro Gewinnüberschüsse, die sie den abhängig Beschäftigten wegnehmen, um sie im Finanzsektor zu investieren. Diese Mittel müssen für die Finanzierung der Arbeitszeitverkürzung bei vollem Lohn- und Personalausgleich verwendet und so den arbeitenden Menschen wieder zurückgegeben werden. Dadurch können mit einer Klappe zwei Fliegen geschlagen werden: Zum einen würde das Kapitalvolumen im Finanzsektor und die Gefahr von neuen Finanzkrisen schrumpfen. Und zum anderen würden die Mittel in den Binnenmarkt gelangen und die Binnennachfrage nachhaltig stärken.

Die Notwendigkeit einer radikalen Verkürzung der Erwerbsarbeitszeit zu begründen und auch die Möglichkeit ihrer Finanzierung herauszustellen, ist das Eine, es kommt letztlich aber darauf an, dieses Projekt politisch durchzusetzen. Auf den ersten Blick mag diese Perspektive angesichts der Schwäche und der defensiven Haltung des gesamten potenziellen Reformlagers in Deutschland und Europa als utopisch erscheinen – und sie ist es auch. Bedenkt man aber, dass unter bestimmten gesellschaftlichen Bedingungen oft ein rascher Wandel einschließlich der nötigen Radikalisierung und Mobilisierung der politischen Kräfte denkbar ist, können hier nur die Bedingungen zu einer solchen Entwicklung vor Augen geführt werden:

Dazu müsste die deutsche parallel oder später auch die europäische Sozialdemokratie wieder zu ihren Wurzeln zurückfinden und bereit sein, sich bewusst von den Fesseln, die ihr der Neoliberalismus mit der Agenda 2010

---

[24] Ausführlicher dazu Massarrat 2009.

angelegt und sie von ihrer sozialen Basis in dramatischer Weise entfernt hat, radikal zu befreien.

Tatsächlich haben die Strategen des Neoliberalismus und des Finanzmarktkapitalismus mit ihrer auf Propaganda und Täuschung beruhenden Politik einen großen Coup gelandet und aus dem Kanzler einer rot-grünen Regierung mit Reformanspruch in Deutschland zunächst einen Autokanzler und anschließend einen Agenda-2010-Kanzler gemacht. Es muss als ein historisch und politischer Skandal angesehen werden, dass ausgerechnet die bedeutendste Volkspartei Europas, die selbst das Hauptopfer der finanzkapitalistischen und faschistischen Angriffe in der ersten Hälfte des 20. Jahrhunderts geworden war, nun in der zweiten Hälfte desselben Jahrhunderts zum wirkungsmächtigen Handlanger des Finanzkapitals herabgewürdigt und herabgestuft wird. Die deutsche Sozialdemokratie muss zudem auch endlich erkennen, dass die Fortsetzung der Wachstumspolitik keine neuen Arbeitsplätze in Deutschland und Europa hervorbringt, dafür jedoch zusätzliche Schädigungen der Natur und die Überausbeutung des Südens mit den daraus hervorgehenden Fluchtbewegungen nach Europa verursacht. Sie muss wieder dort ansetzen, wo sie Ende der 1970er Jahre mit der Politik der Arbeitszeitverkürzung und der IG-Metall-Kampagne der 35-Stunden-Woche aufgehört hatte und deshalb politisch abgestraft wurde. Dies gilt auch für die deutschen Gewerkschaften, die durch den unerschütterlichen Glauben an Wachstum und im Gefolge der Agendapolitik in die gesellschaftliche Defensive geraten sind und einen Großteil ihrer Mitglieder, wie Abbildung 9 (S. 134) zeigt, verloren haben.

Auch die grüne Bewegung müsste reflektieren, warum sie als eine moderne Bewegung und Partei mit ökologischen, sozialen und gewaltfreien Zielen sich von einer zukunftsfähigen linken Partei in eine grüne FDP gewandelt hat. Ein grüner New Deal eignet sich im Finanzmarktkapitalismus eher als ein neoliberales Korsett, in das eine ursprünglich vielversprechende Partei hineingepresst und gesellschaftlich faktisch nutzlos gemacht worden ist. Ein ökologischer Umbau der Gesellschaft, der diesen Namen verdient, lässt sich letztlich nur mit der radikalen Arbeitszeitverkürzung realisieren.

Was muss mit den Linken in ihrer ganzen Breite, aber auch mit der Partei »Die Linke« geschehen, damit gerade sie den ganzen Prozess der geistigen Befreiung vom rückwärtsgewandten Sog des Neoliberalismus vorantreiben kann? Diese Strömung, vor allem ihr zivilgesellschaftlicher Teil, verfügt über ein erhebliches Mobilisierungs- und Reformpotenzial, wenn man an die Aktivitäten von Netzwerken wie *Campact* bei den Anti-*CETA* und -*TTIP*-Kampagnen der letzten Jahre in Deutschland denkt. Der zivilgesellschaftliche Teil des linken Lagers besteht vor allem aus hoch gebildeten, früher einmal in den grün-sozialdemokratischen Parteien aktiven, aber desillusionierten Menschen, die bereits ein fundiertes Bewusstsein über die Strukturprobleme des gegenwärtigen Kapitalismus besitzen und für grundlegende Veränderungen sensibilisiert sind. Dieses Potenzial ist noch lange nicht entpolitisiert und isoliert. Ganz im Gegenteil, es wartet, wie wir das in den letzten Jahren nicht nur in Deutschland, sondern auch in Südeuropa mit den neuen sozialen Bewegungen und Parteien – wie Podemos in Spanien, Syriza in Griechenland, in England mit der Wahl von Jeremy Corbyn als Vorsitzender der Labour Party und vor allem in den USA mit der Präsidentschaftskandidatur von Bernie Sanders – gesehen haben, auf neue perspektivische Optionen, um auf den Zug von vielversprechenden Reform bewegungen und Kampagnen aufzuspringen. In Deutschland ist die über Nacht entstandene Piratenpartei ein aktuelles Beispiel für die große Sehnsucht vieler reformhungriger Gruppierungen, die zunächst mit großem Elan entstehen, dann aber den Rückzug antreten, sobald sich herausstellt, dass ihr politisches Projekt für gesamtgesellschaftliche Reformen nicht tragfähig ist. Deshalb kann man durchaus die Erwartung hegen, dass das zivilgesellschaftliche Reformpotenzial sich von zugkräftigeren und tragfähigeren Projekten wie der radikalen Arbeitszeitverkürzung ansprechen ließe und dass die Zivilgesellschaft dabei auch eine energiegeladene Multiplikatorrolle übernehmen könnte.

Schwieriger als bei dem zivilgesellschaftlichen Teil dürfte es bei dem organisierten Teil des linken Lagers der Partei »Die Linke« werden, sie für das Projekt der Arbeitszeitverkürzung zu gewinnen, obwohl die Linkspartei für ein solches als ihr größtes sozialpolitisches Projekt eigentlich die allererste Adresse hätte sein müssen.[25] In einem Beitrag versucht – um ein Beispiel zu nennen – Ralf Krämer, Mitglied der Programmkommission der Partei, die Elemente eines Programms zu entwickeln, die »für Durchsetzungschancen linker Politik und einen sozialökologischen Umbau« von zentraler Bedeutung sind und die auch gewährleisten sollen, »dass die Gewerkschaften und die Mehrheit der abhängig Beschäftigten für eine solche Politik gewonnen werden«.[26] Demnach muss der sozialökologische Umbau verbunden werden »mit [dem] Abbau der Arbeitslosigkeit, der Sicherung der Einkommen der Beschäftigten, der Schaffung guter neuer Arbeit für diejeni-

---

[25] Auf diese Perspektive hat unlängst fast inständig der weitsichtige Gewerkschaftler Detlef Hensche hingewiesen (Hensche 2012). Zwar steht die Arbeitszeitverkürzung inzwischen im Wahlprogramm 2017 der Partei. Das ist aber von einer wahrnehmbaren Kampagne weit entfernt.

[26] Krämer 2010: 22.

gen, deren Arbeitsplätze im Zuge eines ökologischen Umbaus verloren gehen. ... Eine solche linke Wirtschafts- und Beschäftigungspolitik bedeutet aber BIP-Wachstum, und es wäre unernsthaft und falsch, dies zu leugnen oder zu verschweigen.«[27] Diese programmatische Sicht steht in der Tradition der gewerkschaftlich orientierten Linken und setzt weiterhin auf Wachstum, um Beschäftigungspolitik mit dem ökologischen Umbau zu verbinden.

Es sind jedoch große Zweifel angebracht, ob dieser Ansatz den realen Herausforderungen im Finanzmarktkapitalismus wirklich gewachsen ist. Krämer ignoriert, dass schon 1998 die rot-grüne Koalition ziemlich genau mit der von ihm favorisierten Programmatik die Wahlen haushoch gewonnen hat, aber dann in den Sog des Neoliberalismus hineingeraten ist und nicht nur die Massenarbeitslosigkeit und die ökologische Krise verschärft, sondern mit ihrer Agendapolitik auch den größten Sozialabbau in der Geschichte der Bundesrepublik Deutschland betrieben hat. Und woher sollten die Wachstumsraten von 4-5% jährlich eigentlich kommen, die über einen längeren Zeitraum erforderlich wären, um die gegenwärtige Massenarbeitslosigkeit zu beseitigen? Und ist diese am Wachstum orientierte Strategie nicht schon unter der sozialliberalen Koalition von Helmut Schmidt gescheitert und war es nicht gerade diese grandiose Fehleinschätzung, die letztlich den Vormarsch des Neoliberalismus in Deutschland beflügelt hat?

Krämer lässt nicht nur diese Fragen offen, er vertröstet, was eigentlich viel schlimmer ist, auch die linken Wachstumskritiker hinsichtlich einer echten naturverträglichen Wirtschaft auf die Zeit nach der »Überwindung der kapitalistischen Eigentums-, Produktions- und Verteilungsverhältnisse«.[28] Auch »die allgemeine Verkürzung der Arbeitszeit« hält Krämer erst unter den neuen nicht-kapitalistischen Bedingungen für ein »zentrales Element«, da dann die Entwicklung des Bruttoinlandsprodukts »keine wichtige Rolle mehr (spielt), weil bzw. wenn die Steigerung der Einkommen kein vorrangiges Motiv und Bedingung größeren Wohlstands mehr ist.«[29] Diese altbekannte wie verstaubte Sicht auf die Zukunftsperspektive, »Erst Beseitigung des Kapitalismus, dann kommt das Paradies schon von alleine«, vertagt die Antwort auf historische Herausforderungen der Massenarbeitslosigkeit und der ökologischen Krise, die heute gestellt sind, einfach auf »später«. Diese Antworten müssten aber schon heute geliefert werden, um überhaupt einen politischen Prozess einzuleiten, der irgendwann in postkapitalistische Zustände einmünden könnte. Denn genau eine Politik, die auf gegenwärtige

---

[27] Ebd.: 22f.
[28] Ebd.: 20.
[29] Ebd.: 16.

komplexe Herausforderungen überzeugende Antworten und Handlungsperspektiven liefert und die Menschen mobilisiert und ihnen für eine bessere Zukunft Zuversicht und Vertrauen geben kann, ist die Voraussetzung für die Einleitung des Übergangs zu einer anderen und besseren Gesellschaftsordnung. Die Vertagung einer solchen Politik auf die postkapitalistische Ära ist im Grunde für eine linke Haltung symptomatisch, die schon immer die Probleme von heute für das Versprechen einer blühenden Zukunft nach dem Zusammenbruch des Kapitalismus instrumentalisiert und damit gleichzeitig auch sich selbst entwaffnet hat.

Eine solche Haltung trifft sicherlich nur auf den stark traditionalistischen Teil der Linkspartei zu. Sie müsste auf jeden Fall aus einer Partei gründlich verbannt werden, die es mit antikapitalistischen Reformen ernst meint. Außerdem wäre es dringend angebracht, dass die Linkspartei ihren Blick deutlich über die gegenwärtig noch Beschäftigten hinaus auch auf die gesamte Breite von Millionen Arbeitslosen erstreckt und diese Menschen, die der Neoliberalismus längst als »abgewracktes Menschenmaterial« mit Harz IV ruhig gestellt hat, nicht einfach abschreibt, sondern dorthin zurückholt, wo sie eigentlich hingehören. Dass die Alternative für Deutschland (AfD) die vergessenen Langzeitarbeitslosen für sich entdeckt und auch erfolgreich auf die eigene Seite gezogen hat, spricht in diesem Kontext für sich. Ich stimme mit Dieter Klein, einem Vorreiter für radikale Reformen in der Linkspartei, voll überein, der die Partei davor warnt, sich nicht nur mit vielen Einzelprojekten zu verzetteln. »Ohne eine verbindliche moderne linke Erzählung, die die vielen Erzählungen unterschiedlicher Akteure, die Wünsche und Hoffnungen in der Bevölkerung zusammenführt und verdichtet, wird die Mobilisierung aller potentiellen Kräfte des Neuen (auch jener in den Machteliten) kaum zustande kommen.«[30] Die *radikale Verkürzung der Arbeitszeit* ist ein solches gesamtgesellschaftliches Projekt. Sie hat auf jeden Fall das Potenzial, zu einem gegenhegemonialen Projekt zu werden[31] und liefert im Grunde auch den Schlüssel zur Herstellung neuer gesellschaftlicher Kräfteverhältnisse.

---

[30] Klein 2017: 91.

[31] Vgl. auch Michael Hirsch, der die radikale Arbeitszeitverkürzung aus der demokratietheoretischen und der feministischen Perspektive überzeugend als ein sozial und demokratisches hegemoniales Gegenprojekt begründet (Hirsch 2017: 248).

Historischer Kompromiss

Antonio Gramscis kulturelle Hegemonie gewinnt gerade jetzt zur Überwindung des parasitären Finanzkapitals an besonderer Aktualität. Zum einen ist die Zerschlagung des Finanzkapitals eine gigantische politische Herausforderung, die die Mobilisierung aller Kräfte weit über das bekennende Reformlager hinaus und ein Bündnis mit einem Teil der Machtelite erfordert. Auch das objektive Interesse eines Teils der ethisch sensibilisierten Unternehmer, Vermögensbesitzer, aber auch des Mittelstandes an der Zurückdrängung des Finanzkapitals[32] rechtfertigt einen historischen Kompromiss zwischen allen durch das Finanzkapital gebeutelten sozialen Schichten sowie den kulturellen und moralischen Kräften der Gesellschaft. Das Ziel dieses Kompromisses kann darin bestehen, eine auf Gerechtigkeit, Gewaltfreiheit und Naturerhalt aufgebaute Ordnung anzustreben, die für alle Beteiligten und für die Gesellschaft als Ganzes einen Gewinn darstellt.

Stimmt aber die zunächst als eine zweckoptimistisch erscheinende Annahme, dass bei diesem historischen Kompromiss am Ende des Tages für alle ein Vorteil heraus kommt? Oder ist diese an die Wand gemalte schöne Perspektive nichts weiter als eine substanzlose Schwärmerei? Dass die antikapitalistischen Bestandteile eines solchen historischen Kompromisses nach einer erfolgreichen Zerschlagung des Finanzkapitalismus ihrem Ziel einer nicht-kapitalistischen Gesellschaft näher gekommen sind, scheint unstrittig zu sein. Worin bestünde aber der Vorteil aller anderen, denen die kapitalistische Transformation keineswegs am Herzen liegt, sondern die eigentlich den Kapitalismus retten und stärken wollen? Und weshalb sollten diese Kräfte – gerade angesichts historisch beschämender Erfahrungen mit den stalinistischen Parteien und den gelenkten Volksparteien in der DDR – darauf vertrauen, dass sie nicht genauso wie damals ganz für deren eigene Herrschaftszwecke instrumentalisiert und missbraucht werden? Die Antwort auf diese und viele andere berechtigte Fragen gehört zu den notwendigen Klärungsprozessen, ohne die ein historischer Kompromiss für die Zerschlagung des Finanzkapitals überhaupt erst nicht zustande kommen kann.

---

[32] Hierzu gehören viele Unternehmer aus der Realwirtschaft, die sich der parasitären Funktion des Finanzsektors bewusst geworden sind und Unternehmer, um nur einige Beispiele zu nennen, wie der Inhaber der Drogeriekette »dm«, der sich über alternative Arbeitszeitmodelle Gedanken macht, sowie Vermögensbesitzer, die offen für die Einführung eines deutlich höheren Spitzensteuersatzes für die Reichen eintreten. Das Potenzial jenes Teils der mit Reformen sympathisierenden Machteliten dürfte aber weitaus größer sein als jene, die sich bisher zu Wort gemeldet haben.

Dazu können an dieser Stelle lediglich vorläufig und grob einige Gedanken skizziert werden:

Zum einen sind die heutigen Reformparteien in Deutschland und Europa – im Unterschied zu den revolutionären Parteien um die Wende des 19. zum 20. Jahrhundert – nicht zentralistisch strukturiert und die Zivilgesellschaft durch ihre Breite und Vielfalt so stark, dass es für die strenger hierarchisierten Reformströmungen kaum möglich sein dürfte, andere Teile eines historischen Kompromisses mit Erfolg zu überrumpeln. Zum anderen wird der politische Prozess der Kooperation im Rahmen des historischen Kompromisses transparent, demokratisch, fair und Glaubwürdigkeit ausstrahlend sein oder er wird nicht stattfinden bzw. gar schon in der Entstehungsphase scheitern. Zudem hätten die Unternehmer und politischen Kräfte, die auch nach der Zerschlagung des Finanzkapitals weiterhin auf dem Erhalt der kapitalistischen Betriebe bestehen, schon allein dadurch einen speziellen Gewinn, dass sie das parasitäre Finanzkapital dann endlich los würden. Unter den neuen weiterhin kapitalistischen Verhältnissen müssten allerdings die Entstehung von nichtkapitalistischen Betrieben und damit ein offener Systemwettbewerb gewährleistet sein.

Historische Erfahrungen in den Vereinigten Staaten mit Roosevelts New Deal belegen, dass Teile der Machteliten unter besonderen Bedingungen durchaus bereit sind, wie der oben zitierte Dieter Klein überzeugend belegt hat, sich an radikalen Reformen zu beteiligen. Und die historischen Bedingungen, die Roosevelt Anfang der 1930er Jahre in den USA zum New Deal trieben, sind keine anderen als die, mit denen wir heute in der gesamten kapitalistischen Welt konfrontiert sind. In Roosevelts Rede vom 31. Oktober 1936, spiegelt sich wider, gegen wen und was der New Deal konzipiert und auch erfolgreich durchgesetzt wurde: »Wir kämpfen gegen die Hochfinanzund die Wirtschaftsbosse«, sagte Roosevelt, und gegen »die gewissenlosen Spekulanten, gegen die Klassenspaltung, den Partikularismus und gegen die Kriegsprofiteure. Sie alle haben sich daran gewöhnt, die amerikanische Regierung als Anhängsel ihrer Geschäfte zu betrachten. Wir wissen nun, vom organisierten Geld regiert zu werden, ist genauso gefährlich, wie von der Mafia regiert zu werden.«[33] Heute geht es genauso wie in den 1930er Jahren in den USA um die Zerschlagung des Finanzmarktkapitalismus. 80 Jahre danach ist aber die Zeit reif dafür, diesen Schritt als den Ausgang für den Übergang zu einer neuen Ordnung jenseits des Kapitalismus zu begreifen. Donald Trump könnte sich als ein Weckruf für das Reformlager erweisen, in den USA, in Europa und in anderen Teilen der Welt.

---

[33] Zitiert nach Klein 2017: 86. Ausführlicher dazu: Klein 2016.

2. Postkapitalistische Perspektiven

Nach einer erfolgreichen Durchsetzung der radikalen Verkürzung der Erwerbsarbeitszeit und der Überwindung der Massenarbeitslosigkeit würde sich das Lohnniveau auf einem Stand einpendeln, bei dem ein zusätzlicher Profit für die Kapitalseite nicht mehr anfiele und damit die Hauptquelle des Finanzkapitals versiegte – so wäre die Auflösung des Finanzkapitals vollendet. Erst dann lägen günstige Bedingungen für die Transformation der kapitalistischen in nicht-kapitalistische Gesellschaft vor. Im Übergangsstadium müssen sich nicht-kapitalistische Betriebe im freien Wettbewerb mit noch weiterhin dominierenden kapitalistischen Betrieben bewähren. Insofern kann die neue postkapitalistische Gesellschaft entstehen, wenn die Menschen diese als eine ökonomisch und sozial überlegene Ordnung empfinden. Nicht also neumodische Schwärmerei oder ideologische Präferenzen, sondern allein die demokratische Legitimation kann den Ausgang einer neuen Gesellschaftsordnung bilden. Dabei müsste allerdings sichergestellt sein, dass im gedachten Übergangsstadium weder der Weg zu postkapitalistischen Verhältnissen (vor allem bei der Transformation von Eigentumsformen) machtpolitisch blockiert wird, noch kapitalistische Betriebe mithilfe von nicht-ökonomischen Mitteln zurückgedrängt oder benachteiligt werden. Die vom Finanzkapital befreite Gesellschaft muss die Gewähr dafür bieten, dass die weitere gesellschaftliche Entwicklung unter den Bedingungen eines fairen Wettbewerbs und der weitestgehenden Chancengleichheit stattfindet.

Die aktuelle Debatte

Eine rein ideologische und abstrakte Debatte darüber, dass der Kommunismus auf jeden Fall kommen wird, gibt es bereits, seit Marx und Engels ihr kommunistisches Manifest aufs Papier gebracht haben. Schon vor ihnen träumten viele Denker von irgendeiner Art Sozialismus. Selbst die großen Religionen konnten sich nur deshalb weltweit verbreiten, weil auch ihre Stifter die Überwindung ungerechter Verhältnisse zu ihrem Programm gemacht hatten. Dass in unserer Gegenwart über eine neue Ordnung sehr ernsthaft und auf einem hohen wissenschaftlichen Niveau nachgedacht und debattiert wird, ist ganz selbstverständlich und auch dadurch begründet, dass die Legitimation des Kapitalismus als Gesellschaftsordnung auf einem solchen Tiefpunkt wie nach dem Ersten Weltkrieg herabgesunken ist. Gegenwärtig hat die Menschheit jedoch die Erfahrungen des Zweiten Weltkrieges und des neoliberalen Finanzmarktkapitalismus im Rucksack. Überall sind Bewegungen auf dem Vormarsch, die die Vision einer besseren und gerechteren Gesellschaft auf ihre Fahnen schreiben, oder sie vortäuschen, um die

Lebensdauer des Kapitalismus zu verlängern. Es ist auch kein Zufall, dass sich ein religiöses Oberhaupt der katholischen Kirche, Papst Franziskus, zu antikapitalistischen Stellungnahmen veranlasst fühlt.[34] Und es spiegelt auch ein tiefgreifendes gesellschaftliches Bedürfnis wider, dass kritische Intellektuelle vor dem Hintergrund der Erfahrungen, die den *real existierenden Sozialismus* schließlich zum Scheitern gebracht haben, nun versuchen, die Vision einer Gesellschaftsordnung jenseits des Kapitalismus zu entwerfen, die möglichst unideologisch und realitätsnah ist. Im Folgenden werden einige visionäre Entwürfe zu postkapitalistischen Gesellschaftsordnungen aus dem deutschsprachigen Raum gestreift, um dann eigene Vorstellungen zu Prinzipien und Spielregeln einer nichtkapitalistischen Gesellschaft zu formulieren:

Zu den bereits vorliegenden Entwürfen gehört die Idee einer *Marktwirtschaft ohne Kapitalismus* von Karl Georg Zinn, die dieser für möglich und notwendig hält, weil ein *Kapitalismus ohne Wachstum* im Grunde keine Zukunft mehr haben könne.[35] Zinn analysiert sehr nüchtern den Kapitalismus unter den gegenwärtigen Bedingungen schrumpfender Wachstumspotenziale und widerspricht zunächst den ideologisch begründeten Schlussfolgerungen der *Postwachstumsdebatten*,[36] dass »Kapitalismus ohne Wachstum unmöglich« sei.[37] Demgegenüber hält er selbst es für wahrscheinlich, dass ein »Kapitalismus ohne Wachstum ... als historische Vorstufe oder Brücke zu einer Marktwirtschaft ohne Kapitalismus fungieren (könnte)« und dass »ohne Brücke der historische Zug nicht ans andere Ufer« komme.[38] Zinn definiert den gegenwärtigen Kapitalismus als einen »Neofeudalismus«, den er als »Kapitalismus ohne Akkumulation« versteht[39], und beschreibt zunächst

---

[34] Papst Franziskus hat bisher bei vielen Anlässen scharfe Kapitalismuskritik geübt. Er sagte u.a. »Diese Wirtschaft tötet«, »Der Kapitalismus ist unerträglich« oder »Das globale Wirtschaftssystem braucht Krieg, um zu überleben«.

[35] Zinn 2015.

[36] Vgl. Schmelzer/Passadakis 2011.

[37] Zinn 2015: 85.

[38] Ebd.

[39] Ebd.: 108. Insofern übersieht auch Zinn – trotz der zutreffenden Beschreibung des Kapitalismus als Kapitalismus ohne Wachstum und ohne Akkumulation – dessen finanzmarktkapitalistische Verwandlung. Dies ist auch wahrscheinlich der Grund, weshalb Zinn den wenig aussagefähigen Kunstbegriff »Neofeudalismus« zur Beschreibung des gegenwärtigen Kapitalismus verwendet. Damit steht er allerdings vor dem Problem, immer wieder erklären zu müssen, was er mit dem Begriff »Neofeudalismus« eigentlich meint (ebd.). Im Finanzmarktkapitalismus findet, wie in diesem Buch nachgewiesen, tatsächlich keine Akkumulation in der Realwirtschaft statt,

verschiedene Muster des Übergangs zu einer nichtkapitalistischen Ordnung, weil nationale Besonderheiten sich beim Übergang bemerkbar machen.[40] Zinns Überlegungen zum Postkapitalismus münden schließlich in die Anknüpfung zu Schumpeters Sozialismus-Modell ein, weil er, wie Schumpeter, »gesamtwirtschaftliche Planung und marktwirtschaftliche Allokation« nicht für »prinzipielle Gegensätze«, sondern für »sich gegenseitig optimierende« hält.[41] Schumpeter habe »einen eigenständigen Entwurf einer sozialistischen Gesellschaft« entwickelt, in der »marktwirtschaftliche Allokation und die von freien Konsumentscheidungen bestimmten Knappheitsrelationen bzw. -preise der Güter und Produktionsfaktoren« als unabdingbar gelten.[42] Zinn geht es keineswegs darum, Schumpeters Sozialismus-Modell zu kopieren, und er kritisiert auch dessen »fundamentale Fehleinschätzung der demografischen Entwicklung und der Ressourcenproblematik«.[43] Er sympathisiert offenbar aber mit Schumpeters Sozialismus, weil er wie Schumpeter[44] die Überführung der Großunternehmen in die öffentliche Hand grundsätzlich als hinreichende Voraussetzung für den Sozialismus betrachtet, zumal in diesen Unternehmen »der Eigentümer-Unternehmer längst vom ›angestellten‹ Manager abgelöst [ist], der in der Regel nicht mehr für die Verluste aufkommt, die durch seine [Fehl-]Entscheidungen verursacht werden«.

Und weil »die Sozialisierung von Großunternehmen, also der Austausch von Privateigentümern durch den öffentlichen Eigentümer ... weder wirtschaftliche Störungen hervorrufen [müssen], noch stellen sich unüberwindbare politische Hindernisse in den Weg, wenn und weil die große Mehrheit der Gesellschaftsmitglieder den Eigentümerübergang auf die öffentliche Hand befürwortet, zumindest nicht ablehnt.«[45] Hinzu kommt, dass er die »Sozialisierung von Klein- und Mittelbetrieben und der Landwirtschaft ausdrücklich ablehnt, da sie weder sinnvoll sei, noch widerspräche die fortbestehende Eigentümerexistenz dieser Unternehmen dem sozialistischen Wirtschaftsganzen«.[46]

Man kann den Überlegungen von Schumpeter und Zinn, man könne aus dem Kapitalismus auch Markt, Konkurrenz etc. in die postkapitalistische

---

sehr wohl aber im Finanzsektor mit allen ihren sozialen Folgen, wie die Entwicklung der Einkommensungleichheit in den letzten Jahrzehnten zeigt.
[40] Vgl. ebd.: 107.
[41] Ebd.: 113.
[42] Ebd.: 116.
[43] Ebd.: 135f.
[44] Schumpeter 1950: 287ff.
[45] Ebd.: 125f.
[46] Ebd.: 125.

Ordnung übernehmen,[47] wie unten näher begründet wird, durchaus zustimmen. Dennoch müssen an einen Sozialismus, der auch Anfang des 21. Jahrhunderts die Menschen begeistert, deutlich höhere Anforderungen gestellt werden als ihn auf die Vergesellschaftung der Großunternehmern zu reduzieren. Dieser Sozialismus müsste im Grunde in allen Bereichen dem Kapitalismus überlegen sein: bei der Verbesserung der Lebensbedingungen für alle; bei umfassenden individuellen Freiheiten; bei der Vermehrung des Zeitwohlstands; beim Schutz der Natur und bei der Herstellung von sozialer Gerechtigkeit.

In ihrem Gespräch über Mythen des Kapitalismus und die kommende Gesellschaft, das Raul Zelik und Elmar Altvater veröffentlichten,[48] um hier eine weitere viel beachtete Debattenquelle über nachkapitalistische Gesellschaften mit einzubeziehen, thematisieren die Gesprächspartner viele Aspekte der historischen Ausgangsbedingungen und Erfahrungen der emanzipatorischen Bewegungen, die helfen könnten, die Transformation in die *kommende Gesellschaft* aus heutiger Sicht nachvollziehbar zu machen. Im Dialog entstehen wichtige Hinweise auf die Fehler in der Vergangenheit, die zum Scheitern des Sozialismus führten, und auf grundsätzliche Eckpunkte einer emanzipatorischen Transformation. Zelik kann sich beispielsweise vorstellen, dass in einer Gesellschaft sich besser leben ließe, in der, wie Michael Krätke vorgeschlagen hat, eine Verbindung von Wirtschaftsdemokratie und Vergesellschaftung vorherrsche. Aber auch »diese Gesellschaft wäre atomisiert. So wie die jugoslawische Gesellschaft würde sie irgendwann implodieren«.[49] Altvater aber ist der »Jugoslawische Marktsozialismus ... nicht radikal genug, um die Gesellschaft von Grund auf zu verändern, gleichzeitig aber aus heutiger Perspektive viel zu radikal, weil er auf eine Entmachtung der ökonomischen Eliten, der ökonomischen Machthaber hinaus laufen würde«.[50] Altvater hält ferner Krätkes Vorschlag »mit dezentralen Wirtschaftseinheiten, die auch über Marktmechanismen miteinander verknüpft sind ... und die mit genossenschaftlichem, kommunalem, traditionellem Eigentum operieren« für einen sinnvollen Übergangsweg, »der aus der kapitalistischen Krise hinaus führt«.[51] Zeliks wichtiger Hinweis auf einen *Übergang* verdient m.E. bei der Debatte um kommende Gesellschaften eine besondere Beachtung. »Dem ›Übergang‹ geht ein evolutionäres Geschichtsverständnis voraus: die

---

[47] Ebd.: 126.
[48] Zelik/Altvater 2015.
[49] Ebd.: 185.
[50] Ebd.: 186.
[51] Ebd.

breite Gesellschaft lässt sich definieren, auf dem Weg dahin müssen vorher-
bestimmte Stadien durchschritten werden. Dem ›Bruch‹ liegt dagegen ein
messianisches, chiliastisches Geschichtsverständnis zugrunde. Die Revolution ist demnach wie das Jüngste Gericht: Danach ist alles anders.« Daher
blenden »Bewegungen, die in erster Linie auf Bruch abzielen, aus, wie aus
dem Existierenden Zukünftiges entsteht«.[52] Im Dialog zwischen Zelik und
Altvater finden sich viele interessante Gedanken, die sich allerdings auf einer abstrakten und oft sehr allgemein gehaltenen Ebene bewegen, wie Zelik selbst bemerkt. »Utopie in unserem Sinn ist kein festes Modell, weil es
mithilfe von Modellen keine wirkliche Emanzipation gibt. Und doch kann
man – sicher auch präziser, als wir es getan haben – konkrete Politikansät-
ze benennen, die nötig wären und möglich sind, um die Schwelle zum Anderen zu betreten, die Tür ins Offene aufzustoßen.«[53]

In der postkapitalistischen Debatte im deutschsprachigen Raum gewann
die vom österreichischen Soziologen und Mitbegründer von attac Österreich, Christian Felber, vorgeschlagene *Gemeinwohlökonomie*[54] besondere Aufmerksamkeit. Diese neue Ordnung entstünde nach Felber, wenn die
Erfüllung positiver Werte wie »Demokratie, Gleichheit, Freiheit im Sinne
von Selbststimmung und Partizipation, Solidarität, soziale Sicherheit, Gerechtigkeit, Geschlechtergerechtigkeit, ökologische Nachhaltigkeit, kulturelle Vielfalt, Toleranz und Wahrung der Menschenwürde«[55] zum Gravitationszentrum der Wirtschaftspolitik in den kapitalistischen Gesellschaften
würden. Felber diskutiert seinen grundsätzlich normativen Ansatz vor dem
Hintergrund der Erfahrungen mit den »fehlgeschlagenen Experimenten Kommunismus und Kapitalismus«, die scheitern, weil deren »Anreizstrukturen
und Systemdynamiken«, mit den von ihm aufgelisteten »Grundwerten im
Widerspruch stehen«.[56]

Demnach geht es Felber, um hier seinen Kerngedanken auf den Punkt zu
bringen, nicht um die Veränderung von Eigentumsverhältnissen im Kapitalismus, sondern ausdrücklich um die Substitution der falschen Anreize und
Anreizsysteme durch die am Gemeinwohl orientierten positiven Grundwerte

---

[52] Ebd.: 194f.
[53] Ebd.: 195.
[54] Felber hat seine Ideen in einer Reihe von Publikationen dargestellt und
weiterentwickelt. Hier beziehe ich mich auf sein 2008 veröffentlichtes Buch, in dem
er die wesentlichen Überlegungen als eine geschlossene Konzeption vorgestellt hat
(Felber 2008).
[55] Ebd.: 273.
[56] Ebd.: 275.

und Prinzipien. »Private Unternehmen ja, Gewinnorientierte aber nein«[57] ist einer seiner zentralen Überlegungen. Felber begründet die Fehlentwicklung im Kapitalismus durch seine Orientierung an kurzfristigen Profiten und plädiert für eine radikale Abkehr der Unternehmen von Profitwirtschaft und Umorientierung auf die von ihm aufgelisteten ethischen Maximen. Zur Durchsetzung der Umorientierung soll nach Felber der Staat eine sehr wichtige regulatorische Rolle spielen, indem kapitalistische Unternehmen durch gesetzliche Anreize an Gemeinwohl orientierten Zielen herangeführt werden.[58] Für den Übergang zur Gemeinwohlökonomie schlägt Felber einen dritten Wirtschaftssektor vor, der neben dem privat-gewinnorientierten und dem öffentlichen Sektor besteht, der aber nicht in Konkurrenz mit traditionellen Unternehmen tritt. Dies geschieht dadurch, dass die Unternehmen dieses Sektors bei Orientierung an Gemeinwohlprinzipien durch eine Reihe von Schutz- und Fördermaßnahmen, wie beispielsweise Steuererleichterung, Vorrang bei öffentlichen Aufträgen« u.a.m., begünstigt werden.[59]

Felber argumentiert zweifelsohne in eine perspektivisch richtige Richtung. Denn jede neue Gesellschaftsordnung muss dem Gemeinwohl einen deutlich höheren Rang einräumen, als es im Kapitalismus möglich war und ist. Selbstverständlich muss sich eine neue, gerechtere und demokratischere Gesellschaft ihre eigene Ethik und moralische Orientierung entwickeln. Dabei stellen viele ethisch orientierte Unternehmer, die es auch im Kapitalismus gibt, eine wichtige gesellschaftliche Ressource dar, auf die und deren Erfahrungen postkapitalistische Bewegungen nicht verzichten können. Denn diese sind gewillt, soweit es irgendwie geht, sich einer am Menschen orientierten Unternehmenspolitik verpflichtet zu fühlen und sich darum zu bemühen, ihre Betriebe humanistischen Idealen anzupassen.[60] Natürlich muss auch der Staat bei dem Übergang von der alten zu der neuen Ordnung mitmischen. Doch greift Felbers Ansatz zu kurz, weil er in seinem Konzept den Unternehmer als Subjekt der historischen Transformation definiert und dem historischen Stellenwert der überwältigenden Mehrheit der Menschen in den Betrieben, ohne die eine neue Ordnung überhaupt nicht vorstellbar wäre, so gut wie keine Aufmerksamkeit beimisst.

---

[57] Ebd.: 275.

[58] Ebd.: 277.

[59] Ebd.: 318f.

[60] Konsequent wie er ist, schaffte Felber mit der Initiierung des *Projektes Gemeinwohlökonomie* und *Bank für Gemeinwohl* in 2010, eine Reihe von ethisch orientierten Unternehmern für seine Idee zu sensibilisieren.

Möglicherweise ist seine Annahme, dass dadurch die politische Umsetzung einer neuen Ordnung leichter zu haben ist, richtig. Doch erfordert auch eine unternehmerbasierte Neuordnung, die die Prinzipien der Gemeinökonomie zur Richtschnur des unternehmerischen Handelns macht, eine umfassende Veränderung des Bewusstseins und auch der Kräfteverhältnisse, ohne die auch schwer vorstellbar ist, dass der Staat eine reformfreudige Funktion im Transformationsprozess einnimmt. Insofern stellt sich die Frage, warum dann ein Transformationskonzept nicht besser wäre, das sämtliche Akteure, vor allem die soziale Basis der Gesellschaft, die Produzenten und Dienstleister im Blick hat und die Eigentumsfrage gleich mit in eine Neuordnung einbezieht?

Vor einem ganz anderen Hintergrund beschreibt der Historiker, Politik- und Theateraktivist Fabian Scheidler den Übergang zum Postkapitalismus in seinem gerade in der zehnten Auflage erschienenen Buch »Das Ende der Mega-Maschine«.[61] Scheidler, der sich als Anhänger des Weltsystemansatzes begreift, beschreibt die Geschichte der »Mega–Maschine«, die er als Metapher für den Kapitalismus verwendet, als das historische Zusammenwirken von physischer Macht, struktureller Gewalt, ideologischer Macht und linearem Denken, die er als »Die vier Tyrannen« bezeichnet.[62] Seine Erzählung der Geschichte der Mega-Maschine unterscheidet sich methodisch und begrifflich von den meisten anderen mir bekannten Erzählungen zur Entwicklung der Menschheitsgeschichte. Scheidler betrachtet sie aus der Vogelperspektive und als eine Abfolge der Entstehung von den im Laufe der Geschichte immer neuen Phänomenen, wie die des *Marktes,* die des *Metallurgischen Komplexes*, die der *mechanischen Wissenschaften*, die der *Arbeit (Sklaverei und Lohnarbeit),* die der *Nation*, die des *Staatsapparates* und die des *Krieges*, die in ihren Genesen miteinander verwoben und ineinander zu der Mega-Maschine verschmolzen worden sind. In dieser Erzählung wird, übrigens wie bei fast allen Protagonisten der Weltsystemtheorie Immanuel Wallersteins, der Markt als Inbegriff für Geld, Handel, Kapital, genau genommen also für den Kapitalismus als Ganzes, wahrgenommen. Demnach determiniert entscheidend der Markt die Dynamik des modernen Weltsystems, dessen materielle Entwicklungsschübe und Auswüchse (wie z.B. den Kolonialismus).

Scheidler zufolge haben die Mega-Maschine und das Weltsystem insgesamt seit den 1970er Jahren ihre Grenzen erreicht.[63] Zum einen fallen im-

---

[61] Scheidler 2015.
[62] Ebd.: 19-31.
[63] Ebd.: 197ff.

mer mehr Menschen aus dem Produktionssystem heraus, seit der historische
Kompromiss zwischen Kapital und Arbeit aufgekündigt wurde, es geraten immer größere Bevölkerungsteile in Armut und verlieren ihre Loyalität
zum Staat. Und zum anderen ist inzwischen der Planet die ultimative Grenze des Systems geworden.[64] »Die Große Maschine fährt in Zeitlupe gegen
die Wand, und die Steuermänner drehen planlos an verschiedenen Regeln,
wodurch sie am Ende alles schlimmer machen.«[65]
Wie stellt sich aber Scheidler den Ausstieg aus der Mega-Maschine vor?
Zum einen durch den entschlossenen Widerstand gegen die zerstörerischen
Kräfte der »Mega-Maschine« und zum anderen durch den »Aufbau neuer sozialer, ökonomischer Strukturen, die uns erlauben, Stück für Stück ein biss
chen mehr außerhalb der Logik der Maschine zu leben und zu wirtschaften«.[66]
Für diesen evolutionären Ausstieg gäbe es »keinen Masterplan für das *eine*
System, das das bisheriger ersetzt«.[67] Dies sei jedoch kein Manko, »sondern
ein Lernfortschritt aus den Desastern der vergangenen Jahrhunderte«. Dafür
müsse es allerdings gelingen, »die verschiedenen Kämpfe an bestimmten
strategisch entscheidenden Punkten miteinander zu verbinden, um dort, wo
sich die systemischen Brüche abzeichnen, politische Räume zu besetzen.«
Bei diesen vielfältigen Kämpfen, die in der Gestalt unzähliger sozialer Bewegungen schon seit Langem weltweit stattfinden, ließen sich bereits »einige zentrale Leitbilder erkennen«, von denen man sich leiten lassen könnte:
»Ausstieg aus der Logik der Kapitalakkumulation, die Schrumpfung des
metallurgisch–fossilen Komplexes, die Suche nach echter Demokratie und
den Abschied von der Naturbeherrschung«.[68] Als Beleg für dezentrale Fort-
schritte zu einer neuen Ordnung listet Scheidler unzählige Projekte auf, die
Bevölkerungen von Kommunen und Ländern bisher mit Erfolg durchgesetzt haben, so z.B. im Kampf »um Nutzungs- und Verfügungsrechte« der
Bevölkerung in den Kommunen, insbesondere »gegen Privatisierung ihrer
Wasser- und Elektrizitätswerke, ihres öffentlichen Nahverkehrs, ihrer Kran-
kenhäuser und Universitäten« so » in Paris, Berlin, Stuttgart, Nepal, Buda-
pest, Buenos Aires«.
Dazu gehört auch »das Verbot von Privatisierung der öffentlichen Güter«,
das in »Bolivien und Uruguay sogar in die Verfassungen eingegangen« ist.[69]

---

[64] Ebd.: 197ff.
[65] Ebd.: 203.
[66] Ebd.: 205.
[67] Ebd.: 207.
[68] Ebd.
[69] Ebd.: 209f.

Beispielhaft sind auch die vielen werteorientierten Netzwerke und Kooperativen, die in Selbstorganisation der Kapitallogik konsequent den Rücken
kehren. Zu nennen sei »die *Cooperativa Integral* in Katalonien, ... mit inzwischen mehr als 5.000 Mitarbeitenden«. Diese erstrecke sich »geografisch
über ganz Katalonien«, unterhalte »zahlreiche globale Verknüpfungen, etwa
in der Softwehrentwicklung« und hätte mit *Eco* »eine eigene ›soziale Währung‹ geschaffen«. Für Scheidler hat dieser Ansatz den besonderen Charme,
weil »er fließende Übergänge zwischen Lohnarbeit außerhalb der Koopera-
tive und Mitarbeit in ihr« erlaube. In Brasilien seien solche Ansätze weiter
fortgeschritten, etwa im »rasch wachsenden Netzwerk ›Solidarische Ökonomie‹ mit derzeit 22.000 Initiativen und mehr als 1,6 Millionen Menschen
und einem Ansatz von umgerechnet vier Milliarden Euro«.[70]

Scheidlers Liste ist lang und tatsächlich ist es ermutigend, zu wissen, dass
die Zivilgesellschaft aller Weltregionen nicht auf ein revolutionäres Groß-
ereignis wartet, das als solches auch nie kommen wird. Ohne diese impo-
nierenden Projekte der Selbstorganisation und des autonomen Handelns der
Menschen, die alle größtenteils Opfer der Politik des Finanzmarktkapitalismus sind, wird es auch keine neue Ordnung geben, die den Interessen aller gesellschaftlichen Gruppen Rechnung trägt und der sozialen und kulturellen Vielfalt aller Weltregionen einen Entfaltungsraum gewährt. Scheidler
beschränkt sich jedoch, und hier beginnt die fundamentale Unvollständig-
keit seiner Ausstiegsperspektive, im Grunde auf das gesellschaftliche Umfeld des Zentrums der, wie er sagt, Mega-Maschine. Unverständlicherwei-
se klammert er, übrigens genau wie Felber auch, das Herz der Maschine aus
und liefert keinerlei Vorstellung davon, wie die Milliarden als abhängig Beschäftigte in Millionen Klein-, Mittel- und vor allem Großbetrieben tätigen
Menschen, die an der globalen Wertschöpfung beteiligt sind, ihren Ausstieg
aus dem System vollziehen können.

Dabei besteht keinerlei Zweifel: Ohne die Emanzipation der Lohn- und
Gehaltabhängigen dieser Welt von der entfremdeten Arbeit wird sich *gar
nichts ändern*. Die postkapitalistische Ordnung hätte eine große Chance, realisiert zu werden, wenn der Ausstieg mehr oder weniger gleichzeitig von
allen Seiten betrieben und wenn auch die Ausstiegsbewegungen ineinander
greifen würden. Der analytische Mangel aller hier diskutierten Perspektiven kann und muss behoben werden, indem die Eigentumsverhältnisse der
kapitalistischen Betriebe ins Zentrum der Ausstiegsanalyse gestellt werden.
Sahra Wagenknecht trägt in ihrem aktuellen Buch[71] diesem Erfordernis Rech-

---

[70] Ebd.: 213.
[71] Wagenknecht 2016.

nung, auf das ich nach Klarstellung einiger zentraler Prinzipien einer postkapitalistischen Ordnung weiter unten zurückkommen werde.

Markt, Konkurrenz, Arbeitsteilung, Geld

Um es vorwegzunehmen: Märkte, Konkurrenz, Handel und Geld als Tauschmittel hat es vor dem Kapitalismus gegeben und sie werden auch unter nichtkapitalistischen Verhältnissen nicht verschwinden. Grundsätzlich können arbeitsteilige Gesellschaften ohne den Markt nicht auskommen. Märkte entstanden historisch, als primitive Gesellschaften dank der Erfahrungen, die sie über Jahrhunderte und Jahrtausende gesammelt hatten, begannen, sich zu spezialisieren, um ihre Lebensverhältnisse zu verbessern. Ungeachtet der Tatsache, dass die Arbeitsteilung zwischen Bauern und Handwerkern, zwischen Landwirtschaft und Viehzucht auf dem Planeten in Abhängigkeit von lokalen und von der Natur vorgegebenen Verhältnissen auf unterschiedliche Weisen stattgefunden hat, entstanden überall Märkte, um den Austausch von Überschüssen der arbeitsteilig tätigen Gemeinschaften zu ermöglichen.

Die Erzeugung von Überschüssen war ohnehin das eigentliche Ziel der Arbeitsteilung. Die Verbesserung der Lebensverhältnisse für alle Beteiligten ergibt sich daraus, dass alle beginnen, produktiver zu arbeiten. Dadurch erhöht sich das Produktionsergebnis und der Wohlstand aller an der Arbeitsteilung beteiligten Gemeinschaften in ihrer Summe. Dies gilt für die Arbeitsteilung und den Austausch zwischen verschiedenen gesellschaftlichen Gruppen wie zwischen Nationen.[72] Man kann in diesem Zusammenhang von einem allgemeinen Gesetz der Arbeitsteilung sprechen, das grundsätzlich systemneutral ist, d.h. dass es auch unter den nichtkapitalistischen Bedingungen seine Gültigkeit beibehält.

Im Kapitalismus haben sich jedoch im Prozess der Industrialisierung auch ungleiche Machtverhältnisse herausgebildet. Entgegen der weit verbreiteten Auffassung waren Arbeitsteilung und Güteraustausch, letztlich auch die Märkte an sich nie die Ursache der Verarmung. Ungleiche Verteilung und Entstehung von mächtigen reichen Klassen und Staaten auf der einen Seite und Armut und Elend auf der anderen Seite beruhte vielmehr stets auf der Ungleichheit der Machtverteilung. Um Ungleichheit vorzubeugen, müsste also auf jeden Fall auch die gesellschaftliche Macht gleich verteilt werden. Dies setzt aber voraus, dass letztlich das Privateigentum an Produktionsmitteln (landwirtschaftliche Böden, Rohstoffquellen, Industrieanlagen, Dienstleistungsbetriebe etc.) abgeschafft und, wie noch unten ausführlicher

---

[72] Vgl. dazu auch das Gespräch zwischen Elmar Altvater und Raul Zelik 2015: 137f.

zu diskutieren sein wird, Eigentumsformen gefunden werden, die die Entstehung von ungleicher Machtverteilung grundsätzlich unmöglich machen.

Insofern kann davon ausgegangen werden, dass Arbeitsteilung, Güteraustausch und Märkte auch unter nichtkapitalistischen Verhältnissen fortexistieren werden, weil sie zur Steigerung der materiellen und immateriellen Reichtümer einschließlich des Schutzes der natürlichen Grundlagen für die gesamte Menschheit unerlässlich sind. Man könnte schon an dieser Stelle die These formulieren, dass auch eine Globalisierung unter den Bedingungen der Gleichverteilung der Machtressourcen nicht ein Problem für die Menschheit, sondern durchaus eine Problemlösung für sie sein kann. Probleme, die jedoch aufgrund von Naturgewalt (Naturkatastrophen, Rohstoffarmut im Vergleich zu anderen Regionen, klimatischen Bedingungen etc.) für bestimmte Völker, Regionen und gesellschaftliche Gruppen entstehen, müssen und können auch durch regional und global ausgleichende Maßnahmen bewältigt werden. Dazu bedarf es allerdings eines global akzeptierten Verständnisses von Solidarität zwischen den Individuen, Staaten und Regionen.[73]

Diesen Zusammenhang erkannte der iranische Dichter Sadi schon vor 800 Jahren: *Die Menschenkinder sind/Wie eines Leibes Glieder/Aus einem Stoff erschaffen/ Und einander Brüder./Hat Leid nur ein einziges Glied erfasst,/so bleibt den anderen weder Ruhe noch Rast./Wenn anderer Schmerz Dich nicht mit Herzen brennt,/ verdienst Du nicht, dass man noch Mensch Dich nennt.* (Sadi, geb ca. 1219 in Shiraz)

Oft werden, wie ich am Beispiel der Arbeitsteilung dargestellt habe, grundsätzlich nützliche Prinzipien mit den sie verfälschenden gesellschaftlichen Rahmenbedingungen verwechselt. Weil von den Früchten der Arbeitsteilung z.B. vor allem die Kapitalisten und Grundeigentümer profitieren, wird Arbeitsteilung als Problem ausgemacht und verteufelt. Das gleiche Missverständnis stellen wir immer wieder auch für alle anderen Dinge wie für den Güteraustausch, die Märkte, die Konkurrenz, das Geld, die Globalisierung etc. fest, weil sie alle im Kapitalismus eine positive Funktion haben. Ein solches Missverständnis stellt jedoch für den Entwurf und die Konkretisierung neuer Visionen ein großes Hindernis dar, die die Menschen begeistern müssten, anstatt sie zu irritieren. Außer Arbeitsteilung, Märkte und Geld gehört auch Konkurrenz bei vielen Kapitalismuskritikern zu den verpönten Prinzipien, weil in der Tat der Kapitalismus diese in vielen Fällen zu einem

---

[73] Die gegenwärtige EU-Krise besteht vor allen Dingen darin, dass reichere und mächtigere Staaten in der EU das Solidaritätsprinzip in den EU-Verträgen nicht einbauen wollten und weil gerade diese Staaten mit Deutschland an der Spitze zu Ausgleichsmaßnahmen nicht bereit sind.

zerstörerischen Instrument verwandelt hat. Der Kapitalismus ohne Konkurrenz verliert seine zivilisatorischen Errungenschaften, weil er rasch zum Instrument einer Schar von mächtigen Kapitalisten wird, die fortan kein Aufhebens davon machen, ihren Profit monopolistisch zu steigern und sich an der Schöpfung neuer Werte und Reichtümer anderer zu beteiligen. Es entstehen also monopolistische Unternehmen, die nur noch ein Ziel verfolgen: sich hauptsächlich durch Aneignung der bereits produzierten Werte und auf Kosten aller anderen Konsumenten einschließlich den weniger mächtigen Kapitalisten zu bereichern. Anstelle der Innovation und Produktivitätssteigerung treten Fäulnistendenzen und die Neigung, fremde Nationen zu berauben. Die Konkurrenz erfüllt im Kapitalismus, wenn sie nicht durch monopolistische Strukturen verdrängt würde, mehrere zivilisatorische, daher auch positive Funktionen, die hier erst vorangestellt werden, um dann in einem zweiten Schritt zu erklären, warum die Konkurrenz auch zu Nachteilen und Zerstörungen führen kann.

Erstens ist die Konkurrenz ein wichtiger Sensor, der dem Kapitalisten signalisiert, falsch zu wirtschaften, weil er nicht darauf geachtet hat, die modernste Technik, die hinsichtlich des Material- und Energieverbrauchs auch am sparsamsten und kostengünstigen ist, im Produktionsprozess einzusetzen. Er hat vielleicht auch zu wenig oder zu viel investiert und noch nicht herausgefunden, ob die Produktionsfaktoren optimal zusammengesetzt sind, ob also zu viel Technik und zu wenig Arbeitskräfte oder umgekehrt im Produktionsprozess eingesetzt sind. Konkurrenz erzwingt einen ständigen Vergleich mit den produktivsten Kapitalisten, also mit demjenigen Unternehmer derselben Branche, der alles richtig gemacht hat. Dieser Vergleich muss im Grunde ständig stattfinden, weil der Markt in der Regel eine sehr dynamische Veranstaltung ist. Das Vergleichsergebnis findet bei dem schlecht wirtschaftenden Unternehmer seinen Ausdruck in einer sinkenden Profitrate. Dieser Kapitalist ist also zu teuer, verliert ständig Marktanteile und muss schließlich auch Konkurs anmelden oder aber ganz aus dem Markt fliegen.

Das Rätsel der Konkurrenz im Kapitalismus besteht darin, dass sie den ständigen Vergleich der Wirtschaftlichkeit mit einem Minimum an gesellschaftlichem Aufwand und über den Markt, also über die Schwankungen der Marktanteile und Profitraten, organisiert. Man stelle sich vor, wie ein solcher Vergleich ohne Konkurrenz und Profitratenschwankungen stattzufinden hätte und wie hoch der Aufwand für die dazu erforderlichen Detektive wäre, die scharenweise zwischen den Betrieben unterwegs sein müssten. Dies gilt auch im Gegenzug für den Personalaufwand, der die gegenseitige Schnüffelei verhindern soll, aber auch hinsichtlich des Aufwands für beträchtliche Folgekosten angesichts von unvermeidlichen Streitigkeiten.

Zweitens sorgt Konkurrenz dafür, dass Bedürfnisse der Konsumenten in Rechnung gestellt werden. Produziert ein Betrieb an den Bedürfnissen der Menschen vorbei oder produziert er zu viel von einem Produkt, dann wird er für seine Fehlentscheidung von den Konsumenten bestraft. Umgekehrt bestimmt der erfolgreiche Betrieb, der die Bedürfnisse der Konsumenten richtig eingeschätzt hat und keine Überproduktion liefert und dabei auch ein gutes Produktionsergebnis erzielt, den Standard, an dem sich alle anderen Betriebe ausrichten müssten, wollten sie ihre Existenz nicht aufs Spiel setzen. Im Kapitalismus führt die ungezügelte Konkurrenz dazu, dass die Unternehmer mit viel Aufwand durch Werbung dazu übergehen, »Bedürfnisse« zu wecken. Im Postkapitalismus kann diesem Unsinn dadurch ein Riegel vorgeschoben werden, dass an der Produktionsentscheidung außer dem Management, wie unten noch dargestellt werden wird,[74] auch die Mitarbeiterversammlung mitwirkt.

Soweit die positiven Eigenschaften der Konkurrenz im Kapitalismus, die belegen, dass eben jene durchaus eine regulative Funktion für eine optimale und effiziente Ökonomie hat. Im Kapitalismus ist der Konkurrenzmechanismus im Prozess der Profitmaximierung (Verwertung) eingebunden und ist daher ein Instrument im Dienst der Wertsteigerung für eine gesellschaftliche Minderheit. Von seiner sachlichen Seite her betrachtet führt dieser Mechanismus im Ergebnis aber auch zur effizienten Nutzung gesellschaftlicher Ressourcen. Insofern und für einen solchen Zweck kann der Konkurrenzmechanismus auch unter nichtkapitalistischen Bedingungen eingesetzt werden. Der Zusammenhang von Profitmaximierung und Konkurrenz löst sich also auf, sobald der Zweck der Produktion nicht die Kapitalverwertung, sondern die bestmögliche Versorgung der Menschen mit Gütern und Dienstleistungen wird. Dennoch und aufgrund der negativen Erfahrungen des Kapitalismus muss festgehalten werden, welche Art der Konkurrenz im Postkapitalismus keinen Platz haben wird.

Erstens hat der Kapitalismus den Konkurrenzmechanismus auch unter den abhängig Beschäftigten forciert, um die Lohnkosten zu drücken. Daraus entstand das Lohndumping, die Verlängerung der Arbeitszeit um bis zu 16 Stunden und mehr, damit die Lohnarbeiter ein Lohneinkommen erhalten, das für ein Existenzminimum gerade noch ausreicht. Es ging dann weiter mit massenhaftem Einsatz von Frauen- und Kinderarbeit. Damit wirkte also der Konkurrenzmechanismus gegen die soziale Basis der Gesellschaft und brachte den Menschen Elend, statt ihnen das Leben zu erleichtern und mehr Wohlstand zu bescheren.

---

[74] Näheres dazu siehe den Abschnitt »Neue Eigentumsformen« in diesem Kapitel.

Zweitens hat die kapitalistische Konkurrenz zur Überausbeutung der Natur, letztlich zur dramatischen Beschädigung der natürlichen Lebensgrundlagen der Menschheit, etwa durch Klimawandel, durch Verseuchung der Gewässer oder Verknappung der Süßwasserversorgung in trockenen Regionen, und generell zur Externalisierung der Kosten in die Zukunft geführt. Die kapitalistische Konkurrenz hat in der Geschichte letztlich auch zum Nationalismus, zum Faschismus, zu imperialistischen Kriegen und generell zur Ausbeutung fremder Regionen geführt. Man sieht auch hier, dass nicht der Konkurrenzmechanismus selbst die Ursache ihrer zerstörerischen Folgen war, sondern die Machtungleichheit und dessen Instrumentalisierung im Interesse der Mächtigen. Im Postkapitalismus können alle diese missbräuchlichen Seiten der Konkurrenz allerdings durch Regularien, durch verfassungsmäßige Gebote und Verbote und durch aktuelle Gesetzgebungsverfahren geregelt und letztlich auch verhindert werden, sodass der Konkurrenzmechanismus gegen die Menschheitsinteressen gewendet werden kann. Ähnlich kann auch mit Geld als Zahlungsmittel und mit Kreditversorgung im Postkapitalismus verfahren werden. Denn die Probleme, die wir in der Geschichte des Kapitalismus und gerade in der Gegenwart im Zusammenhang mit Geld, mit Banken und vor allem mit dem Finanzkapital beobachten, ergeben sich aus den vorherrschenden Rahmenbedingungen und nicht zwangsläufig aus dem Wesen des Geldes und der Kreditwirtschaft selbst. Der Wucherzins, um ein besonders krasses Beispiel zu nennen, der in der Geschichte die Bauern und kleinen Handwerksbetriebe in Ruin und Elend gestürzt hat, entstand, als die Geldverleiher zu mächtig geworden waren und als gleichzeitig die Kreditnachfrage, aus welchen Gründen auch immer, drastisch anstieg. Die Verschuldung der Bauern, der Handwerker, der Haushalte und schließlich auch die öffentliche Verschuldung ergibt sich nicht aus dem Wesen des Geldes oder der Kreditversorgung, sondern daraus, dass mächtige Individuen dank ihrer monopolistischen Stellung in die Lage versetzt werden, z.B. Wucherzinsen zu verlangen und dadurch einen beträchtlichen Teil der Wertschöpfung den Produzenten aus der Tasche zu ziehen. Daher wäre es nicht nur falsch, sondern für jedes Gemeinwesen sogar verhängnisvoll, die Banken und die Kreditwirtschaft generell abzuschaffen. Der Kerngedanke für Geld als Zahlungsmittel ist doch, dass es eine erhebliche Erleichterung für den komplizierten Warenaustausch mit sich bringt. Je komplexer die Arbeitsteilung und je internationaler der Güteraustausch wird, desto unverzichtbarer wird auch das Geld.[75] Die Menschheit verfügt über genug his-

---

[75] Im Gespräch mit Raul Zelik verneint auch Elmar Altvater die Frage, ob man im Postkapitalismus den Markt und das Geld abschaffen müsse: »Ich glaube, dass das

torische Erfahrungen, um Geldfunktionen immer effizienter zu machen und den gesellschaftlichen Aufwand für ein sinnvolles Instrument auf ein Minimum zu reduzieren, so wie es beim Wechsel von Edelmetallen hin zu Papier- und Giralgeld der Fall war. Im Bezug auf die Kreditversorgung muss hervorgehoben werden, dass sie ihrem Kerngedanken nach sogar auf dem Prinzip der Solidarität in einem Gemeinwesen basiert. Denn jeder einzelne kann in der Regel nur einen Bruchteil seines laufenden Einkommens sparen, um irgendwann nach zehn oder 20 Jahren z.b. ein Haus mit eigenen Mitteln bauen zu können. Wenn aber jeder die Möglichkeit bekommt, sich die Ersparnisse vieler Einzelner zu leihen, dann könnte auch jeder zu einem viel früheren Zeitpunkt zu einem Hausbesitzer werden und das eigene Haus über einen längeren Zeitraum seines Lebens in Anspruch nehmen.

So gesehen organisieren Banken im Grunde genommen die Versorgung aller mit den zu einem bestimmten Zeitpunkt überschüssigen Ressourcen der Gesellschaft und erhöhen so die Effizienz der Ressourcennutzung für die Produktion von Konsumgütern wie für die Erzeugung von Produktionsmitteln. Hier wirkt also genau genommen das auf Solidarität beruhende Versicherungsprinzip. Dieses Prinzip kann auch in der Wirtschaft für Neugründungen angewandt werden. Daher wäre es also im Postkapitalismus falsch und dumm, die Vorteile der Kreditversorgung nicht nutzen zu wollen. Was aber verhindert werden müsste, wäre eine Machtkonzentration, die Einzelpersonen oder Gruppen dazu befähigt, die Kreditversorgung zu monopolisieren und ihr Monopol für die eigene Bereicherung, aber zulasten der Gesellschaft zu missbrauchen. Daraus folgt, dass Kreditinstitutionen im Postkapitalismus erstens öffentliche sein und zweitens ihre Tätigkeit ausschließlich auf die Versorgung der Gesellschaft beschränken müssten. Damit sollte der Entstehung des Finanzkapitals, das wir aus der Geschichte und der Gegenwart des Kapitalismus kennen, grundsätzlich vorgebeugt werden. Die Frage, ob Banken außer den Bearbeitungsgebühren auch Zins erheben dürfen, bedarf

---

zunächst gar nicht möglich ist. Markt und Geld haben etwas Entscheidendes, gerade auch wegen ihres Fetischcharakters. Man muss nicht jede Entscheidung miteinander bewusst abstimmen. Der Marktmechanismus übernimmt alltägliche Entscheidungen. Außerdem hat es Märkte auch schon vor dem Kapitalismus gegeben. Ich weiß nicht, ob wir im Kommunismus die Warenproduktion und damit den Markt abschaffen können.« (Zelik/Altvater 2015: 137) Altvater fügt dann hinzu, »ich denke, das ist auch keine Frage, die wir heute beantworten müssen« (Ebd.). Demgegenüber bin ich der Auffassung, dass wir gerade diese Fragen schon heute überzeugend beantworten müssten, um erstens Verwirrungen unter den Kapitalismuskritikern zu beseitigen und zweitens bei Zweiflern, ob der Realisierung emanzipatorischer Perspektiven, umso entspannter werben zu können.

eingehender Diskussionen. Nach meinem gegenwärtigen Erkenntnisstand erscheint mir jedoch eine niedrige Zinsrate unterhalb von 1 oder 0,5% sinnvoll zu sein, um Gesellschaftsmitgliedern einen Anreiz zu bieten, *erstens* einen Teil des eigenen Einkommens für sich und die nächsten Generationen zu sparen und *zweitens* das Ersparte überhaupt auf die Bank zu bringen und dadurch der Allgemeinheit zur Verfügung zu stellen.

Neue Eigentumsformen

Das Privateigentum an Produktionsmitteln im Kapitalismus ist ein Relikt aus dem Feudalismus in Europa. Nichts lag den aufstrebenden Unternehmern in der neuen kapitalistischen Ordnung näher als der Gedanke, das Privatei gentum zur Grundlage für die Schaffung von Manufakturen und später von modernen Betrieben zu machen. Insofern lagen historische Gründe für die Übernahme des Privateigentums als die herrschende Eigentumsform im Kapitalismus vor. Dies bedeutet aber nicht, dass Kapitalismus und Privateigentum zwingend zusammen gehören. Marx hat diese Frage nicht thematisiert. Sie muss jedoch jetzt nach über 200 Jahren Erfahrungen mit dem Privateigentum ernsthaft aufgeworfen werden. Denkbar ist beispielsweise auch ein Kapitalismus auf der Grundlage des genossenschaftlichen Eigentums. Jedenfalls gibt es keine belastbaren Argumente gegen diese Eigentumsform im Kapitalismus. Das Privateigentum stößt, wenn es geschichtlich je eine zivilisatorisch positive Rolle gespielt hat, jetzt an seine historischen Grenzen. Durch diese Eigentumsform sind nachweislich geballte Machtverhältnisse entstanden, die den ökonomischen, sozialen und ökologischen Fortschritt massiv blockieren. Die wachsende Einkommensungleichheit, ein von vielen Seiten beklagtes Entwicklungshindernis, beruht z.B. auf der Verschiebung der Kräfteverhältnisse zugunsten der Kapitalseite. Auch der parasitäre Finanzsektor verdankt seine Entstehung den auf Privateigentum beruhenden Machtverhältnissen. Insofern müsste auch die Zerschlagung dieses Sektors mit einer neuen Eigentumsform zusammengedacht werden.

In allen bisherigen postkapitalistischen Visionen stand die Überführung des Privateigentums in neue Eigentumsformen an erster Stelle. Vergesellschaftung, Kollektivierung oder Verstaatlichung der Produktionsmittel sind verschiedene Begriffe, die dafür oft verwendet wurden. Die Verstaatlichung der Produktionsmittel hat sich im real existierenden Sozialismus jedoch als ineffizient erwiesen, weil diese Eigentumsform individuelle Eigeninitiativen blockiert. Auch das jugoslawische Selbstverwaltungsmodell scheiterte daran, dass es in ein überbürokratisiertes und ineffizientes System abrutschte. Es gilt also für die postkapitalistische Gesellschaft Eigentumsformen zu diskutieren, die die Ausbeutung der Menschen durch Menschen und die bisher gesammelten negativen Erscheinungen der gescheiterten Modelle ausschließt und gleichzeitig individuellen Anreizen und Initiativen offen steht. Es ist das Verdienst von Sahra Wagenknecht in ihrem aktuellen Buch,[76] sehr differenziert Eigentumsformen mit diesen Anforderungen formuliert zu haben. Der generelle Vorteil ihres Ansatzes ist, dass sie die Frage der Eigentumsform nicht normativ behandelt. Vielmehr macht sie die Ziele und Erfordernisse einer humanen Gesellschaft zum Ausgangspunkt ihrer Frage nach entsprechenden Eigentumsformen. So stellt sie zunächst die Grundsatzfrage,»Was eine produktive, innovative und zugleich gerechte ökonomische Ordnung (eigentlich) leisten (muss)«, um dann ihre Antwort in einem Satz wie folgt zusammenzufassen:»Sie sollte die Freiheit unternehmerischer Initiativen sichern, aber zugleich die neofeudalen Konsequenzen des heutigen Wirtschaftseigentums – leistungslose Einkommen und Vererbbarkeit der Kontrolle über Unternehmen – vermeiden.«[77] Dem ist meinerseits nichts hinzuzufügen. Mit der Formulierung von inhaltlich präzisen Anforderungen, wie Wagenknecht es tut, wird das für die Fundierung einer neuen Wirtschafts- und Gesellschaftsordnung zentrale Thema aus dem längst überholten Kontext der Alternativen *Kapitalistisches Privateigentum versus sozialistisches Staatseigentum* herausgelöst und einer unideologischen Analyse zugeführt. Damit werden nicht nur die Protagonisten des feudalistisch/kapitalistischen Privateigentums, sondern auch die Befürworter einer besseren und emanzipatorischen Gesellschaftsordnung vor die ernsthafte Herausforderung gestellt, ihre jeweiligen Vorstellungen an den Anforderungen einer zukunftsfähigen und modernen Gesellschaft zu messen. Gesucht sind auf der Forschungsebene also neue Eigentumsformen, die den Anforderungen, wie *unternehmerische Freiheit, Vermeidung von leistungslosem Einkommen* und *Vererbbarkeit der Unternehmenskontrolle,* Rechnung tragen. Denn kapitalistisches Privateigentum führt ohne jeden Zweifel, wie schon oben konstatiert, zum leistungslosen Einkommen und damit zur massiven Ungleichheit der Einkommensverteilung, es erfüllt demnach nicht das Gerechtigkeitskriterium. Somit kann diese Eigentumsform, wenn überhaupt, nur eingeschränkt, und zwar dort, wo gesellschaftliche Risiken ausgeschlossen werden können, zugelassen werden. Das sozialistische Staatseigentum ist ebenso zweifelsfrei vergleichsweise weder produktiv noch innovativ und scheidet deshalb als Alternative aus, es sei denn bei der Erzeugung von öffentlichen Gütern, bei denen übergeordnete Gemeinschaftsinteressen die kommerziellen Effizienzkriterien überwiegen. Wagenknecht schlägt, in Anlehnung an die ge-

---

[76] Wagenknecht 2016.
[77] Ebd.: 273.

nannten Kriterien, »vier Rechtsformen als Grundtypen« vor, die die im Kapitalismus dominierende »Kapitalgesellschaft ablösen sollen: Die *Personengesellschaft*, die *Mitarbeitergesellschaft*, die *öffentliche Gesellschaft* und die *Gemeinwohlgesellschaft*«.[78] Die Unterschiede dieser Rechtsformen hält Wagenknecht aufgrund von unterschiedlichen Anforderungen der Branchen, der Betriebsgröße und des öffentlichen Engagements für erforderlich. Ich halte Wagenknechts Ideen für plausibel und auch vernünftig. Deshalb schließe ich mich ihren Überlegungen grundsätzlich an und versuche, sie bei Bedarf zu ergänzen. Doch bevor die Plausibilität und die Realisierbarkeit nichtkapitalistischer Eigentumsalternativen hier diskutiert und überprüft wird, sollte das Kernproblem von Kapitalgesellschaften, dem Herz des Kapitalismus, einer kritischen Analyse unterzogen werden. »Die originäre Erfindung des Kapitalismus«, schreibt Wagenknecht, »war nicht das freie voll haftende Eigentum. Das kannte auch schon das alte römische Reich. Die originäre eigentumsrechtliche Erfindung des Kapitalismus war das haftungsbeschränkte Eigentum, wie wir es von der GmbH und der Aktiengesellschaft kennen, jene seltsame eigentumsrechtliche Konstruktion, die den Eigentümern zwar vollen Zugriff auf alle in einem Unternehmen erwirtschafteten Gewinne garantiert, sie aber für die eingegangenen Risiken nur in Höhe ihres anfänglich investierten Kapitals haften lässt.«[79] *Eigentum ohne Haftung* oder *Kapitalgesellschaften*, die Wagenknecht als das Herz des Kapitalismus bezeichnet, macht die Verantwortungslosigkeit der GmbH-Unternehmer und Aktiengesellschaften zum Dreh- und Angelpunkt des ökonomischen Erfolges in der kapitalistischen Gesellschaftsordnung. Darin mag auch die oft beklagte Entfesselung des Kapitalismus liegen, die man als systemische Unkontrollierbarkeit und totale Entfremdung des unternehmerischen Führungspersonals gegenüber der Gesellschaft auffassen kann. Die Sozialverpflichtung des Eigentums, z.B. in der deutschen Verfassung, war ein Versuch, den Kapitalismus zu bändigen und seine schlimmsten Auswüchse aufzufangen – jedoch mit mäßigem Erfolg. Insofern ist eine Überführung von Kapitalgesellschaften in neue und moderne Eigentumsformen nicht nur historisch, sondern auch moralisch geboten.

Im Unterschied dazu bedeutet Eigentum mit voller Haftung in der Rechtsform von *Personalgesellschaften* immerhin, dass eine Selbstkontrolle und dadurch auch gesellschaftliche Verantwortung im System verankert ist. Aus diesem Grund können Personalgesellschaften in der neuen postkapitalistischen bzw. sozialistischen Ordnung, wie Wagenknecht meint, in bestimm-

---

[78] Ebd.: 273f.
[79] Ebd.: 254.

ten Branchen Sinn machen. [80] Aus meiner Sicht kann diese Rechtsform schon aus Gründen der Chancengleichheit in einem Sozialismus mit den größtmöglichen individuellen Freiheiten, wie unten näher begründet wird, mindestens im Übergangsstadium gar nicht ausgeschlossen werden. Dafür gibt es tatsächlich auch keine rationalen und moralischen Gründe. Denn Eigentümer mit voller Haftung ihres Risikos tragen die volle Verantwortung gegenüber der Gesellschaft und ihren Mitarbeitern, sie respektieren sämtliche Gesetze, sie zahlen Steuern, müssen daher allen anderen Rechtsformen gleich gesetzt werden. Personalgesellschaften könnten sich auch im Postkapitalismus im Wettbewerb mit allen anderen Rechtsformen bewähren, solange Arbeitsuchende bereit sind, in solchen Unternehmen zu arbeiten. Diese Bereitschaft wäre in der Regel nur dann gegeben, wenn Personalgesellschaften ihren Mitarbeitern zumindest die gleichen Privilegien und Rechte gewährten wie andere Unternehmen auch.

Mitarbeitergesellschaften sind Unternehmen, die nach Wagenknecht durch die Mitarbeit ihrer Belegschaft entstehen. Damit ist die gesamte Belegschaft die Eigentümerin mit vollen Rechten und Risiken. Diese Rechtsform kann sich historisch auf das *Selbsteigentumsprinzip* stützen, das John Locke formulierte. Demnach ist Eigentum moralisch legitimiert, wenn es aus der eigenen Arbeit hervorgegangen ist. Locke lieferte mit seiner zutreffenden Grundidee allerdings die Rechtfertigung für jegliche Art von Privateigentum, also auch für die Formen des Privateigentums, die durch die Arbeit anderer als der der Eigentümer selbst entstanden sind. [81] Die Mitarbeitergesellschaft ist im Grunde eine Selbsteigentümergesellschaft. Sie unterscheidet sich von einer Genossenschaft, die nach heutigem Recht an Personen, auch unabhängig von einer Mitarbeit, gebunden ist. [82] So könnte eine Genossenschaft durch Erbstreitigkeiten nach dem Ableben der *Genossen* langfristig in Mitleidenschaft gezogen werden. In der Rechtsform der Mitarbeitergesellschaft ist dagegen das Eigentumsrecht an die *Mitarbeit* geknüpft. Eine Vererbbarkeit dieses Eigentumsrechts ist ausgeschlossen, sie ist in einer Gesellschaft, in der Chancengleichheit und damit gleiche Startbedingungen für alle eine Grundregel darstellt, wie ich meine, auch gar nicht nötig. [83] Eine Mitarbeitergesellschaft kann nie externe Eigentümer (Aktienbesitzer) haben, sie kann auch Anteile an Dritte nicht veräußern. [84] Die Vergütung in der Mitar-

---

[80] Ebd.: 274.
[81] Ebd.: 245f.
[82] Ebd.: 277f.
[83] Siehe unten den Abschnitt »Chancengleichheit«.
[84] Wagenknecht 2016: 277f.

beitergesellschaft richtet sich nach Tätigkeit und Qualifikation. Die Vergütungskriterien werden durch die Mitarbeiter selbst definiert. Alle Entscheidungen von grundsätzlicher Bedeutung, zum Beispiel bei Fragen wie der ökonomischen, ökologischen und sozialen Ausrichtung des Unternehmens sowie der Vergütung etc., werden von den Mitarbeiterversammlungen getroffen.[85] Bei kleineren Unternehmen bis zu 50 Mitarbeitern, kann, nach Wagenknecht, die Mitarbeiterversammlung selbst sämtliche Entscheidungen treffen und lediglich die Umsetzung der Geschäftsführung überlassen. Bei größeren Belegschaften müssten übergeordnete Kontrollorgane, wie etwa der Aufsichtsrat, in denen sich die gesamte Belegschaft in ihrer ganzen Breite widerspiegelt, gewählt werden. Die operative Leitung ist so der Kontrolle des Aufsichtsrates unterworfen. Sie wird mit Personen besetzt, die über entsprechende Qualifikationen verfügen. Die Vergütung aller Mitarbeiter, einschließlich des Leitungspersonals, richtet sich nach dem Betriebsergebnis. Die Vergütungsspanne sollte innerhalb einer Marge, etwa zwischen eins und sechs, nach Qualifikation und Funktion variieren. Bei Neugründungen erhält die Mitarbeitergesellschaft ein nach Kriterien der Chancengleichheit näher definiertes Startkapital. Dieses könnte beispielsweise durch ein *Öffentliches Wagnisfonds*[86] – ich persönlich würde dafür den Begriff *Solidaritätsfonds vorziehen* – finanziert werden, das sich aus Unternehmergewinnen speist. Die Großunternehmen greifen ihrem Wesen nach auch in die Belange der Allgemeinheit ein. Deshalb schlägt Wagenknecht auch die Mitwirkung von Kommunen und weiter übergeordneten Institutionen in diesen Gesellschaften vor. Für Betriebe ab 20.000 Mitarbeitern schlägt sie sogar eine Art *öffentliche Mitarbeitergesellschaft* vor, in der Entscheidungen gegen die öffentliche Hand nicht möglich sein sollen. Ich würde ergänzend hinzufügen, dass unbedingt auch die Mitwirkung der Zivilgesellschaft in allen größeren Mitarbeitergesellschaften ab 1.000 Mitarbeitern in geeigneter Form gewährleistet sein muss.

Es dürfte offensichtlich geworden sein, dass die Mitarbeitergesellschaften im Postkapitalismus nach Wagenknechts Erläuterungen die alternative Eigentumsform zu Kapitalgesellschaften im Kapitalismus darstellen. Diese beugen sämtlichen aus gesellschaftlicher Sicht schädlichen Nachteilen der Kapitalgesellschaften vor: dazu gehören die auf die Allgemeinheit abzuwälzenden Risiken, der Konkurrenzdruck durch externe Eigentümer und eigennützige Fehlentscheidungen des Managements, die Neigung zur Ex-

---

[85] Nach meiner Auffassung müssen genauere Bestimmungen, wie die Entscheidungsquoren, ob einfache oder zwei Drittel Mehrheit, nicht jetzt diskutiert werden.

[86] Ebd.: 279.

ternalisierung der Kosten etc. Dagegen bleiben die Vorteile der Kapitalgesellschaften, wie Flexibilität und Anpassung an neue Entwicklungen, Innovationsbereitschaft, Kreativität, Wirtschaftlichkeit und der Wettbewerb, als brancheninternes und branchenübergreifendes Regulativ, auch im Postkapitalismus erhalten. Anstelle der »Durchschnittsprofitrate« als Regulator im Kapitalismus tritt die periodische Veröffentlichung der Bilanzen sämtlicher Mitarbeitergesellschaften, die für alle Beteiligten als Grundlage für eine flexible Anpassung und die Korrektur der Unternehmenspolitik bei Unternehmen mit schlechter Rentabilität dienen soll. Diese Korrektur könnte auch zur Reduktion von Beschäftigtenzahlen oder gar zum Konkurs des Unternehmens führen.

Demgegenüber findet der Anpassungsprozess freilich deutlich langsamer als im Kapitalismus statt, was aber gewollt ist und sogar als ein sehr positives Systemmerkmal betrachtet werden muss, weil dadurch die von vielen Seiten geforderte Entschleunigung im System verankert ist. Die deutlich langsamere Anpassung an die Märkte verschafft den Unternehmen allerdings auch hinreichend Zeit, um z.b. durch Umqualifizierungen der Mitarbeiter und eine Neuausrichtung der Produktion bzw. der Dienstleistung ein wettbewerbsfähigeres Ertragsergebnis zu erzielen, sodass Stellenkürzungen oder ein Konkurs vermieden werden können. Bei Strukturveränderungen, z.B. durch die Einführung neuer Technologien oder Veränderungen des Konsumverhaltens, könnte die Produktionsumstellung mithilfe der vergünstigten Mittel aus dem Solidaritätsfonds bewältigt werden. Mitarbeitergesellschaften stellen die geeignetste Rechtsform dafür dar, erstmals in der Menschheitsgeschichte basisdemokratisch zu bestimmen, welche Produkte die Mitarbeiter und welche sie nicht produzieren wollen. Dadurch kann angenommen werden, dass entsprechende Diskussionen in den Versammlungen letztlich dazu beitragen, dass die Produktion von Rüstungsgütern und darüber hinaus auch umweltschädliche Produkte nicht in Betracht gezogen werden. Die für den Kapitalismus typische Entfremdung der Produzenten gegenüber den Produkten, die sie produzieren, wird so im Postkapitalismus am Ende der Vergangenheit angehören. Generell tritt an die Stelle von kurzfristiger Profitmaximierung eine auf Langfristigkeit orientierte Betriebspolitik, die im wahrsten Sinne des Wortes nachhaltig ist. Ein anderer Vorzug von Mitarbeitergesellschaften ist ihre demokratische, weil selbstbestimmte Struktur, die weit über den Betrieb hinausreicht. Denn nur mit Selbstbestimmung und Demokratie im Betrieb kann auch die Demokratie in der Gesellschaft ihre höchste Reifestufe erlangen.

Die *Gemeinwohlgesellschaft* ist eine weitere Eigentumsform, die Wagenknecht für die Bereitstellung von öffentlichen Gütern, wie Wasser-, En-

ergie- und Gesundheitsversorgung, vorschlägt. Gemeinwohlgesellschaften
»haben einen Versorgungsauftrag, den sie nach Möglichkeit kostendeckend
erfüllen«.[87] Sie gehören nicht dem Staat, sondern wie andere Mitarbeitergesellschaften den Mitarbeitern selbst. Zu öffentlichen Gütern gehört auch
die Kreditversorgung, weshalb also auch Banken die Eigentumsform von
Mitarbeitergesellschaften haben sollen. Dies gilt nach Wagenknecht übrigens auch für sämtliche Kommunikationsdienste, also für die Medien ebenso wie für die Bereitstellung von digitalen Diensten. Hinsichtlich ihrer inneren Struktur der Gemeinwohlgesellschaften bleibt Wagenknecht allerdings
widersprüchlich: Einerseits gehören sie nicht dem Staat, sondern sich selbst,
also den Mitarbeitern. Andererseits sollen sie durch öffentliche Mittel gegründet werden. Richtig ist, dass die Unternehmen, die öffentliche Güter
produzieren, sich von den übrigen Unternehmen unterscheiden müssten, in
dem sie nach bestimmten, vom Gesetzgeber vorgegebenen Regeln arbeiten.
Hier orientiert sich das Unternehmerziel an einer effizienten Nutzung der
öffentlichen Infrastruktur (Eisenbahnschienen, Straßen, Wasser- und Ener-
gieleitungsnetze, Kommunikationsnetze, Forschungs- und Bildungseinrich-
tungen etc.) sowie qualitativ bestmöglichen Versorgung mit öffentlichen Gütern. Es bleibt offen, welche Anreizsysteme für die Mitarbeiter einzubauen
sind, die ihnen ähnliche Einkommensvorteile wie im kommerziellen Bereich zusichern und gleichzeitig auch dafür sorgen, dass das Betriebsrisiko
für den Staat auf ein Minimum reduziert bleibt. Doch diese und viele andere Details bleiben den zahlreichen öffentlichen Debatten zum Postkapitalismus vorbehalten, die noch stattfinden müssten.

Ich stimme Sahra Wagenknecht auch weitgehend zu, dass »die Umwandlung der heutigen Kapitalgesellschaften« in die (oben dargestellten vier
Rechtsformen, M.M.) »relativ einfach ist«.[88] Denkbar ist sogar auch eine
Entschädigung der gegenwärtigen Eigentümer der Kapitalgesellschaften,
beispielsweise durch die Auszahlung des ursprünglich eingebrachten Kapitals mit einer gerechten Verzinsung hochgerechnet minus der ausgezahl-
ten Ausschüttungen. In Fällen, wo der Kapitalgeber mehr Geld in das Unternehmen eingebracht als abgezogen hat, müsste die Differenz ausbezahlt
werden.[89] Denkbar wären grundsätzlich auch die Maßnahmen, die Christian Felber für den Übergang zur Gemeinwohlökonomie vorschlägt.[90] Dieser theoretisch grundsätzlich mögliche Übergang der Kapital- in Mitarbei-

---

[87] Ebd.: 281.
[88] Ebd.: 284.
[89] Ebd.
[90] Felber 2008: 318f.

tergesellschaften dürfte allerdings nicht darüber hinwegtäuschen, dass das eigentliche unvergleichbar schwierigere Problem die politische Durchsetzbarkeit für den Übergang darstellt. Deshalb hätte die Umwandlung der gegenwärtigen Eigentumsformen in die vier Mitarbeitergesellschaftsformen erst dann auch eine realistische Perspektive, wenn sie sich schon jetzt und im Schoße der noch vorherrschenden kapitalistischen Ordnung im Ansatz entwickeln und auch im Wettbewerb mit dem Kapitalismus bewähren könnten. Die bereits in Deutschland existierenden 7.000 Mitarbeitergesellschaften, die ganz oder mehrheitlich aus den alten in Konkurs gegangenen Kapitalgesellschaften durch die Übernahme von Mitarbeitern hervorgegangen sind,[91] müssten daher zuallererst als Prototypen und die Keimzellen der neuen Ordnung in den Vordergrund einer gesellschaftlichen Debatte über ein Jenseits des Kapitalismus gerückt werden. Schon Marx und Engels hoben im *Kommunistischen Manifest* hervor, dass sich die Keimzellen des Kapitalismus im mehr oder weniger reifen Zustand bereits im Feudalismus entwickelt hatten. Wenn sich Prototypen des Postkapitalismus für jede und jeden schon heute sichtbar und spürbar als humaner, nachhaltiger und insgesamt vorteilhafter erweisen könnten, dann wäre die neue Ordnung schon auf die richtigen Gleise gestellt. Sämtliche propagandistischen Waffen – so subtil sie auch sein mögen –, die all jene, die viel zu verlieren hätten, gegen den Übergang zu der neuen Ordnung einsetzen wollten, würden stumpf. Die heute arbeitenden Mitarbeitergesellschaften müssen jedoch in einem anderen Licht gesehen werden, da sie aus den Ruinen der durch schlechte Wirtschaftsführung der Alteigentümer bankrott gegangenen Betriebe hervorgegangen sind und die Mitarbeiter aus Not das Kommando übernahmen, um die eigenen Arbeitsplätze zu halten. Insofern sind diese Betriebe mit vergleichsweise schlechteren Startbedingungen im Wettbewerb mit den kapitalistischen Betrieben ausgestattet und müssten deshalb ihren Konkurrenten etwa durch gezielte Steuervergünstigungen gleichgestellt werden. Insofern wäre der Kampf für die Herstellung der Chancengleichheit dieser Mitarbeiterbetriebe im Grunde auch ein Kampf für den Übergang in den Postkapitalismus. Der Kampf für die Chancengleichheit der alternativen Eigentumsformen ist im Übrigen auch unabhängig von diesem Fall eine politisch sehr wichtige Aufgabe für den Übergang zu einer neuen Ordnung, weil dadurch viel mehr Beschäftigte der Kapitalgesellschaften anfangen würden, für eine Überführung ihres Betriebes in Mitarbeitergesellschaften einzutreten. Die eigentliche politische Aufgabe ist jedoch die Aufklärung der ethisch orientierten Unternehmer, um sie für eine freiwillige Umwandlung ihrer Kapital-

---

[91] Wagenknecht 2016: 278.

gesellschaft zu gewinnen und sie darüber hinaus auch schon jetzt zur Schaffung eines zur Unterstützung von Mitarbeitergesellschafts-Neugründungen wichtigen *Solidaritätsfonds* zu ermutigen.

Wem gehört die Natur?

In Kapitel 6 habe ich im Abschnitt über die Quellen des Finanzkapitals dargelegt, dass gigantische Grundrenteneinnahmen aus dem Immobilien- und Rohstoffsektor leistungslose Einkommen sind, die aus dem monopolistischen Zugang der Eigentümer resultieren und zu einem großen Teil in den Finanzsektor fließen. Das Privateigentum an der Natur (Grund und Boden in der Landwirtschaft, an Häusern und sämtlichen Fabriken und Rohstoffquellen auf dem Planeten) resultiert historisch teils aus der gewaltsamen Besitzergreifung durch mächtige Individuen oder Gruppen und teils aus dem marktmäßigen Erwerb eines Stückes der Natur, deren Erben bis heute als rechtmäßige Inhaber von Eigentumstiteln anerkannt sind. Das öffentliche Eigentum an der Natur entstand in der Regel durch Gründung von Staaten. Heute stellt sich vor allem im Kontext einer Transformation des Kapitalismus in eine humanere Ordnung selbstverständlich die Frage, wem dann die Natur gehören sollte. Im moralischen Sinne sind die Natur und ihre Gaben *das gemeinsame Erbe der Menschheit* und können weder Eigentum der Individuen noch der Staaten sein. Auch *das Prinzip Selbsteigentum,* das wir als die gerechteste Eigentumsform für die Mitarbeitergesellschaften, wie oben dargelegt, als Alternative zu Kapitalgesellschaften in einer nachkapitalistischen Gesellschaft auf dem Planeten betrachten, lässt keine andere Schlussfolgerung zu, als die Überführung sämtlicher privaten und staatlichen Eigentumstitel an der Natur in das Eigentum der Menschheit. Dieser Rechtstitel kann auch als die ursprünglichste Form des *Naturrechts* aufgefasst werden. Dieser Gedanke ist eigentlich auch nicht neu. Schon in der zweiten Hälfte des letzten Jahrhunderts hat das konfliktreiche Problem der Nutzung der bisher faktisch eigentumslosen Weltmeere zum Konzept des gemeinsamen Erbes der Menschheit geführt, das ursprünglich für den Entwurf einer Weltverfassung im Jahre 1948 formuliert worden war. Darin war vorgesehen, »dass die Erde und ihre Ressourcen zum gemeinsamen Eigentum der Menschheit gehören sollten und zum Nutzen aller zu bewirtschaften seien«.[92] Das Seerechtsübereinkommen der UN von 1982 wurde zwar

---

[92] Vgl. Süddeutsche Zeitung vom 15. Mai 2012. In diesem Zusammenhang wird auch der maltesische UN-Botschafter Arvid Pardo erwähnt, der sich in seiner Rede 1967 in der UN-Vollversammlung auf das *Konzept des Gemeinsamen Erbes der Menschheit* bezog.

aus diesem Konzept abgeleitet, jedoch ganz im Sinne der gegenwärtig herrschenden kapitalistischen Praxis reguliert. Demnach gehören die Weltmeere doch nicht allen, sondern im eingeschränkten Umfang nur den Wasser-Anrainerstaaten;[93] im übrigen jedoch machen sich kapitalkräftige Öl-, Bergbau- und Fischereikonzerne kostenlos die Nutzung der natürlichen Reichtümer in den Weltmeeren zueigen.[94] Wie ließe sich aber die Nutzung von natürlichen Ressourcen in der nichtkapitalistischen Welt praktisch ganz im Sinne des gemeinsamen Erbes der Menschheit lösen? Hier können freilich nur die Prinzipien und die Eckwerte dieser Perspektive, wie unten aufgeführt, skizziert werden:

Erstens wird der Planet samt seinen Ressourcen einschließlich von sämtlichem Grund und Boden durch die UN-Vollversammlung unverrückbar zum Eigentum der Menschheit erklärt und die gegenwärtigen privaten und öffentlichen Eigentümer in den neuen Status als *nur* Besitzer überführt. Die Besitzer (die privaten und öffentlichen) werden verpflichtet, für die Nutzung der Natur eine marktmäßige Grundrente, die sich aus der absoluten Rente und der Differentialrente zusammensetzt, an die UNO zu entrichten.

Zweitens wird ein Menschheitsfonds als eine Institution der UNO geschaffen, in den sämtliche Nutzungsgebühren/Grundrenten einfließen. Dieser Fonds dient dazu, alle grenzüberschreitenden Projekte zum Schutze des Planeten zu finanzieren und darüber hinaus auch die naturbedingten Ungleichheiten hinsichtlich der Ausstattung mit Ressourcen und zur Herstellung von Chancengleichheit aller Staaten und Regionen auszugleichen.

Drittens dient dieser Fonds zur Finanzierung neuer für den Schutz des Planeten wichtiger Technologien in weniger entwickelten Staaten, beispielsweise für die Energiewende vom fossilen Pfad zu regenerativen Energietechnologien. Die konkrete Umsetzung der Nutzung von Natur in den einzelnen Staaten und auch auf den Weltmeeren orientiert sich an den Normen der übrigen von der Natur unabhängigen Betriebe und Eigentumsformen. Personal-, Mitarbeiter- oder Gemeinwohlgesellschaften, die im Bereich der Naturnutzung tätig sind, wären dann nicht Eigentümer, sondern Besitzer, die über den Markt Nutzungsrechte erwerben.

---

[93] Nach dem Seerechtsübereinkommen sind die Nutzungsrechte der See-Anrainerstaaten für die Nutzung innerhalb der Reichweite von max. 12 Meilen als *Anschlusszone* und bis zu 200 Meilen als *Wirtschaftszone* nach unterschiedlichen Kriterien festgelegt.

[94] Vgl. auch Massarrat 1980.

Dezentralisierung, Regionalisierung

Zentralisation (horizontale Verflechtung) und Konzentration (vertikale Verflechtung) von Kapitalgesellschaften sind das Resultat des Kostensenkungs- und Profitmaximierungspostulats im Kapitalismus. Beide Entwicklungen haben zur Einschränkung des Wettbewerbs und der Monopolbildung, zur Entstehung von global agierenden Konzernen, zur Machtkonzentration und Korruption, zur Instrumentalisierung der Staaten für eigene kurzfristige Interessen und zur Einschränkung der Demokratie geführt. Daher muss mit der Überführung von Kapital- in Mitarbeitergesellschaften und öffentliche Gesellschaften die Dezentralisierung der bestehenden Konzerne und der dazu gehörigen Strukturen durchgeführt werden. Die Dezentralisierung ist auch die Voraussetzung für die Stärkung regionaler Strukturen in allen Bereichen der Gesellschaft, in Produktion und Dienstleistung. Sie trägt auch den sozialen und ökologischen Anforderungen zur Vermeidung von Ballungszentren Rechnung und beflügelt die Entstehung von regionalen Wirtschaftskreisläufen.[95] Im Postkapitalismus wird aus ähnlichen Gründen wie bei der Dezentralisierung auch die Regionalisierung den seit Langem aus ökologischen Gründen ersehnten Aufschwung erfahren. Da nun nicht Kostensenkung und Profitmaximierung, sondern das gute und gesunde Leben die Art des Wirtschaftens bestimmen, wird die auf Chemie fundierte Landwirtschaft sowie die monokulturelle Arbeitsteilung und Massentierhaltung beendet und die chemiefreie, ökologische Landwirtschaft mit artgerechter Tierhaltung eingeführt. Die ökologische Landwirtschaft, die freilich auch eine arbeitsintensive Landwirtschaft sein wird, erfordert zweifelsfrei eine steigende Zahl der Landbevölkerung und damit eine Neugestaltung der Stadt-Land-Beziehungen. Es entstehen jedenfalls neue Alternativen der Regionalisierung und ein deutlich höherer Grad an Selbstversorgung durch regionale Produkte. Dazu gehört, dass die Neigung bei vielen Stadtbewohnern aller Wahrscheinlichkeit nach zunimmt, einen Teil ihrer überschüssigen Freizeit für Tätigkeiten in ökologischen Landwirtschaftsbetrieben in der leicht erreichbaren Stadtumgebung zu verwenden. Diese Alternative ist eine attraktive Möglichkeit, die Vorteile des Stadtlebens mit den Vorteilen der Selbstversorgung mit gesunden Nahrungsmitteln zu verbinden. Denkbar oder wahrscheinlich erscheint aus heutiger Sicht auch, dass der Anreiz für die Stadtflucht in größeren Dimensionen sowohl in ökonomischer Hinsicht als auch hinsichtlich einer qualitativen Verbesserung des Landlebens deutlich zunimmt. Dazu müssten infrastrukturelle Bedingungen zur Verbesserung von Bildungs-

---

[95] Mit Bezug auf die Dezentralisierung besteht offenbar ein weitgehender Konsens in der Debatte um die postkapitalistische Ordnung.

angeboten sowie der Gesundheitsversorgung und Verkehrsverbindungen modernisiert werden. Eine andere Alternative zum Ausbau der Selbstversorgung und der Regionalisierung bestünde in einer Art neuer sozialer, ökonomischer, ökologischer und kultureller Verflechtung zwischen Stadt- und Landbevölkerung. Vorstellbar ist z.b. ein geregelter zyklischer Jobtausch zwischen Stadt und Land. Stadtmenschen, die an einer Abwechslung ihrer Tätigkeit und ihrer Umgebung interessiert sind, ziehen im Jahr für einige Monate aufs Land und übernehmen den Job der Landwirte, tauschen also das teilweise stressige Stadtleben mit sportlicheren Tätigkeiten an der frischen Landluft in ökologischen Betrieben und dem Leben mit den Tieren. Landwirte ziehen dafür in die Stadt und nehmen während ihrer Tätigkeit in der Stadt alle Annehmlichkeiten des städtischen Lebens, wie die Kultur, die qualitativ bessere medizinische Versorgung etc. in Anspruch, die sie auf dem Land vermissen. Eine solche Stadt-Land-Verflechtung ist sicherlich voraussetzungsreich: Eine gewisse Vorbereitung auf die jeweilige Tätigkeit wäre wohl unvermeidlich. Außerdem könnten städtische und ländliche Familien mit Kindern sich den Jobtausch nur dann leisten, wenn die Kinder ihre Ausbildung abgeschlossen haben und außer Haus sind etc. Auf jeden Fall steht außer Frage, dass eine solche Verflechtung das Leben auf dem Land attraktiver machen und der Landflucht entgegenwirken würde. Für die Stadtbevölkerung würden sich bei gleichzeitigem Ausbau der ökologischen Landwirtschaft die Möglichkeiten der Eigenversorgung mit gesunden agrarischen Produkten deutlich erweitern. Hinsichtlich der Selbstversorgung dürfte dabei nicht außer Acht gelassen werden, dass die traditionsreiche Schrebergartenkultur ein erhebliches Potenzial bieten würde, wenn dieser Sektor mit einer Modernisierung durch Lockerung von teilweise archaischen Regeln und Verbesserungen der Infrastruktur einhergehen würde und seine Nutzung für alle Schichten und Generationen der Stadtbevölkerung attraktiver gemacht würde, indem dieser Sektor sich zu einem Ort für Erholung, Feiern und Musizieren in der Freizeit fortentwickelt. Diese Möglichkeiten der Regionalisierung und regionaler Selbstversorgung sind nur Beispiele. Postkapitalistische Rahmenbedingungen eröffnen auf jeden Fall ganz neue Wege auch zum ökologischen Umbau der Gesellschaft, zur gesunden Ernährung und zur Energieeinsparung durch Vermeidung des überflüssigen Transports von landwirtschaftlichen Produkten aus fernen Regionen.

Chancengleichheit

Eine postkapitalistische Gesellschaft braucht eine eigene Ethik als Grundlage und Orientierung für die langfristige wie alltägliche Gestaltung der Beziehungen von Menschen in einer modernen Gesellschaft, in der die Ausbeutung der Menschen durch den Menschen nicht möglich ist und der Schutz des Planeten als Lebensraum für die heutige und kommende Generationen als Politikziel verankert ist. Wie müsste aber die neue Ethik sein und welche Anforderungen müssten an sie gestellt werden, damit der Übergang von der vorausgehenden kapitalistischen Gesellschaft in die neue Gesellschaftsordnung in einem friedlichen Prozess stattfinden kann und damit die Durchsetzung der genannten Ziele in der neuen Gesellschaft realisiert werden können? Aus meiner Sicht gehören folgende Eigenschaften auf jeden Fall zu einer solchen Ethik:

- Sie muss von der überwältigenden Mehrheit der Gesellschaftsmitglieder akzeptiert werden können.
- Sie muss universale Geltung besitzen, also unabhängig von Raum und Zeit ihre Akzeptanzfähigkeit bewahren.
- Diese Ethik muss dem *naturrechtlichen Rechtsgleichheitsprinzip* genügen, dass alle Menschen durch ihre Geburt von Natur aus als gleichwertige Subjekte anzusehen sind und daher auch gleiche Rechte besitzen. Dieses Prinzip ist in der humanistischen Tradition universell unstreitig. Die historischen Erfahrungen belegen in der Tat, dass die Verletzung dieses naturrechtlichen Prinzips zur Rechtfertigung des Kolonialismus, des Rassismus und des Faschismus diente und Entwicklungen beflügelte, die zu Katastrophen führten. Die Bewahrung der Rechtsgleichheit ist dagegen die Voraussetzung für ein friedliches Zusammenleben von Menschen unterschiedlicher Abstammung, Hautfarbe, Kultur und Religion. Die Rechtsgleichheit ist auch die Grundlage für gegenseitigen Respekt und Menschenwürde. Auf der Grundlage dieses Rechtsprinzips können grundsätzlich auch Beziehungen wie Kooperation, Solidarität zwischen Individuen, Gruppen und Gemeinschaften gedeihen und sozialer Ausgleich als unerlässliches Element einer stabilen und friedlichen Gesellschaft akzeptanzfähig werden. *Egalitäre Theorien* haben ihre Wurzeln im Rechtsgleichheitsprinzip.
- Diese Ethik muss gleichzeitig auch dem von der Natur vorgegebenen Unterschieds- bzw. Vielfaltsprinzip Rechnung tragen, also dass Menschen als unterschiedliche Wesen geboren werden. Denn die Individuen sind ihrer Natur nach unterschiedlich. »Und sie wären nicht verschiedne Individuen, wenn sie nicht ungleiche wären«, hob Marx hervor.[96] Tatsächlich kann auch niemand infrage stellen, dass Menschen bei ihrer Geburt mit unterschiedlichen natürlichen Begabungen, Eigenschaften, aber auch genetischen Unvollkommenheiten ausgestattet sind. Der eine neigt zu gei-

---

[96] Marx 1962a: 21.

stigen, der andere zu körperlichen Tätigkeiten, der eine wird gesund, ein anderer mit Behinderung geboren, der eine ist literarisch unbegabt, entwickelt sich zu einem Organisationsgenie, ein anderer schreibt brillant, neigt aber zu einer chaotischen Lebensführung, der eine ist wiederum technisch begabt, der andere wird ein berühmter Sänger. Kein Zweifel, diese individuellen Unterschiede können durchaus einen gewissen Neid hervorrufen und zu sozialen Konflikten führen. Aber gerade weil die individuellen Eigenschaften von der Natur vorgegeben sind, für die niemand und auch keine Struktur verantwortlich gemacht werden kann, ist die Wahrscheinlichkeit sehr groß, dass Individuen trotzdem ihre unterschiedlichen Fähigkeiten, Begabungen und Beschaffenheiten gegenseitig anerkennen und sie nicht als Gerechtigkeitshindernis verdammen.

■ Diese Ethik muss schließlich und endlich auch dazu geeignet sein, einen Zustand der Gerechtigkeit herstellen zu können, der von der überwältigenden Mehrheit der Gesellschaft auch als gerecht empfunden wird.

Mit der letzten Anforderung an die gesuchte Ethik wird unterstellt, dass in unserer kapitalistischen Welt erstens kein solcher Zustand der Gerechtigkeit existiert und dass zweitens die von den Moralphilosophen bisher entwickelten Gerechtigkeitsethiken praxisuntauglich oder mindestens unvollkommen sind. Tatsächlich gehen die Vorstellungen über Gerechtigkeit weit auseinander, ein Konsens über ihren Inhalt ist daher kaum denkbar. Denn soziale Gruppen haben ein ganz unterschiedliches Gerechtigkeitsempfinden: Reiche definieren Besitzstandswahrung als gerecht, arme Menschen, die von ihrem Lohn allein nicht leben können, empfinden niedrige Löhne und grundsätzlich auch die Einkommens- und Vermögensungleichheit als ungerecht. Kein Wunder, dass die Menschheitsgeschichte bisher die Geschichte des Kampfes um die Durchsetzung der eigenen Gerechtigkeitsvorstellung war und auch in der Zukunft bleiben wird, solange das soziale Fundament der Ungerechtigkeit und Ungleichheit unangetastet bleibt. Auf der Grundlage gegensätzlicher Vorstellungen von Gerechtigkeit entstanden auch gegensätzliche Gerechtigkeitstheorien:

Auf der einen Seite erklären die neoklassisch-liberalistischen Theorien, wie sie von Hobbes, Locke, Mill, Nozick u.a. entwickelt wurden, dass gerade die Ungleichheit von Vermögen und Einkommen ein entscheidender Antrieb für Wohlstandsvermehrung und daher auch für die Schaffung einer gerechten Gesellschaft ist.[97] Diese Theorien, die übrigens im gegenwärtigen

---

[97] Ich beziehe mich hier auf meine früheren Forschungen zu diesem Thema und formuliere lediglich das Ergebnis dieser Forschung. (Vgl. Massarrat 2006: 163ff. Kapitel 5 »Chancengleichheit und Gerechtigkeit als Ethik der Nachhaltigkeit«)

Neoliberalismus fest verankert sind, basieren zwar auf der richtigen Annahme, dass menschliche Individuen mit unterschiedlichen Fähigkeiten und Begabungen ausgestattet sind (*Unterschiedsprinzip*), ziehen daraus aber den zweifelhaften und logisch nicht zwingenden Schluss, dass die Ungleichheit an Besitz und Einkommen eben aus dieser Ungleichheit der menschlichen Natur herrührt. Dabei wird unterschlagen, dass die heutige Vermögens- und Machtungleichheit nicht durch eigene Leistung, sondern im Wesentlichen durch Erbschaften über viele Generationen entstanden ist und der Vermögens- und Machtreichtum der kleinen reichen Elite in überwiegenden Fällen daher einen leistungslosen Transfer darstellen. Dieser Ansatz instrumentalisiert also das Unterschiedsprinzip zur Rechtfertigung für Vermögensungleichheit (letztlich auch Ausbeutung, Kolonialismus und Rassismus).

Auf der anderen Seite leiten die orthodox-egalitaristischen Theorien aus der moralisch allgemein unstrittigen Annahme, dass Menschen durch Geburt vor dem Recht gleich sind (*Rechtsgleichheitsprinzip*), die Politik der Gleichmacherei ab, indem sie die individuell unterschiedlichen Fähigkeiten und Begabungen gering schätzen. Diese Ignoranz menschlicher Vielfalt ist offensichtlich die Hauptursache für die Untauglichkeit dieses Ansatzes, wie auch das Scheitern des auf Gleichmacherei beruhenden Sozialismus überhaupt. Das Rechtsgleichheitsprinzip wurde in diesem Fall zur Legitimierung von bürokratischen Machteliten missbraucht.

So gesehen wird entweder das Individuum in den Vordergrund gestellt, während dem Kollektiv bzw. dem Staat eine untergeordnete Bedeutung eingeräumt (Neoliberalismus) wird, oder aber der Staat wird als alles dominierendes und allein bestimmendes Subjekt herausgestellt, während den individuellen Rechten und Freiheiten geringe Bedeutung beigemessen oder diese drastisch beschnitten werden (orthodoxer Egalitarismus). Unter den Bedingungen des Neoliberalismus fühlt sich eine mächtige Minderheit von Individuen berechtigt, die eigenen Interessen über das Gesamtinteresse der Gemeinschaft zu stellen und selbst die größten Ungleichheiten als gerecht zu definieren. Im orthodox-egalitaristischen Konzept wird der Gleichmacherei durch den Staat Tür und Tor geöffnet, weil die individuell unterschiedlichen Fähigkeiten und Leistungen nicht anerkannt werden.

Liberale Gerechtigkeitstheoretiker wie John Rawls, Ronald Dworkin, Amartya Sen und andere haben versucht, zwischen Rechtsgleichheits- und Unterschiedlichkeitsprinzip eine Brücke zu bauen. Immerhin erkannten diese Theoretiker, dass die real existierenden Ungleichheiten nicht auf individuellen Leistungen beruhen, und entwickelten zur Beseitigung dieser Ungleichheiten daher ein Bündel von sozialpolitischen Maßnahmen. Dank ihrer als »liberale Gleichheit« bezeichneten Gerechtigkeitstheorien, gelang es auch der internationalen Sozialdemokratie im keynesianischen Kapitalismus, die drastischen Ungleichheiten durch ethisch begründete, ausgleichende Maßnahmen politisch durchzusetzen. Dennoch ist die Reichweite der Theorien der »liberalen Gleichheit« zur Überwindung von Ungleichheiten offensichtlich begrenzt. Denn tatsächlich wird bei diesen Gerechtigkeitstheorien die Idee der Gerechtigkeit zwar als ein positives gesellschaftspolitisches Ziel normativ gefordert, praktisch jedoch einer Interpretationswillkür ausgesetzt. Was gerecht ist, bleibt weiterhin der Deutungshoheit der Herrschenden oder den wechselnden Regierungen in den kapitalistischen Klassengesellschaften überlassen. Es wird klar, dass die Theorien der »liberalen Gleichheit« Theorien sind, die sich der Realität des Kapitalismus als Klassengesellschaft angepasst haben und daher auch diskursfähig geworden sind, indem sie eine präzise Definition von Gerechtigkeit offen ließen.

Rechtsgleichheit und Vielfalt stehen nicht im Widerspruch zueinander. Theoretiker der »liberalen Gleichheit« haben aber nur unvollkommen diese beiden naturbedingten menschlichen Eigenschaften miteinander in Deckung gebracht. Eine vollständige Übereinstimmung finden sie nach meiner Auffassung durch *Chancengleichheit* als einer universellen Ethik, die sämtliche Eigenschaften einer in jeder Gesellschaft akzeptanzfähigen Ethik der Gerechtigkeit verkörpert. Demnach ist eine Gesellschaft gerecht, in der alle Mitglieder, unabhängig von ihrer Herkunft, des Geschlechts, der Religion und der Hautfarbe, über gleiche Startbedingungen verfügen. Auf dieser Grundlage sind wir endlich in der Lage, jenseits von real existierenden Sonderinteressen sozialer Klassen eine allgemeingültige Definition von Gerechtigkeit zu formulieren und darüber hinaus auch die Politik der Gerechtigkeit gezielt operationalisierbar zu machen. Chancengleichheit hat für die Formulierung von Rechtsgrundlagen und die Schaffung von politischen Instrumenten zur Gerechtigkeitsherstellung ein umfassendes Potenzial. Und sie liefert auch, wie unten an einigen Beispielen demonstriert werden soll, die ethische Grundlage für die Herstellung eines Höchstmaßes an menschlicher Individualität und gesellschaftlicher Vielfalt. Naturbedingte Talente und Begabungen sind von der Natur vorgegebene physische Bestandteile der Individuen und werden als solche gesellschaftlich anerkannt. Diese Individuen dürfen nicht daran gehindert werden, ihre Talente und Begabungen auch ökonomisch zu nutzen. Umgekehrt ist die Gesellschaft verpflichtet, Menschen mit Behinderungen gleiche Startbedingungen zu verschaffen. Chancengleichheit stellt auch menschliche negative Eigenschaften wie das Ego, den Neid etc. nicht infrage, ermöglicht aber die Schaffung von Regeln und Instrumenten, die verhindern, dass eine Minderheit ihr Ego zulasten anderer ausleben kann. Sie versöhnt den Egoismus mit Solidarität, die Individualität mit Egalität und Gemeinschaftlichkeit. Die zuweilen vorgebrachten Kritiken[98] beruhen entweder auf logischen Missverständnissen oder sie betreffen im Grunde die Vorstellungen des klassischen Liberalismus, der die Chancengleichheit häufig ganz selektiv für bestimmte Bereiche, vor allem Bildung und Geschlechtergerechtigkeit, angewendet und so von ihrer universellen Allgemeingültigkeit de facto abgelenkt hat.

Beispiele für Gerechtigkeit durch Chancengleichheit

Was bedeutet nun Chancengleichheit bei dem Übergang des Kapitalismus in den Postkapitalismus – das wäre die allererste Frage, die man stellen könnte. Unterstellt, die Kapitalgesellschaften wären in der Übergangsphase durch Mitarbeiter mit oder ohne Entschädigung der Alteigentümer in Mitarbeitergesellschaften überführt, so blieben die ungleichen Besitzstände als Überbleibsel der alten Gesellschaft jedoch weiterhin bestehen. Dadurch hätte eine Minderheit der Reichen bessere Startbedingungen. In diesem Fall stünde die Gesellschaft vor mehreren Alternativen, darunter beispielsweise die vollständige oder teilweise Enteignung, die vollständige oder teilweise Überführung der Vermögen in Stiftungen, die Gemeinwohlgesellschaften finanziell fördern etc. Die Entscheidung für eine der möglichen Alternativen müsste unter der Berücksichtigung der Vermeidung von Krisen, die beispielsweise durch Kapitalflucht entstehen könnten, und eines allgemeinen Konsens darüber getroffen werden, welche dieser Alternativen auch gegenüber den Enteigneten als gerecht angesehen werden. Am besten wäre es natürlich, wenn auch die betroffenen Eigentümer ihre Auswahl in einem offenen Diskurs letzten Endes als gerecht empfinden und mittragen. Mit diesem Beispiel wird deutlich, dass die Herstellung gleicher Startbedingungen für alle gerade nach dem Übergang zu einer gerechten Gesellschaft kein harmonischer, sondern durchaus ein konfliktreicher Prozess sein kann, den eine freie, offene, friedliche und demokratische Gesellschaft nur diskursiv bewältigen kann.

Wie kann aber die Gerechtigkeit in Fällen hergestellt werden, bei denen die Quelle des Reichtums nicht die Ausbeutung anderer Menschen, sondern die eigenen von der Natur vorgegebenen Talente und Begabungen sind. Die Ethik Chancengleichheit liefert m.E. auf diese Frage eine Lösung, die der Realität von natürlicher Begabung Rechnung trägt. Zunächst einmal muss anerkannt werden, dass die natürliche Begabung eines Individuums, die die-

---

[98] Etwa die egalitaristische Polemik von Bihr/Pefferkorn 2000, um eine typisch sektiererische Position zu nennen. Zur ausführlichen Replik dieser und anderer Kritik der Chancengleichheit vgl. Massarrat 2006: 178ff.

ses beispielsweise zur Übernahme der Leitung einer großen Mitarbeitergesellschaft im Postkapitalismus befähigt, für die Gesellschaft in ihrer Gesamtheit einen zusätzlichen Nutzen hervorruft. Zwar verfügt nur eine Minderheit
über die monopolisierbare, weil nicht vermehrbare Fähigkeit, die meisten
Anforderungen, die an die Leitung eines Betriebes gestellt werden, zu erfüllen. Dadurch wird aber die gesamte Gesellschaft reicher. Das gleiche gilt
auch für einen hervorragenden Musiker oder Sänger, der kulturellen Reichtum hervorbringt. Eine gerechte Gesellschaft darf die Freiheit eines talentierten Menschen, von seinem Talent auch ökonomischen Nutzen ziehen zu
wollen, nicht beschneiden. Er müsste sein Talent, beispielsweise seine gute
Stimme, seine Schauspielkünste etc. allen Konsumenten anbieten dürfen und
für ihren Dienst auch einen Preis verlangen, wenn andere Gesellschaftsmitglieder dadurch ihr Bedürfnis befriedigen und auch bereit sind, den Preis
zu zahlen. In diesem Falle wird das Gehalt der talentierten Person ganz demokratisch durch die Nachfrage auf dem Markt bestimmt. Im Falle des Betriebsleiters einer Kapitalgesellschaft bestimmt die Mitarbeiterversammlung
ebenfalls demokratisch das Gehalt des Betriebsleiters und ob dieses drei
oder fünf mal höher als das Durchschnittsgehalt im Betrieb sein soll. Würde jedoch dagegen eine Gesellschaft beschließen, allen seinen Mitgliedern
und unabhängig von ihren besonderen Fähigkeiten und Talenten das gleiche Gehalt zu gewähren, so würden die hervorragenden Sänger, Künstler,
Betriebsleiter, Wissenschaftler etc. diese Gesellschaft verlassen, wodurch
sie auch unweigerlich materiell und kulturell ärmer gemacht würde. Würden aber die individuellen nicht vermehrbaren Talente als besondere Leistung anerkannt und honoriert werden, so folgt daraus umgekehrt, dass alle
diese talentierten Individuen ihrerseits die gesellschaftliche Ethik und entsprechende Normen, einschließlich der Solidarität, als soziales Fundament
der Gesellschaft akzeptieren. Solidarität verlangt von den Menschen mit
besonders hohem Einkommen auch einen höheren Steueranteil für den gesellschaftlichen Zusammenhalt. Im Grunde sind individuelle Talente per se
kein Gerechtigkeitshindernis, solange sie die Chancen anderer nicht beeinträchtigen, eine ihrer Leistung entsprechende Vergütung zu erlangen. Dies
gilt auch für die Einkommensungleichheit, die per se kein Gerechtigkeitshindernis darstellt, solange die Chancengleichheit anderer Gesellschaftsmitglieder nicht gefährdet ist. Eine solche Gefährdung läge vor, wenn die höheren Einkommen beispielsweise dazu führten, andere Menschen für sich
arbeiten zu lassen und das eigene Leben durch leistungslose Einnahmen zu
bestreiten. Um jedoch Gefährdungspotenziale für Chancengleichheit zu mi-
nimieren, kann die Gesellschaft durch unterschiedliche Steuersätze für Einkommen und Erbschaft gegensteuern.

Über die Möglichkeit der Herstellung von Gerechtigkeit anlässlich der von der Natur vorgegebenen unterschiedlichen Ressourcenausstattung der Staaten, um eine globale Chancengleichheit zu erreichen, habe ich bereits oben im Abschnitt »Wem gehört die Natur?« eine praktikable Lösung zur Diskussion gestellt. Die Anwendbarkeit der Chancengleichheit zur Herstellung von Gerechtigkeit in der Gesellschaft ist aber nahezu unbegrenzt. Beispielsweise haben alternative Technologien im Wettbewerb mit bereits etablierten Technologien Anspruch auf vergleichbare Subventionen. Wäre Chancengleichheit die herrschende Ethik, wären regenerative Energietechnologien vor einem halben Jahrhundert gegenüber der Atomenergietechnik und fossilen Energien wettbewerbsfähig gewesen und hätten beide längst abgelöst. Außerdem wäre sowohl dem Klimawandel als auch der Gefahr eines Atomgaus wie in Tschernobyl oder Fukushima vorgebeugt und das ungelöste Problem der Lagerung von nuklearen Abfallstoffen drastisch verringert. Ähnliches gilt auch bei der Herstellung von ökonomischer Chancengleichheit zwischen den individuellen und öffentlichen Verkehrssystemen, zwischen der industrialisierten gesundheitsschädigenden und der ökologischen Landwirtschaft etc.

Ein anderes hochaktuelles Beispiel stellt die Chancengleichheit zwischen Erwerbsarbeit und selbst ausgewählten Tätigkeiten dar, die in einer Gesellschaft gewährleistet werden müssten, in der Individuelle Vielfalt und Selbstbestimmung anerkannt und auch ermöglicht werden sollte. Für solche Tätigkeiten wird aktuell das Konzept des *Bedingungslosen Grundeinkommens* diskutiert. Die Bedingungslosigkeit eines Grundeinkommens hätte sicherlich den Charme, frei von jeglicher individuellen Überprüfung und von Sanktionen zu sein, die gerade im Finanzmarktkapitalismus bei Sozialleistungen die Menschenwürde drastisch verletzen. Insofern stößt sie auch aktuell bei vielen Menschen auf Zustimmung. Diese Form des Grundeinkommens ist jedoch im Kern ein leistungsloser Transfer und sollte ohne Bedürftigkeitsüberprüfung allen Gesellschaftsmitgliedern zur Verfügung gestellt werden. So gesehen zieht die Bedingungslosigkeit ethische Fragen und das Problem der Finanzierbarkeit nach sich.[99] Im Postkapitalismus und in einer auf Gerechtigkeit und Chancengleichheit basierten Gesellschaft wäre ein bedingungsloses Grundeinkommen ohnehin nicht nötig. Von einer anderen Qualität wäre aber ein Grundeinkommen, das auch im Postkapitalismus allen Gesellschaftsmitgliedern gewährt würde, die alternative Tätigkeitsformen zur Erwerbsarbeit bevorzugen. Denkbar wäre beispielsweise ein Grundeinkommen in Höhe eines durchschnittlichen Einkommens der Erwerbstätigen

---

[99] Zur ausführlicheren Diskussion dieser Fragen vgl. Massarrat 2006: 196ff.

für selbst ausgewählte Tätigkeiten, für die ein anerkannter Bedarf nachgewiesen ist. In diesem Fall kommt die Gesellschaft nicht umhin, ähnlich wie bei der Koordinierung und Vermittlung der Erwerbsarbeit, auch für alternative Tätigkeiten die entsprechende Infrastruktur zu schaffen.

Chancengleichheit bringt auch vor allem gegenüber künftigen Generationen eine große Verantwortung für die gegenwärtigen Generationen mit sich. Demnach müssten heutige Generationen ihr Leben so gestalten, dass dadurch die künftigen Generationen nicht daran gehindert werden, ihr Leben so zu gestalten wie sie es für richtig halten. Eine Gesellschaft, die z.b. Klimawandel erzeugt, Atommüll produziert, endliche Ressourcen so verbraucht, als wären sie unendlich verfügbar, verletzt dramatisch die Chancengleichheit für künftige Generationen. Eine solche Gesellschaft, wie sie hier als postkapitalistische diskutiert wurde, ist im Kern auch eine nachhaltige Gesellschaft, wie sie seit dem Weltgipfel 1992 in Rio de Janeiro in der Zivilgesellschaft und in akademischen Kreisen eine beachtliche Aufmerksamkeit gefunden hat.[100]

Nachtrag:
Anmerkungen zu einer Stufentheorie der kapitalistischen Entwicklung

Diese Epochenbeschreibung, um es schon an dieser Stelle vorauszuschicken, unterscheidet sich deutlich von den unter den marxistisch orientierten Phasentheorien der kapitalistischen Entwicklung üblichen Theorieansätzen. Nahezu alle klassischen Theoretiker des Imperialismus halten den Imperialismus für eine eigenständige Epoche, die den Kapitalismus der freien Konkurrenz ablöste. Auch Vertreter neuerer Imperialismustheorien halten sich, sofern sie sich dazu überhaupt äußern, weitgehend an die Klassiker.

Ernest Mandel hat in seinem Hauptwerk »Der Spätkapitalismus« die kapitalistische Weltwirtschaft in drei Etappen, die freie Konkurrenz, den Imperialismus und den Spätkapitalismus aufgeteilt.[101] Ihm ging es dabei vornehmlich um die Begründung einer historisch plausiblen Gliederung des Nebeneinanders von »kapitalistischen, halbkapitalistischen und vorkapitalistischen Produktionsverhältnissen«, die sich seit der industriellen Revolution entfaltet und auch grundlegend gewandelt haben.[102] Mandels Epochen-

---

[100] Ausführlicher dazu Massarrat 2006: Teil 2: Die Globalisierung, Nachhaltigkeit und Chancengleichheit; Ferner Gottschlich 2017.
[101] Mandel 1972: 47ff.
[102] Ebd.: 47.

aufteilung beruht auf seiner empirisch sicherlich zutreffenden Beobachtung der Unterschiede der Struktur des internationalen Kapitalexports und der internationalen Arbeitsteilung innerhalb und zwischen Regionen unterschiedlichen Entwicklungsniveaus. Demnach sei das Hauptmerkmal der Epoche der freien Konkurrenz, außer dem freien Handel von Waren, insbesondere die Konzentration des Kapitalexports auf die wichtigsten kapitalistischen Staaten (Großbritannien, Deutschland, Frankreich und Russland) bis zum Ende des 19. Jahrhunderts. Demgegenüber beginne die Epoche des klassischen Imperialismus mit umfangreichem Kapitalexport imperialistischer Staaten in die halb- bzw. nichtkapitalistischen Staaten der »Dritten Welt« und bestimme fortan auch die Wirtschaftsentwicklung dieser Staaten.[103] Im Anschluss an diese beiden Epochen hätte nach Mandel der Übergang zum »Spätkapitalismus«, eben der dritten Entwicklungsstufe der kapitalistischen Weltwirtschaft stattgefunden. Im Spätkapitalismus setze die flächendeckende Durchsetzung der kapitalistischen Produktionsweise auch in den meisten Ländern der »Dritten Welt ein, die schon in den 1940er Jahren begonnen habe und gleichzeitig mit der Umstrukturierung der internationalen Arbeitsteilung als Folge der grundlegenden technischen Umwälzungen einhergegangen sei.[104] Mandels Epochenteilung ermöglicht durchaus die systematische Erfassung qualitativ-struktureller Veränderungen und auch eine Einordnung von einzelnen Entwicklungen, sie folgt jedoch im Grunde eher der empirischen Beobachtung eines scharfen Analytikers historischer Tendenzen als einer belastbaren Phasentheorie, die den Gesetzmäßigkeiten komplexer Vorgänge entlehnt ist.

Die von mir bevorzugte Epochenteilung folgt jedenfalls den in meiner Machttheorie in Kapitel 2 analysierten Kriterien, die sich aus den komplexen gesellschaftlichen Machtverhältnissen ergeben: Machtbeziehungen zwischen Kapital und Lohnarbeit einerseits und Machtbeziehungen unter den Kapitaleigentümern selbst andererseits. Die Machtverhältnisse im Kapitalismus sind für eine qualitative Analyse historischer Kapitalismusmodelle deshalb grundlegend, weil sie ursächlich für die Art und Weise der Verteilung der insgesamt geschaffenen Wertmasse (Bruttoinlandsprodukt) innerhalb und zwischen den Klassen verantwortlich sind. Hinter dem Machtverhältnis als das für die epochal unterschiedliche Entwicklungsstufe des Kapitalismus verantwortliche Strukturprinzip, verbergen sich im Grunde mehrere Gesichtspunkte:

---

[103] Ebd.: 51.
[104] Ebd.: 59f.

Erstens kann nicht bestritten werden, dass die soziale Qualität einer Kapitalismusformation von der ausgewogenen Verteilung der geschaffenen Reichtümer abhängt. Zwischen einem Kapitalismus mit einer verelendeten, verarmten, verunsicherten und mit einem Hungerlohn ihrem Schicksal überlassenen Arbeiterklasse und einem Kapitalismus, in dem die Arbeiterklasse hohe Löhne durchsetzen und sich an einem steigenden Konsum und hohen Lebensstandard beteiligen kann, gibt es einen fundamentalen Unterschied. Die Verteilungsfrage ist wiederum selbst eine Frage der jeweils vorherrschenden Machtverhältnisse. Je nachdem, nach welcher Seite das Machtpendel ausschlägt, ob nach der Kapital- oder nach der Lohnarbeitsseite, konstituieren sich gänzlich unterschiedliche Kapitalismusmodelle. Verfügte beispielsweise die Seite der Kapitaleigentümer über eine deutlich größere gesellschaftliche Macht als die Seite der abhängig Beschäftigten, so würde die erstgenannte Gruppe alles daran setzen, um auf Kosten der letztgenannten Gruppe ihren Anteil an der Wertschöpfung (Gewinnquote) zu erhöhen. Dadurch würden bei der zahlenmäßig unvergleichbar größeren Gruppe von Menschen, die keine andere Wahl haben, als eben ihre Arbeitskraft zu verkaufen, nicht nur die Löhne sinken, sondern obendrein auch die Entstehung bzw. der Ausbau von Sozialsystemen verhindert und sogar Armut und Verelendung hervorgerufen werden. Dadurch würde im Ergebnis auch die gesamtgesellschaftliche Kaufkraft sinken, während die Kapitaleigentümer gleichzeitig über den normalen Gewinn und die getätigten Investitionen hinaus einen Kapitalüberschuss erzielen könnten, den sie entweder zu Spekulationszwecken verwenden oder exportieren müssten, weil sie das inländische Investitionspotenzial durch sinkende Massennachfrage selbstverursachend schmälerten. Verschwände aber das Zeitalter der absoluten Machtdominanz der Kapitalseite schon allein dadurch, dass die Lohnseite sich gegen das Lohndiktat der Kapitalseite zur Wehr setzen und ihren Lohnanteil an der Wertschöpfung im beträchtlichen Umfang erhöhen könnte, dann hätten wir es mit einem grundlegend neuen und sozial besser ausbalancierten Kapitalismusmodell zu tun.

Zweitens bestimmen die machtpolitischen Kräfteverhältnisse zwischen den Kapitaleigentümern und der Mehrheit in der Gesellschaft auch den Charakter des jeweils existierenden politischen Systems, sei es das absolutistische oder parlamentarisch-demokratische politische System. Denn es darf in den wissenschaftlichen Diskursen als unstrittig gelten, dass im Zeitalter absolutistisch-obrigkeitsstaatlicher Herrschaftssysteme nicht nur die abhängig Beschäftigten mehr oder weniger mangels fehlender gewerkschaftlicher Organisationen über kaum gesellschaftliche Macht verfügten. Auch ein beachtlicher Teil der aufsteigenden Bourgeoisie steckte im Würgegriff der repressiv monarchistischen Staatsstruktur. Dagegen stellten freie Gewerkschaften und Arbeiterparteien, wie aber auch konkurrierende bürgerliche Parteien im System der parlamentarischen Demokratie einen unverzichtbaren Pfeiler dar.

Drittens ist das Machtverhältnis auch deshalb ein wichtiges Kriterium für die epochale Entwicklung, da sowohl die Fortdauer des Kapitalismus als Gesellschaftsmodell in letzter Instanz von der Summe aller Machtressourcen abhängt, die Kapitaleigentümer mobilisieren können. Ebenso kann auch die Überwindung des Kapitalismus dadurch möglich werden, dass – kapitalismuskritisches Bewusstsein vorausgesetzt – die abhängig Beschäftigten eine breite Machtallianz bilden und einen derart großen Machtvorsprung erringen, der nötig ist, um eine bessere postkapitalistische Ordnung auch machtpolitisch zu unterstützen. Insofern ist es auch ohne eine genaue Analyse der Machtkonstellationen weder möglich, eine Aussage darüber zu machen, warum die bisherigen Versuche zur Überwindung des Kapitalismus in der Vergangenheit gescheitert sind, noch ist es plausibel, die Bedingungen, wie dieses Gesellschaftsmodell in der Zukunft transformiert werden kann, zu beschreiben.

Unter Berücksichtigung des Kriteriums Machtverhältnis zwischen den beiden sozialen Hauptklassen und deren jeweiligem sozialen Umfeld im Kapitalismus können seit dem Übergang zum Kapitalismus Mitte des 18. Jahrhunderts bis zur Gegenwart drei Epochen kapitalistischer Entwicklung und damit zusammenhängend drei Kapitalismusmodelle unterschieden werden: *Der Freihandelskapitalismus (Laisse faire), der keynesianische Kapitalismus und der neoliberale[105] Finanzmarktkapitalismus.* Im Kontext dieser Darlegung der epochalen Entwicklung erscheint der Imperialismus in diametralem Unterschied zu den klassischen Imperialismustheorien nicht als ein selbständiges Stadium des Kapitalismus, sondern als dessen ständige Begleiterscheinung. Dies gilt auch für den Imperialismus um die Jahrhundertwende des 19. zum 20. Jahrhundert.

---

[105] Ich möchte den Lesern nicht vorenthalten, dass ich meine Dissertationsschrift vor 42 Jahren zum Thema »Hauptentwicklungsstadien der kapitalistischen Weltwirtschaft« verfasst und diese Schrift mit der Analyse des Handelskapitals beendet habe. Das hier vorliegende Buch setzt inhaltlich im Grunde genau an der Stelle an, wo mein erstes größeres Werk aufhört. Dies beruht aber keineswegs auf einer bewussten Planung zur Vollendung einer älteren auf der Strecke liegen gebliebenen Idee. Ganz zufällig ist auch nicht, dass ich jetzt den unterbrochenen analytischen Faden wieder aufgreife, um ihn nach vierzig Jahren Forschungserfahrung zu Kapitalismus- und Gesellschaftskritik weiter zu spinnen.

Die Charakterisierung dieses oft auch mehr oder weniger willkürlich als »klassisch« bezeichneten Imperialismus, als einer selbständigen und aus der vorherigen Kapitalismusepoche hervorgegangenen Stufe, resultiert zunächst einmal aus dem historischen Blickwinkel der zeitgenössischen Beobachter und Systemkritiker. Für Lenin war der Imperialismus ohnehin die höchste Entwicklungsstufe des Kapitalismus. Er hat sich jedenfalls einen Kapitalismus nach dem Imperialismus, den er selbst miterlebte, gar nicht vorstellen können, erst recht nicht einen, der sich über den gesamten Globus ausbreiten und in allen Kontinenten auch Milliarden Anhänger finden sollte. Ganz anders verhielt es sich bei Bucharin[106] und vor allem Kautsky,[107] der Lenins Analyse nicht folgte und versuchte, die Weiterentwicklung des Kapitalismus begrifflich als »Ultraimperialismus«, somit einen vom Imperialismus getriebener Kapitalismus, zu erfassen. Merkwürdigerweise hielten noch viele Jahrzehnte später auch neomarxistische Denker wie Ernest Mandel an der Auffassung über den Imperialismus der Jahrhundertwende als einer Epoche mit eigenen Gesetzmäßigkeiten und Wesensmerkmalen fest. So wundert es auch kaum, dass Ernest Mandel die »nachimperialistische« Epoche als »Spätkapitalismus« (der Titel seines Hauptwerkes) bezeichnet hat. Richtig ist an diesem Begriff sicherlich nur, dass Mandel den Kapitalismus, den er meinte und auch selbst erlebte, zu einem »späteren« Zeitpunkt analysierte als die von ihm untersuchten Kapitalismusperioden der Vergangenheit. Das Spezifische dieses kapitalistischen Zeitalters erklärt er jedenfalls mit dem Begriff nicht.

Genau genommen hat jedes Kapitalismusmodell, das wir bisher kennen, seinen eigenen Imperialismus mit spezifischen Erscheinungsformen und Merkmalen – der Laissez-faire-Kapitalismus genauso wie der keynesianische und der heute vorherrschende Finanzmarktkapitalismus. Eine von heute aus in die Geschichte zurückblickende Analyse der Wesensmerkmale kapitalistischer Entwicklung hat es – dies sollte hier gerechterweise nicht verschwiegen werden – auf jeden Fall wesentlich leichter, eine der historischen Realität näher stehende Theorie zu liefern als es für die zeitgenössischen Beobachter möglich war. Außer dem Versuch einer längst fälligen Neuinterpretation des historisch sich veränderten Kapitalismus widmete ich in diesem Buch meine Aufmerksamkeit sowohl der Frage nach den Gründen für die historischen Niederlagen zur Überwindung des Kapitalismus als auch der Frage nach den Bedingungen für eine Perspektive jenseits des Kapitalismus.

---

[106] Bucharin 1969.
[107] Kautsky 1914.

Literatur

Arendt, Hannah (1986): Elemente und Ursprünge totaler Herrschaft, München/ Zürich.

Altvater, Elmar (1974): Ölkrise, Energiekrise oder Krise des Kapitalismus. Vorbemerkung, in: Probleme des Klassenkampfes, Nr. 11/12.

Altvater, Elmar (2006): Das Ende des Kapitalismus, den wir kennen, Münster.

Altvater, Elmar/Mahnkopf, Birgit (1996): Grenzen der Globalisierung, Münster.

Atlas der Globalisierung (2015): Weniger wird mehr, Berlin.

Attac Österreich (2014): Hintergrundmaterial: Drei Jahre »Griechenland-Rettung«: 77% flossen in den Finanzsektor.

Bairoch, Paul (1971): Die Dritte Welt in der Sackgasse, Wien.

Baumert, Mark/Franke, Georg Merlin (2010): Die »Grand Strategies« des Römischen Reiches und der Vereinigten Staaten von Amerika unter besonderer Berücksichtigung der Strategietheorie von Edward N. Luttwak. Studien zur internationalen Politik, Heft 1/2010, Hamburg.

Bihr, Alain/Pfefferkorn, Roland (2000): Ohne Gleichheit keine Chance. Wie Liberale und Sozialliberale das Gleichheitsideal untergraben, in: Le Monde diplomatique (deutsche Ausgabe), September.

Boccara, Paul (1973): Der Staatsmonopolistische Kapitalismus, Frankfurt a.M.

Böhm-Bawerk, Eugen (1975): Macht oder ökonomisches Gesetz?, Darmstadt.

Bontrup, Heinz-Josef/Massarrat, Mohssen (2011): Manifest zur Überwindung der Massenarbeitslosigkeit, Sonderdruck Ossietzky, Mai 2011.

Bontrup, Heinz-Josef (2012): Zur größten Finanz- und Weltwirtschaftskrise seit achtzig Jahren, DGB-Bezirk Niedersachsen-Bremen-Sachsen-Anhalt, Hannover.

Bontrup, Heinz-Josef (2014): Pikettys Kapitalismus-Analyse, Bergkamen.

Borger, Sebastian/Kaufmann, Stephan/Roth, Eva (2016): Im Reich der Wettbewerbsfähigkeit, in: Frankfurter Rundschau vom 9./10. Januar 2016.

Braunmühl, Claudia von/Funken, Klaus/Cogoy, Mario (1973): Probleme einer materialistischen Staatstheorie, Frankfurt a.M.

Bucharin, Nikolai (1969): Imperialismus und Weltwirtschaft, Frankfurt a.M.

Bude, Heinz (2014): Gesellschaft der Angst, Hamburg.

Butterwegge, Christoph/Hickel, Rudolf/Ptak, Ralf (1998): Sozialstaat und neoliberale Hegemonie. Vom Standortnationalismus zur Auflösung der Demokratie, Berlin.

Butterwegge, Christoph (2005): Krise und Zukunft des Sozialstaates. Wiesbaden.

Cipolla, Carlo M./Borchardt, K. (1985): Europäische Wirtschaftsgeschichte, Band IV, Stuttgart/New York.

Conkin, Paul (1975): Der New Deal – Die Entstehung des Wohlfahrtsstaates, in: Narr, Wolf-Dieter/Offe, Claus: Wohlfahrtsstaat und Massenloyalität, Köln.

Deane, Phyllis/Cole, W.A. (1969): British Economic Growth 1688-1959, Cambridge.

Deppe, Frank/Salomon, David/Solty, Ingar (2011): Imperialismustheorie auf der Höhe der Zeit, in: Z. Zeitschrift Marxistische Erneuerung, Nr. 88.

Der Arbeits- und Ausbildungsmarkt in Deutschland – Monatsbericht November 2016.

Der Spiegel 40/2008: Der Offenbarungseid.

Dietenberger, Manfred (2013): Der Kampf um die Arbeitszeit, in: lunapark, Heft 21.

Engels, Friedrich (1962): Der Ursprung der Familie, des Privateigentums und des Staates, in: MEW 21, Berlin, S. 25-173.

Esser, Josef (1975): Einführung in die materialistische Staatsanalyse, Frankfurt a.M./New York.

FaktenCheck: EUROPA: 2016, Nr.1, Juli 2016.

Felber, Christian (2008): Neue Werte für die Wirtschaft. Eine Alternative zu Kommunismus und Kapitalismus, Wien.

Fiscal Year 2014. Historical Tables. Budget of the U.S. Government, Washington D.C.

Fischer, W./Krengel, J./Wietog, J. (1982): Sozialgeschichtliches Arbeitsbuch I, München.

Fischer, Wolfram/van Houtte, Jan A. (Hrsg.) (1985): Handbuch der europäischen Wirtschafts- und Sozialgeschichte, Stuttgart.

Fischer, Wolfram (1985): Europäsche Wirtschafts- und Sozialgeschichte von der Mitte des 19. Jahrhunderts bis zum Ersten Weltkrieg, Band 5, Stuttgart.

Flassbeck, Heiner (2010): in: Der Freitag vom 18. Februar.

Friedman, Milton (1973): Die Gegenrevolution in der Geldtheorie, in: Peter Kalmbach (Hrsg.), Der neue Monetarismus, München.

Fröbel, Folker/Heinrichs, Jürgen/Kreye, Otto (1977): Die neue Internationale Arbeitsteilung, Hamburg.

Funken, Klaus (1973): Überlegungen zu einer marxistischen Staatstheorie, in: Braunmühl/Funken/Cogoy: Probleme einer materialistischen Staatstheorie, Frankfurt a.m.

Galbraith, John Kenneth (2005): Der große Crash 1929. Ursachen, Verlauf, Folgen, München.

Geiss, Immanuel (Hrsg.) (1963): Julikrise und Kriegsausbruch. Eine Dokumentensammlung, Band 1, Hannover.

Goldberg, Jörg (2012): Imperialismus – Wegbereiter des Imperialismus?, in: Z. Zeitschrift Marxistische Erneuerung, Nr. 89.

Gorz, Andre (1989): Kritik der ökonomischen Vernunft, Berlin.

Graf Lambsdorff, Otto (1982): Sparkonzept, in: Dokumentation Nr. 9/82 des Bundesministeriums für Wirtschaft, Berlin.

Gottschlich, Daniela (2017): Kommende Nachhaltigkeit. Nachhaltigkeit aus kritisch-emanzipatorischer Perspektive, Baden-Baden.

Harvey, David (2015): Katastrophenkapitalismus Teil II, in: Blätter für deutsche und internationale Politik, Nr. 8.

Handbuch der Europäischen Wirtschafts- und Sozialgeschichte, 6 Bde., Stuttgart.

Haug, Frigga (2008): Die Vier-in-einem-Perspektive, Hamburg.

Henning, Friedrich-Wilhelm (1995): Die Industrialisierung in Deutschland 1800-1914, Paderborn/München/Zürich.

Hensche, Detlef (2012): Die Linke im Ghetto: Wo bleibt das linke Projekt, in: Blätter für deutsche und internationale Politik 1.

Hickel, Rudolf (2012): Zerschlagt die Banken. Entmachtet die Finanzmärkte. Eine Streitschrift, Berlin.

Hilferding, Rudolf (1968): Das Finanzkapital. Bd. I und Bd. II, Frankfurt a.M.

Hirsch, Michael (2017): Soziale Demokratie als hegemoniales Gegenprojekt, in: O. Eberl/D. Salomon (Hrsg.): Perspektiven sozialer Demokratie in der Postdemokratie, Staat – Souveränität – Nation, Wiesbaden.

Hirschfeld, Gerhard/Krumeich, Gerd/Renz, Irina (Hrsg.) (2009): Enzyklopädie Erster Weltkrieg, Paderborn.

Hobbes, Thomas (1966): Leviathan, hrsg. von Iring Fetscher, Frankfurt a.m.

Hobson, John A. (1968): Der Imperialismus, Köln. (englische Originalausgabe 1902).

Homann, Karl/Suchanek, Andreas (2005): Ökonomik. Eine Einführung, Tübingen.

Huffschmid, Jörg (2002): Politische Ökonomie der Finanzmärkte, Hamburg.

Imlah, A.H. (1958): Economic Elements in the Pax Britannica, Cambridge, Mass.

Informationsbrief Weltwirtschaft & Entwicklung (2002): Die zerstörerische Bilanz der Strukturanpassung. Weltweite Armutsproduktion statt globaler Armutsbekämpfung, Sonderdienst, Nr. 1-2.

Jäger, Michael/Strohschneider, Tom (Hrsg.) (2009): Die letzte Krise, Berlin.

Kagan, Robert: (2002): Power and Weakness, in: Policy Review, Nr. 113.

Kapp, K. William (1979): Soziale Kosten der Marktwirtschaft, Frankfurt a.M. (Originalfassung, 1963: Social Costs of Business Enterprise, Bombay/London).

Kaufmann, Franz-Xaver (1997): Herausforderungen des Sozialstaates, Frankfurt a.M.

Kaufmann, Stephan (2017): Wo investieren sie denn?, in: Frankfurter Rundschau vom 15./16. Juli 2017.

Kautsky, Karl (1899): Die Agrarfrage, Stuttgart.

Kautsky, Karl (1914): Der Imperialismus, in: Die Neue Zeit, 32. Jg.

Keynes, John Maynard (1966): Allgemeine Theorie der Beschäftigung, des Zinses und des Geldes, Berlin.

Kocka, Jürgen (1990): Arbeitsverhältnisse und Arbeitsexistenzen. Grundlagen der Klassenbildung im 19. Jahrhundert, Bonn.

Klein, Dieter (2016): Gespaltene Machteliten. Verlorene Transformationsfähigkeit oder Renaissance eines New Deal?, Hamburg.

Klein, Dieter (2017): Wo sind die aufgeklärten Eliten? Plädoyer für einen globalen New Deal, in: Blätter für deutsche und internationale Politik 2.

Kondratieff, Nikolai D. (1926): Die langen Wellen der Konjunktur, in: Archiv für Sozialwissenschaft und Sozialpolitik, Bd. 56, Heft 3, Tübingen.

Krämer, Ralf (2010): Wachstumskritik oder sozialistische Politik?, in: Supplement der Zeitschrift Sozialismus 7-8.

Krugman, Paul (2010): Über die Reichweite kreativer Buchhaltung, in: Frankfurter Rundschau vom 19. Februar.

Krugman, Paul (2012): Vergesst die Krise. Warum wir jetzt Geld ausgeben müssen, Frankfurt a.M./New York.

Krugman, Paul (2014): Thomas Piketty oder die Vermessung der Ungleichheit, in: Blätter für deutsche und internationale Politik 6.

Krull, Stefan (2014): Radikale Arbeitszeitverkürzung zwischen Traum und Alptraum, in: Luxemburg 3.

Kurz, Robert (1999): Schwarzbuch Kapitalismus – Ein Abgesang auf die Marktwirtschaft, Frankfurt a.M.

Lenin, Wladimir Iljitisch (1972): Staat und Revolution, in: Lenins Werke, Band 25, Berlin.

Lenin, Wladimir Iljitisch (1989): Der Imperialismus als höchstes Stadium des Kapitalismus, Berlin.

Lessenich, Stephan (2016): Neben uns die Sintflut. Die Externalisierungsgesellschaft und ihr Preis, Berlin.

Liebert, Nicola (2010): Fataler Reichtum. Zu viel Geld in falschen Händen, in: Sand im Getriebe, Nr. 97/September.

List, Friedrich (1851): Das nationale System der politischen Ökonomie, in: Gesammelte Schriften, Stuttgart/Tübingen.

Lunapark (2015): »Die Sparpolitik begann, die ersten Früchte zu tragen«, Heft 29.

Luxemburg, Rosa (1966): Die Akkumulation des Kapitals, Frankfurt a.M.

Maddison, Angus (2006): The World Economy, OECD, Paris.

Mandel, Ernest (1972): Der Spätkapitalismus, Frankfurt a.M.

Mann, Michael (1994): Geschichte der Macht. Bd. I: von den Anfängen bis zur griechischen Antike, Frankfurt a.M.

Marx, Karl (1960): Die Klassenkämpfe in Frankreich 1848-1850, in: Der achtzehnte Brumaire des Louis Bonaparte, in: MEW 7, Berlin, S. 9-107.

Marx, Karl (1962a): Kritik des Gothaer Programms, in : MEW 19, Berlin, S. 13-32.

Marx, Karl (1962b): Der Bürgerkrieg in Frankreich, in: MEW 17, Berlin, S. 313-365.

Marx, Karl (1962c): Das Kapital, Band 1, MEW 23, Berlin.

Marx, Karl (1963): Das Kapital, Band 2, MEW 24, Berlin.

Marx, Karl (1983a): Grundrisse der Kritik der politischen Ökonomie, MEW 42, Berlin.

Marx, Karl (1983b): Das Kapital, Band 3, MEW 25, Berlin.

Massarrat, Mohssen (1974): Energiekrise oder Krise des Kapitalismus, in: Probleme des Klassenkampfes, Nr. 11/12.

Massarrat, Mohssen (1976): Hauptentwicklungsstadien der kapitalistischen Weltwirtschaft, Lollar/Lahn.

Massarrat, Mohssen (1978): Die Theorie des Ungleichen Tausches in der Sackgasse. Versuch einer Erklärung der Terms of Trade, in: die Dritte Welt, Nr. 1.

Massarrat, Mohssen (1980): Kampf um die Aufteilung der Weltmeere. Knappheit der Naturressourcen, Technologieentwicklung und Kriegsgefahr, in: Friedensanalysen, Frankfurt a.m.

Massarrat, Mohssen (1980a): Weltenergieproduktion und Neuordnung der Weltwirtschaft, Frankfurt a.m.

Massarrat, Mohssen (1993): Endlichkeit der Natur und Überfluss in der Marktökonomie, Marburg.

Massarrat, Mohssen (1996): Aufstieg des Okzidents und Fall des Orients, in: Ders. (Hrsg.): Mittlerer und Naher Osten. Geschichte und Gegenwart, Münster.

Massarrat, Mohssen (1997): Sustainability Through Cost Internalisation: Theoretical Rudiment for the Analysis and Reform of Global Structures, in: Ecological Economics, 22.

Massarrat, Mohssen (2000): Das Dilemma der ökologischen Steuerreform, Marburg.

Massarrat, Mohssen (2006): Kapitalismus – Machtungleichheit – Nachhaltigkeit. Perspektiven revolutionärer Reformen, Hamburg.

Massarrat, Mohssen (2009): Weniger wachsen – weniger arbeiten. Eine realistische Alternative, in : Wissenschaft & Umwelt Interdisziplinär, 13/2009.

Massarrat, Mohssen (2011): Missverständnisse über Kapitalismus, in: Z. Zeitschrift Marxistische Erneuerung, Nr. 88.

Massarrat, Mohssen (2012): Klimaimperialismus. Hans-Werner Sinns Lösungsvorschlag für das »grüne Paradoxon«, in: Junge Welt vom 27.8.

Massarrat, Mohssen (2013): Der Skandal der Massenarbeitslosigkeit, in: Blätter für deutsche und internationale Politik, 11/2013.

Massarrat, Mohssen (2014a): Chaos und Hegemonie, in: Blätter für deutsche und internationale Politik, 5.

Massarrat, Mohssen (2014b): Zauberformel: Öl – statt Gold – gedeckte Weltwährung, in: lunapark 21, Heft 26.

Menkhoff, Lukas/Tolksdorf, Norbert (1999): Finanzmärkte in der Krise? Zur Abkopplung des Finanzsektors von der Realwirtschaft, Stuttgart.

Miller, Susanne (1974): Burgfrieden und Klassenkampf. Die deutsche Sozialdemokratie im Ersten Weltkrieg, Düsseldorf.

Mitchell, B.R. (1977): Außenhandel europäischer Staaten, in: Europäische Volkswirtschaften, Bd. 3, Stuttgart/New York.

Mitchell, B.R. (1980): Außenhandel europäischer Staaten, in: Europäische Volkswirtschaften, Bd. 4, Stuttgart/New York.

Mokunda, Gautam (2014): The Price of Wall Street's Power, in Harvard Business Review, June.

Müller, Sebastian (2016a): Der Anbruch des Neoliberalismus. Westdeutschlands wirtschaftspolitischer Wandel in den 1970er Jahren, Wien.

Müller, Sebastian (2016b): Die neoliberale Invasion. Interview auf NachDenkSeiten vom 16. Dez.

Müller-Jentsch, Walter (2011): Gewerkschaften und soziale Marktwirtschaft seit 1945, Stuttgart.

Neckel, Sighard (2016): Die Refeudalisierung des modernen Kapitalismus, in: Bude, Heinz/Staab, Philipp (Hrsg.): Kapitalismus und Ungleichheit. Die neuen Verwerfungen, Frankfurt a.M./New York.

Neubert, Harald (2001): Antonio Gramsci – Hegemonie – Zivilgesellschaft – Partei: Eine Einführung, Hamburg.

Niggemeyer, Lars (2011): Die Propaganda vom Fachkräftemangel, in: Blätter für deutsche und internationale Politik 5.

Oltmer, Jochen (2005): Zuwanderung nach dem Zweiten Weltkrieg, in: Grundlagendossier Migration der Bundeszentrale der politischen Bildung.

Otte, Max (2012): Die Finanzkrise und das Versagen der modernen Ökonomie, in: Aus Politik und Zeitgeschichte 59.

Ottman, Henning (2006): Geschichte des politischen Denkens, Band 3/1, Stuttgart/Weimar.

Oxfam International (2017): An Economy for the 99%. Deutsch in: Informationsbrief Weltwirtschaft & Entwicklung, Februar.

Panitch, Leo (1998): Die Verarmung der Staatstheorie, in: Görg, Christoph/Roth, Roland: Kein Staat zu machen, Münster.

Paoli, Guillaume (2017): Agenda 2010 auf Französisch, in Ver.di Publik 5.

Paschukanis, Eugen (1929): Allgemeine Rechtslehre und Marxismus, Wien/Berlin.

Peter, Matthias (1997): John Maynard Keynes und die britische Deutschlandpolitik, Oldenbourg.

Piketty, Thomas (2014): Das Kapital im 21. Jahrhundert, München.

Pollard, Sidney (1974): European Economic Integration 1815-1970, London.

Poulantzas, Nicos (1974): Politische Macht und gesellschaftliche Klassen, Frankfurt a.M.

Pressler, Florian (2013): Die erste Weltwirtschaftskrise. Eine kleine Geschichte der Großen Depression, München.

Projekt Klassenanalyse (1971): Zur Kritik der »Sozialstaatsillusion«, in: Sozialistische Politik, Heft 14/15.

Ptak, Ralf (2016): Die Grundlagen des Neoliberalismus, in: Christoph Butterwegge/Bettina Lösch/Ralf Ptak: Kritik des Neoliberalismus, Wiesbaden.

Rawls, John (1975): Eine Theorie der Gleichheit, Frankfurt a.M.

Reuter, Norbert (2000): Ökonomik der »Langen Frist«. Zur Evolution der Wachstumsgrundlagen in Industriegesellschaften, Marburg.

Reuter, Norbert (2007): Wachstumstheorie und Verteilungsrealität. Wirtschaftspolitische Leitbilder zwischen Gestern und Morgen, Marburg.

Ricardo, David (1972): Grundsätze der politischen Ökonomie und der Besteuerung, Frankfurt a.M.

Rosdolsky, Roman (1969): Zur Entstehungsgeschichte des Marxschen »Kapitals«, Bd.I, Frankfurt a.m.

Rügemer, Werner (2016): Black-Rock-Kapitalismus, in: Blätter für deutsche und internationale Politik 10.

Rügemer, Werner/Wigand, Elmar (2014): Die Fertigmacher. Arbeitsunrecht und professionelle Gewerkschaftsbekämpfung, Köln.

Sarrazin, Thilo (2010): Deutschland schafft sich selbst ab, München.

Say, Jean-Baptiste (1999): Abhandlung über die National-Ökonomie oder einfache Darstellung der Art und Weise, wie Reichtümer entstehen, verteilt und verzehrt werden, Dillenburg.

Scheidler, Fabian (2015): Das Ende der Megamaschine. Geschichte einer scheiternden Zivilisation, Wien.

Schmalz, Gisela (2014): Cliquenwirtschaft. Die Macht der Netzwerke: Goldman Sachs, Kirche, Google, Mafia & Co., München.

Schmelzer, Matthias/Passadakis, Alexis (2011): Postwachstum. Krise, ökologische Grenzen und soziale Rechte, Hamburg.

Schneider, Michael (1996): Das Ende eines Jahrhundertmythos. Eine Bilanz des Staatssozialismus, Köln.

Schuhler, Conrad (2015): Das Anschwellen der Finanzmärkte oder die Finanzialisierung des globalen Kapitalismus, in: Umbruch im globalen Kapitalismus, ISW Report Nr. 100/101, München.

Schulmeister, Stephan (2016): Frankfurter Rundschau vom 2./3. Januar 2016.

Schumpeter, Joseph A. (1939): Business Cycles. 2 Bände, New York.

Schumpeter, Joseph A. (1950): Kapitalismus, Sozialismus und Demokratie, Bern (Erstveröffentlichung 1942).

Senghaas, Dieter (1982): Von Europa lernen. Entwicklungsgeschichtliche Betrachtungen, Frankfurt a.m.

Sinn, Hans-Werner (2009): Das grüne Paradoxon. Plädoyer für eine illusionsfreie Klimaschutzpolitik, Hamburg.

Süddeutsche Zeitung vom 15. Mai 2012: Das Gemeinsame Erbe der Menschheit. Wem gehört die Welt jenseits aller Grenzen?

Statistisches Bundesamt (2013): Pressemitteilung vom 5. September, Berlin.

Statistisches Jahrbuch der Bundesrepublik Deutschland (2014), Berlin.

Stiglitz, Joseph (2010): Im Freien Fall. Vom Versagen der Märkte zur Neuordnung der Weltwirtschaft, München.

Tucker, Spencer (Hrsg.) (2005): The Encyclopedia of World War I. Santa Barbara.

Tyszka, Karl (1914): Löhne und Lebenskosten in Westeuropa im 19. Jahrhundert. Schriften des Vereins für Sozialpolitik, Bd. 145, Leipzig.

United States Department of Commerce (edit.) (1949): Historical Statistics of

United States 1789-1945, Washington.

Ver.di Wirtschaftspolitik (2017) aktuell März.

Von Hayek, Friedrich August (1971a): Die Verfassung der Freiheit, Tübingen.

Von Hayek, Friedrich August (1971b): Der Weg zur Knechtschaft, München.

Von Hayek, Friedrich August (1979): Wissenschaft und Sozialismus, Tübingen.

Von Hayek, Friedrich August (1981): Die Illusion der sozialen Gerechtigkeit, München.

Vontobel, Werner (2010): Sammeln statt Denken, in: Der Freitag vom 6. Mai.

Wagenknecht, Sahra (2016): Reichtum ohne Gier. Wie wir uns vor dem Kapitalismus retten, Frankfurt a.m.

Weber, Max (1976): Wirtschaft und Gesellschaft. Studienausgabe, Tübingen.

Werding, Martin (2008): Gab es eine neoliberale Wende? Wirtschaft und Wirtschaftspolitik in der Bundesrepublik Deutschland ab Mitte der 1970er Jahre, in: VfZ, 2.

Witt, Peter Christian (1970): Die Finanzpolitik des Deutschen Reiches von 1872-1924, GESIS, histat Tabelle XVI, Köln.

Wolf, Winfried, (2012/2013): die Weltwirtschaft zum Jahreswechsel 2012/2013, in: lunapark Heft 20.

Wolf, Winfried (2013): 125 Jahre Massenarbeitslosigkeit, in: lunapark, Heft 21.

Zelený, Jindrich (1973): Die Wissenschaftslogik und Das Kapital, Frankfurt a.M./Wien.

Zelik, Raul/Altvater, Elmar (2015): Vermessung der Utopie. Ein Gespräch über Mythen des Kapitalismus und die kommende Gesellschaft, Berlin.

Zinn, Karl Georg (2008): Die Keynesianische Alternative, Hamburg.

Zinn, Karl Georg (2015): Vom Kapitalismus ohne Wachstum zur Marktwirtschaft ohne Kapitalismus, Hamburg.

Verzeichnis der Tabellen

Verzeichnis der Abbildungen

Danksagung

Die ersten beiden Kapitel dieses Buches wurden bereits 2011 geschrieben und auch in der Zeitschrift »Z«, in Nr. 88 (Dezember 2011) und Nr. 89 (März 2012), zur Diskussion gestellt. Ein erster Entwurf des sechsten Kapitels wurde im Frühjahr 2016 verfasst und in Nr. 106 (Juni 2016) derselben Zeitschrift publiziert. Mein erster Dank gilt daher der »Z«-Redaktion, mir den Weg für die Weiterentwicklung meiner Thesen geebnet zu haben. Die restlichen Kapitel des Buches habe ich im Zeitraum zwischen Mai 2016 bis Februar 2017 geschrieben. Ich möchte bei dieser Gelegenheit auch dem VSA: Verlag danken, der dieses Buch gern schon im November 2016 herausgebracht hätte. Mein ganz besonderer Dank gilt Markus Stuntebeck, meiner früheren studentischen Hilfskraft, der die meisten Abbildungen des Buches erstellt hat. Nur durch seine sehr wertvolle Hilfe war es mir möglich, meine historisch und ganzheitlich angelegte Untersuchung auch empirisch zu untermauern. Des Weiteren möchte ich Bahram Massarrat herzlich danken, der mir bei der grafischen Rekonstruktion der langfristigen Entwicklung der Massenarbeitslosigkeit in Deutschland behilflich war. Ich habe vom Chefredakteur der Zeitschrift »Lunapark«, Winfried Wolf, hie und da Statistiken erhalten, die in die Untersuchung eingeflossen sind. Auch ihm möchte ich meinen Dank zum Ausdruck bringen. Bei technischen Problemen, vor allem bei der fehlerfreien Übertragung von Abbildungen, durfte ich stets bei Farid Farsinfard anrufen, der mir von der Ferne bei jeder Art von Computerproblemen mit großer Geduld beiseite gestanden hat. Auch ihm gilt daher mein aufrichtiger Dank. Mit Michael Schneider habe ich über mehrere Monate in einem produktiven Austausch gestanden, der sich bei wichtigen Fragen Zeit für die Lektüre einiger Buchabschnitte nahm und mich nicht nur ermuntert hat, nicht nachzulassen, sondern mir auch mit inhaltlichen Hinweisen zur Seite gestanden hat. Ihm möchte ich an dieser Stelle ganz herzlich dafür danken. Peter Grottian gehört ebenfalls zum engeren Kreis von Kollegen und Freunden, den ich vor längerer Zeit in das Projekt eingeweiht hatte. Auch ihm möchte ich dafür danken, dass er mir auf verschiedenen Ebenen wertvolle Ratschläge gegeben hat. Ich hatte im Februar 2017 auch Gelegenheit, mich mit meinem Doktorvater Elmar Altvater auszutauschen und ihm von meinem Buchprojekt und dessen roten Faden zu erzählen. Ich hoffe, ich liege mit meiner Vermutung nicht ganz falsch, dass Elmar meinen Thesen durchaus Sympathie entgegenbrachte. Ich danke Elmar an dieser Stelle für sein Interesse und wünsche ihm gute Genesung sowie weiterhin Schaffenskraft. Nicht zuletzt möchte ich meiner lieben Frau Mechthild Tausend Dank sagen, weil ohne ihre mehrfache Lektüre und Korrektur des Textes und ohne ihre bohrenden Fragen nach Logik und Sinnhaftigkeit mancher meiner Formulierungen hätte der vorliegende Text niemals ein Mindestmaß an Lesbarkeitsqualität erhalten. Auch diesmal hat mir Mechthild in allen Arbeitsphasen des Buches zur Seite gestanden und mir meinen Rücken von anderen Aufgaben freigehalten. Um mich ihr gegenüber dankbar zu erweisen, würden Worte niemals ausreichen.

VSA: Den Kapitalismus überwinden

Karl Marx
Das Kapital
Kritik der politischen Ökonomie
Erster Band I Buch I:
Der Produktionsprozess des Kapitals
Neue Textausgabe, bearbeitet und
herausgegeben von Thomas Kuczynski
800 Seiten I Hardcover mit USB-Card
€ 19.80
ISBN 978-3-89965-777-7
Diese Ausgabe basiert auf jenem sorgfältigen Vergleich der zweiten deutschen und der französischen Ausgabe des »Kapital«, den Marx gefordert hat, aber nicht mehr vornehmen konnte, und vereint erstmals die Vorzüge der beiden Ausgaben.

Prospekte anfordern!

VSA: Verlag
St. Georgs Kirchhof 6
20099 Hamburg
Tel. 040/28 09 52 77-10
Fax 040/28 09 52 77-50
Mail: info@vsa-verlag.de

Joachim Bischoff/Fritz Fiehler/
Stephan Krüger/Christoph Lieber
Vom Kapital lernen
Die Aktualität von Marx'
Kritik der politischen Ökonomie
192 Seiten I € 15.80
ISBN 978-3-89965-752-4
Warum eröffnet die »Frankfurter Allgemeine Zeitung« ihren Ausblick auf das Jahr 2017 mit dem Hinweis, dass Karl Marx am 12. April 1867 ein »großes Werk« seinem Verleger persönlich übergab? Ihre Antwort: Es sei »eine Torheit«, die Erkenntnisse aus »Das Kapital« für erledigt zu halten. Es muss uns also noch etwas zu sagen haben. Aber was? Die Autoren nehmen sich folgende Themen vor: Die Gesellschaft als Waren- und Geldwirtschaft, von der Ausbeutung zur wissenschaftlich organisierten Produktion, Reproduktion und Akkumulation, die Kreislaufformen des Kapitals, säkulare Stagnation und tendenzieller Fall der Profitrate.

www.vsa-verlag.de

VSA: Postkapitalistische Anregungen

ulrich duchrow
mit luther, marx & papst

den kapitalismus überwinden

eine flugschrift in kooperation mit **Publik-Forum**

Ulrich Duchrow
Mit Luther, Marx & Papst den Kapitalismus überwinden
156 Seiten I € 14.00
ISBN 978-3-89965-753-1
Der Kapitalismus hat eine große Legitimationskrise, weil er Menschheit, andere Mitgeschöpfe und Erde in eine immer gefährlichere (Über-)Lebenskrise stürzt. Zwei seiner schärfsten Kritiker waren Luther und Marx, deren Anklagen von 1517 und 1867 von Papst Franziskus zugespitzt werden.

Frank Deppe
1917 I 2017

Revolution & Gegenrevolution

Frank Deppe
1917 I 2017
Revolution und Gegenrevolution
256 Seiten I € 19.80
ISBN 978-3-89965-754-8
Der Autor stellt die Oktoberrevolution in den Zusammenhang des langen Revolutionszyklus, der mit der Französischen Revolution im Jahr 1789 eröffnet wurde und mit dem Sieg der Bolschewiki 1917 (schließlich auch mit der chinesischen Revolution) immer wieder die Frage nach der Bedeutung der »Großen Revolutionen« bzw. der »Leitrevolutionen« für die Entwicklung der bürgerlich-kapitalistischen Gesellschaft aufgeworfen hat.

Prospekte anfordern!

VSA: Verlag
St. Georgs Kirchhof 6
20099 Hamburg
Tel. 040/28 09 52 77-10
Fax 040/28 09 52 77-50
Mail: info@vsa-verlag.de

www.vsa-verlag.de